'지혜 문학' 365일 두레박

묵상의 샘

이동원 지음

압바암마

묵상의 샘을
찾은 분들에게

PROLOGUE

20대 처음 제 삶의 주인이신 예수님을 만났을 때
누군가가 매일 시편 5편, 잠언 1장을 읽으라고 했습니다.
그러면 한 달이면 시편과 잠언을 다 읽을 수 있다고...
한동안 그렇게 하다가 그것이 제 삶이 되었습니다.
그것이 저의 지혜의 원천이 되었습니다.

은퇴 후 조금 더 주어진 여유가 감사했습니다.
그래서 조금씩 지혜 문학의 샘을 더 기웃거렸습니다.
전도서와 아가서가 새로운 제 사랑이 되었습니다.
그리고 그 샘에서 길어 올린 묵상의 시어를 남겼습니다.
그것을 365일 두레박으로 길어 올리도록 편집했습니다.

이제 지혜문학의 아름다운 샘으로 친구들을 초대합니다.
제가 마신 샘물의 부요함을 함께 누렸으면 합니다.
이 샘물의 주인을 함께 만나시기를 기도합니다.
우리가 목마를 때면 언제나 샘터에서 기다리시는 분
그분이 우리네 삶의 해답임을 함께 고백하게 되기를...

_작은 목동(牧童), 이동원 드림

ps 시편의 경우 매일 그 구절이 있는 장 전체를 읽어보시기를 권합니다.

CONTENTS

시편
1편~20편

묵상의 샘 이동원 목사

두 개의 길

• • •

복 있는 사람은 악인들의 꾀를 따르지 아니하며
죄인들의 길에 서지 아니하며
오만한 자들의 자리에 앉지 아니하고 (시 1:1)

행복한 사람들은 악인들이나 죄인들, 혹은 오만한 자들과 전혀 다른 인생의 길을 살아갑니다. 불행한 사람들은 악인들의 꾀를 따라 걷다 보면 죄인들의 길에 서게 되고 그들은 결국 하나님을 부인하는 오만한 자리에 주저앉게 됩니다. 복 있는 사람들은 자신의 꾀가 아닌 여호와의 율법의 말씀을 묵상하고 그 묵상이 인도하는 주인의 뜻을 따르는 형통의 길을 걷습니다.

행복은 선택입니다. 행복한 사람은 잔머리(JQ)를 굴리지 않습니다. 행복한 사람은 목적 없이 방황함을 낭만으로 생각지 않습니다. 행복한 사람은 하나님 없는 사상이나 문화에 영혼을 팔지 않습니다. 행복한 사람은 말씀묵상으로 새벽을 열기를 좋아합니다. 그의 아침은 가뭄을 모르는 물댄 동산 같아서 지치지 않고 솟아오르는 내면의 힘을 받아 삶을 가꾸어 갑니다.

불행한 사람은 불행을 선택합니다. 바람결에 날리는 겨같이 헛되고 헛된 찰나에서 자기 존재를 확인하고자 돈으로, 성으로, 권력으로 생의 목표를 설정하지만 내 안에서 쏟아내는 쓰레기를 주체할 수 없어 스스로 구토하는 삶입니다.

마침내 얼굴을 들지 못하고 햇볕을 피하는 부끄러움의 길을 걸어갑니다. 그들의 종국은 하나님의 심판을 견디지 못합니다.

결국 인생은 두 개의 길에서 선택을 요구당하는 삶입니다. 보이지 않는 내 영혼의 주인 앞에 인정을 구하는 의인의 길을 걷거나, 아니면 보이는 사람의 인정에 몸달아 양심을 파는 악인의 길을 걷는 것입니다. 행복을, 아니면 불행을 선택할 수도 있는 이 아슬한 선택의 기로에서 말씀을 붙들고 기도하며 길 가는 순례자들의 날마다의 선택이 행복의 선택이기를 기도해야 할 것입니다. 🌱

행복의 근원이신 주여, 행여 주님과의 사랑의 만남 없이도 제가 행복할 수 있는 것처럼 착각하지 않도록 도와주사 주님을 선택함이 행복임을 날마다 기억하게 하소서. 아멘

역사의 주인

• • •

어찌하여 이방 나라들이 분노하며 민족들이 헛된 일을 꾸미는가...
내가 여호와의 명령을 전하노라 여호와께서 내게 이르시되
너는 내 아들이라 오늘 내가 너를 낳았도다 (시 2:1, 7)

세상이 분노할 때마다 묻게 되는 질문이 있습니다. 도대체 이 세상은 누구의 세상인가? 하는 것입니다. 어떤 이는 이 세상이 사람의 세상이라고 주장합니다. 이런 인본주의의 생각은 세상의 모든 가치를 상대화하기에 이르렀습니다. 또 어떤 이는 이 세상을 사단의 세상이라고 말합니다. 이런 기독교적 비관주의는 우리로 역사의 소용돌이에서 도피하게 했습니다.

그런데 이런 우리의 생각을 주님은 비웃고 계십니다. 이 세상은 그분의 세상이기 때문입니다. 그럼에도 불구하고 이 세상에 잠시 세움을 받은 소위 지도자들이 자꾸 반그리스도적이고, 반신률적인 정책으로 세상의 참된 주인 되신 이의 뜻을 거스르고, 주인의 법의 속박을 벗어나고자 합니다. 그것은 이 땅에서뿐 아니라, 세상 도처에 세움 받은 모든 지도자들의 행태이기도 합니다.

어느 날 역사의 한 기점에서 역사의 주인은 그 아들을 세상에 보내어 이 세상이 하나님의 세상이라고 선언하고자 하셨습니다. 그 아들로 세상의 주인 행세하던 사단의 계략을 꺾으셨습니다.

십자가는 이 세상 임금과 철학이 상상할 수 없던 죄악을 이기신 그분의 지혜이셨습니다. 십자가에서 죽으시고 부활하신 그리스도, 하나님의 아들이 복음이십니다.

분노하고 요동하는 세상 한복판에 여호와 하나님은 그 아들을 보내시며 내가 너를 낳았도다 라고 선언하십니다. 역사의 희망은 그로 역사의 주인 되게 하시고 우리네 삶의 주인 되게 하시는 일입니다. 그의 영은 이제 우리에게 말씀하십니다. "그를 입맞추라고. 그를 사랑하라"고. 역사의 주인 되신 이를 영접하는 순간 그의 역사(His story)는 우리의 이야기(our story)가 됩니다. 🌱

역사의 주인 되신 주님. 역사의 소용돌이 속에 희망을 잃고 방황할 때 십자가를 바라볼 수 있는 시선을 우리에게 주옵소서. 아멘

스트레스의 처방

● ● ●
내가 누워 자고 깨었으니
여호와께서 나를
붙드심이로다 (시 3:5)

이것은 누구나 경험하지만 누구도 확실히 정의하지 못합니다. 이것은 우리의 지성을 마비시키고 감성을 혼란시키고 의지를 무력화시킵니다. 이것은 우리의 기억력을 둔화시키고 사고력을 감퇴시키고 삶의 효율성을 무너뜨립니다. 이것은 우리의 두려움을 증폭시키고 슬픔을 가중시키고 불안을 증대시킵니다. 이것은 우리를 에워싼 적대적이고 위험한 상황에 적응하기 위한 일종의 신체의 자기방어 현상입니다.

이것은 우리의 수면장애와 각종 질병의 직간접의 원인이 됩니다. 이것이 스트레스입니다. 스트레스야말로 현대인의 가장 큰 대적일지 모릅니다. 현대인은 그 해방을 위하여 여가 문화를 발전시켰고 레크레이션을 개발해 왔습니다. 그러나 우리는 여전히 더 큰 스트레스의 수렁에서 허우적거리며 잠못이루는 밤을 지납니다. 그럼에도 불구하고 우리가 단잠을 자고 유쾌하게 깨어나는 비밀이 있을까요?

아마도 다윗은 그의 아들 압살롬의 반역을 경험하며 그의 생애 최대의 스트레스를 경험하고 있었을 것입니다.

아들의 배신을 직면한 아버지가 피할 곳이 어디 있었겠습니까? 세상 모든 사람, 모든 것이 원수요 대적으로 느낄 수밖에 없었을 것입니다. 그러나 다행히 그에게 여호와 하나님은 피난처가 되셨고 그만이 자신의 방패 되심을 믿었습니다.

창조자 하나님이 나의 구원이라고 믿는다면 그리고 동일하신 그 하나님이 오늘 내 삶의 길에 인도자가 되어 나를 붙들고 계시다고 믿는다면 우리는 걱정하는 대신 기도할 것입니다. 그리고 내 삶의 장에 위협처럼 보이는 이들이 결코 나를 해할 수 없다고 믿는 순간 우리는 그분이 우리의 방패요 영광임을 찬미하게 됩니다. 그때 우리는 안식의 밤을 지나 아침의 노래를 부를 것입니다. 🌱

하나님, 우리 주변에 존재하는 수많은 사람들의 얼굴이 마치 나를 대적하는 무리처럼 보일 때, 그때야말로 주를 신뢰하고 기도할 때임을 가르쳐 주소서. 아멘

저녁의 기도

우리가 하루를 어떻게 보내었느냐에 따라 우리의 저녁 무드는 매우 달라질 것입니다. 보람 있고 충만한 하루를 보낼 수 있었다면 그 저녁은 그만큼 로맨틱할 것입니다. 그러나 하루를 갈등과 상처로 아파했다면 우리의 저녁은 매우 우울하고 고통스러울 것입니다. 사실 인생의 날에는 로맨틱한 저녁보다는 고통스러운 저녁이 훨씬 더 많을 것입니다.

이처럼 우울하고 고통스런 저녁을 위한 처방은 무엇입니까? 저녁기도를 제안하고 싶습니다. 기도는 아침뿐만 아니라 저녁에도 할 필요가 있습니다. 새벽기도회나 QT를 지나치게 강조하다 보니까 기도는 아침에만 하는 것으로 입력되어진 경향이 있습니다. 기도는 저녁에도 필요합니다. 시편 3편이 아침의 기도라면 시편 4편은 저녁의 기도입니다.

시편 기자는 그가 처한 불의한 현실 속에서 의로우신 하나님께 나아와 그의 억울함과 곤고함을 탄원하고 있습니다. 그가 부르짖어 아뢸 때에 여호와께서 들으심을 믿고 그는 기도합니다.

　그는 도저히 평안할 수 없는 저녁에 주 앞에 나아와 의의 제사를 드리고 기도로 주의 얼굴 빛의 도움을 구하는 것입니다. 그리고 이 기도로 마침내 그는 평화의 저녁을 맞이하게 됩니다.

　시인 유안진의 기도 가운데 "주님, 날이 저물면 나는 왜 눈물이 나지요?"라는 대목이 있습니다. 저녁에 눈물이 나면 기도해야 합니다. 내 의의 하나님께 기도해야 합니다. 곤란 중에 긍휼을 베푸시는 주께 기도해야 합니다. 새 포도주의 풍성함보다 더한 기쁨이 임할 것입니다. 침상의 안식이 그렇게도 달콤한 밤의 침묵이 우리를 안아 줄 것입니다. 저녁기도를 습관화할 것을 제안하고 싶습니다. 🪴

오, 의의 하나님, 세상의 권력에 상처 받을 때와 거짓의 화살을 맞고 피 흘릴 때 저녁의 기도를 생활화하게 도와주소서. 아멘

아침의 기도

• • •
여호와여 아침에 주께서
나의 소리를 들으시리니 아침에 내가 주께
기도하고 바라리이다 (시 5:3)

아침의 기도는 왜 중요합니까? 그것은 하루를 우리의 삶의 주인이신 하나님과 대면하여 출발하게 합니다. 아침의 기도는 주 안에서 하루를 그의 뜻을 따라 계획하게 합니다. 아침의 기도는 하루를 직면하는 위엄 있는 삶의 자세를 선물합니다. 아침의 기도는 우리로 우리의 창조주 앞에 머리를 조아리게 하고 무릎을 꿇게 합니다. 아침의 기도는 우리를 겸허하게 합니다.

아침의 기도는 감사로 시작하는 것이 좋습니다. 지나간 한밤의 어둠 속에 우리가 안식하는 동안 여호와 하나님은 우리를 지켜 보호하시고자 안식하지 못하고 일하셨습니다. 먼저 그분에게 찬미를 드려야 합니다. 그리하여 그분에게 쉼을 드려야 합니다. 그분의 일하심이 우리의 안식이었다고 고백하면 좋겠습니다.

아침의 기도는 지나간 한밤에도 아직 떠나지 않은 우리 가슴에 얹혀진 부담을 그분 앞에 내려놓음으로 나아감이 좋습니다. 오늘 하루가 새의 깃털처럼 가볍고 유쾌한 비상이기 위하여 이 짐을 털어야 합니다.

그분은 이천 년 전 갈보리 언덕에서 우리의 짐을 지신 것처럼 지금도 우리의 짐을 기꺼이 맡아 주시겠다고 말씀하십니다.

아침의 기도는 오늘 하루 우리네 삶의 장에서 우리가 직면할 삶의 숙제와 도전들을 차근 차근히 아뢰는 순서로 진행되어야 할 것입니다. 세상은 결코 만만한 상대가 아닙니다. 이 세상 임금이 너무나 사악한 존재이기 때문입니다. 그는 오늘도 우리가 그의 거짓의 함정에 빠지고 죄악의 그물에 걸리기를 유도할 것입니다. 그러나 왕이신 우리 하나님과의 교감 안에 이 하루 길을 걷는다면 너무 걱정할 것은 아닙니다.

아침에 드리는 기도를 기뻐하며 응답해 주시는 하나님, 아침의 창을 열고 집에서 기도하오니 거짓과 모함으로 가득 찬 세상에서 당신의 은혜의 방패로 이 하루 길을 승리롭게 걷게 하소서. 아멘

한밤의 기도

• • •

내가 탄식함으로 피곤하여
밤마다 눈물로 내 침상을 띄우며
내 요를 적시나이다 (시 6:6)

밤은 천의 얼굴을 갖고 있습니다. 로맨틱한 안식의 밤이 있는가 하면, 두려움 가득한 탄식의 밤도 있습니다. 오늘의 시편 기자는 후자의 밤을 경험하고 있는 것으로 보여집니다. 그는 밤마다 짓는 눈물로 침상을 적시고 있습니다. 그의 잠자리는 탄식의 잠자리였습니다. 잠을 이룰 수 없는 울화와 탄식으로 가슴이 메일 때 잠자리에서 일어나 기도해야 합니다.

이런 밤의 기도는 "나를 긍휼히 여기소서"라고 시작하는 것이 좋습니다. 더 이상 기도할 여력이 없으면 이 짧은 기도를 되풀이해도 좋습니다. 우리는 중언부언의 기도가 될까 두려워 기도를 반복하지 못할 때가 있습니다. 중언부언의 기도는 영혼이 실려 있지 않은 기도입니다. 우리의 심정이 절실할 때 기도는 반복될 수밖에 없습니다. 반복을 두려워 마십시오.

성경에서 가장 신속하게 응답된 기도들은 모두가 짧은 반복적 기도였습니다. 세리는 다만 "하나님, 불쌍히 여기옵소서"라고 기도했습니다. 십자가 상의 강도는 "주여, 나를 기억하소서"라고 기도했습니다.

교회사의 수도자들이 어둔 밤을 지날 때 가장 많이 드린 기도가 "긍휼을 비는 기도"였습니다. 주께서 이 기도를 신속히 응답하심은 그가 긍휼에 풍성하신 하나님이시기 때문입니다.

조금씩 마음이 진정되면 "이제 나를 고치소서"라고 기도해 보십시오. 내 마음도 내 육체도 고쳐 달라고 기도하십시오. 주의 인자하심으로 나를 고쳐 달라고 기도하십시오. 조금씩 평안히 임할 것입니다. 그러면 곧 우리는 우리의 간구를 들으신 그분을 찬양하게 될 것입니다. 두려움의 원수는 물러가고 우리를 감싸는 기이한 임재의 손길 안에 잠들게 될 것입니다. 그리고 내일 새벽의 태양은 다시 떠오를 것입니다.

주여, 당신의 자비와 긍휼을 힘입어 잠들 줄 알게 하시고, 눈물로 적신 침상에 임하는 밤의 평안의 비밀을 알게 하옵소서. 아멘

억울하게 당할 때

여호와 내 하나님이여
내가 주께 피하오니 나를 쫓아오는 모든 자들에게서
나를 구원하여 내소서 (시 7:1)

살다 보면 억울하게 당할 때가 있습니다. 그때에 피난처가 있는 사람은 복된 사람입니다. 시편 기자의 피난처는 의로우신 하나님이셨습니다. 그는 하나님이 홀로 의로우신 재판장이심을 굳게 믿었습니다. 그래서 그는 억울하게 당했다고 생각하는 순간 즉각적으로 그분에게 달려갑니다. 그리고 이렇게 기도를 시작합니다. "주 나의 하나님, 내가 주께 피하오니 나를 구원하여 주시고 나를 건져 주옵소서"라고.

억울하게 당했다고 느낄 때 제일 먼저 드릴 기도는 자신을 성찰하는 기도입니다. 억울하게 당할 때 그 원인을 다른 이에게서 찾는 것은 쉬운 일입니다. 그리고 그 다른 사람을 비난하는 것은 더더욱 쉬운 일입니다. 이런 경우 다른 이들에 대한 비난이나 저주는 내 영혼에 조금의 유익도 가져오지 못합니다. 그러나 자신을 성찰하기 시작하는 순간 그는 내면에 있어서 부요한 자가 됩니다.

우리는 타인의 불행에 대해서는 그의 변호사가 될지언정 검사역을 자처하지 말아야 합니다.

이웃의 불행이 그의 죗값이라고 쉽게 판단하지 말아야 합니다. 욥의 친구들이 이 과오에 빠졌습니다. 그러나 자신의 불행에 대해서는 스스로 검사역을 자처하고 엄중하게 참회할 필요가 있습니다. 오늘의 나의 불행이 주의 징계였다면 참회는 나의 새로운 아침의 행복이 될 것입니다.

아무리 기도해도 오늘의 나의 고난이 나의 과오와 상관없는 억울한 당함으로 다가오거든 이제 나를 찢고자 하는 원수의 회개를 위해 기도할 시간입니다. 원수를 저주하지 말고 원수가 회개하도록 기도하십시오. 원수가 회개치 아니하면 하나님의 공의로운 심판에 맡기십시오. 원수가 나를 위해 파놓은 함정은 스스로를 위한 함정이었음이 곧 드러날 것입니다. 그분의 의로우신 심판을 신뢰하며 소리 높여 주를 찬양하십시오. 🌱

오, 나의 의로우신 재판장이신 하나님이시여. 나의 억울함을 굽어 살피사 저를 구원하여 주시고 행여나 이 억울함의 과정에 저의 잘못함이 있었다면 저를 교정하여 주소서. 아멘

인간의 정체의식

• • •

사람이 무엇이기에 주께서 그를 생각하시며
인자가 무엇이기에 주께서 그를
돌보시나이까 (시 8:4)

현대 인간관에 영향을 끼친 대표적인 견해는 찰스 다윈의 진화론적인 인간관입니다. 그는 우리에게 인간이 고등한 존재이기는 하지만 본질적으로 동물과 다를 것이 없는 존재로 인식하게 만들었습니다. 다음은 프로이트의 성적인 인간관입니다. 그는 우리가 철저하게 성적충동의 지배를 받는 존재로 인식하게 했습니다. 그리고 다음은 칼 마르크스의 경제적 인간관으로 우리가 경제적 동기에 의해 조작되는 존재로 인식하게 했습니다.

인간은 자기가 누구인가를 믿는 대로 행동하는 존재입니다. 오늘 현대인이 엽기적으로 돈과 섹스, 그리고 육체에 집착하고 있는 현실은 이런 사람들의 부분적인 진리를 담고 있지만 매우 망상적으로 과대 포장된 왜곡된 인간관을 수용한 결과라고 할 수 있습니다. 인간은 칼빈이 말한 대로 하나님을 알지 못하는 한 자신이 누구인가를 알 수 없는 존재입니다.

시편 기자의 인간관은 역설적입니다. 그는 우선 인자 곧 '벤 아담'입니다. 그는 흙의 아들로 지음 받은 흙으로 돌아갈 수밖에 없는 연약한 존재입니다.

흙이 상징하는 순간성과 한계성 그것이 바로 인간의 현실입니다. 그러나 동시에 인간은 하나님보다 조금 못한 하나님을 닮은 존재입니다. 하나님보다 조금 못함이 짐승보다 훨씬 나음보다 훨씬 나은 가능성과 탁월성의 존재입니다.

하나님은 이런 인간에게 영화와 존귀의 왕관을 씌우시고 그에게 특별한 애정을 가지시고 그를 기대하십니다. 왜냐하면 인간은 하나님이 지으신 만물을 다스리고 지켜야 할 청지기이기 때문입니다. 그는 창조자요 섭리자이신 하나님을 아버지라고 부를 수 있는 특권을 부여받은 존재입니다. 우리가 사람으로 지음 받아 사람으로 살고 있는 이 기막힌 신비를 찬양해야 마땅할 것입니다. 🌱

사랑하는 조물주이신 하나님. 우리를 인간으로 지어주신 하나님을 찬양하오니 저희로 한 순간도 그 인간됨의 그 영광스러운 정체감을 잃지 말고 살게 하옵소서. 아멘

심판하시는 하나님

여호와께서 영원히 앉으심이여
심판을 위하여 보좌를
준비하셨도다 (시 9:7)

요즈음 우리 사회에는 한동안 삼행시 짓기, 오행시 짓기 등이 유행한 바 있었습니다. 시편 9편과 10편은 히브리어 알파벳순으로 이어지며 심판하시는 하나님의 위엄을 노래하고 있습니다. 이 시편을 우리 맛으로 조금 느낄 수 있도록 한글 가나다라 순으로 바꾸어 그 의미를 나누어 보는 것도 흥미 있는 믿음의 유희가 될 것입니다.

가없는 주의 은혜의 행적을 무슨 언어로 우리가 표현할 수 있겠습니까.
나같은 인생에게도 베푸신 구원을 인하여 마음 다 바쳐 찬양하옵고
   전파하오리니
다나와 높으신 주의 이름을 즐거워하고 노래하올지라.
라라라라 시온의 문에서 찬양하고 크게 기뻐하겠나이다.

마음을 다하여 그가 행하신 일들을 헤아려 먼저 감사를 드리올지라.
바로 행하지 못하는 인생을 굽어 감찰하시는 그는 정녕 의로우신 하나님

사특한 악인들을 이 땅에서 징계하시며 문책하시리니
아, 정녕 그의 공정하심을 나타내시는 도다.

자기의 심판의 보좌를 역사의 한가운데 세우시고 다스리는 그는 또한
차가운 인생의 전장에 버림받은 이들의 구원의 변호자 되시기를
　기뻐하시니
카니발 축제의 장에도 소외된 외로운 이를 찾아 나서시는 그의 정의는
타버린 가슴마다 다시 사랑의 불꽃을 심는 따뜻한 정의.

파장의 역사 저 건너편에서 못다 실행한 의를 마침내 집행하실 주여,
하늘에 세우신 당신의 의의 보좌에서 우리의 찬양을 받으소서.

공의로 세상을 심판하시고 정직으로 만민을 판단하시는 주여, 우리가 억울한 일을 당할 때도 주가
우리의 도움이심을 한 순간도 잊지 않고 살아가게 하소서. 아멘

성경적인 악인

악인은 그의 교만한 얼굴로 말하기를
여호와께서 이를 감찰하지 아니하신다 하며
그의 모든 사상에 하나님이 없다 하나이다 (시 10:4)

성경적인 악인이라니 다소 제목 자체가 생소하게 느껴지실지 모르겠습니다. 본래 의와 불의, 선과 악의 기준은 매우 모호할 수밖에 없는 개념일 수 있습니다. 오죽하면 파스칼이 "피레네 산맥의 이쪽에서 정의인 것이 저쪽에서는 불의함이라"고 말했을까요. 결국 인간의 모든 윤리적 판단은 상대적일 수밖에 없지만 우리 그리스도인들은 유일하게 그 예외가 성경적 기준이라고 믿는 사람들입니다.

시편 기자는 먼저 그 사상에 하나님이 없는 사람이 악인이라고 말합니다. 무신론은 악한 사상이고, 무신론자는 우리와 단지 사상을 달리하는 사람들이 아니라 악한 사람들입니다. 일찍이 작가 도스토옙스키는 그의 작중인물을 통해 "만일 하나님이 없다면 우리가 못할 일이 없다"고 말했습니다. 무서운 말입니다. 세상에 편만한 모든 악의 근원은 바로 무신론인 것입니다.

악인은 또한 교만한 사람입니다. 그는 스스로를 하나님의 자리에 두었기에 교만할 수밖에 없는 사람입니다.

자기의 생각이 모든 것을 판단하는 기준입니다. 그의 생각에는 하나님의 뜻이 고려되는 법이 없습니다. 그의 행동에는 하나님에 대한 두려움이 전제되는 법이 없습니다. 그의 입술에는 저주가 있고, 그의 눈에는 탐욕이 있고, 그의 손에는 무죄한 자의 피가 묻어 있습니다.

악인은 겸손한 자를 싫어합니다. 겸손한 자의 임재는 악인을 부끄럽게 하기 때문입니다. 그래서 악인은 겸손한 자를 멸시합니다. 겸손을 무력한 자의 자기 보호막 정도로 취급합니다. 악인은 때로 겸손한 자를 위협합니다. 자기의 악이 드러날까 무서워 선수를 칩니다. 그래서 악인의 주변에서는 겸손한 자들이 떠납니다. 악인은 고아도 싫어합니다. 악인은 자기가 돌볼 자들이 존재하는 것을 부담스러워 하기 때문입니다. 🌱

오, 하나님. 우리는 누구나 악인의 명패를 싫어하오니 아직도 믿는 저희들에게 남아있는 악의 오염들을 씻어 주시고 우리의 삶이 악인의 영향에서 지켜지게 하옵소서. 아멘

도망가고 싶어질 때

● ● ●
내가 여호와께 피하였거늘
너희가 내 영혼에게 새 같이 네 산으로 도망하라 함은
어찌함인가 (시 11:1)

인간의 본능 가운데는 도피의 본능이 있습니다. 갑자기 어려움을 당할 때, 혹은 실패의 결과로 그 비참함을 숨기고 싶어질 때, 혹은 일상적 권태에 시달릴 때 우리는 도피를 선택합니다. 그러나 대부분의 도피의 경우 일시적 위안을 경험할 수 있을지 모르지만 도피의 결과는 더 큰 비참을 부릅니다. 다시스행의 도피를 선택한 그를 기다리고 있었던 것은 태풍과 파도, 그리고 그를 삼키기 위해 예비된 큰 물고기였습니다.

내 인생이 어려움에 직면하여 있을 때 이웃들의 대부분의 권면은 잠깐 피하여 있으라는 것입니다. 그들의 이런 권면의 보다 솔직한 동기는 내 고단한 인생을 바라보는 그 자체가 그들에게는 부담스러운 짐으로 느껴지는 까닭일 것입니다.

그래서 그들은 우리에게 재빨리 새같이 저 건너 산으로 도망하라고 말합니다. 그래서 우리는 주거지를 바꾸기도 하고 직장이나 직업을 바꾸기도 합니다. 더러는 이민을 선택하기도 합니다.

심리학자들은 도피(escape)가 아닌 직면(confrontation)을 우리에게 권합니다. 직면하여 당할 것은 당하고 고칠 것은 고치고 새롭게 시작하는 것만이 해결의 유일한 처방이기 때문입니다. 사실, 직면은 우리에게 의외의 피할 길을 예비해주기도 하고, 생각보다 별 문제가 아니었음을 경험하게 하여 가벼운 새 출발의 은혜를 베풀기도 합니다.

그러나 시편 기자는 도피도 직면도 아닌 제3의 길을 우리에게 권합니다. 여호와께 도피하라는 것입니다. 실제로 우리를 난처하게 만든 상황을 직면하는 것이 우리에게는 얼마나 힘겨운 일인지요. 직면 자체가 더 무거운 짐일 때 우리는 모든 것을 포기하고픈 절망의 유혹을 느낍니다. 그래서 요나는 물고기 배 속에서 여호와께 기도하기 시작하였습니다. 그때 기적의 새 세상이 예비된 것입니다.

주여, 도망가고 싶어질 때 주께 도망하게 하옵소서. 그러나 고난 중에도 부활하신 주님의 최후 승리를 믿게 하옵소서. 아멘

거짓된 말과 진실한 말

• • •
여호와의 말씀은 순결함이여
흙 도가니에 일곱 번 단련한
은 같도다 (시 12:6)

언어는 인간존재의 집이라고 말한 철학자가 있었습니다. 언어는 인간을
반영하기도 하고 인간을 창조하기도 합니다. 요한은 태초에 말씀이 있었다고
기록하였습니다. 이 말씀으로 만물은 지음을 받았다고 기록합니다. 동일한
말씀으로 지음 받은 인간의 말에도 위대한 창조성이 깃들어 있습니다. 말로
행복을 창조하는 사람이 있는가 하면 말로 불행을 창조하는 사람도 있습니다.

사람의 말은 대체로 인간의 부패성을 반영한다고 할 수 있습니다. 하루를
살아가면서 우리는 얼마나 많은 거짓된 말, 아첨하는 말, 위선적인 말, 자랑
하는 말, 증오하는 말들을 경험하며 살아가고 있는지요. 오죽하면 사도바울
은 우리의 목구멍은 열린 무덤이라고 했을까요. 이 열린 무덤에서 풍겨 나오
는 악취는 가히 살인적이라 할만하지 않습니까. 나의 언어에서 나는 나의 죄
인됨을 만납니다.

하나님의 말은 얼마나 다른가요. 그 말은 순결합니다. 그 말은 도가니에서
단련한 은이요. 일곱 번 걸러낸 금입니다.

그래서 그의 말은 진실하며 진리입니다. 우리는 이 말로 거듭나고 이 말로 새로운 존재를 만들어 갑니다. 이 말은 이제 나의 존재의 집이 되었습니다. 이 말에서 나는 내 인생의 소명을 듣고 내 인생의 비전을 봅니다. 이 말은 내 발의 등이요, 내 손의 능력입니다.

경건한 자가 끊어진 시대를 살아가는 경건한 자들은 어떻게 그들의 언어의 집을 지어가야 할까요? 먼저 우리는 거짓의 집에서 나와 광야에서 하나님의 음성을 들어야 합니다. 그의 말로 씻음을 경험해야 합니다. 그리고 그의 말을 따르기로 충성을 맹세해야 합니다. 그의 말은 나의 새 존재의 기초이어야 하기 때문입니다. 그의 말 위에 든든히 설 때 진실의 새집이 지어질 것입니다. 🌱

진리이신 하나님. 우리를 거짓된 말의 오염에서 지켜주시고 진실한 말로 날마다를 살아가게 하옵소서. 아멘

어느 때까지니이까?

여호와여 어느 때까지니이까
나를 영원히 잊으시나이까 주의 얼굴을 나에게서
어느 때까지 숨기시겠나이까 (시 13:1)

어느 때까지니이까. 어느 때까지니이까.
어느 때까지니이까. 어느 때까지니이까.
이 짧막한 시편에서 이렇게 네 번이나 반복하고 있는 시편 기자의 심정은
얼마나 절박한 정황이었겠습니까? 난치의 질병을 겪고 있을 때, 사업이 지지
부진하게 바닥을 치고 있을 때, 인간관계의 악연이 그 긴장을 더해갈 때 이
비명은 누구나의 입에서도 에스컬레이트 될 수밖에 없습니다.

상황적 압박 못지않게 우리가 두려워해야 할 상황은 이 상황에 대처하
는 내 영혼의 상황입니다. 상황에 못 견뎌하는 우리의 육체는 우리의 영혼을
윽박지르게 되고 그때 우리의 영혼은 소위 우리의 신앙의 선배들이 일컫은
'영혼의 어두운 밤'을 지나게 됩니다. 하나님은 '나'라는 존재를 영 잊어버리신
것은 아닐까? 하나님은 공평함을 잃어버리신 어쩌면 불공정한 분은 아닌지
라는 물음에 직면하게 됩니다.

한 순간 아니 어느 일순간 갑자기 모든 존재가 회색의 미몽으로 비치는 그때

우리에게 모든 것은 '무의미' 그 자체로 다가오게 됩니다. 이 절묘한 순간 우리 모두는 자살의 유혹을 받을 수 있습니다. 시편 기자의 언어를 빌리면 '사망의 잠'의 달콤한 유혹입니다. 차라리 사망의 잠이 모든 것을 가장 확실하게 해결하는 대안으로 보여질 수 있기 때문입니다.

이런 영혼의 어두운 밤을 위해 우리는 기도의 습관을 미리부터 가질 필요가 있습니다. 습관적인 기도가 그 어느 날엔 나를 구원하는 결정적인 비책일 수 있기 때문입니다. 기도는 우리를 보다 객관적인 전망에서 인생 전체를 돌아보게 합니다. 그리고 인생의 리얼리티에 눈을 열게 합니다. 의미가 결코 없지 않았던 지난날의 여정을 보는 순간 우리는 다시 그의 사랑에 매어 달릴 수 있고 우리의 영혼은 찬미를 회복하게 됩니다. 🌱

오 하나님, 사망이 달콤한 유혹으로 다가올 때 진정 다시 기도하게 하소서. 그리고 당신이 사랑이심을 알고 다시 당신을 의지하게 하소서. 아멘

무신론의 어리석음

어리석은 자는 그의 마음에 이르기를
하나님이 없다 하는도다 그들은 부패하고 그 행실이 가증하니
선을 행하는 자가 없도다 (시 14:1)

시편 기자는 어리석은 자는 그 마음에 이르기를 하나님이 없다고 말합니다. 무신론의 오류는 지적인 것이라기보다는 먼저 도덕적입니다. '하나님이 있다'라는 생각이 죄인들에게는 거추장스럽기만 한 것입니다. 어리석음에는 여러 가지 유형이 있지만 혹시 어떤 사건이나 진실을 받아들이면 그것이 나에게 손해가 되지 않을까 해서 거절하는 미련함이 있습니다.

무신론을 선택하는 사람들은 라이프 스타일에 있어서 대체적으로 파괴적이고 적대적입니다. 특별히 하나님의 백성을 향해서 그렇습니다. 스탈린이 그랬고 히틀러가 그랬습니다. 무신론의 사상적 원조는 사단입니다. 그는 하나님과 그의 백성을 대적하는 자입니다. 그래서 성경은 그의 존재를 가리켜 '대적 마귀'라고 묘사합니다.

시편 기자는 무신론자들의 폭력성이 내면적 갈등 때문이라고 지적합니다. 그들 안에 내재한 깊은 두려움이야말로 무신론의 이론적 본향이라고 할 수 있습니다.

　그래서 그들은 그리스도인들을 핍박하면서 더 큰 두려움에 사로잡혀 인생을 살아갑니다. 유신론자들이 하나님이 있었으면 좋겠다는 의존의식 때문에 신을 제조한 것이라고 공격한 이들은 신이 정말 없었으면 좋겠다는 투사의식으로 살아갑니다.

　시편 기자는 무신론자들에 대한 우리의 반증은 그리스도인들의 삶 그 자체이어야 한다고 가르칩니다. 이론적 반증이 무익한 것은 아니지만 그것으로 우리의 무신론적 이웃들을 주께로 돌아오게 할 수는 없습니다. 로마시대에 믿음으로 생명을 박탈당하면서도 원수를 향해 용서를 선포하던 빛나던 그들의 얼굴은 로마의 무신론자들로 하여금 크리스천들의 신을 알고 싶어하게 만든 목마름의 원천이었습니다. 🌱

주여, 우리 시대의 무신론에 대해 철저한 이론적 반증을 게을리 않게 하시되 더 중요한 구별된 삶으로 무장하고 무신론에 빠진 이웃들을 만나 그들을 구원하게 하소서. 아멘

하나님의 마음에 합한 사람

• • •

여호와여 주의 장막에
머무를 자 누구오며 주의 성산에 사는 자
누구오니이까 (시 15:1)

하나님의 백성이 흠모할 만한 별명이 있다면 '하나님의 사람'일 것입니다. 그러나 세속화의 영향을 극복하기 어려운 우리들의 삶의 모습은 여전히 돈의 사람이요, 권력의 사람이요, 명예의 사람이요, 쾌락의 사람입니다. 그러기에 우리가 하나님의 사람으로 인정된다는 것은 얼마나 도전할만한 목표인지요! 그런데 시편 15편에서는 그런 사람을 '주의 장막에 거할 수 있는 사람'이라고 일컫고 있습니다.

그러면 도대체 누가 주의 장막에 거할 것이며, 누가 주의 거룩한 산에 설 수 있는 자이겠습니까! 그의 행실은 정직하게 사는 것이며, 옳은 일을 행하는 것입니다. 우리시대는 부정직함을 지혜로 부추기며, 불의함을 용기로 착각하게 유도합니다. 이런 시대일수록 정직을 참된 지혜로, 공의를 진정한 용기로 드러내는 사람이 요구되고 있습니다.

하나님의 사람의 언어는 진실해야 합니다. 언어는 마음의 거울입니다. 진실한 마음으로 진실한 언어를 말해야 합니다.

그 혀로 남을 비방하지 않고, 자기 친구를 해하지 말고, 이웃을 헐뜯지 말아야 합니다. 이웃을 축복해야 합니다. 그래서 우리의 언어가 이웃을 세우는 도구로 쓰임 받아야 합니다. 그때 비로소 우리는 우리의 이웃들에 의하여 '하나님의 마음에 합한 사람'으로 인정될것입니다.

하나님의 사람의 가치는 하나님과의 관계에서 형성되어야 합니다. 하나님을 두려워함이 우리의 가치관의 출발입니다. 하나님과의 언약은 우리의 가치관의 완성입니다. 그리고 이런 우리의 부동의 가치, 영원한 가치는 이웃에 대한 약속의 지킴이로서의 신실함, 맡겨주신 재정에 대한 깨끗함으로 나타나지 않으면 안 될 것입니다. 이런 사람은 흔들리는 세상에서 흔들리지 아니하는 모습으로 살아가는 살아있는 간증이 될 것입니다.

주여, 우리 안에는 많은 열망들이 일어나고 있지만 오늘은 오직 한 소망을 고백하오나니 주의 장막에 담대히 들어서기를 소원하오며, 주의 성산에 깨끗하게 머물기를 원하나이다. 아멘

내가 행복한 이유

• • •

내가 여호와께 아뢰되
주는 나의 주님이시오니 주 밖에는
나의 복이 없다 하였나이다 (시 16:2)

행복을 느끼는 사람은 행복한 사람입니다. 아무리 누군가가 완벽한 행복의 조건을 구비하고 살고 있어도 그가 행복을 느끼지 못한다면 그의 행복은 행복이 될 수 없습니다. 그리스도인의 행복은 주님을 만남으로 시작됩니다. 내 인생의 주인을 알기 전, 내 삶의 모습은 처절한 방황이었습니다. 그것은 가히 우상순례라 말해도 과언이 아니었을 것입니다. 그러던 내가 주를 만나게 됩니다.

그래서 마침내 시편 기자와 더불어, "하나님은 나의 주님, 주님 밖에는 나의 행복이 없다"고 고백하기에 이르렀습니다. 그때 나의 주님은 나에게 "너는 나의 자랑이요, 나의 기쁨이다"고 말씀하셨습니다. 아니 창조자이시오, 심판자이신 하나님이 내게 이렇게 말씀하시다니! 나는 믿을 수 없었습니다. 나는 내 귀를 의심했습니다. 그러나 그분의 말씀은 참되고 진실하셨습니다. 마침내 나는 행복한 자가 되었습니다.

이제 나는 주님을 모시고 사는 자가 되었습니다. 그분이 정말 나의 삶의 주인이 되신 것입니다. 내 마음에는 기쁨의 샘이 솟아나기 시작했습니다. 그분은 내 곁에 서서 동행하시게 되었습니다. 나의 갈 길을 지시하시고, 내가 곁길로 갈 때마다 나를 책망하시기도 하십니다. 나는 그의 책망에서 더 큰 그의 사랑을 느낍니다. 나를 그대로 버려둘 수 없는 그의 집착에서 나는 내가 그의 사랑하는 자가 된 것을 확인하기 때문입니다.

아침에 나의 주님은 내게 기도하게 하십니다. 낮에는 내게 활동의 지혜와 에너지를 공급하시고, 밤에는 내게 안식을 허락하십니다. 잠이 오지 않는 밤, 그는 나에게 다가올 영원한 안식을 생각나게 하시고 인생의 한계를 묵상하게 하십니다. 그때 밤은 주께 내게 보내시는 스승이 되어 나를 가르칩니다. 나 이제 죽음이 두렵지 않은 것은 그와 더불어 저 영원 속으로 들어갈 것을 알기 때문입니다. 그래서 나는 행복합니다. 🪴

주님, 저는 행복합니다. 당신을 만났기 때문입니다. 그래서 저는 당신을 사랑합니다. 영원토록 말입니다. 아멘

내가 가진 거룩의 열망

• • •

나는 의로운 중에 주의 얼굴을
뵈오리니 깰 때에 주의 형상으로
만족하리이다 (시 17:15)

나는 결코 거룩한 자가 아닙니다. 거룩하지 못하기에 거룩을 열망하는 자일뿐입니다. 나는 진실로 새롭게 시작된 내 믿음의 여로가 거룩을 위한 몸부림의 치열한 흔적이 있었던 여로로 주께 보고되기를 열망하는 자입니다. 성도의 길은 신학자들의 증언대로 성화의 여로요, 영화의 여로임을 알고 있기 때문입니다. 나의 치열한 성화의 싸움이 끝나는 그곳에서 덜 부끄러운 모습으로 만나는 것은 나의 가장 진지한 소망입니다.

내가 인생의 길에서 경험하는 가장 커다란 곤혹은 나의 거룩이 오히려 추함으로 내 이웃들에게 비칠 때입니다. 그것은 곤혹스러움 정도가 아닌 나의 존재를 무너뜨리는 파괴의 고통 같은 것입니다. 그때에 내가 찾을 곳은 나의 변호사이신 나의 주님 밖에는 없습니다. 그분은 나의 추한 모습 뒤에 숨은 내 거룩의 동기를 살피시고 나를 판단해 주실 분임을 믿기 때문입니다.

라브리의 둥지에서 현대의 구도자들에게 주님을 소개하던 고 프랜시스 쉐이퍼 박사는 이 땅 순례의 여정을 떠나기 전 현대의 그리스도인들이 행복만을 찾고 거룩을 찾지 않는 것을 가장 안타까운 일이라고 개탄하셨습니다. 거룩을 찾는 자들에게는 행복도 주어질 것이지만, 행복만을 찾는 이들에게는 이기심과 쾌락이 인생의 종국이 될 것입니다. 그래서 나는 거룩하지도 못하면서도 거룩은 내 인생의 가장 큰 열망이라고 고백합니다.

　내 짧은 인생의 여로가 끝나고 눈을 감는 순간 나는 내 한평생 사모하고 그리워하던 그분의 품 안에서 다시 눈을 뜨게 될 것입니다. 내가 그분의 품에서 깨어 일어나는 순간 나는 천천히 그러나 분명히 그분의 얼굴을 더듬어 확인해 보고자 합니다. 그리고 내가 얼마나 그분을 닮아 있는가를 열심히 확인해 볼 것입니다. 그때까지 저를 눈동자처럼 지켜 주시고, 그의 날개 그늘 아래 감추어 주시기를 열심히 기도하며 살고 싶습니다. 🪴

주님, 저는 거룩하지 못한 자이오나 저를 지켜 주시고 저의 부끄러운 인생을 통해 주의 미쁘심을 제발 드러내 주십시오. 아멘

나의 반석이신 하나님

• • •

여호와 외에 누가 하나님이며
우리 하나님 외에
누가 반석이냐 (시 18:31)

　반석 혹은 바위라고 할 때 어떤 이미지가 떠오르시는지요? 반석은 무엇보다 보호의 이미지가 있습니다. 고대 세계에서 전쟁이 일어나면 무사들은 바위 뒤에 숨게 됩니다. 적의 화살을 피하기 위해서 입니다. 인생을 살면서 나의 잘못과 별로 상관없이 잔인한 이웃의 공격을 경험할 때가 있습니다. 그때 그 누구도 나의 도움이 되어주지 못할 때 나를 변호할 분은 내 주님밖에 없습니다.

　반석은 사막지대에서 종종 유일하게 여행자에게 그늘을 제공하는 원천이 되기도 합니다. 그때 반석은 피난처요, 안식처가 됩니다. 인생의 길은 생각보다 더 뜨거운 열기를 감내해야 하는 고단한 길입니다. 우리는 이 길에서 쓰러져 생의 의지를 포기해 버린 기권자를 생각보다 많이 만나게 됩니다. 그런데 나는 나의 반석 되신 그분으로 인하여 쉼을 누리며 살아갑니다.

　반석은 또한 우리가 디디고 설 인생의 견고한 기초가 됩니다. 오늘 이 시대에 우리는 모래 위에 집을 짓는 너무나 많은 건축자들을 볼 수 있습니다.

주님은 친히 지혜로운자는 그집을 반석위에 짓는다고 하셨습니다. 그리고 그분이 친히 우리의 반석이 되어 주십니다. 반석 위에 세운 교회는 음부의 권세가 이길 수 없다 하셨습니다. 내가 인생에서 경험한 가장 큰 행복은 예수님을 만나 내 인생의 집을 반석 위에 짓게 된 일입니다.

　다윗은 사울왕에게 목숨의 위협을 받을 때마다 이 바위 뒤에 숨었습니다. 그는 아들 압살롬의 반역의 큰 슬픔을 경험할 때에도 이 바위그늘 아래서 위로를 받았습니다. 그는 작은 나라 이스라엘을 위협하는 이웃 열강의 침략을 받을 때마다 이 반석 위에 서서 적들과 맞서 용감하게 싸울 수 있었습니다. 그 동일한 반석이 내게 주어져 있는 이 행복이여! 나의 반석 되신 여호와여, 내가 주를 사랑하나이다. 🪴

나의 반석이요, 나의 피할 바위 나의 방패 되신 주님이시여. 나의 반석 되신 주를 찬양하며 내 인생의 집을 반석 위에 부지런히 세우게 하소서. 아멘

하나님이 쓰신 두 권의 책

하늘이 하나님의 영광을 선포하고 궁창이 그의 손으로 하신 일을 나타내는도다…
여호와를 경외하는 도는 정결하여 영원까지 이르고
여호와의 법도 진실하여 다 의로우니 (시 19:1,9)

하나님은 꼭 두 권의 책을 쓰셨습니다. 하나는 자연이라는 책이고, 또 하나는 성경이라는 책입니다. 신학자들은 이것을 일반계시와 특별계시라고 불러왔습니다. 일반계시는 하나님의 일반은총의 결과요, 특별계시는 하나님의 특별은총의 결과입니다. 하나님은 믿는 자나 안 믿는 자를 구별하시지 않고 모든 인류가 누리도록 자연을 선물하셨습니다. 그러나 그는 특별한 은총으로 특별한 선물을 주셨으니 곧 성경이요 혹은 토라입니다.

자연의 책에는 하나님의 영광이 가득합니다. 뜨는 해와 지는 해에서 우리는 그분의 마술을 날마다 접합니다. 새벽의 여명에서 우리는 그분의 숨소리를 듣고, 해지는 석양에서 우리는 그분의 노랫소리를 듣습니다. 한낮의 뜨거움에서 우리는 그분의 더운 심장을 접하고, 밤의 적막에서 우리는 그분의 조용한 침묵을 만날 수 있습니다.

성경책에는 하나님의 교훈이 가득합니다. 우리는 이 책을 읽고 하나님이 누구이시며, 그분이 어떤 일을 하고 계시는가를 비로소 자세히 알게 됩니다.

우리는 이 책에서 우리를 사랑하시는 그분의 고백을 접하고 그분의 사랑에 가슴을 열었습니다. 우리는 이 책에서 하나님의 아들이신 예수를 만나고, 이 책이 가르치는 그대로 기도함으로 하나님의 영을 경험하게 되었습니다.

우리는 이 두 권의 책을 소중히 여길 필요가 있습니다. 하루에 한 번이라도 자연의 경이로움 앞에 서서 심호흡을 하며 자연에 가득한 하나님의 영광 속으로 들어가 그의 체취를 느낄 수 있어야 합니다. 하루에 한 번 이상 성경을 열어 내게 말씀하시는 그분의 음성을 듣고 내 삶을 그분의 인도하심 따라 만들어가야 합니다. 그리고 자연을 소중히 여기는 일에 힘쓰고, 성경을 연구하고 묵상하는 일에 삶의 우선순위를 두어야 합니다. 🌱

하나님, 우리에게 주께서 친히 자연과 성경, 두 권의 책을 선물로 주심을 감사드립니다. 우리의 호흡이 다할 때까지 이 두 권의 책을 소중히 여기며 살아가게 하옵소서. 아멘

나라 지도자를 위한 기도

• • •

여호와께서 자기에게 기름 부음 받은 자를 구원하시는 줄 이제 내가 아노니
그의 오른손의 구원하는 힘으로 그의 거룩한 하늘에서 그에게 응답하시리로다
어떤 사람은 병거, 어떤 사람은 말을 의지하나
우리는 여호와 우리 하나님의 이름을 자랑하리로다 (시 20:6-7)

국가를 우리는 조국 혹은 모국이라고 부릅니다. 조상의 나라 혹은 어머니의 나라라는 뜻입니다. 우리는 때로 우리의 조상이나 어머니를 부담스럽게 느낄 때도 있습니다. 그래도 우리는 우리의 조상이나 어머니 없이 우리가 존재할 수 없다는 것을 잘 알고 있습니다. 그래서 조국은 사랑할 수밖에 없고 집착할 수밖에 없는 우리의 존재의 뿌리가 됩니다.

민족을 둘러싸고 두 개의 극단적인 전망이 존재할 수 있습니다. 하나는 배타적 민족주의로서 이것은 나의 국가에 대한 집착 때문에 타민족이나 타국가의 존재 이유를 부정하거나 내 나라의 이익을 위해 쉽게 다른 나라에 손해를 끼치는 모습으로 나타납니다.

또 하나는 민족 없는 사해 동포주의입니다. 이런 전망에는 휴머니즘적 낭만이 있으나 존재의 뿌리가 깊지 못해 위기 앞에 쉽게 그 얼굴을 포기하고 맙니다. 소련 연방이 이데올로기의 해체를 경험하자마자 본래의 민족들의 뿌리로 돌아가는 모습을 우리는 보았습니다.

우리는 세상을 가슴에 품고 살면서도 자기 민족의 정체성을 소중히 여기는 지도자를 필요로 합니다. 환난의 날에 민족을 지키는 지도자이면서 민족과 더불어 하나님 앞에 무릎 꿇을 줄 아는 지도자가 필요합니다. 왜냐하면 하나님은 민족의 궁극적 뿌리이시기 때문입니다. 하나님이 민족의 근원임을 아는 지도자는 기도하는 지도자입니다. 그의 궁극적 소원은 여호와의 이름으로 민족의 기를 세우는 것입니다.

그래서 우리는 새시대의 우리나라 지도자들이 무엇보다 믿음의 사람이고, 기도의 사람이고, 예배하는 사람이기를 소망합니다. 말이나 병거 혹은 핵무기보다도 하나님을 의지하며 하나님을 자랑하는 사람이었으면 좋겠습니다. 한걸음 더 나아가 백성들의 꿈을 자기의 꿈으로 알고 살아가는 사람이면 좋겠습니다. 그래서 백성들이 그를 위해 기도하며 "당신의 비전과 정책이 이루어지소서"라고 정말 축복할 수 있는 사람이기를 기대합니다.

오 하나님. 이 나라 지도자들이 제발 하나님을 알고 하나님의 뜻을 이루는 백성의 대언자가 되게 하소서. 아멘

시편
21편~40편

묵상의 샘 이동원 목사

승리의 날에 드리는 감사의 기도

여호와여 왕이 주의 힘으로 말미암아 기뻐하며
주의 구원으로 말미암아 크게 즐거워하리이다 그의 마음의 소원을 들어 주셨으며
그의 입술의 요구를 거절하지 아니하셨나이다 (셀라) (시 21:1-2)

인생에서 승리는 언제나 달콤한 것입니다. 그러나 우리는 알고 있습니다. 우리가 얻은 승리가 얼마나 우리에게 피 흘림과 땀 흘림을 요구했는지를 잘 알고 있습니다. 그것들은 길고 긴 싸움의 끝에서 얻은 달콤한 면류관이요, 환희의 축제인 것입니다. 그러나 우리는 또한 알고 있습니다. 나의 승리를 위해 패배를 감수해야 했던 내 경쟁자들의 진한 한숨과 절망의 얼굴들을.

그래서 우리의 감사의 기도는 겸손한 것이어야 합니다. 우리의 승리의 진정한 원인이신 하나님께 드리는 기도이어야 합니다. 그것은 절박했던 싸움의 한복판에서 다급하게 외쳐댔던 그 도움의 목소리를 발하던 내 모습을 잊지 않겠다는 내 연약함을 다시 인정하는 기도입니다. 그것은 우리의 삶의 진정한 이유이신 주님만을 기뻐함으로 살아가겠다는 고백의 기도입니다.

한센병의 치유를 경험하고 주님 앞에서 떠나갔던 열 명의 사람 중 오직 한 사람만이 돌아와 주께 사례하던 이야기를 우리는 알고 있습니다. 주님은 그때 "다른 아홉은 어디 있느냐?"고 물으셨습니다.

　그만큼 감사는 일상적이 아닙니다. 우리는 승리의 날에 감사를 잊지 말아야 합니다. 감사는 과거의 장에서 일하시던 하나님의 손길을 현재의 경험으로 부활시키는 믿음의 연습입니다. 그래서 오늘을 또한 감사하는 사람으로 살게 됩니다.

　우리의 감사는 궁극적으로 우리의 시선을 미래로 이끌어 갑니다. 과거에 우리에게 성실하셨던 하나님의 인자를 기억하는 우리는 동일하신 그의 '신실하신 사랑'(헤세드)이 우리의 불확실한 미래에도 함께 하실 것을 어렵지 않게 믿을 수 있습니다. 그리하여 우리는 오늘도 요동치 아니하고 인생을 담담하게 살아갈 수 있습니다. 그가 주신 아름다운 행복을 찬미하면서 말입니다.

오, 주님, 승리의 날에 감사를 드리게 하시고 한 평생 감사를 잊지 않는 자로 살아가게 하옵소서. 아멘

엘리 엘리 라마 사박다니

• • •
내 하나님이여 내 하나님이여 어찌 나를 버리셨나이까
어찌 나를 멀리 하여 돕지 아니하시오며
내 신음 소리를 듣지 아니하시나이까 (시 22:1)

성경에 나타난 가장 보편적인 인간실존의 묘사는 "우리는 다 양과 같다"라는 표현이라 할 것입니다. 양은 방향감각이 없는 존재입니다. 그는 좀처럼 자기 집을 찾지 못합니다. 방황은 그의 실존의 양식입니다. 그는 신통한 자구책을 갖지 못합니다. 알고 보면 아주 연약한 존재입니다. 우리는 양과 같습니다. 그는 깨끗해 보이지만 쉽게 더럽혀집니다. 우리는 양과 같습니다.

성경에 나타난 구세주의 가장 적절한 묘사는 "여호와는 우리의 목자시니"라는 표현이라 할 것입니다. 그는 자기의 양을 위해 목숨까지 버리는 선한 목자이십니다. 그는 자기의 양을 죽음에서 구하시고 그의 길로 인도하사 자기 뜻을 이루게 하시는 큰 목자 곧 위대한 목자이십니다. 그는 또한 자기의 양을 신실하게 인도한 자들을 위해 영광의 면류관을 예비하시는 목자들의 목자이신 목자장이십니다.

요한은 예수님을 가리켜 '선한 목자'라고 하셨고, 그가 친히 "나는 선한 목자라. 나는 양들을 위해 목숨을 버리노라"고 말씀하셨다고 전합니다.

그는 자신의 생의 절정인 십자가에서 친히 '엘리 엘리 라마 사박다니', '나의 하나님, 나의 하나님, 어찌하여 나를 버리십니까!'고 절규하셨습니다. 다윗은 오래전에 자기의 아버지와 같은 왕에게 버림을 받고 방황하고 다니면서 이 십자가의 시편을 예언적으로 내어놓았습니다.

버림 당함을 경험할 때 이 십자가의 시편을 읽어 보십시오. 그리고 나를 위해 친히 버림 당하신 구세주를 묵상하십시오. 그가 친히 버림 당함을 경험하셨기에 그는 버림 당함의 고독과 고통을 이해하시는 선한 목자이십니다. 그리고 이런 목자가 내 곁에 머물러 계시다면 우리는 버림 당함의 자리에서도 여전히 소망을 가질 수 있습니다. 아! 엘리 엘리 라마 사박다니!

오, 주님! 때로 불평하는 내 곁에 다가오시는 당신의 목자 되신 착한 현존을 보이시오면 저는 이 불평을 찬양의 시로 올려드리겠나이다. 아멘

순례자의 하룻길

• • •

여호와는 나의 목자시니
내게 부족함이
없으리로다 (시 23:1)

인생은 순례의 길입니다. 우리는 이 땅에서 인간으로 태어나 보편적으로 백 년을 살지 못하고 갑니다. 어떤 사람들은 좀 더 오래, 어떤 사람은 좀 더 짧게 머물다 갑니다. 아무도 이 땅에서 영원히 사는 사람은 없습니다. 그래서 인생은 영원을 향한 순례라고 할 수 있습니다. 이 순례의 길에서 경험하는 가장 중요한 사건은 하나님을 목자로 만나는 사건입니다. 그때부터 진정한 의미에서 인생의 순례는 시작된다고 할 수 있습니다.

순례자의 아침은 흥분과 감격으로 가득 차 있습니다. 하나님이 나의 목자 되심으로 부족함이 없는 영혼의 풍성함을 경험하는 아침으로 우리의 새 인생은 시작됩니다. 우리의 아침의 식탁에는 푸르고 푸른 생명의 향연이 있습니다. 우리의 아침의 산책길에는 잔잔한 안식이 있습니다. 새롭게 깨어난 우리의 영혼은 의의 길을 찬미함으로 걸어갑니다.

순례자의 오후 길은 어떤 의미에서 보편적 인생의 고난에서 예외가 없는 골짜기의 길이라 할 수 있습니다.

그러나 목자 없이 인생을 순례하는 이들과의 차별성은 명백히 존재합니다. 목자의 보호와 인도를 경험하는 특별한 은총으로 인하여 우리는 두려워하지 않고 담대히 순례의 걸음 걸음을 옮겨갈 수 있는 것입니다. 말씀과 기도로 인하여 죽음의 골짜기에서도 생명의 능력을 경험할 수 있기 때문입니다.

순례자의 저녁 길은 특별한 위로가 준비된 달콤한 안식의 길이라 할 수 있습니다. 그 지긋지긋한 원수들의 추격을 따돌리고 비교적 자유롭고 가벼운 마음으로 맞이하는 저녁의 경험은 정녕 은혜의 저녁이 아닐 수 없습니다. 성령의 기름이 머리에 부어지고 우리의 잔이 노래로 넘쳐날 때 우리는 비로소 인생이 후회할 필요 없는 순례임을 고백하게 됩니다. 그리고 주가 예비하신 영원한 집을 바라보는 우리에게는 감사가 있습니다.

주님, 백 년이 하루 같은 순례의 길에서 기도하옵기는 주님이 목자 되셔서 인생은 무의미한 하루살이 길이 아니었다고 고백하게 하옵소서. 아멘

왕의 대관식

• • •

문들아 너희 머리를 들지어다
영원한 문들아 들릴지어다
영광의 왕이 들어가시리로다 (시 24:9)

지금 우리가 살고 있는 이 시대는 분명 왕정시대는 아닙니다. 우리는 그 옛날의 시대를 그리워할 필요도 없고, 그 시대로 회귀할 이유도 없습니다. 그럼에도 불구하고 우리의 마음속에는 왕의 뜰에 대한 아련한 향수가 있습니다. 우리 모두 어린 시절 인생을 시작할 때부터 왕자됨과 공주됨의 꿈이 있어 왔습니다. 이런 본능적인 왕궁 회귀 본능은 우리가 본래 왕중의 왕이신 그분에게 속한 자들로 지음받은 때문일지도 모릅니다.

왕은 모든 것을 소유합니다. 그리고 그는 모든 것을 다스리는 자입니다. 땅을 만드신 분도 이 땅 위에 온갖 아름다운 것으로 채우신 이도 그분이십니다. 강들을 지으시고, 이 강들을 모아 큰 바다가 되게 하신 이도 그분이십니다. 산을 만드시고 우리로 산의 높은 곳을 사모하게 하신 분도 그분이십니다. 그분의 지으심 따라, 아름다운 산의 정상을 향해 오르게 하시는 분도 그분이십니다.

인생이 가진 욕구의 궁극성은 하나님을 향한 것입니다.

1월 24일

우리는 그분의 얼굴을 그리워하고 그분의 가슴을 향한 굶주림으로 목말라 합니다. 이런 욕구는 권력이나 물질의 추구로 충족되지 않습니다. 오히려 이런 욕구를 포기하는 자들에게 그분의 충만한 임재가 선물로 주어집니다. 우리의 손이 깨끗하고 마음이 청결할 때 그분의 가득한 임재를 경험합니다. 예배는 우리의 영혼을 그분의 임재 가득한 정상으로 안내합니다.

유대 랍비문서에 의하면 시편 24편은 매 주일, 첫 날 곧 지금의 주일에 읽혀졌다고 합니다. 주일의 예배는 우리 주님의 왕 되심을 자주 망각하고 사는 우리가 그분을 다시 왕의 자리에 모시는 행위라고 할 수 있습니다. 예배는 왕의 대관식입니다. 영광의 왕이신 그분이 진실로 우리의 삶의 보좌 위에 영광스럽게 좌정하실 때 우리는 천국의 문이 열리는 것을 보게 될 것입니다.

사랑하는 주님, 당신은 영광의 왕이시오니 저희로 당신의 다스림을 받게 하사 왕 되신 당신의 영광스러운 자녀임을 드러내는 삶을 살아가게 하옵소서. 아멘

묵상의 샘 57

하나님의 인도를 받는 삶

• • •
여호와여 주의 도를
내게 보이시고 주의 길을 내게
가르치소서 (시 25:4)

하나님의 인도를 받는 삶은 복된 삶입니다. 내 인생을 처음부터 설계하신 이의 의도를 따르는 삶을 설계하신 이가 기뻐하시기 때문입니다. 저의 마음이 평안할 것이며 저의 걸음이 형통할 것입니다. 하나님이 저를 존귀히 여겨 친밀히 대하시매 저의 평생이 부끄럽지 않을 것입니다. 그러나 하나님의 인도를 받는 것은 하나님의 뜻을 분별하는 것만큼이나 쉽지 않습니다. 어떻게 하나님의 인도를 경험할 수 있겠습니까?

우선 내 영혼으로 주를 우러러 보게 해야 합니다. 내게 시선을 두지 않는 이를 내가 주목할 이유가 없을 것입니다. 의도적으로 기도하는 시간을 구별하여 주의 이름을 부르며 주의 보좌 앞으로 나아가야 합니다. 의도적으로 날마다 성경을 열어 진리의 말씀을 읽어야 합니다. 그리고 말씀을 열 때마다 "주의 도를 내게 보이시고 주의 길을 내게 가르치소서"라고 기도해야 합니다.

주의 인도를 구하는 이가 또한 반드시 잊지 말아야 할 기도의 하나는 '자기

성찰'입니다. 내가 살아온 삶이 주의 뜻을 명백하게 벗어나 있을 때 주의 인도가 있을 수 없습니다. 그래서 주의 인도를 구할 때마다 자신을 살펴 죄와 허물에서 먼저 스스로를 깨끗하게 해야 할 것입니다. 어떤 사소한 죄라도 주님 앞에서는 중요한 것이며 따라서 진지하게 참회하는 마음으로 용서를 구해야 합니다.

다음으로 중요한 것은 기도하는 자세입니다. 내가 주의 인도를 구하는 가장 중요한 이유는 나의 무지 때문입니다. 나는 한치 앞을 볼 수 없는 무지한 인생이요, 너무나 사소한 일에도 쉽게 놀라고 두려워하며 세속과 타협하여 스스로를 더럽히기 잘하는 가련한 인생입니다. 그래서 실로 겸손하고 온유한 기도의 자세로 주님 앞에 나아와야 합니다. 그때 그분은 온유한 자를 공의의 길로 인도하시겠다는 언약을 지키실 것입니다.

선하시고 정직하신 여호와 하나님, 내가 외롭고 곤고할 때 오히려 주의 인도를 받는 삶의 축복을 베풀어 주옵소서. 아멘

내가 사귀고 싶어하는 이에게

• • •

여호와여 내가 주께서 계신 집과
주의 영광이 머무는 곳을
사랑하오니 (시 26:8)

내가 사귀고 싶어하는 이는 당신이십니다. 오, 완전하시고 거룩하신 이여! 나는 불완전하고 거룩하지 못하오나 그래서 더욱 당신의 길에서 행하기를 원지 하나이다. 행여, 나의 행위가 주님 보시기에 합당치 않거든 나를 판단하시고 시험하사 나를 먼저 깨끗하게 하옵소서. 그리하여 당신과 함께 인생의 길을 동행하는 기쁨을 누리고 싶습니다. 왜냐하면 저는 당신을 닮고 싶기 때문입니다.

내가 걷는 길에서 조우하는 여행객들 중에는 도무지 함께 하고 싶지 않은 이들이 적지 않습니다. 주님, 저는 속이는 자들이 싫고 위선을 떠는 자들이 싫습니다. 이런 이들의 모임에서 저는 당신의 임재를 발견할 수 없고 당신의 목소리를 들을 수 없습니다. 주여, 제게는 이웃을 허는 자들의 참소를 경청함이 고통이옵고, 힘있는 자들의 총애를 뇌물로 사려하는 자들을 지켜봄이 슬픔이옵니다.

그래서 이런 모습의 세상살이가 고통과 슬픔의 무게로 다가올 때 저는 그냥 당신에게로 달려가 당신의 존전에 엎드려져 행여 내게도 동일한 더럽힘이 없었는지를 판단 받고 싶습니다. 주여, 제 손을 씻고 제 마음을 추슬러 정결함을 구하오니 저를 긍휼히 여겨주소서. 그리고 저로 하여금 주의 집에 거하여 주의 영광을 평생토록 찬미하는 특권을 누리게 하소서.

　주님, 저에게 당신 앞에서 뛰놀고 춤추는 기쁨을 허락하소서. 당신을 향한 찬미를 밤새 올려드리며 당신께서 행하신 기이한 일을 인하여 감사의 기도를 드리오리니 저를 당신의 사랑이라고 불러주소서. 저의 가장 큰 기쁨은 당신의 전에 들어가 그 영광의 임재 안에서 당신의 숨소리를 듣고 당신의 팔에 안겨 안식하는 것이옵니다. 제가 사귀고 싶은 분은 오직 당신, 한 분 뿐이오니 제발 저를 안아 주시고 품어 주소서.

주여, 인생이 지고 가는 실존적 고독으로 인하여 내 맘은 항상 누군가를 갈망하오나, 이 갈망의 대상이 실은 당신인 것을 제가 잊지 않게 하소서. 아멘

두려움을 이기는 임재기도

이 세상은 안전한 곳이 아닙니다. 이 세상은 두려워 할만한 것들과 무서워 할만한 것들로 가득 차있습니다. 그래서 우리는 겁 많은 어린 아기처럼 끊임없이 보채고 울 수밖에 없습니다. 생존경쟁의 원리에 의해 지배되는 타락한 이 세상은 만인이 만인에 대해 원수 된 세상입니다. 우리 주변에 다가오는 모든 이들이 원수처럼 보일 때 우리는 어디 가서 누구의 도움을 어떻게 받아야 하겠습니까?

어린 아기가 도움을 위해 찾는 대상은 오직 하나, 어머니입니다. 어머니에게 아기의 울음은 곧 어머니의 행동을 의미합니다. 그러나 지혜로운 엄마는 아기의 울음에 의해서만 응답을 보이는 조건 반사적 행동을 조작하지는 않을 것입니다. 이유기의 아기에게 성숙의 한 단계는 "엄마 앞에 홀로 있기"를 가르치는 것입니다. 울지 않아도 엄마가 옆에 있는 것으로 안심하는 성숙을 가르치는 것입니다.

예로부터 임재기도는 기도의 가장 높은 단계를 의미하였습니다.

　임재기도의 궁극적인 목표는 하나님과의 사랑의 연합입니다. 그리고 이 하나님과의 연합을 경험하는 공간은 침묵입니다. 침묵은 하나님의 성소입니다. 침묵 속에 거하시는 하나님은 침묵 속에 독거할 줄 아는 영혼을 기뻐하십니다. "하나님 앞에 홀로 있기"는 영성훈련의 가장 중요한 고지입니다.

　시편 기자는 두려움의 상황 한복판에서 오직 한 가지 야훼의 아름다움을 사모하겠다고 고백합니다. 하나님의 임재의 품은 이 세상에서 가장 안전한 곳입니다. 전장의 시끄러움 속에서도 하나님과의 사랑의 임재 안에 거하는 여유, 이 여유를 구하는 영혼들에게 주께서는 인생을 승리하는 선물을 허락하십니다. 그래서 우리는 오직 한 가지 기도제목, 곧 주님과의 사랑의 사귐을 갈망할 것입니다. 〰️

주님, 저를 주님 앞에 늘 보채는 울보 아기가 아닌 주님 곁에서 방긋 웃으며 유희하는 명랑한 아기가 되게 하소서. 아멘

기도의 싸움과 승리

기도가 싸움으로 느껴질 때가 있는가 하면 기도가 승리로 느껴지는 때가 있습니다. 우리들의 한 장소에서의 한 번의 기도에서도 이런 두 가지 느낌이 교차할 수 있습니다. 싸움의 기도를 하고 있다고 느끼는 격렬한 갈등의 한순간 갑자기 내 기도는 이미 응답된 것으로 믿어지고 감사가 터져 나오는 그런 경험, 그것이 바로 시편 기자의 시편 28편의 경험의 양상이라고 할 수 있습니다.

기도의 싸움을 간구라고 한다면, 기도의 승리를 찬양이라고 할 수 있습니다. 우리가 간구하고 있을 때 우리는 싸우고 있는 것입니다. 그러나 우리가 진심으로 찬송하고 있다면 이미 우리는 승리하고 있는 것입니다. 아마도 아들 압살롬의 반란을 겪고 있었을 다윗은 부르짖을 수밖에 없었을 것입니다. 그는 그의 기도의 심정을 음부(무덤)에 내려가는 자와 같다고 고백합니다.

그러나 어느 한순간 주께서 내 기도를 들으셨고 내 마음이 그의 도움을 얻은 것을 확신한 다윗은 찬송하기 시작합니다.

　내 마음이 크게 기뻐하여 내가 노래함으로 감사를 드리겠다고 말합니다. 마침내 그는 기도 속에서 승리를 분명한 현실로 신뢰하게 된 것입니다. 그러나 우리는 그가 여기까지 오기까지 기도를 포기하지 아니하고 반석이요, 목자이신 주님을 계속해서 신뢰하고 기다린 것을 잊지 말아야 합니다.

　또 한가지 잊지 말 것은 그가 기다리는 동안 그를 비방하는 악인들처럼 경거망동하지 아니하여 악을 말하지 아니하고 악을 행동하지 아니했다는 사실입니다. 우리가 억울한 일을 당한다고 느낄 때 우리의 방어기제는 우리의 변호를 위해 우리를 공격하는 악인보다 자신을 더 악하게 변신 시킬 수 있다는 유혹을 경계해야 합니다. 보응은 주께 맡기고 더 깊이, 더 큰 소리로, 더 오래 기도하십시오. 마침내 찬송이 터져 나올 것입니다.

주여, 인생이 힘겨운 싸움으로 느껴질 때 기도의 싸움을 싸우게 하시고, 주를 찬송하는 승리를 경험하게 하소서. 아멘

하나님의 소리

여호와의 소리가
힘 있음이여 여호와의 소리가
위엄차도다 (시 29:4)

일찍이 설교의 황태자로 불린 스펄전은 "달빛 아래서 읽기 좋은 시편이 시편 8편이요, 해 뜨는 여명을 보며 읽을 시편이 시편 19편이라면, 천둥 번개가 있는 밤에 읽을 시편이 바로 시편 29편"이라는 말을 남겼습니다. 이 시편에 우레, 벼락, 파도 등의 자연 현상 묘사가 출현하기 때문입니다. 자연은 하나님이 인류에게 허락한 좋은 스승입니다. 공자는 뇌성이 나면 의복을 입고 정좌하고 생각에 잠겼다고 합니다.

하나님이 인류에게 말씀하시는 방법은 다양합니다. 때로는 속삭이듯 말씀하십니다. 호렙산에서 엘리야에게는 조용하고 작은 목소리로 말씀하신 하나님이십니다. 그러나 성경의 마지막 책이요, 심판의 책이라고 불리는 요한계시록에는 천둥처럼, 벼락처럼 말씀하시는 분으로 묘사됩니다. 천둥 벼락의 이미지는 무엇보다 심판의 이미지에 어울려 보입니다.

그러나 이런 강력한 자연현상은 많은 경우 하나님의 백성들이 하나님께 나아오는 방편들이 되어 왔음을 기억할 필요가 있습니다.

종교 개혁자인 루터는 천둥 뇌성소리를 듣고 자신의 구원을 진지하게 고민하기 시작하였고, 요한 웨슬레 역시 영국으로 돌아오는 뱃전에서 파도소리의 공포에 시달리며 자신의 구원문제를 다시 점검하는 계기가 되었습니다. 그래서 천둥 번개는 하나님의 은혜의 강력한 이끄심의 소리이기도 합니다.

이 시편에는 7번이나 여호와의 소리라는 단어가 출현합니다. 천둥 번개가 있는 밤이면 천둥처럼 말씀하시는 하나님의 음성을 듣고, 파도가 높은 날이면 파도를 타고 다가오시며 말씀하시는 그의 음성을 들어야 합니다. 그 때에 우리는 뜻밖에 여호와의 심판이 아닌 여호와의 영광을 접하게 될지 모릅니다. 오늘 밤 천둥소리가 있거든 기도하며 그의 음성에 귀를 기울여 보십시오. 〰️

심판의 주님. 심판을 경고하시며 더 큰 사랑으로 말씀하시는 주의 음성에 귀를 기울일 줄 아는 자가 되게 하소서. 아멘

기쁨은 아침에 온다

• • •
그의 노염은 잠깐이요 그의 은총은 평생이로다
저녁에는 울음이 깃들일지라도
아침에는 기쁨이 오리로다 (시 30:5)

인생을 살다 보면 준비되지 않은 채로 갑작스런 밤을 맞이하는 때가 있습니다. 부부관계의 위기의 밤, 자녀들의 고단한 방황의 밤, 사업부진의 밤, 직장에서의 처세의 어려움의 밤등이 그것입니다. 그러나 가장 견디기 힘든 밤의 하나는 질병의 밤입니다. 그 질병이 생사를 가늠하기 어려운 죽음의 무더위를 동반할 때는 더욱 힘들 수밖에 없습니다. 그것은 자신은 물론, 주변 가족 모두에게 고통스런 짐일 수밖에 없습니다.

이런 밤이 올 때 먼저 기도했으면 좋겠습니다. 우리는 이웃의 고난에 대해서는 관대한 열린 안목이 필요합니다. 너무 쉽게 이웃의 고통이 죄 때문이라고 정죄하고 싶은 유혹을 경계해야 합니다. 욥의 친구들처럼 되지 말아야 합니다.

그러나 자신의 고난에 대해서는 좀더 엄격한 자기성찰이 요청됩니다. 혹시 이 질병이 나의 어리석은 실수로 말미암은 하나님의 은총의 징계가 아닌가를 살펴야 합니다.

우리의 질병이 죄로 말미암은 경우, 자기성찰과 진지한 참회는 우리의 영혼을 말할 수 없이 유익하게 합니다. 그런 다음, 하나님은 치유와 회복의 은총을 준비하시고 아침을 여십니다. 그래서 우리는 진노는 잠깐이요, 은총은 영원하다고 노래하게 됩니다. 그때 우리는 저녁에 흘린 아픈 눈물을 잊고 기쁨이 넘치는 아침을 맞이하게 될 것입니다.

기쁨은 아침에 옵니다. 우리는 이 평범한 진리를 잊지 말아야 합니다. 그러나 아침은 저녁을 지나고 밤을 지난 후, 비로서 우리를 찾아옵니다. 슬픔의 저녁과 고통의 밤을 지날 때 무엇보다 상황을 원망치 말고 기도해야 합니다. 그리고 기도 속에 자신의 과거를 돌아보고 새날을 준비해야 합니다. 그러면 아침에 우리는 슬픔의 상복 대신 기쁨의 옷을 입고 주를 찬양하게 될 것입니다.

주여, 준비되지 않은 슬픔의 저녁과 고통의 밤을 맞이할 때 이웃을 탓하고 상황을 원망하는 자가 되지 않게 하사 아침에 춤추는 자가 되게 하소서. 아멘

나의 발을 넓은 곳에 세우소서

• • •

나를 원수의 수중에 가두지
아니하셨고 내 발을 넓은 곳에
세우셨음이니이다 (시 31:8)

가난했던 시절 우리는 좁은 방, 좁은 집에서 살아왔습니다. 경제적인 여유가 생기면서 우리는 이제 좀 더 넓은 방, 넓은 집에 살게 되었습니다. 좁음의 이미지는 비밀스런 폐쇄의 공간이지만, 넓음의 이미지는 열린 자유의 공간입니다. 좁음의 숨소리는 짧고 탁한 거침의 불평스러움이지만, 넓음의 숨소리는 길고 부드럽고 유연한 상쾌함의 표현입니다.

무엇이 우리를 좁은 곳에 가두었나를 아는 것은 해방의 전제라고 할 수 있습니다. 죄가 우리를 좁은 곳에 유폐함으로 우리는 오래 은밀한 쇠사슬에 매인바 된 허우적거리는 노예였습니다. 우리는 좁은 곳에 웅크리고 앉아 두려워하고 미워하고 슬퍼하는 외로운 영혼들이었습니다. 무엇보다 좁은 곳에 존재함 그 자체가 부끄러움이었습니다. 그래서 우리는 안으로 터져 나오는 신음으로 오열하고 있었습니다.

그런데 어느 날 갑자기 나는 기도를 경험합니다. 내 영혼이 여호와를 찾기 시작한 것입니다. 그분의 구원과 인도를 열망하기 시작한 것입니다.

그리고 나는 한 순간 좁은 문을 밀어내는 은총을 누리게 되었습니다. 지금까지 편리했던 좁은 곳의 익숙함을 결별하는 용기로 새로운 세상을 넘보게 된 것입니다. 떨리는 목소리로 기도하던 나는 어떤 힘에 이끌리어 부끄러웠던 손으로 문을 밀어낸 것입니다.

열린 문의 기적 앞에서 나는 드디어 문턱을 넘는 발걸음을 내디디게 되었습니다. 그리고 펼쳐진 넓은 세상, 그곳은 자유의 공간이었습니다. 이제 나는 다시는 편견의 옥으로 되돌아가지 않을 것입니다. 이 자유의 넓은 곳에 내 발을 힘있게 디디고 새 세상을 노래할 것입니다. 그리고 새 삶을 설계할 것입니다. 하오면 주여, 나의 발을 넓은 곳에 세워 주소서. 거기서 나는 열린 하늘을 향한 비상의 나래짓을 시작할 것입니다.

주님, 문이 열리고 넓은 곳이 펼쳐 있는 이 은혜의 전망을 눈감지 않게 하소서. 이 넓은 지평선을 향해 믿음의 발걸음을 내디디게 하소서. 아멘

용서함을 얻은 행복

허물의 사함을 받고
자신의 죄가 가려진 자는
복이 있도다 (시 32:1)

그리스도인의 행복의 본질은 용서함을 경험하는 데서 오는 것입니다. 왜냐하면 그리스도인은 불행의 본질이 죄에서 초래되는 것을 아는 자이기 때문입니다. 죄는 우리의 이성을 마비시키고 감성을 왜곡시키고 의지를 완악하게 합니다. 죄 속에 빠지면 우리는 고집 센 말이나 노새같이 됩니다. 우리는 하나님의 길이 아닌 자의의 길을 선택하게 됩니다.

시편 기자는 회개를 거절하고 살아가는 고통을 신음하는 뼈에 비유합니다. 혹은 여름 가물에 마르는 땅과 같다고 말합니다. 죄는 정신적인 고통뿐만이 아닌 육체적인 고통까지 초래하는 것입니다. 죄는 진실로 우리의 존재를 황폐하게 하는 것입니다. 그럼에도 불구하고 죄 속에서 우리가 느끼는 고통은 우리가 아직도 하나님의 은총의 대상임을 보여 줍니다.

우리는 고통으로 인하여 죄를 은폐하고픈 어둠의 자리에서 나와서 빛의 광장에 서게 됩니다. 그리고 이 고통의 뒤에 숨은 은총의 손을 느끼게 됩니다.

그리고 한 순간 그 손에 이끌리어 은총의 보좌에 나아오게 됩니다. 그리고 마침내 우리의 입술로 우리의 죄를 토설하게 됩니다. 드디어 우리는 정죄에서 풀려납니다. 자백은 죄에서 우리를 자유하게 합니다.

주님은 더 이상 정죄하시는 검사가 아니라 자애로운 변호사로 내 곁에 서십니다. 그리고 우리가 법정에서 풀려나는 순간 선한 목자가 되시사 우리를 푸른 초장으로 인도하십니다. 우리는 오랜만에 자유를 만끽하며 찬미를 부르게 됩니다. 그는 이제부터 우리의 갈 길을 보이시며 우리를 주목하여 훈계하십니다. 이것이 용서함을 얻은 자들의 남다른 행복입니다. 📖

하나님, 내가 죄 속에 빠졌을 때 너무 오래 고통하지 않도록 나를 속히 죄에서 건져 주소서. 주의 길을 걷지 못함이 내게 무엇보다 불행임을 알기 때문입니다. 아멘

찬양의 능력

• • •
너희 의인들아 여호와를 즐거워하라
찬송은 정직한 자들이
마땅히 할 바로다 (시 33:1)

오늘날 찬양이란 단어는 매우 종교화 되었습니다. 그러나 찬양은 사실은 실제적인 단어입니다. 찬양(praise)은 우리의 세속적인 언어로 말하면 칭찬입니다. 우리는 날마다 칭찬하며 살아갑니다. 우리는 우리가 자랑스러워 하는 사람들의 미덕을 칭찬합니다. 아름다움을 칭찬합니다. 용기를 칭찬합니다. 지혜를 칭찬합니다. 시편 기자는 우리가 하나님께 대해서도 그렇게 하는 것이 마땅하다고 말합니다.

우리는 목소리로 찬양할 수 있습니다. 악기로 찬양할 수 있습니다. 수금과 비파로 찬양할 수 있습니다. 시편 기자는 우리가 새 노래로 찬양해야 한다고 말합니다. 새 노래가 무엇입니까? 새로운 곡조의 노래입니까? 한 성서학자는 하루하루가 우리에게 새날이듯 날마다 새로운 마음으로 찬양하는 것, 그것이 새로운 노래라고 말한 바가 있습니다.

찬양은 곡조로만 하는 것이 아닙니다. 우리의 말이 찬양이어야 합니다. 우리의 말로 하나님이 하신 일을 찬양해야 합니다.

우리의 말로 하나님이 하시고 있는 일을 찬양해야 합니다. 우리는 무엇보다 하나님의 창조의 능력과 섭리의 능력을 찬양해야 합니다. 그때에 우리는 창조의 주님, 섭리의 주님이 우리가 말한 바에 대해서 함께 하시고 인도하시는 것을 경험하게 될 것입니다.

말이 씨라는 말이 있습니다. 말한 것은 그대로 이루어집니다. 하나님의 말이 만물의 창조를 이루었습니다. 저가 말한 바가 이루었고 저가 명한대로 만물은 이루어지고 있습니다. 하나님은 당신의 자녀들의 말에도 상당한 권세를 허락하셨습니다. 우리가 위대한 일을 말하고 아름다움을 말하고 지혜로움을 말할 때 우리의 삶은 위대하고 아름답고 지혜로운 인생이 됩니다. 찬양의 능력으로 인생의 가능성을 가꾸어야 합니다.

오, 하나님. 우리에게 말하고 살 수 있는 특권을 주심을 감사하나이다. 우리에게 허락하신 말로 하나님과 이웃을 찬양하며 살게 하소서. 아멘

어느 곤고한 자의 간증

• • •

내가 여호와께 간구하매
내게 응답하시고 내 모든 두려움에서
나를 건지셨도다 (시 34:4)

인생을 살다 보면 곤고함을 느끼는 순간들이 다가옵니다. 더 이상 삶을 살아갈 기력이 고갈됩니다. 생존 그 자체가 힘겨워지는 순간들 말입니다. 그때 인생의 하루하루는 피곤한 연극이 됩니다. 그러나 이런 곤고함이 믿음없는 사람들에게는 절망의 막다른 골목이지만 믿음의 사람들에게는 소망의 새길이 됩니다. 다윗이 그것을 체험한 것입니다. 다윗은 이것을 가르쳐 곤고한 사람의 간증이라고 부릅니다.

우선 그는 찬양하기로 결심합니다. 그를 둘러싸고 있는 곤고한 상황에도 불구하고 찬양하기로 결심한 것입니다. 이 찬양은 매우 의지적인 찬양이라고 해야 할 것입니다. 시편 34편은 히브리어 알파벳으로 만들어진 찬양입니다. 그는 어느 한 순간 터져 나오는 찬양을 드린 것이 아니라 침착하게 생각하며 찬양한 것입니다. 이 상황 속에서도 주님은 여전히 광대하신 분인 것을 인정하고 그분을 높여 드리고자 한 것입니다.

그리고 이어서 그는 기도하기로 결심합니다.

그는 자신의 두려움을 인정하고 그 두려움에서 건져 주실 것을 구합니다. 주님의 신실하심을 믿고 주께서 이 곤고함의 상황에서 그의 피난처가 되어 달라고 호소합니다. 이 얼굴을 들 수 없는 상황에서 주님의 얼굴만을 구하기로 결심합니다. 그러면 자신의 얼굴이 더 이상 부끄러운 얼굴이 아닌 빛을 발하는 얼굴이 될 것을 믿었습니다.

다윗은 마침내 주의 구원하심을 경험할 수 있었습니다. 이것은 곤고함의 벼랑 끝에서 경험한 전혀 상식 밖의 풍요함이었던 것입니다. 이것은 마치 젊은 사자들조차 굶주리는 곤고함 속에서 주가 내리신 기적의 경험이었던 것입니다. 이제 그는 모든 곤고한 사람들이 이런 주님의 선하심을 맛보아 알아야 한다고 초청합니다. 이 곤고함의 수렁에서 건짐 받은 이의 간증은 바로 우리의 간증일 수 있습니다.

주여, 인생이 곤고함을 만날 때 나도 이 곤고한 자를 도와주실 이를 의지하고 살게 하시니 감사드릴 뿐입니다. 나도 나의 곤고함을 간증의 기회로 바꾸며 살게 하소서. 아멘

당신 같은 분은 없으십니다.

● ● ●

내 모든 뼈가 이르기를 여호와와 같은 이가 누구냐
그는 가난한 자를 그보다 강한 자에게서 건지시고 가난하고 궁핍한 자를
노략하는 자에게서 건지시는 이라 하리로다 (시 35:10)

우리는 인생을 살아가면서 여러 유형의 만남을 경험합니다. 그리고 각각의 만남은 우리에게 잊기 어려운 인상과 추억, 영향을 남깁니다. 사랑의 긴 여운을 남기는 만남이 있는가 하면, 견디기 힘든 상처를 남기는 만남도 있습니다.

그리고 우리는 누군가를 더욱 사랑하게 되는가 하면, 누군가를 미워하게도 됩니다. 그러나 이 세상 어떤 만남도 우리 인생의 주인 되신 하나님과의 만남에 비교될 수 있는 만남은 없습니다.

그분이 우리를 자주 만나주시는 첫 번째 장소는 전쟁터입니다. 인생은 치열한 전쟁터입니다. 우리는 때로 불화살이 나르는 전쟁터에서 우리의 목숨을 노리는 적의 공격을 직면하게 됩니다. 그때 우리는 거기서 친히 손 방패를 잡으시고 우리를 대신하여 싸워주시는 전사를 만나게 됩니다. 그분은 자주 당신의 목숨을 걸고 우리를 지키십니다. 그분 같은 분은 없으십니다.

그분이 우리를 찾아주시는 또 한 곳이 있습니다. 그곳은 법정입니다.

인생은 억울한 일을 당하지 않고 지나가기엔 너무 많은 오해와 곡해가 존재하는 불의한 곳입니다. 그 누구에게도 호소할 곳이 달리 없고, 그 누구도 나를 이해하거나 내편에 서주지 않는 철저한 버림 당함이 기다리는 곳입니다. 그때 그분은 우리의 유일한 변호사가 되어 나의 외로운 법정에 자원하여 서십니다. 그리고 그는 통쾌하게 내 누명을 벗기십니다. 그분 같은 분은 없으십니다.

이제 우리가 할 일은 두 가지 밖에 없습니다. 하나는 감사하는 일입니다. 또 하나는 찬송하는 일입니다. 이것이 바로 하나님의 백성 된 이들의 날마다의 삶의 모습이어야 합니다. 그리고 우리가 이 두 가지 일, 그분을 감사하고 찬송하는 일에 열중한다면, 원수들은 부끄러움을 당하고 물러갈 것입니다. 그분과의 만남을 기뻐하십시오. 정말이지 하나님 같은 분은 없으십니다.

주 하나님, 정말 당신 같은 분은 없으십니다. 우리는 이것을 산 경험으로 알게 되었습니다. 그러면 이제 우리 남은 인생의 날들이 정녕 감사와 찬송의 삶이 되게 하소서. 아멘

복락의 강수로 해갈하는 인생

● ● ●

그들이 주의 집에 있는 살진 것으로
풍족할 것이라 주께서 주의 복락의 강물을
마시게 하시리이다 (시 36:8)

오늘의 시편에서 시편 기자는 주의 집에 거하며 살아가는 인생의 행복을
노래하고 있습니다. 그것은 마치 살진 것을 먹고 복락의 강수로 마시우는 인
생이라 하였습니다. 복락이란 본래 에덴에서 나온 말입니다. 하나님이 처음
우리를 두시고자 하셨던 바로 그 동산에서 누릴 기쁨을 말한 것입니다. 기쁨
의 강물로 해갈하는 인생, 얼마나 부요하고 넉넉한 삶의 그림인지요!

복락의 강수로 해갈하는 인생은 무엇보다 삶의 초점을 생명의 근원이신
하나님께 두고 살아갑니다. 불공평하고 부조리한 세상을 바라볼 때 그 누구
도 그 어느 곳에서도 참된 만족을 누릴 수는 없습니다. 그러나 그의 삶의 주
소를 주의 집에 두고 늘 주를 묵상하는 자는 그의 환경과 상관 없이 만족함을
경험할 수 있습니다. 그분의 인자와 성실, 그리고 그의 의로우신 판단을 믿
기 때문입니다.

가장 보편적인 삶의 불만족은 악인의 존재와 악인의 득세에서 비롯됩니
다. 악인의 죄악이 은폐되는 세상 그리고 악인이 오히려 환영 받는 세상에서

우리는 진정한 삶의 용기를 상실합니다. 때로 인생의 길에서 만나는 악인은 오히려 우리의 선과 호의, 친절까지 왜곡하여 우리를 궁지에 몰아넣고 자신의 악을 정당화하려 합니다. 그리고 이런 악인들은 죽지도 않고 오래 오래 이 땅에서 활개치며 살아갑니다.

그러나 이런 때에 하나님은 당장에 악인을 심판하시기 보다 오히려 하나님의 백성에게 달려 오시어 그를 품어주시고 주의 날개 아래 쉬게 하십니다. 충분히 먹게 하시고 마시우게 하십니다. 악인에게서 보호하십니다. 변함없는 당신의 사랑을 확인시켜 주십니다. 계속적으로 그의 인자하심을 베풀어 주십니다. 그리고 악인은 악인의 때에 반드시 엎드려질 것이라고 말씀하십니다. 그때 우리는 다시 복락의 강수로 해갈하게 됩니다.

주님, 이 세상은 여전히 우리로 하여금 의에 주리고 목마르게 합니다. 그러나 그럴 때일수록 주께 달려가 주의 품에 안기는 것을 배우게 하소서. 아멘

온유한 자의 승리

그러나 온유한 자들은
땅을 차지하며 풍성한 화평으로
즐거워하리로다 (시 37:11)

온유함은 세상에서 거의 유약함이나 비겁함의 동의어로 쓰여지고 있습니다. 세상은 온유한 자를 경멸합니다. 그래서 온유한 자는 세상에서는 주변인간으로 소외되고 무시당하는 인생을 살아갑니다. 온유한 자는 속절없이 세상의 강한 자들의 유희를 지켜보는 구경꾼의 인생을 살아갑니다. 온유한 자는 손해보고 빼앗기는 패배자로 보입니다. 그런데 시편 기자는 온유한 자가 최후의 승리자가 된다고 약속합니다.

믿음의 조상 아브라함이 그렇게 살았습니다. 아브라함의 종들과 그의 조카 롯의 종들 사이에 소돔 고모라의 땅을 에워싸고 갈등이 생겼을 때 아브라함은 롯에게 선택권을 양도합니다. 그에게 먼저 좋은 땅을 선택하도록 기득권을 포기합니다. 그에게 온유함이 있었기 때문입니다. 그런데 롯이 선택한 소돔 고모라는 결국 불바다가 됩니다. 최후의 승리자는 온유의 사람이었습니다.

요셉이 그렇게 살았고, 다윗도 그렇게 살았습니다. 요셉은 그의 형제들에게 구박 당하고 사지에 던지움을 받습니다.

그러나 그는 끝내 형제들을 원망하지 않고 그에게 주어진 미션에 성실합니다. 다윗도 사울 왕에 의해 목숨의 위협을 받으며 다닙니다. 그러나 그는 신하 된 본분에 성실하며 왕을 용서합니다. 마침내 요셉은 총리가 되고 다윗은 왕이 되어 형제들을 섬기게 됩니다. 온유가 승리한 것입니다.

무엇보다 예수님이 그렇게 사셨습니다. 그는 친히 스스로를 마음이 온유하고 겸손한 자라고 말씀하십니다. 그는 재판을 받으시며 십자가로 가시는 도상에서 지속적으로 고난을 받으시며 일방적인 형벌을 감수하셔야 했습니다. 그러나 그는 침묵으로 이 모든 상황을 수용하셨고 저항을 포기하셨습니다. 그러나 오늘 허다한 인류가 그 앞에 머리 숙여 그를 왕과 하나님으로 경배합니다. 온유가 승리한 것입니다.

주여, 악이나 불의가 득세할 때 저로 실망하거나 원망하지 않게 하소서. 온유한 자가 결국 땅을 차지하며 풍부한 화평을 즐기게 됨을 믿게 하옵소서. 아멘

화살에 찔리셨습니까?

● ● ●

주의 화살이 나를 찌르고
주의 손이 나를 심히
누르시나이다 (시 38:2)

인생에서 고난처럼 보편적인 경험이 없습니다. 아무도 그 누구도 고난에서 면제된 인생을 사는 사람은 없습니다. 신앙도 신앙의 사람을 고난에서 예외시키지는 않습니다. 예수님도 그의 제자들에게 "너희가 세상에서 환난을 당하나 담대하라"고 말씀하셨습니다. 바울은 이런 경험을 가시에 찔린 것으로 묘사했고, 오늘의 시편에서 다윗은 어느날 갑자기 화살에 찔린 것으로 고백합니다.

고난의 경험은 실로 다양합니다. 그것은 환경적인 것일 수도 있고 관계적인 것일 수도 있습니다. 경제적인 것일 수도 있고, 육체적인 것일 수도 있습니다. 그러나 이 모든 다양한 경험 중에도 가장 고통스러운 것은 아마도 육체적인 질병이 아닐까 싶습니다. 오죽하면 내 살에 성한 곳이 없고 허리에는 열기가 가득하고, 내 뼈에는 평안함이 없다고 고백하겠습니까?

그러나 이런 육체적인 고난을 당할 때 동반되는 더 큰 지옥경험은 외로움입니다. 가족과 친지, 그리고 친구들조차도 나를 외면하기 시작합니다.

장기적인 투병생활을 하는 사람의 경우가 특히 그렇습니다. 나를 적대시하던 원수들이 환호하는 이 마당에 내 위로가 되어줄 이웃들마저 내게서 등을 돌리고 나 몰라라 할 때 우리는 정말 차라리 죽음이 더 나은 선택일 것 같은 절망을 경험합니다.

그때 우리가 할 일은 무엇입니까? 아프지만 정직한 자기성찰과 자기직면의 자리에 서야 합니다. 모든 질병이 죄에서 비롯되는 것은 아니지만 어떤 질병은 확실히 징계의 결과일 수 있습니다. 그러므로 죄를 슬퍼하며 회개하는 자리에 먼저 서야 합니다. 그리고 이 처절한 외로움의 자리에서 하나님을 다시 만나야 합니다. 그러면 나의 도움되시고 구원되신 하나님을 나의 특별한 친구로 삼게 될 것입니다. 📖

오, 하나님, 내 몸이 아플 때를 불평하는 시간이 아니라 기도하는 시간이 되게 하소서. 그리하여 나의 도움되신 당신을 새롭게 경험하는 시간이 되게 하소서. 아멘

침묵으로 기도할 때

● ● ●

내가 말하기를 나의 행위를 조심하여
내 혀로 범죄하지 아니하리니 악인이 내 앞에 있을 때에
내가 내 입에 재갈을 먹이리라 하였도다 (시 39:1)

침묵기도의 상황은 다양할 수 있습니다. 어떤 경우 침묵할 수밖에 없는 답답함이 가슴을 옥죄일 때 우리는 입술의 언어를 상실한 채 마음으로 기도할 수밖에 없습니다. 오늘의 시편 기자의 경우는 바로 이런 상황이었던 것으로 여겨집니다. 또 어떤 경우 의도적으로 침묵을 결심하고 침묵 가운데 임재하시는 주님을 만나기 위해 침묵으로 나아갈 수도 있습니다. 어느 경우이든 우리의 마음이 참으로 침묵할 때 진정한 기도는 시작됩니다.

우리가 참으로 기도하지 못하는 이유는 침묵을 배우지 못하기 때문입니다. 침묵이 낯선 친구로 여겨지기 때문입니다. 침묵의 시간을 우리는 시간낭비로 생각하는 경향이 있습니다. 아마도 이런 경향은 실용주의적 세계관의 영향과도 무관하지 않을 것입니다. 아니 더 중요한 이유는 우리는 침묵을 두려워하고 있다는 것이 정직한 고백일 듯 합니다. 침묵에는 어두움이 있고 외로움이 있어 보입니다.

그러나 침묵의 어두움 속에 주님은 빛으로 임재하시고 침묵의 외로움 속에

주님은 친구로 다가오십니다. 침묵의 한복판에는 매우 고요하고 평화로우며 침착한 주님이 계십니다. 우리는 침묵기도 속에서도 얼마든지 우리의 중심을 쏟아 놓을 수 있습니다. 한나는 어떤 때는 통성으로 기도하기도 했지만 어떤 때는 안으로 흐느끼는 떨림의 침묵기도를 드렸습니다. 그녀의 입술만 동하고 음성은 들리지 아니했다고 하였습니다.

　주님은 자주 침묵하셨습니다. 특별히 다가오는 십자가 고난 앞에서 그는 잠잠하셨습니다. 헤롯 앞에서도 빌라도 앞에서도 잠잠하셨습니다. 그러나 그는 이 잠잠함 가운데서 기도하셨을 것입니다. 우리가 잠잠할 때 하나님은 일하십니다. 우리가 설치면 그는 일하시지 않고 관망하십니다. 시편 기자는 침묵기도 속에서 자신을 성찰하고 하나님의 치유를 경험할 수 있었습니다.

오, 하나님, 이 세상에서 제일 시끄러운 곳이 제 마음속이옵니다. 제가 침묵하겠사오니 주께서 말씀하시고 주께서 일하시옵소서. 아멘

열려있는 귀

• • •

주께서 내 귀를 통하여 내게 들려 주시기를 제사와 예물을 기뻐하지 아니하시며
번제와 속죄제를 요구하지 아니하신다 하신지라 그 때에 내가 말하기를 내가 왔나이다
나를 가리켜 기록한 것이 두루마리 책에 있나이다 (시 40:6-7)

우리가 어떤 사람을 평할 때 "그는 귀가 얇다"는 표현을 사용하는 경우들이 있습니다. 그런 말을 들을 때 기분이 좋을 리가 없습니다. 그러나 오늘의 시편을 묵상하는 중 우리는 귀가 얇음을 흠으로 받아들일 필요가 없음을 알게 됩니다. 시편 기자는 주께서 자기에게 귀를 열어주신 것을 오히려 감사하고 있기 때문입니다. 6절에 "귀를 통하여 들리셨다"는 번역은 사실은 '열린 귀'(open ear)를 주셨다는 뜻입니다.

귀가 열려 있을 때 우리는 이웃의 비판을 겸허하게 경청할 수 있습니다. 내가 생각하기에 내 생각이 아무리 옳게 생각 되어도 나의 생각은 내 안에 뿌리박은 죄성의 영향에서 자유로울 수 없습니다. 따라서 나의 올곧은 생각 속에도 섞일 수 있는 이기심이나 편견을 스스로 경계할 필요가 있습니다. 민주주의는 결코 완전한 정치제도는 아니지만 한 사람의 생각을 최종적인 결론으로 수용하고픈 속단에서 지켜주는 유익이 있습니다.

귀가 열려 있을 때 무엇보다 우리는 주님의 음성을 들을 수 있습니다.

　시편 기자는 그것이 제사드리는 일보다 더 중요하다고 역설합니다. 말씀을 들어도 우리의 귀가 열려 있지 않다면 우리는 그가 말씀하시는 음성을 들을 수 없습니다. 열려있는 귀는 열려있는 마음의 표상입니다. 기도해도 귀가 열려 있지 않다면 우리의 기도는 독백에 불과합니다. 우리는 열려 있는 귀로 우리가 기도한 것에 대한 응답을 청취하게 됩니다.

　열려 있는 눈과 귀로 성경을 읽을 줄 아는 사람에게 성경은 비로소 나를 위하여 내게 주신 하나님의 말씀임을 경험하게 됩니다. 열려 있는 입과 귀로 기도하는 사람에게 기도는 비로소 자신의 마음을 다스리는 명상의 수단이 아니라 살아계신 하나님과의 교통임을 경험하게 됩니다. 시편 기자는 열린 귀로 주님의 음성을 들으면서 위대하신 하나님을 찬양할 수 있었습니다.

오, 나의 하나님! 저에게 주님과 말하고 싶은 열망을 주옵소서. 그러나 동시에 주님의 음성 듣기를 사모하게 하옵소서. 하오면 저에게 열린 마음과 열린 귀를 주옵소서. 아멘

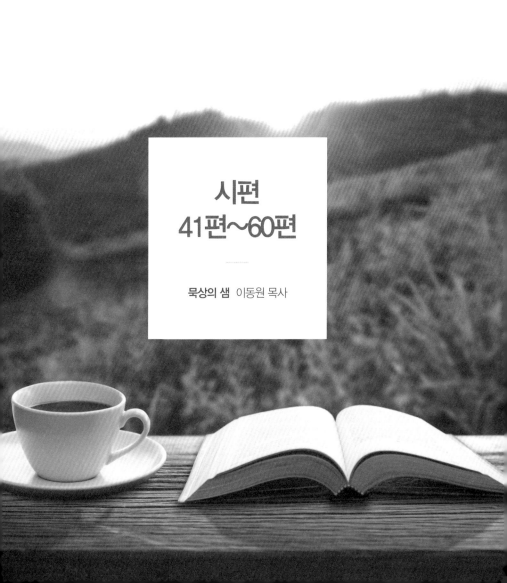

시편
41편~60편

묵상의 샘 이동원 목사

친구가 나를 배신할 때

● ● ●

내가 신뢰하여 내 떡을 나눠 먹던
나의 가까운 친구도 나를 대적하여 그의
발꿈치를 들었나이다 (시 41:9)

인생의 도상에서 경험하는 가장 뼈아픈 고난은 배신의 사건이라 할만합니다. 믿었던 친구가 나를 궁지에 빠트릴 때 우리는 인생의 모든 가치를 부정하고픈 절망에 빠집니다. 오죽하면 단테는 유명한 신곡에서 배신자들을 지옥의 가장 깊은 곳에 있도록 그려 넣고 있었겠습니까. 이 세상에서 가장 아름다운 것이 믿음이라면 이 세상에서 가장 추한 것이 배신입니다. 배신은 이 세상의 가장 아름다운 가치인 믿음을 부정하는 까닭입니다.

아들 압살롬의 반역만으로도 억장이 무너질 일인데 친구 격인 신하 아히도벨의 반역은 다윗으로 절망을 느끼게 하기에 충분했을 것입니다. 그러나 다윗은 이 같은 절망의 상황 속에서 절망하기보다 기도하기로 결심합니다. 그의 기도는 자신의 억울함을 탄원하는 기도이기도 했지만, 동시에 자신의 내면을 성찰하며 먼저 자신의 용서와 치유를 구하는 기도이었습니다.

본문의 시편은 메시아적 예언이 내포된 기도이기도 합니다. 아히도벨의 반역사건은 바로 가롯유다 반역의 그림자가 됩니다.

"내 떡을 먹던 내 친구가 발꿈치를 들고 나를 배신했다"고 말한 고백은 바로 예수님의 생애에서 유다의 배신으로 성취된 예언이기도 하였습니다. 아마도 예수님이 친히 배신을 경험하신 이유는 우리가 걸어갈 인생의 길에서 우리 모두가 이런 배신을 보편적으로 경험할 것을 아셨기 때문입니다.

믿었던 친구가 나를 배신할 때 우리는 무엇보다 놀라지 말아야 합니다. 있을 수 있는 일이라고 주께서 말씀하신 까닭입니다. 그리고 우리는 기도하기로 결심해야 합니다. 먼저 내 상처받은 마음을 정확히 읽고 계신 주님께 기도해야 합니다. 오직 완벽하게 내 좌절을 이해하시는 그분에게 내 상한 마음을 열고 도고해야 합니다. 그러면 우리의 기도는 절망을 넘어선 승리를 선포하게 될 것입니다. 🌿

주여, 내 친구가 나를 배신할 때 먼저 놀라지 않게 하옵소서. 그리고 억울해 하기보다 기도하게 하소서. 아멘

깊은 바다가 서로를 부르는 소리

● ● ●

수의 폭포 소리에 깊은 바다가
서로 부르며 주의 모든 파도와 물결이
나를 휩쓸었나이다 (시 42:7)

깊은 바다가 깊은 바다를 부르고 있습니다. 하나님은 깊은 바다이십니다. 그는 해변가에서 찰싹거리는 물거품이 아니십니다. 그는 날씨에 따라 조석 지변하는 파도가 아니십니다. 그는 물거품이 사라지고 높은 파도가 숨을 죽여도 여전히 고요하며 요동치 아니하시는 깊은 바다이십니다. 그는 우리의 존재의 근거요 존재의 바닥이십니다. 그는 심연을 간직한 바다이십니다.

바다이신 하나님이 우리를 또한 바다로 지으셨습니다. 깊은 바다이신 그분은 우리를 또한 깊은 바다로 지으셨습니다. 그는 깊이 다가와 우리를 깊은 곳에서 만나고 싶어 하십니다. 우리는 깊은 바다를 깊은 바다로 만나도록 지음 받은 존재입니다. 하나님의 형상 따라 지음 받은 우리에게는 하나님의 형상이 있어서 우리는 우리의 존재의 근원을 그리워하도록 지음 받은 것입니다.

바다를 그리워하는 소금 인형이 있었습니다. 어느 날 이 소금 인형은 바닷가로 나아갔습니다. 바닷물이 철썩이며 인형의 발과 다리를 앗아 갔습니다. 인형은 아팠습니다. 이어서 바닷물은 인형의 허리를 앗아 갔습니다.

그 다음은 가슴을, 그 다음은 목을, 마침내 바닷물은 인형의 머리까지 가져 갔습니다. 격렬한 고통 속에 바닷물에 잠기는 순간 소금 인형은 이렇게 외쳤습니다. "아, 내가 잊고 있었어. 내가 바다인 것을! 나는 바다야."

우리는 목마른 소금 인형과 같은 인생입니다. 우리는 끝없이 목말라합니다. 우리는 성에 목말라하고, 재물에 목말라하고, 권력에 목말라합니다. 그러나 우리는 우리가 찾고 있는 것을 모르고 있습니다. 우리는 우리의 존재의 근원에 목말라하고 있는 것입니다. 우리의 육체가 한 모금의 물에 목말라하듯, 우리의 영혼은 하나님에 목말라 합니다. 하나님은 우리가 목말라하고 그리워하는 깊은 바다이십니다.

하나님, 우리는 목말라하는 인생이옵니다. 그러나 우리가 찾고 있는 것이 깊은 바다이신 당신임을 깨닫게 하옵소서. 아멘

낙망의 치유

내 영혼아 네가 어찌하여 낙심하며 어찌하여 내 속에서 불안해 하는가
너는 하나님께 소망을 두라 그가 나타나 도우심으로 말미암아
내 하나님을 여전히 찬송하리로다 (시 43:5)

시편 기자는 본문에서 "내 영혼아, 네가 어찌하여 낙망하느냐"고 묻고 있습니다. 낙망은 디프레숀(depression)이라고 일컬어집니다. 낙망은 여러 증상으로 나타납니다. 낙망한 영혼에는 울고 싶은 억제된 슬픔이 있습니다. 낙망한 영혼은 불안합니다. 시편 42편과 43편에는 낙망과 불안이 쌍둥이처럼 함께 동반되어 등장합니다. 낙망한 영혼에는 버림받은 거절감이 자리잡고 있습니다.

낙망의 원인은 다양합니다. 낙망의 한 원인은 영적인 고립입니다. 성도가 하나님에게서 멀어짐을 느끼면 낙망이 옵니다. 하나님은 생명의 근원이시기 때문입니다. 사회적 고립도 낙망의 원인이 됩니다. 가족과 친지, 이웃들에게 왕따 당하면 삶의 의욕을 잃습니다. 무엇보다 믿었던 친구의 배신은 깊은 낙망의 상처를 남깁니다. 난치의 질병 또한 모든 삶의 용기를 꺾어 버립니다.

낙망의 치유책은 무엇일까요? 낙망에서 치유되려면 무엇보다 낙망의 느낌을 직면해야 합니다.

나를 낙망하게 한 상황이나 사람들을 도피하려고 해서는 안됩니다. 이 모든 관계 안에서 낙망의 원인을 냉철하게 살펴야 합니다. 그리고 낙망해 있는 자신과의 대화를 다시 시작해야 합니다. 그것은 단순한 독백이 아닌 하나님 앞에서의 자기 성찰의 기도라 할 수 있습니다.

낙망에 대한 궁극적인 처방은 희망입니다. 그리고 이 희망의 궁극적인 실재는 나의 창조자요 섭리자이신 하나님이십니다. 시편 기자는 자기 영혼을 향하여 "너는 하나님을 바라라"고 절규합니다. 낙망의 자리에서 기도하는 영혼마다 희망을 경험합니다. 이 희망을 경험하는 얼굴에는 새로운 내일을 향한 믿음과 비전의 생기가 감돕니다. 그의 입술에선 찬송이 시작됩니다. 🌿

오, 하나님, 제가 낙망의 자리에서 기도를 시작하게 하소서. 내 얼굴을 도우시는 하나님께 나아가 낙망을 희망으로 바꾸는 자가 되게 하소서. 아멘

주님, 어찌하여 주무시고 계십니까?

• • •

주여 깨소서 어찌하여 주무시나이까
일어나시고 우리를 영원히
버리지 마소서 (시 44:23)

주님은 결코 주무시지 않습니다. 그러나 주의 백성들이 살아가는 곤고한 삶의 여정에서 때로 주께서 잠들어 계신 것으로 느껴지는 상황에 처할 때가 적지 않습니다. 기도해도 전혀 응답의 징후가 보이지 않을 때가 있습니다. 기도해도 참담한 현실이 전혀 개선의 기미가 보이지 않을 때가 그렇습니다. 기도해도 내 억울한 속사정이 풀리지 않을 때가 그렇습니다.

이렇게 주님이 주무시고 계신 것으로 느껴지는 답답함에 처할 때 우리가 할 일은 무엇이겠습니까? 먼저 지나간 날의 내 삶의 발자취를 추억해 보십시오. 내 과거의 여정에 지금도 내 심장을 뛰게 하던 응답의 순간들을 떠올려 보십시오. 아니면 우리 열조들의 믿음의 역사에 그렇게도 선명히 남아있는 살아계신 하나님의 간섭하심의 손길들을 기억해 보십시오. 그 설렘의 기억이 분명하다면 '주는 살아 계시다'고 외치십시오.

그리고 우리의 현재가 배반의 오늘이 되지 않도록 충성맹세를 다짐하십시오. 시편 기자는 결코 그의 발이 주의 길에서 떠나지 않겠다고 말합니다.

그의 마음이 주의 가슴에서 멀어지지 않겠다고 말합니다. 그의 손으로 이 방의 우상에게 도움을 구걸하지 않겠다고 말합니다. 그의 입술로 주와의 약속을 어기지 않겠다고 말합니다. 그러면 우리도 어떤 상황에도 주님을 향한 변할 수 없는 충성스런 사랑을 고백할 시간입니다.

그리고 이제 기도를 다시 시작해 보십시오. 무엇을 기도힐까요? 과기 속에 살아계시던 하나님의 얼굴이 현실 속에서 숨기어졌을 때 우리는 도대체 무엇을 기도해야만 할까요? 주님의 인애하심, 그 헤세드의 사랑으로 도와달라고 기도하십시오. 주님의 사랑은 신실하십니다. 어둡고 깜깜한 밤에도 주님의 여전하심을 보여 달라고 부르짖으십시오. 곧 새벽이 밝아올 것입니다.

사랑하는 주님, 우리는 때로 주님이 주무시고 계신 것으로 느껴질 때가 있습니다. 주님, 어서 일어나 어서 우리를 도와주소서. 아멘

왕께 지어 드리는 노래

• • •

하나님이여 주의 보좌는
영원하며 주의 나라의 규는 공평한
규이니이다 (시 45:6)

시편 45편은 흔히 로얄 웨딩의 노래로 불리워지는 메시야 시편의 하나입니다. 메시야로 역사 가운데 오신 그분은 정녕 우리의 왕이십니다. 이 시편의 절반인 9절까지는 그분이 어떤 왕이신가를 찬미하고 있고, 10절 이후는 그의 신부 된 교회가 세상을 잊어 버리고 어떻게 왕의 총애를 입는 아름다운 여인이 될 것인가를 노래하고 있습니다. 우리가 예수를 믿는 순간 우리는 로얄 웨딩의 눈부신 주인공이 된 것입니다.

부부의 행복은 무엇보다 서로를 이해하는 데서 시작됩니다. 신랑을 이해하는 것은 신부가 맨 먼저 해야 할 일입니다. 예수님의 신부는 무엇보다 더욱 그래야 합니다. 이 시편의 노래에는 우리의 신랑 되신 왕에 대한 기대가 나타나 있습니다. 그는 이 기대를 이루시기에 족한 왕이십니다. 그는 겸손하지만 정의로운 왕, 그리고 악을 미워하시는 왕이십니다. 그래서 그의 보좌는 영원하십니다.

지도자가 겸손한데 정의롭지 못하다면 그의 겸손은 비겁한 자기위장에 불과할 것입니다. 지도자가 정의로운데 겸손하지 못하다면 그는 접근하기 어려운 백성들과 유리된 통치자가 될 가능성이 있습니다. 이런 겸손과 정의로움에다가 지도자에게는 악을 멀리하는 깨끗함이 요구됩니다. 그래야 그가 통치하는 곳에 거룩함이 있고, 그의 신부는 거룩한 공주, 거룩한 백성이 될 것입니다.

우리는 이 로얄 시편에서 한 나라의 지도자상을 새롭게 발견할 수 있습니다. 지상의 모든 왕들은 결국 만왕의 왕되신 그분을 본받아야 하고 학습해야 합니다. 바로 이런 왕에게 하나님이 기쁨으로 기름 부으실 것을 약속하셨습니다. 그러면 우리도 새로운 이 나라의 지도자가 이런 왕이 되도록 기도를 아끼지 말아야 합니다. 그가 끝까지 겸손하도록 그리고 그가 정의롭고 깨끗한 지도자가 되도록 기도해야 합니다.

왕을 세우시는 만왕의 왕이신 하나님, 이 땅의 백성들을 위하여 세우신 지도자가 무엇보다 당신을 경외하고 당신에게서 배울 수 있게 하옵소서. 아멘

내 주는 강한 성이요

• • •

하나님은 우리의
피난처시요 힘이시니 환난 중에 만날
큰 도움이시라 (시 46:1)

우리는 말틴 루터의 종교개혁이 로마서 1장 17절 말씀에 기인하고 있음을 기억합니다. 그러나 시편은 루터의 가장 큰 사랑이었음을 간과해서는 안됩니다. 그는 수년간 신학교에서 시편을 가르쳤고 그 중에서도 시편 46편은 그가 가장 좋아했던 시편으로 전해집니다. 그래서 흔히 시편 46편을 말틴 루터의 시편이라고 부르기도 합니다. 그의 유명한 찬송시 "내 주는 강한 성이요"는 바로 이 시편의 감동으로 작사된 것입니다.

세상의 모든 것은 요동하고 있습니다. 정치도 요동하고, 경제도 요동하고, 국제적인 문화환경도 가치관도 요동하고 있습니다. 이제는 우리의 가정도 요동하고 있습니다. 세계 OECD 국가 중 한국인의 이혼율은 제1-2위를 기록하게 되었다고 보도하고 있습니다. 자연도 문명도 요동하고 있습니다. 그런데 시편 기자는 오직 하나님을 피난처로 삼고 사는 이들은 요동치 아니한다고 고백합니다.

나라와 정권들이 또한 요동합니다. 우리는 선거철마다 요동하는 인간정권의 무상함을 봅니다. 전쟁이 일어날 때마다 한 정권이 쓰러지고 또 하나의 정권이 일어섬을 봅니다. 그리스도인들은 이 무상한 정권에 소망을 두고 사는 사람들이 아닙니다. 그들의 소망은 영원한 성에 거하시는 역사의 참 주인 하나님이십니다. 조용한 새벽 내 존재의 중심으로 들어가 주를 뵈옵는 사람들은 결코 요동할 필요가 없습니다.

말틴 루터는 종교개혁의 요동하는 현실 속에서 이 시편을 묵상하며 위로와 힘을 얻었습니다. 그는 종종 그의 마음이 외롭고 아플 때 그의 친구요 동역자인 필립 멜란흐톤에게 "우리 시편 46편을 노래하지"라고 제안했다고 전해집니다. 요동치는 세월의 새벽에 조용히 기도의 가슴을 열고 이 찬미를 부르고 싶습니다. "내 주는 강한 성이요 방패와 병기 되시니 큰 환난에서 우리를 구하여 내시리로다."

세월이 변하고 환경이 변해도 변치 아니하시는 만군의 여호와 우리 주여, 오직 당신만을 피난처로 삼고 살아가게 하옵소서. 아멘

손뼉 치며 찬양하는 삶을

• • •

너희 만민들아 손바닥을 치고
즐거운 소리로 하나님께
외칠지어다 (시 47:1)

말씀이 성도의 집의 기초라면 기도와 찬양은 이 집의 두 개의 기둥과도 같습니다. 말씀은 신앙생활의 원리를 제공합니다. 기도와 찬양은 신앙생활의 활력을 제공합니다. 신앙생활의 활력은 때로 조용한 침묵의 기도에서 샘솟아 오릅니다. 그러나 때로 신앙생활의 활력은 활기찬 찬양에서 그 능력을 얻기도 합니다. 기도와 찬양의 균형은 매우 중요한 경건의 두 가지 습관이어야 합니다.

찬양할 때 우리는 대체 누구를 왜 찬양해야 할까요? 시편 기자는 여호와 하나님이 지존하신 왕이시기 때문에 그를 찬양해야 한다고 가르칩니다. 그는 진실로 찬양 받기에 합당하신 왕이십니다. 나 한 개인뿐만 아니라 세계 모든 민족들에게 찬양을 받으시기에 합당하신 왕이십니다. 그는 그의 지존하신 사랑을 이 지구촌 모든 인류에게 공평하게 부으사 모든 열방 가운데서 당신의 기업된 백성을 선택하셨기 때문입니다.

그는 또한 열방을 거룩함으로 다스리시는 의의 왕이십니다.

세상은 매우 무질서하고 혼돈되어 보이지만 결정적인 순간마다 역사의 방향을 이끌어 가는 보이지 않는 손의 간섭이 있어서 일관성 있는 정의를 세워가고 있습니다. 아놀드 토인비 교수는 인류의 문명사를 연구하며 역사 속에는 죄와 심판, 의와 번영의 분명한 법칙이 보인다고 증언했습니다. 그가 다스리시기 때문입니다.

역사의 끝 날에 하나님은 모든 백성을 그 앞에 모으시고 그가 섭리해오신 역사의 비밀을 우리로 알게 하실 것입니다. 그때 우리 모두는 보좌에 앉으신 그분을 향하여 세세토록 찬양을 올리게 될 것입니다. 그렇다면 역사의 어두운 날에도 그의 백성들은 믿음으로 그를 찬양하는 연습을 해야 합니다. 적당히 드리는 찬양이 아니라 의지적으로 손뼉 치며 찬양해야 합니다. 손뼉 칠 때마다 어두움은 쫓겨나고 새날이 밝아올 것입니다.

오, 하나님. 기도와 함께 찬양을 생활화하게 하옵소서. 인생의 날이 어둡게 느껴질 때 특히 찬양하게 하옵소서. 여호와의 통치는 의로우시다고 고백하게 하옵소서. 아멘

우리의 존재의 중심

• • •

하나님이여 우리가 주의
전 가운데에서 주의 인자하심을
생각하였나이다 (시 48:9)

시편 48편은 하나님의 도성 시온을 노래하고 있습니다. 시온성의 견고함과 아름다움을 찬미합니다. 그동안 어떻게 그 무수한 외적들의 침략과 공격에서 능히 견디어 낼 수 있었는가를 찬미합니다. 그것은 친히 이 성의 주인되신 전능자이신 하나님께서 이 성을 지키시고 또한 인도하고 계시기 때문이라고 고백합니다. 그래서 이 도성의 시민들은 즐거워한다고 고백합니다.

오늘을 사는 하나님의 백성들에게 예배의 장소로서의 예루살렘은 더 이상 중요하지 않습니다. 이미 예수님은 여기도 저기도 아닌 영과 진리의 자리에서 예배의 삶을 살아야 한다고 사마리아 땅의 여인에게 말씀하신 바가 있었습니다. 우리가 오늘 하나님을 만나고 하나님을 경험하는 자리는 다름 아닌 우리들의 존재의 중심이어야 합니다. 이 존재의 중심을 향한 적들의 소요는 예나 지금이나 변함이 없습니다.

시온은 본래 터가 높고 아름다운 곳을 택하여 건설된 천연의 요새였습니다. 그러나 적들에게는 그것이 바로 시샘의 이유이기도 했습니다.

　그래서 역사를 통해 끊임없이 이 요새를 흔들어 보고자 하는 시도들이 계속되어 왔습니다. 시온의 안전은 시온의 백성들이 자신이 처한 천연의 조건이 아닌 천연의 조건을 허락하신 주인을 신뢰할 때에만 가능할 수 있었던 경험이었습니다.

　예수께서는 이 땅을 떠나시기 전 *그가 가면* 그를 대신한 보혜사 곧 우리를 보호하고 위로할 자가 우리에게 오셔서 우리 안에 거할 것이라고 약속하셨습니다. 그가 바로 성령이십니다. 성령은 우리의 존재의 중심에 거하십니다. 우리는 우리의 안전을 위하여 애굽이나 앗수르를 의지할 필요가 없습니다. 우리는 날마다 우리의 존재의 중심 깊은 곳으로 나아가 우리의 참되신 임금을 만나 그분의 도움을 구해야 합니다.

주님, 우리가 시도할 진정한 모험은 우리 안으로의 여행인 것을 잊지 말게 하소서. 당신은 진정 우리의 존재의 성채요, 방패이십니다. 아멘

돈을 믿을 수 있는가?

• • •

자기의 재물을 의지하고 부유함을 자랑하는 자는
아무도 자기의 형제를 구원하지 못하며 그를 위한 속전을
하나님께 바치지도 못할 것은 (시 49:6-7)

시편 49편은 시편의 잠언이라고 일컬어 집니다. 잠언의 초점은 지혜입니다. 이 시편은 돈을 지혜롭게 다룰 것을 가르칩니다. 성경은 결코 돈을 정죄하지 않습니다. 돈이 악이 아니라, 돈을 사랑함이 일만 악의 근원입니다. 돈은 필요합니다. 필요한 돈을 적절하게 관리하는 일이야말로 지혜 중의 지혜입니다. 그러나 더 중요한 돈에 대한 지혜는 돈의 본질을 아는 것입니다.

이 시편은 무엇보다 돈을 믿어서는 안 된다고 가르칩니다. 자기의 재물을 의지해서는 안 된다고 말합니다. 돈이 쌓이면 돈이 내 소망이 되고 돈이 내 구원이 됩니다. 맘몬주의자는 돈을 신으로 믿습니다. 맘몬은 본래 '내가 믿는다'는 뜻입니다. 돈에 집착하다 보면 돈을 믿게 되고 그때부터 돈이 곧 신이 됩니다. 그래서 예수님은 재물과 하나님을 겸하여 섬길 수 없다고 가르치신 것입니다.

돈이 가진 결정적인 한계는 돈이 우리를 구원할 수 없다는 사실입니다. 우리는 돈으로 많은 것을 할 수 있습니다. 그래서 돈은 힘을 갖습니다.

돈으로 미모도 사고, 돈으로 명예도 사고, 돈으로 건강도 사고, 돈으로 지식도, 지위도 사는 세상이 되었습니다. 그러나 돈으로 죄 사함을 얻지 못합니다. 돈으로 양심의 자유를 얻지 못합니다. 돈으로 영혼의 구원을 얻을 수 없습니다.

또 하나 돈에 대한 분명한 진실은 우리가 이 세상을 떠날 때 돈을 저 세상으로 가져갈 수 없다는 것입니다. 한 부자가 죽었을 때 기자가 "그는 돈을 얼마나 남겼는가?"고 물었답니다. 부자의 변호사였던 이가 대답하기를 "그는 다 남기고 갔습니다"고 대답하더랍니다. 그렇다면 주님 앞에 가지고 가지 못할 돈을 너무 믿지 맙시다. 주님 앞에 가지고 갈 영혼의 단장을 더 신경 써야 합니다.

주님, 우리가 사는 한 세상 우리는 돈을 필요로 합니다. 하오나 주님, 우리가 돈을 종으로 부리는 주인이 되게 하시사, 돈의 종이 되는 일이 없게 하옵소서. 아멘

하나님의 집에 대한 심판

● ● ●

하나님을 잊어버린 너희여 이제 이를 생각하라
그렇지 아니하면 내가 너희를 찢으리니
건질 자 없으리라 (시 50:22)

하나님은 심판의 하나님이십니다. 그는 의로우시기 때문입니다. 그래서 그는 심판하지 않을 수 없으십니다. 그리고 그는 심판하실 때 그의 집에서부터 심판을 시작하십니다. 먼저 그의 집이 깨끗할 때 그가 세상을 심판할 근거가 되시기 때문입니다. 무엇보다 심판의 주님은 그의 언약의 백성이 이 심판을 통과하는 것을 보고 싶어 하십니다. 비록 이 심판이 정죄에 이르는 심판이 아닐지라도 우리는 이 심판을 준비해야 합니다.

첫째는 교회 안의 율법주의자들에 대한 심판입니다. 이들은 언제나 의식이나 형식에 고착하는 사람들입니다. 이들의 관심은 제사의 태도가 아닌 제물이나 제사의 외형에 있습니다. 그러나 하나님은 우리가 어떤 제물을 가지고 그 앞에 나오느냐 보다도 우리가 어떤 마음가짐으로 그 제물을 갖고 그에게 나오고 있느냐에 관심을 가지십니다. 그는 우리의 주일성수, 십일조 이상으로 우리의 내면의 상태에 관심을 가지십니다.

둘째는 교회 안의 무율법주의자들에 대한 심판입니다.

이들은 우리에게 주어진 복음 안에서의 자유를 남용하는 사람들입니다. 이들의 진정한 관심은 하나님이 아닌 쾌락과 방종입니다. 이들은 영을 추구하는 자들이 아니라, 육에 목말라하는 자들입니다. 이들은 마치 우리가 율법 없는 사람들처럼 행동하게 하여 하나님의 이름을 욕되게 하고 하나님의 가문의 영광을 더럽힙니다.

우리가 이런 오류에서 보존되려면 우리는 먼저 하나님의 구원의 은총을 깊이 묵상해야 합니다. 그리고 주께 대한 사무치는 감사의 영성을 회복해야 합니다. 그래서 우리가 드리는 제사가 항상 감사의 제사가 되게 해야 합니다. 주일마다 드리는 예배가 감사의 예배이어야 하고, 날마다의 삶이 감사의 삶이 되게 해야 합니다. 이런 감사의 영성만이 우리를 율법주의의 가식과 무율법주의의 위선에서 구원할 것입니다.

주님, 주 앞에 나올 때마다 십자가에서 당신이 이루신 구원과 이 구원이 가능하기 위하여 주께서 치르신 희생의 은혜를 잊지 않게 하소서. 아멘

참회하는 마음

● ● ●

하나님께서 구하시는 제사는 상한 심령이라
하나님이여 상하고 통회하는 마음을
주께서 멸시하지 아니하시리이다 (시 51:17)

시편 51편은 성서에서 가장 유명한 참회의 시로서 다윗의 참회의 기도를 담고 있습니다. 여기서 다윗은 그의 참회하는 마음을 투명하게 드러내 보여주고 있습니다. 참회하는 마음은 무엇보다 정직하게 자기 죄를 인정하고 고백하는 데서 나타납니다. 그리고 그의 죄는 궁극적으로 하나님 앞에서의 범죄이었음을 그는 인정합니다. 진정한 참회는 하나님의 임재를 의식하는 데서 시작 되는 것입니다.

참회하는 마음은 과거지향적이 아니라 미래 지향적입니다. 진정한 참회는 과거를 뉘우침만이 아닌 동일한 죄를 미래에서 되풀이 안 하겠다는 고백입니다. 예수님도 간음하다 잡혀온 여인에게 "나도 너를 정죄하지 않는다"고 선언하시면서 "가서 다시는 죄를 범치 말라"고 말씀하십니다. 그러므로 진정한 참회는 죄를 극복하는 새 마음을 달라는 기도를 포함해야 합니다.

참회하는 마음은 깨어진 마음이어야 합니다. 그것은 더 이상 고집스런 마음이 아니라 부드러운 마음입니다.

우리가 죄를 범할 때 우리의 의지는 죄의 욕망을 향한 고집스러움으로 교만하여 있었습니다. 그러나 성령께서 우리의 마음을 깨뜨리셨을 때 우리는 하나님의 도우심을 구하는 겸손한 낮아짐의 자리에 서게 된 것입니다. 주께서는 이런 낮아진 상한 마음을 멸시치 아니하십니다.

참회하는 마음은 슬픔에서 기쁨으로 나아가는 마음이어야 합니다. 우리가 죄를 범할 때 제일 먼저 잃어 버리는 것이 구원의 기쁨입니다. 그러므로 우리가 참회함으로 제일 먼저 회복해야 할 것이 구원의 기쁨입니다. 이 기쁨이 죄를 이기고 승리하는 새 생활의 기초가 됩니다. 그리고 이런 기쁨의 회복은 무엇보다 찬양생활의 부흥으로 나타납니다. 우리의 입술이 다시 한번 주의 의를 노래하게 될 때 시온의 성벽은 굳게 세워 집니다.

오, 하나님, 우리에게 참회하는 마음을 주셔서 죄에서 벗어나 기쁨의 삶을 되찾게 하옵소서. 우리가 찬양함으로 당신의 의를 노래하게 하소서. 아멘

악인과 의인의 초상화

● ● ●

포악한 자여 네가 어찌하여
악한 계획을 스스로 자랑하는가
하나님의 인자하심은 항상 있도다 (시 52:1)

포스트 모던의 시대는 이미 선과 악의 경계선을 폐기한지 오래 되었습니다. 그러나 시대정신의 변천에도 불구하고 율법과 양심의 기능만은 여전하여 우리로 선과 악의 목소리에 변함없이 귀를 기울이게 합니다. J.R.R.톨킨의 "반지의 제왕"같은 스토리가 소설과 영화로 현대인에게 다시 수납되는 것도 그 징후의 하나가 아닌 듯 싶습니다.

악인은 교만합니다. 악인은 악을 사랑합니다. 악인은 거짓을 말합니다. 그리고 악인은 물질적 가치에 모든 것을 걸고 매달립니다. 성경은 그 이유가 악인에게 하나님이 없는 까닭이라고 가르칩니다. 하나님이 없는 사람의 인생은 결국 주인이 자기 자신일 수밖에 없습니다. 그는 자기 이기심의 충족을 위해 악한 수단을 정당화시킵니다.

의인은 하나님을 높입니다. 의인은 의를 사랑합니다. 의인은 참된 것을 말합니다. 의인은 하나님으로 배부른 자입니다. 그래서 의인은 하나님을 찬양하기를 즐겨하는 자입니다.

그래서 악인을 면하려면 악인 되기를 그침이 아니라, 의인 되기를 사모해야 합니다. 그리고 의인됨의 길은 의의 근원이신 하나님께 나아오는 길입니다.

파스칼의 증언처럼 피레네 산맥의 이쪽에서 정의인 것이 저쪽에서는 불의가 될 수 있습니다. 정의와 불의, 선과 악의 차이는 그 자체에 있지 않습니다. 하나님이 없으면 의도 선도 존재하지 않습니다. 악인과 의인의 초상화는 하나님과의 관계에 따라 그려지는 그림입니다. 의인은 하나님을 힘으로 믿고 사는 자입니다. 그는 푸른 감람나무 같은 인생을 살아갑니다.

오직 하나님만을 나의 기업으로 믿고 살게 하소서. 악인을 비난하기 보다 하나님을 찬양함이 내 삶의 모습이게 하소서. 아멘

바보들의 행진

● ● ●

어리석은 자는 그의 마음에 이르기를
하나님이 없다 하도다 그들은 부패하며 가증한 악을 행함이여
선을 행하는 자가 없도다 (시 53:1)

시편 53편은 시편 14편을 반복하고 있습니다. 왜 하나님은 이미 말씀하신 것을 다시 반복하고 계실까요? 반복은 강조의 의미가 있습니다. 더 나아가 특별한 관심과 주목을 필요로 할 때 우리는 반복의 기법을 의식적으로 무의식적으로 사용합니다. 구약의 여호와가 사무엘을 부르실 때 한 번이 아니라 두 번 부르시며 "사무엘아, 사무엘아"하십니다. 예수님께서도 너무나 중요한 말씀을 전달하실 때 "진실로, 진실로"하셨습니다.

더욱 반복의 필요는 메시지의 수신자가 이를 깨닫지 못할 때에 절실해질 수밖에 없습니다. 아마도 본문 시편 53편의 메시지의 반복은 이 시편의 메시지에 아직도 귀를 기울이지 못하는 이들을 향한 여호와의 답답하심이요, 이 답답하심을 알아차리지 못하는 바보들 때문이라고 할 수 있습니다. 주께서는 이들을 가리켜 '어리석은 자들'이라고 말씀하십니다. 이 어리석은 자들은 아직도 "하나님이 없다"고 소리칩니다.

왜 이들이 어리석은 바보들입니까?

이들의 "하나님이 없다"는 선언이 이들의 인생에 조금도 도움이 되지 못하는 까닭입니다. 오히려 해를 끼칠 따름입니다. 도스토옙스키의 경고처럼 하나님이 없으면 못할 것이 없습니다. 인간의 부패와 가증한 악의 원인은 하나님을 무시하기 때문입니다. 하늘의 하나님이 나의 행위를 굽어 살피심을 믿는다면 우리의 행위가 달라지지 않겠습니까?

그러나 이들은 의식 속에서 추방한 하나님 앞에서 언젠가는 반드시 그 행위를 직고하며 심판을 받아야 합니다. 그래서 악을 담대히 행하는 사람들에게도 피할 수 없는 두려움은 존재합니다. 이것은 바로 심판의 두려움인 것입니다. 이 두려움을 애써 외면하는 자들은 정말 어리석은 바보들입니다. 이 바보들 때문에 세상이 시끄럽습니다. 그러나 이 바보들의 행진은 곧 수치의 행진으로, 심판의 행진으로 끝날 것입니다. 🌿

주님, 세상이 시끄럽습니다. 부패와 악은 더욱 기승을 부리고 있습니다. 속히 악한 바보들의 행진을 끝내어 주소서. 아멘

고난 중에 가질 성도의 확신

• • •

하나님은 나를 돕는 이시며
주께서는 내 생명을 붙들어 주시는
이시니이다 (시 54:4)

고난은 피할 수 없는 인생의 한 부분입니다. 고난은 인생의 선택과목이 아니라 필수과목입니다. 지금 당장 내 인생이 고난이 아니어도 그것이 내일 나에게 고난의 면제를 보증하지는 못합니다. 예수께서도 제자들에게 "너희가 세상에서는 환난을 당하나"라고 말씀하셨습니다. 그렇다면 내 인생에서 고난이 없기만을 기대하는 것은 비현실적이고 비성서적입니다.

중요한 것은 고난을 대비한 인생을 사는 일입니다. 무엇보다 고난이 올 때 우리가 성도로서 성도답게 고난을 극복해 가는 것을 미리 준비해야 합니다. 특별히 고난 중에서 우리가 성도로서 기대할 수 있는 것이 무엇인가를 확신하고 있어야 하겠습니다. 확신은 자신의 오늘의 태도를 견고하게 하고, 내일을 향한 우리의 발걸음을 가볍게 합니다.

오늘의 시편에서 시편 기자에게 고난 중에 가질 성도의 확신을 배우기로 합니다. 우선 성도는 하나님이 고난 중에 돕는 자가 되신다는 확신을 가져야 합니다.

우리는 왜 하나님이 고난을 막지 않으시고 고난을 허용하셨는지는 알기 어렵습니다. 신학자들은 이를 '고난의 신비'라고 부릅니다. 그러나 분명한 것은 우리가 고난을 만날 때 하나님은 우리 가까이 오셔서 우리를 도우신다는 것입니다.

그리고 신실하신 하나님은 원수의 악을 어느 날 반드시 심판하실 것이라는 사실입니다. 우리가 심판하지 않아도 그분이 하실 것이라는 확신을 가져야 합니다. 왜냐하면 그분이 공의로우신 심판자이시기 때문입니다. 그리고 모든 고난은 잠깐이며 고난 후에 즐거움의 제사를 드리게 될 것이라는 사실입니다. 고난이 있어 인생은 더욱 즐거운 유희가 될 수 있는 것입니다.

오, 나의 하나님, 저는 고난을 즐거워할 수는 없습니다. 그러나 나 홀로 고난을 피해 가기를 기도하지 않겠사오니 고난을 대비하고 극복할 확신을 저에게 주옵소서. 아멘

내게 만일 날개가 있다면

• • •
나는 말하기를
만일 내게 비둘기 같이 날개가 있다면
날아가서 편히 쉬리로다 (시 55:6)

우리가 우리에게 날개가 있기를 바라는 상상을 하는 두 가지 경우가 있을 수 있습니다. 적극적으로 우리의 꿈의 실현을 기대할 때 우리는 날개를 달고 우리의 한계를 넘어서는 상상의 여행을 하게 됩니다. 소극적으로는 우리가 처한 답답한 현실의 감옥에 갇혀 있다고 느낄 때 우리는 상상의 날개를 달고 도피의 여행을 떠나게 됩니다. 시편 55편에서 다윗은 후자의 여행을 소원하고 있습니다.

이 시편에는 다윗이 날개를 달고 도피하고 싶어했던 절실한 감옥 같은 상황의 묘사들이 속출하고 있습니다. 압제, 핍박, 아픔, 위험, 두려움, 떨림, 황공(공포), 사망, 압박, 궤사, 악독 등의 그림언어들이 그것들입니다. 이런 상황에서 그는 아파하고 탄식할 수밖에 없다고 고백하고 있습니다. 오직 하나의 소원은 날개가 있다면 피난처를 찾아가 이 폭풍과 광풍을 피하여 편히 쉬고 싶다는 것뿐입니다.

시편 기자의 절망과 곤고함은 밖에서 압박하는 요인들 때문만이 아니었습니다. 무엇보다 그를 아프게 했던 것은 친구의 배신 때문이었습니다. 원수의 핍박은 예견할 수 있는 것이지만 친구의 배신은 정말 의외일 수밖에 없습니다. 성경학자들은 다윗에게 그런 존재가 아히도벨이 아니었을까 추측합니다. 인생의 길에서 우리는 누구나 아히도벨을 만나게 됩니다. 그때 우리의 인생은 사망의 음부에 빠진 느낌일 것입니다.

다윗이 이런 상황에서 찾아낸 해답은 기도였습니다. 그가 가장 안전하게 그의 심정을 토하며 또한 실제적인 도움을 받을 수 있는 방법이 바로 기도였습니다. 그는 이제 저녁과 아침과 정오에 하나님께 나아와 부르짖어 기도하겠다고 말합니다. 그때 그는 그의 기도를 들으시고 평안과 안식과 구원을 주시는 하나님을 경험할 수 있었습니다. 기도가 날개였습니다.

피난처 되신 주님, 다윗이 발견한 해답처럼 우리의 짐을 당신 앞에 내려놓고 기도하겠사오니 이제 우리에게 날개를 주소서. 아멘

나의 눈물을 주의 병에 담으소서

• • •

나의 유리함을 주께서 계수하셨사오니
나의 눈물을 주의 병에 담으소서 이것이 주의 책에
기록되지 아니하였나이까 (시 56:8)

인생은 끊임없는 고통의 세월인 듯합니다. 잠시의 기쁨과 보람이 있는가 했더니 기쁨은 어느새 슬픔에 삼키우고, 보람은 좌절에 의해 그 날개를 접습니다. 그리고 고통이 삶의 복판을 차지하고 있을 때 우리는 기쁨의 감미로움이나 보람의 추억을 모두 잃어버리고 인생의 잔인한 유희에 희롱 당한 채 아파할 따름입니다. 다만 우리는 왜, 왜냐고 돌아오지 않을 메아리 같은 질문을 허공으로 던집니다.

고통 이상으로 잔인한 생의 고문은 두려움일 것입니다. 이제는 모든 것을 믿지 못하고 두려워합니다. 사람을 두려워하고, 사건을 두려워하고, 상황을 두려워합니다. 그런데 이런 두려움은 인생의 도상에서 결코 낯선 손님이 아니라는 것입니다. 이 두려움이 마치 공휴일처럼 우리의 일상의 틈을 타서 너무나 자주 우리를 찾아옵니다. 그때 우리는 다윗과 더불어 기도합니다. "나의 눈물을 주의 병에 담으소서"라고.

다윗은 이런 고통과 두려움의 날에 주를 의지하는 것을 배웠다고 고백합니다. 하나님을 의지하고 그의 약속의 말씀을 찬송하는 것을 배웠다고 고백합니다. 그랬더니 그는 더 이상 두려워하지 않게 되었다고 고백합니다. 그 하나님이 자신의 방패요 피난처임을 믿었기 때문입니다. 그리고 마침내 이렇게 고백할 수 있었습니다. "혈육 있는 사람이 내게 어찌 하오리까?"

우리는 울고 싶을 때 눈물을 땅에 쏟을 필요가 없습니다. 주께서는 우리가 흘릴 눈물을 위하여 은총의 병을 준비하십니다. 그러면 우리는 우리의 눈물을 주의 병에 담을 수 있게 됩니다. 그러면 어느 날 그 눈물은 이웃을 이해하고 치유하는 명약이 될 수 있습니다. 그래서 눈물을 주의 병에 담을 줄 아는 사람들은 동시에 감사의 제사를 드릴 줄 아는 사람들입니다.

주여, 인생이 고통스럽고 두렵게 느껴질 때 우리로 울게 하소서. 그리고 우리의 눈물을 주의 병에 담게 하소서. 아멘

이 재앙이 지나기까지

• • •

> 하나님이여 내게 은혜를 베푸소서 내게 은혜를 베푸소서
> 내 영혼이 주께로 피하되 주의 날개 그늘 아래에서
> 이 재앙들이 지나기까지 피하리이다 (시 57:1)

지금 온 세상이 재앙을 경험하고 난민들을 양산하고 있습니다. 바야흐로 세계 도처에서는 전쟁의 심리적 공황을 경험하고 있습니다. 더 이상 세상은 서로 분리된 섬이 아니라 운명 공동체임을 실감하고 있습니다. 이런 전쟁들은 지구촌에 사는 인간 가족이 어떻게 서로가 서로를 향하여 잔인한 적이 될 수 있는가를 적나라하게 보여주고 있습니다.

사울과 다윗은 가족이었습니다. 장인과 사위였습니다. 임금과 신하이었습니다. 지도자와 촉망되는 지도자 승계자였습니다. 다함께 하나님의 부르심을 받은 기름부음 받은 종들이었습니다. 그런데 지금 사울은 다윗의 목숨을 찾고 있고 다윗은 사울을 피하여 도주하다가 동굴 속으로 숨어 들어간 것입니다. 이때 다윗이 재앙의 시간을 지나가기 위해 한 일은 무엇입니까?

다윗은 복수보다도 용서를 선택했습니다. 전쟁이 아닌 평화를 선택했습니다. 무기가 아닌 기도를 선택했습니다. 그리고 적을 적이라고 부르지 않고 자신과 동일하게 기름부음 받은 하나님의 사람이라고 인정했습니다.

자신의 목숨을 노리는 자에게 오히려 평안을 빌어주기로 했습니다. 그때 갑자기 그가 숨어있던 동굴은 주의 날개 그늘이 되었습니다.

이 날개 그늘 아래서 다윗은 찬양을 시작합니다. 이 찬양은 마음을 작정하고 드리기로 한 결심의 찬양이었습니다. 그는 어둠이 뒤덮고 있는 한밤중에도 일어나 주를 찬양합니다. 그것은 새벽을 깨우는 찬양이었습니다. 이 조용한 찬양은 역사의 한 시기를 지배하던 어둠을 서서히 몰아낼 수 있었습니다. 그리고 대지 위에 신의 영광이 회복되고 있었습니다. 찬양하는 자는 어디에 있습니까?

주님, 세상이 시끄럽습니다. 전쟁의 재앙 속에서도 이 재앙이 지나기까지 인류를 당신의 날개 아래 제발 품어 주소서. 아멘

악인들의 운명

• • •

그 때에 사람의 말이 진실로 의인에게
갚음이 있고 진실로 땅에서 심판하시는 하나님이
계시다 하리로다 (시 58:11)

시편 58편은 악인들의 운명을 비유하는 다섯 가지 그림을 펼쳐 보입니다. 첫째로, 악인들은 젊은 사자의 어금니를 가지고 있다고 합니다. 그들은 피에 굶주려 하며 이웃들을 해악함을 본능으로 살아갑니다. 베드로는 마귀가 우는 사자처럼 두루 다니며 삼킬 자를 찾는다고 합니다. 그러나 다윗은 이런 젊은 사자의 어금니를 꺾어 내시는 이가 하나님이심을 믿고 그에게 기도로 나아갑니다.

둘째로, 악인들은 급히 흐르는 물과 같다고 합니다. 물은 무서운 파괴력을 갖습니다. 그러나 급류는 급하게 지나갈 뿐입니다. 셋째는, 겨누는 화살과 같다고 합니다. 악인들은 숨어서 활시위를 겨냥하여 희생의 목표물을 찾습니다. 그러나 하나님은 그 겨누는 화살이 꺾이게 하시는 분이십니다. 만일, 악인들의 모든 공격이 성공한다면 세상은 얼마나 불의하고 불공정한 세상이 되겠습니까?

넷째로, 악인들은 소멸하여 가는 달팽이와 같다고 했습니다.

달팽이는 땅을 기며 자취를 남기고자 하나 그 몸부림으로 마침내 기운을 잃고 죽어 버립니다. 악인들이 악한 일을 하다가 스스로 기운을 소진해 버리는 것을 비유한 그림입니다. 마지막 악인들의 그림은, 만삭되지 못해 태어나 햇빛을 보지 못하고 죽는 아이와 같다는 것입니다. 악인들은 서둘러 꾀를 만들어 성공하는 듯 하지만 결국은 세상의 무대에서 퇴장하고 만다는 것입니다.

다윗은 그의 인생 여정을 통하여 이런 악인들의 칼과 화살을 여러 번 경험하는 죽음의 골짜기를 지나야만 했으나 이 모든 일에 기도로 주께 나아와 주께서 심판자 되시기를 구했습니다. 그리고 마침내 의인에게 갚음이 있고 진실로 하나님이 공의로 심판하시는 분이심을 고백할 수 있었습니다. 그러므로 억울한 일을 당할 때 복수는 가장 어리석은 일입니다. 다만 하나님의 공의에 부탁해야 합니다.

우리의 삶이 불공평하고 부당하다고 느낄 때 공의로 세상을 판단하시고 섭리하시는 살아계신 하나님께 대한 믿음을 더욱 굳게 하소서. 아멘

하나님의 웃음

● ● ●

여호와여 주께서
그들을 비웃으시며 모든 나라들을
조롱하시리이다 (시 59:8)

세상이 너무 경직되어 있는 것 같습니다. 옛 철학자가 "만인이 만인에 대하여 적"이라고 말한 것이 생각납니다. 긴장된 눈으로 보면 내 삶의 주변에서 기웃거리며 다가오는 모든 이웃들이 원수처럼 보이기만 합니다. 모두가 나를 이용하고, 나를 공격하려는 이웃으로 느껴질 수도 있습니다. 하나님 외에는 내 편에 서줄 친구가 없어 보이는 삭막한 세상에서 우리는 다만 주께 기도로 나아갈 뿐입니다.

이때 갑자기 우리는 웃음소리를 듣습니다. 하나님의 웃음소리입니다. 모든 것을 초월하여 계시는 그분은 덧없는 인간의 유희에 다만 지그시 웃으며 우리를 주목하십니다. 악인에게 이 웃음은 공포입니다. 그분의 여유는 악인의 계략이 치기에 지나지 않음을 보여주기 때문입니다. 의인에게 이 웃음은 위로입니다. 그분의 연민을 그의 웃음에서 전달받기 때문입니다. 우리는 갑자기 그분과 함께 웃고 싶은 충동을 느낍니다.

우리가 하나님의 자녀라면 우리는 우리 아버지에게서 웃음을 배워야 합니다.

그리스도인 철학자 엘튼 트루블러드(Elton Trueblood)는 복음서에 나타난 대부분의 비유에 그리스도의 유머가 녹아있다고 지적합니다. 예수님이 사용하신 복음서의 언어들은 반드시 고상한 지적 언어가 아니라, 거친 웃음이 용해되어 있는 시장 언어들이었습니다. 그는 제자들과 대화하시며 혹은 가르침을 배풀며 자주 유머를 사용하셨습니다.

시편 기자는 하나님의 웃음소리를 듣고 적을 향한 적개심을 내려놓습니다. 보복의 기도는 찬양의 기도로 바뀝니다. 보복은 주께 맡기고 지금은 웃고 싶을 따름입니다. 오늘의 시편은 탄원에서 시작하여 찬송으로 마무리됩니다. 오늘 우리의 대화문화, 회의문화나 심지어 예배문화, 설교문화에도 싱싱한 웃음이 도입되면 우리는 한결 더 즐겁게 인생을 살고 즐겁게 믿음의 삶을 살게 될 것입니다.

자주 웃으시는 하나님. 우리에게도 웃어가며 인생을 살아가는 여유를 허락해 주옵소서. 아멘

하나님의 분노

하나님이여 주께서 우리를 버려
흩으셨고 분노하셨사오나
지금은 우리를 회복시키소서 (시 60:1)

성경의 하나님은 정서적으로 반응하시는 하나님이십니다. 그래서 그는 우리를 시기하기도 하시고 질투하기도 하시며 때론 우리에게 화를 내시는 하나님이십니다. 성경은 어떤 경우에도 분노 그 자체를 정죄하지 않습니다. 만일 우리가 분노하지 못한다면 우리는 더 이상 인격적인 존재라 할 수 없습니다.

성경은 우리가 분노를 처리하지 못하는 경우와 잘못된 동기의 분노를 정죄하고 있습니다. 우리가 분노할 경우 해질 때까지 분노를 품지 말라고 경고하며 또한 사람의 성냄이 하나님의 의를 이룰 수 없음을 상기시킵니다. 생산성이 없는 분노를 경고한 것입니다. 그러나 하나님의 분노는 불신자들에게는 심판이지만 성도들에게는 징계의 의도로 표현되고 있습니다.

하나님이 성도들에게 분노하시는 것을 어떻게 알 수 있습니까? 대부분의 경우 하나님의 분노는 성도들의 삶의 실패로 경험됩니다. 다윗이 하나님을 떠나 자신의 힘을 믿고 전쟁을 하다가 패전을 경험했을 때 그는 곧 그 패전이 하나님의 분노임을 알아차린 것입니다.

그때 그는 즉시로 회개하며 하나님의 회복을 위해 기도하기 시작했습니다.

우리가 만일 다윗처럼 하나님의 분노를 경험하고 있다면 우리는 다시는 하나님을 떠나 자신의 힘만으로 인생을 사는 실패를 반복하지 않겠다고 결심해야 합니다. 그리고 이제부터는 다윗처럼 먼저 하나님을 의지하고 용감히 행하겠다고 고백해야 합니다. 그때 하나님은 분노를 거두시고 다시 우리의 기도에 귀를 기울이십니다.

주여, 우리의 삶의 실패가 당신의 분노였다면 회개하오니 이제는 회복의 은총을 부어 주소서. 아멘

시편
61편~80편

묵상의 샘 이동원 목사

나보다 높은 바위로 나를 인도하소서

● ● ●
내 마음이 약해질 때에 땅 끝에서부터
주께 부르짖으오리니 나보다 높은 바위에
나를 인도하소서 (시 61:2)

사막지대에서 바위의 존재는 절대적입니다. 우선 전시에 바위는 적의 동태를 잘 관찰할 수 있는 천혜의 감시탑이라 할 만 합니다. 인생은 전장입니다. 하나의 사건이 지나가면 또 다른 사건이 우리의 안전을 위협합니다. 한시도 맘 놓고 살 수 없는 인생입니다. 사단이 호시탐탐 틈을 노리기 때문입니다. 그래서 성경은 우리가 깨어 적의 동태를 감시해야 한다고 가르칩니다.

그러나 동시에 바위는 가장 확실한 피난처를 제공합니다. 고대 사막 전쟁에서 전사들은 바위에서 적의 동태를 감시하며 또한 바위를 의지하여 잠깐의 쉼을 얻기도 했습니다. 그래서 자연조건이 좋은 몸을 숨길만한 나보다 높은 바위를 발견하는 것은 고대 전사들이 누리는 가장 큰 행운이었던 것입니다. 이제 이런 바위그림을 그리면서 이 기도를 묵상해 보십시오. "나보다 높은 바위로 나를 인도하소서."

높은 바위가 제공하는 가장 큰 축복의 하나는 바위가 열사의 사막에서 그늘을 제공한다는 사실입니다.

그래서 믿음의 전사들은 바위 그늘 아래서 주의 장막을 경험했고, 주의 날개를 느낄 수 있었을 것입니다. 시편기자는 이 달콤한 바위의 안식을 놓치고 싶지 않았습니다. 그래서 이렇게 고백합니다. "내가 영원히 주의 장막에 머물며 주의 날개아래 피하리이다."

그러나 바위는 우리에게 달콤한 안식에만 안주함을 기뻐하지 않습니다. 지나가는 그늘과 함께 바위는 우리에게 우리의 소명을 상기시킵니다. 이제 함께 하실 이 높은 바위를 의지하고 나아가 싸워야 할 시간임을 알립니다. 그래서 시편 기자는 이제 나의 매일에서 나의 서원을 이행하며 살겠다고 말합니다. 우리는 곧 전선의 한복판에서 싸움으로 지쳐갈 때 다시 이 기도를 기억할 것입니다.

주여, 내게 안식이 필요할 때 혹은 새 힘을 필요로 할 때 이렇게 기도하게 하소서. "나를 나보다 높은 바위에 인도하소서." 아멘

침묵의 힘

• • •

나의 영혼이 잠잠히 하나님만
바람이여 나의 구원이 그에게서
나오는도다 (시 62:1)

시편 기자는 오늘의 시편에서 침묵의 힘을 노래합니다. 오늘의 시대는 말의 힘을 예찬하는 시대입니다. 언론의 자유는 발전된 시민사회의 상징이 되고 있습니다. 그러나 때로 우리는 말의 성찬 속에서 오히려 혼란과 고통을 경험합니다. 도무지 누구의 말이 옳은지를 분별하기도 용이하지 않을뿐더러 정의를 주장하는 논리 속에서 오히려 우리를 피곤하게 하는 오만한 광기를 느낄 뿐입니다.

오늘의 시편 기자는 심각한 생존의 위협을 느끼고 있었습니다. 자신을 죽이려고 하이에나 떼처럼 덤벼드는 공격의 현장에서 그는 이웃들의 거짓과 저주를 경험하고 있었던 것입니다. 그런데 이런 첨예한 불안의 현장에서 그는 침묵이라는 하나님의 방편을 발견할 수 있었습니다. 그는 잠잠히 하나님을 오직 하나님만을 바라보기로 작정한 것입니다. 그리고 그는 이 침묵의 성에서 하나님을 새롭게 만나게 됩니다.

그리고 그에게 하나님은 구원이시고 요새이심이 확인될 수 있었습니다.

그리고 더 중요한 발견에 도달하게 되었습니다. 하나님이 능력의 주이시며, 사랑의 주이심을 알게 된 것입니다. 그것은 신학의 교실에서가 아닌 삶의 교실에서 체험한 현장 학습이었습니다. 이 학습의 시작과 핵심은 침묵이었습니다. 이 학습의 교사이신 주께서 침묵을 축복하시는 이유는 그가 바로 침묵 가운데 거하기를 즐겨 하시기 때문입니다.

우리는 하나님이 말씀하시는 하나님이라고 고백합니다. 그러나 그는 긴 침묵 후에 비로소 말씀하십니다. 그래서 그의 말씀에는 생명이 있고 힘이 있습니다. 그래서 침묵을 배우지 못한 사람의 말은 그냥 말 장난일 뿐입니다. 우리의 말이 세상이나 사람을 움직이지 못하는 이유는 아직도 침묵을 배우지 못한 까닭입니다. 그래서 우리는 오늘의 시편 기자가 배운 침묵을 배우게 해 달라고 기도해야 합니다.

하나님, 우리는 말을 즐겨하고 말로 실수하는 존재들입니다. 우리가 진정 참말을 하기 위해 먼저 잠잠함을 배우게 하소서. 아멘

내 영혼의 만족

• • •

골수와 기름진 것을 먹음과 같이
나의 영혼이 만족할 것이라 나의 입이
기쁜 입술로 주를 찬송하되 (시 63:5)

우리의 영혼은 끝이 보이지 않는 광야를 방황하고 있습니다. 그리고 우리
는 끊임없이 무엇인가에 목말라하고 있습니다. 우리네 인생의 마당은 곤핍한
땅일 뿐입니다. 우리가 걷는 길은 걸을수록 피곤을 더해가는 사막길입니다.
때로 한 모금의 물을 찾기도 어려울 때 우리의 영혼은 기진하여 다만 헐떡입
니다. 그것은 만족할 줄 모르는 인간 영혼의 보편적 존재양식이기도 합니다.

그러나 진지한 모든 구도자는 마침내 한 가지 동일한 결론에 도달한 영혼
들입니다. 그들이 찾는 것은 돈도 명예도 쾌락도 권력도 인기도 성공도 아닌
영혼의 주인이라는 것입니다. 그 주인은 때로 여러 가지 이름으로 불리우기
도 하지만 그리스도인들에게 있어서 그분은 바로 하나님이십니다. 나의 하나
님이십니다. 내 영혼은 내 하나님을 찾고 있는 것입니다. 인생의 순례는 내
영혼의 주인을 찾아가는 갈망의 길인 것입니다.

물이 없어 마르고 곤핍한 땅에서 시인의 영혼은 주를 찾아 헐떡이며 그의
육체는 주를 사모하여 신음하고 있었습니다.

  그래서 그의 눈은 성소를 향하여 열려 있고, 그의 입술은 찬양의 물기로 흠뻑 젖어 있으며, 그의 마음은 말씀을 기다리는 배고픔으로 허기져 있고, 그의 손은 보좌를 향하여 들려 있습니다. 이것이 바로 예배자의 자세인 것입니다. 그리고 이 예배의 한 정점에서 그는 마침내 주인 되신 그분과의 온전한 연합을 경험합니다.

  그때에, 오직 그때에 우리는 골수와 기름진 것을 먹고 원 없는 배부름을 경험합니다. 그때 나는 낮에도 주를 찬양하고 밤에도 주를 묵상합니다. 그리고 비로소 우리의 영혼은 주의 날개 그늘 아래 쉬게 됩니다. 그러므로 영혼이 곤고할 때 일시적이고 불완전한 만족을 위한 대용품을 찾지 말아야 합니다. 오직 그분, 우리 영혼의 주인을 찾아야 합니다. 진지한 예배자가 되어야 합니다.

주님, 내 영혼이 곤고할 때 다만 주를 찾게 하소서. 예배로 주를 찾게 하소서. 아멘

기도와 하나님의 공의의 묵상

• • •

주는 악을 꾀하는 자들의 음모에서
나를 숨겨 주시고 악을 행하는 자들의 소동에서
나를 감추어 주소서 (시 64:2)

우리가 살고 있는 이 세상은 결코 공의로운 세상이 못됩니다. 우리는 날이
면 날마다 불의한 일들을 대면하며 인생을 살아갑니다. 때로 우리는 이 불의
한 일들을 인하여 세상을 등지고 싶은 유혹까지 받습니다. 우리가 지고 가는
불평의 짐이 너무 무거울 때 우리의 기도는 차라리 탄식이 됩니다. 시편 기자
는 지금 바로 이런 정황에서 자신의 근심을 풀어놓고 있습니다.

그러나 우리의 기도가 단순한 불평 이상의 하나님께 나아감이 되기 위해서
는 하나님의 공의를 믿어야 합니다. 그렇지 않은 경우 우리의 기도는 우리 감
정의 카타르시스 혹은 보다 토속적인 우리네 표현을 빌어 말하자면 감정의
푸닥거리 수준을 넘어서지 못합니다. 물론 기도의 자리에서 우리는 자기감정
에 솔직해야 하고 그 감정들을 투명하게 표현할 필요가 있습니다.

하나님은 어떤 경우에도 우리가 기도의 자리에서 정직하게 감정을 노출하
는 것을 정죄하지 않으십니다. 비록 우리의 감정의 표현이 하나님 자신에 대
한 불평을 포함하고 있다고 해도 말입니다.

그는 "네 마음을 내 앞에서 토하라"고 친히 말씀하신 분이십니다. 그러나 우리의 기도가 공의로운 응답을 소망한다면 우리의 기도는 감정의 분출 그 이상이 되어야 합니다.

오늘의 시편 기자는 아주 정직하게 자기감정을 대면합니다. 자신이 원수의 악한 화살에 맞아 피 흘리는 모습을 감추지 않습니다. 그러나 그가 이런 절망적인 상황을 바꾸고 일어서서 하나님을 찬양할 수 있었던 것은 하나님의 공의에 대한 믿음 때문이었습니다. 즉 기자는 원수를 하나님의 공의에 부탁한 것입니다. 그러므로 억울할 때 우리는 무엇보다 하나님의 공의를 묵상해야 합니다.

주님, 우리의 근심이 너무 중해 기도조차도 힘들어질 때 하나님의 공의를 묵상함을 배우게 하소서. 아멘

기도를 들으시는 주

기도를 들으시는 주여
모든 육체가 주께
나아오리이다 (시 65:2)

만일 우리의 믿음의 삶에서 기도응답의 체험이 없다면 믿음을 지탱하는
것이 쉽지 않을 것입니다. 만일 주께서 우리의 기도를 응답하지 않으신다면
우리는 그를 살아계신 주님으로 고백하기 어려울 것입니다. 그러나 오늘의
시편에서 시편 기자는 그가 기도를 들으시는 주라고 고백합니다. 오늘날 열방
가운데 헤아릴 수 없는 수많은 육체가 주를 찬송하는 이유도 그가 기도를 들
으시기 때문입니다.

기도를 들으시는 주님은 은혜의 하나님이십니다. 은혜란 받을 자격이 없
는 사람에게도 베풀어지는 사랑이요, 호의입니다. 그래서 그는 용서를 비는
우리의 기도를 기꺼이 들으십니다. 그리고 우리의 죄과를 너그럽게 용서하시
며 우리로 주의 뜰에 거하게 하십니다. 생각해보면 우리가 감히 주의 전에 나
아와 거룩하신 주를 찬송함은 전적인 그의 은혜가 아닐 수 없습니다.

기도를 들으시는 주님은 능력의 하나님이십니다. 우리는 아침에 해가 뜨
고 저녁에 해가 지는 석양을 바라보며 그의 능력을 느낍니다.

우리는 파도치던 바다가 한순간 다시 고요해지는 신묘한 자연의 변화 속에서 그의 능력을 실감합니다. 우리는 우뚝 서서 천혜의 안식을 제공하는 산림에서 그의 능력을 느낍니다. 그러나 무엇보다 우리의 기도가 응답되는 순간 그가 전능하신 주이심을 고백하지 않을 수 없습니다.

기도를 들으시는 주님은 풍요의 하나님이십니다. 우리는 무엇보다 주님의 풍요를 넉넉한 추수의 장에서 실감하게 됩니다. 그는 땅의 모든 기름진 것으로 우리의 밭이랑을 채우십니다. 밭고랑에 넉넉한 물들은 그의 넉넉한 가슴을 보여줍니다. 단비로 새싹이 움돋게 하시고 골짜기에 곡식이 주렁주렁 열리게 하시는 그분이 우리의 삶의 뜰을 윤택하게 하시는 분이십니다. 우리가 참으로 기도한다면 우리는 그분을 그렇게 만날 수 있습니다.

기도를 들으시는 주여, 우리가 곤고함은 우리가 기도하지 않기 때문입니다. 우리로 참으로 기도하는 삶을 다시 배우게 하소서. 아멘

불과 물을 지나거든

● ● ●
...우리가 불과 물을 통과하였더니
주께서 우리를 끌어내사 풍부한 곳에
들이셨나이다 (시 66:12)

이 시편에서 시편 기자는 불과 물을 통행하여 풍부한 곳에 들어가게 하신
은총을 회상하고 있습니다. 이스라엘의 민족사에서 이스라엘은 여러 번 그런
위기를 지났습니다. 우리 민족사에도 그런 위기들이 적지 않았습니다. 아마
도 6.25전쟁은 최 근세사의 가장 대표적인 민족적 경험일 것입니다. 오늘의
고난을 말하지만 6.25 직후의 참상과 오늘의 번영을 비교하면 격세지감을 느
낄 뿐입니다.

불과 물을 지나거든 우리가 할 일이 무엇입니까? 무엇보다 찬양하고 감사
해야 할 것입니다. 우리는 너무나 자주 고난의 한복판에서 하나님의 도움을
구하다가도 고난의 시간을 지나치면 그의 손길을 잊어 버립니다. 당연히 해
결될 일이 된 것처럼 말입니다. 우리의 기억력은 그렇게 무심하고 경박합니
다. 그래서 시편 기자는 자신의 영혼을 부르며 그 은택을 잊지 말아야 한다고
말합니다.

불과 물을 지나거든 우리는 겸손해야 합니다.

오늘의 시편에서 시편 기자는 교만하지 말아야 한다고 충고합니다. 우리가 다시 교만해진다면 우리를 겸허하게 하시고자 고난을 허용하신 그분의 깊은 뜻을 우리는 저버리는 것입니다. 성경적 고난의 가장 중요한 목적은 인격의 연단에 있습니다. 만일 우리가 이 레슨을 배우지 못한다면 더 혹독한 다음의 고난 레슨을 준비해야 할 것입니다.

불과 물을 지나거든 우리는 불속에서 혹은 물속에서 우리가 스스로 토해 낸 서원을 잊지 말아야 합니다. 서원이야말로 고난의 기념비적 열매라고 할 만 합니다. 그리고 서원을 통해 우리의 미래는 새롭게 빚어집니다. 우리는 성숙한 새사람이 되어 새 인생의 길을 걷습니다. 많은 경우 서원은 성령의 감동하심의 결과입니다. 서원을 잊는 것은 성령의 감동을 소멸하는 것입니다.

우리 인생의 주인 되신 목자이시여, 우리가 인생의 여정에서 불과 물을 지나거든 감사의 사람, 겸손의 사람, 그리고 진실의 사람이 되어 당신 앞에 서게 하소서. 아멘

세계선교를 위한 기도

하나님이여 민족들이 주를
찬송하게 하시며 모든 민족들이 주를
찬송하게 하소서 (시 67:3)

하나님의 백성들은 어느 날 인생의 여정에서 아론의 축복을 경험한 사람들입니다. 어둠의 골짜기를 방황하던 우리가 하나님의 얼굴을 바라보는 뜻밖의 축복을 경험하게 된 것입니다. 그의 얼굴빛을 접하는 순간 우리는 더 이상 어둠 가운데 거할 필요가 없게 된 것입니다. 그때부터 우리는 하나님의 은혜로 인도되는 인생을 살아가게 되었습니다. 이것이 제사장 아론의 축복의 핵심이었습니다.

그런데 시편 기자는 이 축복을 경험하는 순간 자신이 이 축복의 빚진 자임을 알았습니다. 그래서 이 축복이 온 세상 모든 민족 가운데 나누어지기를 기도하게 되었습니다. 아직도 어둠 속에 거하는 숱한 이웃들에게 하나님의 환한 얼굴빛이 비추어지기를 기도하게 된 것입니다. 그 빛을 경험하지 못해 우리의 이웃들은 방황하며 삶의 질곡 속에서 허우적거리고 있기 때문입니다.

하나님의 얼굴 빛을 경험한 사람들의 공통된 반응은 예배자로 거듭나게 됩니다.

그는 이제 인생의 순간순간마다 하나님의 얼굴을 바라며 살고자 하는 사람이 된 것입니다. 그래서 그는 정기적으로 하나님께 나아와 기쁨으로 찬송합니다. 그리고 이렇게 찬송할 때마다 하나님을 찬송하는 특권을 누리지 못하고 있는 이웃들에 대한 연민을 가지고 중보기도를 하게 됩니다.

세계를 위한 중보기도의 절정은 이 세상 모든 민족들이 온 세상을 구원하시며 온 세상을 심판하실 하나님을 다 함께 찬송하며 경배하는 것을 보는 것입니다. 그리하여 땅끝까지 온 세상에서 그분의 이름이 높임을 받으시고 온 인류가 하나님의 축복을 칭송함을 보게 되는 것입니다. 과연 성경의 하나님은 선교의 하나님이시고, 따라서 그의 백성 또한 선교하는 백성이어야 합니다.

주님, 우리가 참으로 주님의 구원을 경험한 백성이라면 또한 이 구원이 온 세상에 선포됨을 열망하며 기도하게 하소서. 아멘

정의로운 하나님 1

● ● ●

그의 거룩한 처소에 계신
하나님은 고아의 아버지시며 과부의
재판장이시라 (시 68:5)

하나님은 정의로우신 하나님이십니다. 그러나 웬일인지 그 하나님이 통치하시는 세상에는 불의한 일들이 만연하고 있습니다. 그래서 시편 기자는 하나님이 일어나셔야 한다고 촉구합니다. 그는 하나님의 방관하심이 세상에서 불의가 성행하는 한 원인이라고 생각한 것입니다. 그러나 적어도 하나님이 일어나셔서 행동하시면 모든 것이 정의롭게 될 것을 믿었습니다.

하나님의 정의의 실현은 악인이 악인 되고 의인이 의인되는 일에서부터 시작되어야 합니다. 오늘의 세상을 포스트모던의 세상이라고 일컫습니다. 포스트모던 세상은 모든 절대적 가치를 배제한 세상입니다. 더 이상 절대적인 진리란 존재하지 않습니다. 그 현저한 징후의 하나가 악과 선, 의와 불의의 경계선이 철폐된 것입니다. 도덕적 절대자를 추방한 세상은 더 이상 모럴(moral)한 세상이기를 거부한 것입니다.

그러나 역사의 수레바퀴를 돌리는 부흥이 일어나면 사람들이 악과 불의에 대하여 민감해집니다. 죄를 각성하게 됩니다.

3월 9일

그리고 의를 사모하고 선한 일을 추구하게 됩니다. 사회적 약자들에게 관심을 갖기 시작합니다. 고아와 과부, 소외된 나그네와 억울하게 옥살이하는 이들에게 관심을 갖습니다. 이것이 바로 영적인 부흥과 대각성의 징후요 열매들이었습니다.

그때 비로소 사람들은 하나님이 고아의 아버지이시며 과부의 새관관이심을 알게 될 것입니다. 그날 사람들은 비로소 하나님이 정말 정의로운 하나님이심을 고백하게 될 것입니다. 외로운 나그네들은 새로운 보금자리를 갖게 될 것이고 억울한 자들이 옥에서 풀려나 새 세상을 맞아 형통하게 될 것입니다. 그래서 우리는 부흥을 사모해야 하고 부흥을 위해 기도해야 합니다.

오, 정의로우신 하나님, 부흥이 일어나기를 기도합니다. 그것만이 불의한 세상에서 정의가 회복되는 소망이기 때문이옵니다. 아멘

정의로운 하나님 2

● ● ●

여호와는 궁핍한 자의 소리를 들으시며
자기로 말미암아 갇힌 자를 멸시하지
아니하시나니 (시 69:33)

하나님은 정의로우시지만 세상이 너무 불의하다고 느낄 때 우리가 할 일은 무엇입니까? 그래도 하나님을 찬양해야 합니다. 마침내 불의한 세상 속에 공의를 행하실 그분을 믿고 찬양해야 합니다. 그때 우리의 찬양은 믿음의 찬양이 됩니다. 이 세상 모든 불의한 것들의 공통된 특성이 있습니다. 그것은 불의함은 오래가지 못한다는 것입니다. 정의는 장수하지만 불의는 단명합니다.

세상이 불의하다고 느낄 때 우리가 할 일이 또 하나 있습니다. 기도하는 일입니다. 날마다 우리의 짐을 질 수 있게 해달라고 기도해야 합니다. 오늘의 곤고한 상황을 버틸 수 있는 힘을 달라고 기도해야 합니다. 하나님께서 지금까지 행하신 일들이 불의한 일에 흔들리지 않고 더욱 견고해지도록 기도해야 합니다. 그때 우리의 기도는 우리를 구원하는 기도가 됩니다.

이런 찬양과 기도가 가져올 결과들은 무엇입니까? 사필귀정의 축복입니다.

마침내 모든 것을 정의롭게 하시고 의인의 땅에 축복의 단비가 내려지게 하실 것입니다. 오늘의 시편에서 시편 기자는 우리 하나님이 마침내 흡족한 비를 보내사 주의 산업을 견고케 하시는 분이라고 증언합니다. 시련의 과거 가 있었기에 오늘의 은총은 그의 풍성한 정의를 드러내기에 족한 것입니다.

이런 사필귀정의 역사하심은 그리스도인들의 하나님이 정녕 구원의 하나 님이심을 이방인들에게도 증언하는 효과가 있습니다. 마침내 이방인들이 예 물을 들고 주의 전으로 나아올 것입니다. 그리고 이스라엘의 하나님이 열방 의 하나님이시라고 노래하게 될 것입니다. 그래서 하나님은 자기의 백성들에 게 때로 불의한 일을 겪게 하시되 이 불의를 견디는 힘과 능을 공급해 주십니 다. 🕮

오 하나님, 세상이 불의하다고 느낄 때에도 찬송과 기도를 잊지 않게 하소서. 그리하여 주께서 정의로 운 분이심을 열방이 알게 하옵소서. 아멘

긴급기도 SOS

• • •

하나님이여 나를 건지소서
여호와여 속히
나를 도우소서 (시 70:1)

선박의 발전사에서 해상재난을 당했을 때 긴급 구조를 요청할 수 있는 무선타전이 가능해진 것은 놀라운 희망의 시작이었습니다. 그때부터 우리는 우리의 모든 삶의 영역에서 긴급 구조 체계를 발전시켜 왔습니다. 오늘날 해상뿐만 아니라, 지상에서 공중에서도 재난의 위기는 이제 일상이 되어 버렸습니다. 그러나 아직도 우리는 안심할만한 구조 체계에 대한 신뢰를 갖고 있지 못합니다.

오늘의 시편에서 시편 기자는 세상에서 가장 완벽한 신뢰할만한 이 구조 체계를 활용하는 모범을 보여주고 있습니다. "하나님이여 속히 나를 건지소서" 이렇게 시작된 이 시편은 "주는 나의 도움이시오 나를 건지시는 자시오니 여호와여 지체치 마소서"라는 SOS 타전으로 마무리되고 있습니다. 창조자요 섭리자요 구원자이신 하나님보다 더 완벽한 구조체계는 없습니다.

우리의 긴급 구조 요청 기도가 효율적이기 위해서는 먼저 일상적인 삶의 나날 속에 기도의 체계가 열려 있어야 합니다.

평소에 기도 안 하던 사람이 비상시에 기도하는 것이 결코 쉬운 일이 아니기 때문입니다. 그리고 그의 일상에 삶의 목적이 분명하게 인지되어 있어야 합니다. 하나님의 백성들은 하나님의 영광을 위해 존재하는 사람들이어야 한다면 구원을 호소하는 이유도 그의 이름 때문이어야 합니다.

그때 우리의 재난 구조요청은 일회용 SOS가 아닌 하나님께 더 가까이 나아가는 삶의 방식이 될 수 있는 것입니다. 시편 기자는 오늘의 시편에서 주의 광대하심을 자랑하고 주를 즐거워하는 자로 살고 싶다고 고백합니다. 그는 오늘만의 도움을 위해서 기도하는 자가 아니라 내일도 모레도 영원토록 주를 기뻐하는 자로 살기를 소원하는 것입니다. 이것이야말로 긴급기도 요청의 모범이라 할 수 있습니다.

주님, 제가 SOS를 드리는 이유는 영원토록 주를 즐거워하기를 소원하기 때문이옵니다. 아멘

내가 늙어 백수가 될 때에도

• • •

하나님이여 내가 늙어 백발이 될 때에도 나를 버리지 마시며
내가 주의 힘을 후대에 전하고 주의 능력을 장래의 모든 사람에게
전하기까지 나를 버리지 마소서 (시 71:18)

우리 시대에 들어서 유행하는 말 중에 "사오정 오육도"라는 말이 있습니다. 사십오세―정년, 오십육세―도둑이라는 뜻이라고 합니다. 최근에는 "사오정 오육도 육이오"라는 말까지 돌아다닙니다. 육십이 세까지 직장에 버티고 있으면 그 직장의 오적에 해당된다는 말이라고 합니다. 정년이 당겨지면서 늙은 나이에 강퇴당하는 이들의 자조적인 자화상이 아닌가 싶습니다.

어느 시대 어느 사회에서나 젊음은 미덕이고 늙음은 비애가 아닐 수 없습니다. 그래서 우리는 늙어감에 대한 두려움을 갖습니다. 오늘의 시편은 흔히 노년기의 기도라는 이름으로 불려 왔습니다. 이 시편에서 시편 기자는 "나를 늙을 때에 버리지 마시며 내 힘이 쇠약한 때에 떠나지 마소서"라고 기도합니다. "내가 늙어 백수(흰 머리)가 될 때라도 버리지 마소서"라고 기도합니다.

그리고 시편 기자는 자신의 기도에 대한 상당한 확신을 갖고 기도합니다. 그것은 그의 어린 시절 그리고 젊음의 계절을 지나 오늘에 이르기까지 그가 경험한 하나님의 신실성 때문이었습니다.

어릴 때부터 나의 의지였고 소망이신 그분이 내 늙음의 계절에도 여전히 나의 의지요 소망이시기 때문이었습니다. 그래서 시편 기자에게 하나님은 여전히 의로우시고 공평하신 분이셨습니다.

사실 주께서 우리를 사랑하시고 구속하심은 우리의 능력이나 우리의 효용성 때문이 아니었습니다. 그의 사랑은 우리의 행위에 근거된 것이 아니라 우리의 존재 그 자체 때문이었습니다. 우리 모두는 우리가 지닌 능력과 상관없이 하나님의 형상을 따라 지어진 소중한 존재인 것입니다. 그래서 우리의 효용성이 감퇴된 백수의 계절에도 그의 사랑에는 변함이 없습니다.

주님, 내 머리에 서리가 내려앉는 계절에도 나를 향한 주의 사랑을 찬미하올 것은 주의 변함이 없는 그 사랑 때문이옵니다. 아멘

정치 지도자를 위한 기도

• • •

하나님이여 주의 판단력을
왕에게 주시고 주의 공의를 왕의 아들에게
주소서 (시 72:1)

이 시편은 다윗이 아들 솔로몬을 위하여 드려진 기도라고 생각됩니다. 그러나 이 기도를 단순히 아들을 위한 아버지의 기도라고 생각하는 것은 문맥을 소홀히 여긴 단상입니다. 아버지의 자리를 이어 나라를 다스리게 될 한 나라의 지도자로서 나라를 생각하며 드려진 "지도자를 위한 기도"라고 이름하는 것이 옳습니다. 지금이야말로 지도자를 위한 기도가 절실하게 필요한 때가 아니겠습니까?

우리는 우리의 지도자가 의로운 지도자가 되도록 기도해야 합니다. 바른 지도자가 없이 바른 나라는 만들어지지 않습니다. 그래서 다윗은 주께서 왕에게 주의 의를 달라고 기도합니다. 그러나 이 의는 추상적이고 명목적인 정의이어서는 안됩니다. 구체적으로 그것은 바른 판단력이어야 합니다. 우리의 지도자가 바른 판단으로 나라를 의롭게 하도록 기도해야 합니다.

우리는 또한 우리의 지도자가 긍휼이 많은 지도자가 되도록 기도해야 합니다.

지도자는 특별히 가난하고 눌리고 억울한 사람들을 살피고 섬길 수 있어야 합니다. 지도자가 의로운데 긍휼함이 없다면 그가 보여주는 의는 냉혹하고 차가운 기계적인 의에 불과할 것입니다. 이런 의로 세상이 변한 실례가 없습니다. 우리의 지도자가 따뜻하고 정의로운 지도자가 되도록 기도해야 합니다.

무엇보다 우리의 지도자가 우리 국가를 번영의 시대로 이끌어 가도록 기도해야 합니다. 지금 다윗은 땅에는 오곡백화가 풍성하고 언덕에는 곡식이 주렁주렁 열리고 초원에는 풀이 가득하고 시장에는 행복한 표정의 사람들로 들끓는 나라를 이끌어 가는 지도자의 모습을 그리고 있습니다. 땅을 하늘의 축복으로 채우고 나누는 책임, 이것은 모든 지도자들의 소명인 것입니다.

오, 하나님! 우리를 통해 세움 받은 지도자가 당신의 뜻하심대로 하늘의 축복을 땅에서 이루는 지도자가 되게 하여 주옵소서. 아멘

악인이 형통할 때

● ● ●

볼지어다 이들은 악인들이라도
항상 평안하고 재물은
더욱 불어나도다 (시 73:12)

악인의 형통함이 의인의 실족함이 될 수 있습니다. 우리는 자주 우리 주변에서 악인이 오히려 건강하게 살고, 재물을 얻고 번영하는 것을 봅니다. 악인이 더 출세하고 승진하는 것을 봅니다. 그런데 의롭게 살고자 하는 자들은 병들고 재산을 잃고 인생의 싸움에서 패배자로 밀려나는 것을 목격합니다. 과연 하나님은 살아계시고 그렇다면 그는 공평하신 분이십니까?

시편 기자는 이 질문으로 인하여 그가 거의 실족할 뻔하였다고 말합니다. 악인의 형통함을 보고 그의 내면에서 일어나는 불가해성의 질문에 대답할 수 없었기 때문입니다. 그러나 그는 아직 하나님을 향한 질문을 포기하지 않았습니다. 그는 아직 기도를 포기하지 않았습니다. 그는 아직 예배를 포기하지 않았습니다. 이 질문을 끌어안고 성소에 들어가 엎드린 것입니다.

그리고 그는 마침내 해답을 얻었습니다. 하나님의 시간과 사람의 시간이 다른 것을 깨닫게 되었습니다. 하나님의 시간이 되면 악인이 자랑하던 것들이 졸지에 소멸하는 진리를 깨우친 것입니다.

인생이 아무리 길어 보여도 하나님 앞에서는 한 순간 한 바탕의 꿈인 것을 깨우친 것입니다. 그리고 꿈이 깨이면 우리는 더 이상 간밤의 꿈을 인하여 고민하지 않을 것입니다.

그래서 악인이 형통해 보일 때 그로 인하여 질시가 내 안에 일어날 때 우리가 할 일은 무엇입니까? 무엇보다 예배를 통하여 하나님의 살아계심을 지각해야 합니다. 그의 영원하신 임재와 실재 안에서 우리는 더 이상 악인의 번영이 얼마나 헛되고 헛된가를 깨닫게 될 것이기 때문입니다. 그래서 행복은 악인의 번영을 시기하거나 구함이 아니요, 주를 가까이 함인 것입니다.

주여, 악인의 번영이 부러워 보일 때 오히려 예배에 힘쓰게 하시고 주안에 거하는 행복을 더욱 충만히 누리는 자가 되게 하소서. 아멘

성소회복을 위한 기도

● ● ●

영구히 파멸된 곳을 향하여
주의 발을 옮겨 놓으소서 원수가 성소에서
모든 악을 행하였나이다 (시 74:3)

성소는 거룩한 곳입니다. 거룩해야 할 곳입니다. 이 거룩함은 세상을 변화
시키는 능력의 근원입니다. 이 거룩함은 세상이 잃어버린 것을 회복해야 할
표준입니다. 더럽혀진 세상은 성소에 나아와 거룩하신 분을 만나고 죄 씻음
을 받아야 합니다. 더럽혀진 세상은 여기서 새 세상의 비전을 발견해야 합니
다. 그래서 성소는 세상과 차별화하는 구별된 개성을 간직해야 합니다.

성소는 어느 시대에나 대적의 공격의 표적이 되어 왔습니다. 대적하는 자
사단은 성소가 존재하는 한 자신의 승리를 선포할 수 없기 때문입니다. 그래
서 대적은 바벨로니아를 들어서 성소를 초토화하고자 했습니다. 대적은 안티
오커스 에피파네스를 들어 성소를 모독하고자 했습니다. 대적은 지금도 다원
주의와 세속주의를 들어 성소의 안과 밖에서 성소를 더럽히고 있습니다.

성소가 성소 되게 하는 것, 교회가 교회 되게 하는 것, 이것은 성소의 청지
기로 부름 받은 모든 이들의 책임입니다. 성소의 청지기들은 우선 자신의 삶
을 세상과 차별화함으로 성소 지킴이가 되어야 합니다.

그리고 세상이 말하지 않는 우리만의 메시지를 차별화해야 합니다. 무엇보다 돈과 권력과 성에 오염되지 않은 순전한 복음의 비밀을 간직해야 합니다.

옛날처럼 오늘도 맛을 잃은 소금, 광채를 잃은 빛으로 인하여 성소는 원수들에게 짓밟히고 성소의 주인의 이름은 모독되고 있습니다. 성소의 영광의 상징물들은 심히 훼손되고 있습니다. 이제 우리는 성소회복을 성도의 기도의 우선순위에 놓아야 합니다. 그리고 기도는 책임을 수반하는 것을 잊지 말아야 합니다. 이 시대 성소의 청지기들의 삶이 성화될 때 우리는 성소재건의 부흥을 보게 될 것입니다.

성소의 주인이요, 교회의 머리 되신 주님! 세상의 소금과 빛으로 부름받은 당신의 종들이 세상과 구별되는 삶을 살아가도록 도와주소서. 우리로 성소 지킴이로 부끄럼이 없게 하소서. 아멘

여호와의 손에 있는 잔

• • •

여호와의 손에 잔이 있어 술 거품이 일어나는도다
속에 섞은 것이 가득한 그 잔을 하나님이 쏟아 내시나니
실로 그 찌꺼기까지도 땅의 모든 악인이 기울여 마시리로다 (시 75:8)

여호와는 그 손에 잔을 들고 계십니다. 그 잔에는 술이 가득 차 있습니다. 그 술은 당신이 마실 술이 아니라 우리에게 부어주실 술이십니다. 그의 잔에 때로 그는 기쁨의 술을 담으시기도 하고, 때로 그는 진노의 술을 담으시기도 합니다. 우리가 기쁨의 술을 마실 때 그는 함께 기뻐하십니다. 그러나 우리가 진노의 술을 마시게 될 때 그는 눈물을 흘리며 슬퍼하십니다.

우리가 찬양하고 감사할 때 우리의 기쁨은 하나님의 기쁨이 됩니다. 우리의 찬양의 제목과 감사의 제목들은 우리가 그의 행하심을 인정하는 알아드림이기 때문입니다. 그때 주께서는 우리의 마음의 잔에 기쁨을 가득히 부어 주십니다. 그리고 우리의 잔에 넘쳐나는 기쁨은 주를 알지 못하는 이웃들에게 주님의 살아계신 능력과 기사를 전파하는 표적이 될 것입니다.

우리가 교만할 때 주께서는 진노하십니다. 교만한 자는 자신을 높이는 자들입니다. 교만한 자는 그의 인생이나 사역의 장에 성취된 일들이 모두 자신의 힘이나 지혜로 성취된 것으로 착각합니다.

실상은 주의 능력과 지혜로 이루어진 일인 것을 애써 망각하려 합니다. 손바닥으로 하늘을 가리는 일이 아닐 수 없습니다. 그때 주님은 우리를 낮추시려 진노의 잔을 드십니다.

진노의 잔에는 술거품이 가득합니다. 주님의 참을 수 없어 하시는 정의로 인하여 그의 가슴 속은 끓습니다. 그리고 그는 인생으로 이 술의 찌끼까지도 남김없이 마시게 할 것입니다. 그의 진노는 완벽하십니다. 우리는 마침내 순전하고 맑은 그의 의가 높이 들림을 볼 것입니다. 그래서 우리는 항상 그의 손에 있는 잔을 바라보며 겸손히 행할 것입니다. 그의 잔이 기쁨으로 채워지도록.

주님, 여호와의 손에 있는 잔을 우리가 드리는 기쁨으로 채우소서. 다시 이 땅에 당신의 기쁨의 술이 부어지게 하소서. 아멘

존귀한 승리

진실로 사람의 노여움은
주를 찬송하게 될 것이요 그 남은 노여움은
주께서 금하시리이다 (시 76:10)

이 시편은 이스라엘이 앗수르의 군대와 싸워 승리한 것을 기념하는 시편입니다. 주전 701년경 앗수르의 왕 산헤립이 유다를 침공하고 예루살렘을 포위했을 때 유다는 독안에 든 쥐요 죽은 목숨이었습니다. 그러나 당시 유다의 왕 히스기야는 하나님을 믿었습니다. 그는 성전에 들어가 엎드려 하늘의 하나님께 기도하였습니다. 하나님이 이런 상황 가운데서도 구원의 하나님이신 것을 믿는다고 고백한 것입니다.

이스라엘이 전쟁에 승리했을 때 그들은 이 승리가 전적으로 하나님의 은혜임을 알았습니다. 그리고 이 승리가 존귀한 승리임을 고백하였습니다. 존귀한 승리란 어떤 승리를 의미하는 것일까요? 인생들이 전장에서 겪는 대부분의 승리는 명예롭지 못한 이기심과 욕심이 섞인 것들입니다. 그러나 역사의 한 시점에서 히스기야가 경험한 승리는 순전히 하나님의 이름과 명예를 위한 것이어서 존귀한 승리일 수 있었습니다.

그리고 이 승리가 더욱 존귀했음은 그는 주께서 적들에게 그만 진노를 금하실 것을 기도한 것입니다. 여기 진정한 승자의 관용을 볼 수 있습니다. 그는 다만 인생이 주를 찬양하는 것을 보는 것으로 만족하고자 했습니다. 사람의 진노가 하나님의 찬양이 되기를 기도한 것입니다. 승자와 패자가 함께 하나님을 경배함으로 다만 한 분 그분이 승리자가 되기를 구한 것입니다. 이것은 얼마나 명예롭고 존귀한 승리입니까?

　오늘 인생의 장은 생존경쟁과 약육강식의 피 내음을 더해 가고 있습니다. 싸움은 불가피한 인류의 생존방식이 되어가고 있습니다. 싸움이 피할 수 없는 인생이라면 누구나 승리자의 꿈을 꾸게 됩니다. 그러나 존귀한 승리를 꿈꾸는 우리 시대의 히스기야는 많아 보이지 않습니다. 부당한 승리보다 차라리 깨끗한 패배를 열망하는 이들에게 주께서는 존귀한 승리를 약속하십니다. 그분 자신의 명예를 위해서입니다. 📖

전장의 주인이신 하나님. 인생의 장에서 싸움을 피할 수 없다면 우리로 존귀한 승리를 열망하게 하소서. 아멘

밤중에 부르는 노래

• • •

밤에 부른 노래를 내가 기억하여 내 심령으로,
내가 내 마음으로 간구하기를 주께서 영원히 버리실까,
다시는 은혜를 베풀지 아니하실까 (시 77:6-7)

인생을 살다 보면 잠들 수 없는 밤의 경험을 갖게 됩니다. 인생의 일이 내가 계획한대로 전혀 풀려지지 않습니다. 삶은 우리의 의지대로만 설계되거나 실현될 수 없다는 것을 깨닫습니다. 때로 우리 인생은 나갈 길이 보이지 않는 막다른 벽 앞에 서서 절망을 수용할 수밖에 없는 어둔 밤을 만나게 됩니다. 그때 우리가 부르는 노래는 신음이요 탄식일 뿐입니다. 이 노래는 위로 받기를 거절한 슬픈 멜로디로 만들어집니다.

이런 어둔 밤을 견디고 지나는 비밀은 무엇일까요? 우선 오늘 우리가 경험한 밤보다 훨씬 더 어두웠던 옛날의 밤을 기억해 내야 합니다. 그리고 그런 밤에 주께서 행하셨던 기적을 기억해내고 묵상할 줄 알아야 합니다. 비록 지금 이 순간 우리가 그분의 기적의 손을 볼 수 없어도, 그분의 기적의 목소리를 들을 수 없어도 우리는 아직도 우리와 동일하게 함께 하시는 그분의 불변의 임재를 기억해 내야 합니다.

이제 우리는 잠시 노래를 그치고 기도를 시작해야 할 시간입니다.

밤중에 손을 들고 드리는 기도입니다. 전능하신 손으로 내 연약한 손을 붙들어 인도해 달라는 기도입니다. 그의 손은 바다에 길을 내신 손입니다. 하늘에 해를 잠시 붙들어 두신 손입니다. 그 손이 함께 하면 벽이 무너지고 바다가 갈라집니다. 이제 우리의 노래는 기도가 됩니다. 주의 손으로 절망 중에 있는 백성들을 붙들어 달라는 기도입니다.

마침내 우리의 노래는 노래의 한 정점에서 갑자기 찬양으로 돌변합니다. 하나님의 능력을 찬미하는 노래요, 그의 성실하신 자비를 기억하는 노래입니다. 우리가 나아가는 미래의 길에 전지하신 은총으로 선한 삶의 마당을 예비하시는 그의 친절함을 감사하는 노래이기도 합니다. 이제 우리의 밤중의 노래는 새벽을 기다리는 찬미가 됩니다. 그리고 우리의 노래가 끝나기 전에 어둔 밤은 물러가고 새벽의 의의 태양이 솟아오릅니다.

우리의 마음에 노래를 만드시는 작곡가이신 주님, 당신의 뜻이라면 우리로 밤중에도 노래하는 자가 되게 하소서. 아멘

자손에게 알게 하라

• • •

여호와께서 증거를 야곱에게 세우시며
법도를 이스라엘에게 정하시고 우리 조상들에게 명령하사
그들의 자손에게 알리라 하셨으니 (시 78:5)

과거는 많은 이야기를 담고 있습니다. 과거에는 우리들의 회한이 있습니다. 이런 회한의 자취들은 우리 인간의 연약함과 이기심을 증거하는 기록들입니다. 그러나 동시에 과거에는 우리들의 자랑이 있습니다. 이런 자랑의 자취들은 우리 인간의 아름다움과 헌신을 증거하는 기록들입니다. 이런 과거 이야기들을 우리는 역사라고 부릅니다. 역사는 우리 모두의 경험입니다.

과거는 현재와 미래의 소중한 거울이 됩니다. 그래서 과거는 잘 기록되고 보존되어야 합니다. 과거가 잊혀지면 우리는 가슴 아픈 과거를 현재와 미래에서 반복하는 오류의 함정에 빠지게 됩니다. 그래서 예루살렘 교외 서편에 자리 잡은 나치에 의해 희생된 600만 명을 기념하는 '야드바솀'기념관 입구에는 "용서하라, 그러나 잊지는 말아라"는 경구가 기록되어 있습니다.

이스라엘 민족은 그들의 과거를 자손들에게 전달하는 교육의 방편으로 비유를 발전시켜 왔습니다. 비유를 희랍어로는 '파라 볼레'라고 합니다. "옆에 던진다"는 뜻입니다.

비슷한 이야기를 하면서 이야기의 핵심을 전달하고자 하는 것입니다. 모든 믿음의 부모들은 자녀들에게 우리가 경험한 소중한 이야기를 전달하는 기술을 발전시켜야 합니다. 과거에서 미래를 배우도록 말입니다.

우리 부모세대가 우리의 자녀들에게 배우게 해야 할 가장 중요한 것은 지나간 과거의 위기 속에서 하나님이 우리를 어떻게 도우신 사적입니다. 그래서 우리 자녀들도 소망을 하나님께 두고 살게 해야 합니다. 그래서 미래 세대에 여호와의 영예와 능력이 전달되어야 합니다. 요즈음 우리 민족은 역사를 너무 쉽게 잊고 있는 듯 합니다. 그래서 성경은 '자녀에게 알게 하라'고 가르칩니다. 📖

오, 역사의 주인 되신 하나님. 주께서 친히 역사 선생님이 되셔서 가르치는 교훈을 우리가 배우고 자녀들에게 가르치는 일에 게으르지 않게 하소서. 아멘

너희 하나님이 어디 있느냐?

● ● ●

이방 나라들이 어찌하여 그들의 하나님이 어디 있느냐 말하나이까
주의 종들이 피 흘림에 대한 복수를 우리의 목전에서
이방 나라에게 보여 주소서 (시 79:10)

하나님의 백성 된 자로서 불신자들에게 이런 질문을 받는 경우들이 있습니다. "너희 하나님이 어디 있느냐?"고. 우리의 삶의 근거가 무너지고 우리가 자랑하던 모든 것들이 조롱거리가 될 때 이 질문은 우리에게 깊은 상처를 남깁니다. 예루살렘은 이스라엘의 자랑이고 영광이었습니다. 그런데 이 모든 것이 바벨론에 의해 무너지자 그들은 열방의 조롱거리가 된 것입니다.

우리 인생이 이웃들의 조롱거리가 될 때 우리가 제일 먼저 할 일은 현실을 직면하는 것입니다. 현실을 인정하는 것은 고통스러운 일입니다. 그러나 우리가 현실을 인정하지 않는 한 현실은 치유되지도 극복되지도 않습니다. 대부분의 우리가 겪는 고통의 연장은 고통의 현실 때문이 아니고 고통을 부인하고 고통을 피하려는 우리의 방어기제들 때문입니다.

우리가 이웃들의 조롱거리가 될 때 고통의 인정 다음으로 우리가 할 일은 하나님 앞에서 고통을 초래한 우리의 죄악을 돌이켜 회개하는 것입니다. 하나님의 용서와 긍휼을 구하는 것입니다.

이 회개의 시간에 우리는 너무나 우리 자신의 허물과 과오를 깊이 생각한 나머지 자학에 빠지지 않도록 주의해야 합니다. 자학은 파괴이지만, 회개는 회복인 것입니다.

우리가 이웃들의 조롱거리가 될 때 무엇보다 중요한 것은 우리의 새로운 미래를 향한 결심입니다. 이런 결심이야말로 진성한 회개의 열매라 할 수 있습니다. 오늘의 본문에서 시편 기자는 주의 기르시는 양으로서 목자 되신 주의 영예를 전하는 새삶을 살겠다고 고백합니다. 새로운 삶을 향한 결심이야말로 회복의 시작입니다. 그때가 열방의 조롱이 그치고, 열방선교가 시작되는 순간입니다.

주님, 우리는 주의 기르시는 양으로서 그릇 행하였사오나 이제 회개하오니 우리로 열방을 향한 주의 영예의 회복자로 남은 생애를 살게 하소서. 아멘

주의 얼굴 빛

● ● ●

하나님이여 우리를 돌이키시고
주의 얼굴빛을 비추사 우리가 구원을
얻게 하소서 (시 80:3)

우리가 살고 있는 세상에 어둠의 그늘이 날로 짙어지고 있습니다. 그리고 이런 어둠은 인간적인 노력으로 쉽게 해결될 전망을 보이지 않습니다. 인류는 역사의 한때 인간의 노력으로 이 땅에 하나님의 나라가 도래할 것으로 믿고 있었습니다. 이런 낙관주의로 소위 후천년설이 지배적인 종말론으로 자리 잡았던 때가 있었습니다. 그러나 두 차례에 걸친 세계 대전을 겪으면서 이런 낙관론은 산산이 부서졌습니다.

지상천국은 인류의 오랜 꿈이었습니다. 이것을 우리는 유토피아의 꿈이라고 불렀습니다. 그러나 문자 그대로의 유토피아의 의미처럼 "그런 곳은 없다"는 것을 우리는 경험해 왔을 뿐입니다. 그런 경험의 반동으로 우리는 임박한 주의 재림에 매달리며 "죄 많은 세상 내 어이 여기 살리이까"를 노래하면서 소위 임박한 종말론에 매달리기에 이르렀습니다. 그리고 우리는 오직 다음 세상만을 소망하기로 했습니다.

이제 하나님의 나라의 소망은 저 피안의 소망으로 밀려나고 우리는 세상을 바꾸려는 노력을 인본주의적 노력으로 포기하기에 이르렀습니다. 세상은 더 큰 어둠에 사로잡히게 되었습니다. 그러나 여전히 성경은 하나님이 빛이심을 선언하기를 포기하지 않습니다. 그가 빛이시라면 그가 임재하고 역사하는 곳에 어둠이 쫓겨가는 일을 우리는 고대해야 옳습니다. 그리고 우리 또한 그의 얼굴빛을 반사하는 빛이어야 합니다.

우리는 더 이상 우리 자신의 노력으로 이 땅에 천국이 임할 것으로 낙관하지는 않습니다. 그러나 빛이신 주께서 살아 계시기에 또한 우리는 이 땅이 어둠에 종속될 것이라고 비관하지도 않습니다. 우리는 천국은 그의 시간에 그의 방법으로 이 땅에 온전히 실현될 것을 믿고, 어둠이 일하는 모든 영역들 속에 주의 얼굴빛을 비추어 달라는 아론의 축복의 기원을 모일 때마다 계속하며 주의 빛을 반사하는 존재로 살고자 할 것입니다.

주님. 오늘도 어두운 세상에 주의 얼굴빛을 반사하며 당당한 작은 빛으로 살아가도록 우리를 도와주소서. 아멘

시편
81편~100편

묵상의 샘 이동원 목사

네 입을 넓게 열라

우리 인생은 끊임없이 목말라 하며 그 무엇인가를 갈구하고 있습니다. 그리고 무엇인가로 채움 받기를 소원하고 있습니다. 누군가는 재물로 누군가는 권력으로 누군가는 이성으로 누군가는 인기로 그 허전한 욕구를 채우고자 몸부림치지만 무저갱의 바닥은 여전히 불가해한 허공일 따름입니다. 무엇으로 채워져야만 비로소 더 이상 원함이 없는 자족함을 누릴 수 있는지를 탐구하는 구도의 여정은 오늘도 지속됩니다.

과거 중동의 황제들은 공을 세운 신하들이나 외국의 사신들이 황제를 알현할 때 그들에게 "아~"하고 입을 벌리라고 요청한 다음, 황제는 준비된 황금이나 선물을 그들의 입에 채워줍니다.

이것은 마치 우리가 지난날 극도의 가난에 시달리던 계절 우리의 부모들이 자녀들에게 "아~"하고 입을 벌리게 한 다음 그들의 벌려진 입에 준비된 고기를 넣어주던 사랑을 기억하게 합니다. 지금도 가족들은 그렇게 애정 표현을 합니다.

하나님께서 우리의 입을 벌리게 하시고 우리의 입에 채우려는 것은 무엇일까요? 그것은 무엇보다 하나님 자신의 임재입니다. 인생은 하나님 자신의 임재 아닌 다른 무엇으로도 결코 만족할 수 없는 존재입니다. 하나님께서 우리에게 주시고자 하는 최대의 선물은 하나님 자신인 것입니다. 그렇다면 우리도 그 무엇보다 하나님 자신을 갈구해야 할 것입니다. 그 외에 다른 무엇을 구한다면 그것이 바로 우상입니다.

그리고 하나님이 우리의 입에 채우시고자 하는 또 다른 보화는 하나님의 말씀입니다. 시편 기자는 다른 시편에서 말씀을 정금보다 더 귀한 것이라고 했습니다. 주께서는 우리에게 말씀을 주시사 이 말씀을 붙들고 주의 길로 인도함을 받아 당당하게 의의 길을 걷는 것을 보고 싶어 하십니다. 그러므로 우리가 하나님의 임재와 함께 구할 것, 하나님의 말씀입니다. 날마다 말씀을 구하고 말씀으로 인도되는 배부름을 구할 것입니다. 🌱

주님. 우리는 당신이 자비하신 아버지이심을 알기에 당당하게 입을 넓게 벌려 아버지의 약속하신 것을 구하오니 당신께서 주시고자 하는 것으로 배부름을 누리는 인생이 되게 하옵소서. 아멘

약자를 위한 정의

• • •

너희가 불공평한 판단을 하며
악인의 낯 보기를 언제까지
하려느냐 (셀라)(시 82:2)

일찍 파스칼은 그의 유명한 팡세에서 피레네 산맥의 이쪽에서 정의인 것이 저쪽에서는 불의가 된다고 말한 바 있습니다. 인간적 정의가 이 세상에서는 얼마나 불공정하게 적용되고 있음을 비판한 것입니다. 그래서 이 세상은 재판정과 대법원을 넘어서는 궁극적인 재판정을 필요로 하고 있습니다. 이 땅에서 신들처럼 군림하는 오늘의 모든 판관들도 궁극적으로는 하나님의 법정에 서야 한다는 것입니다.

대부분의 이 세상 법정에서 내려지는 판결은 강자 중심의 판결들입니다. 그래서 이 세상에서 손해 보는 쪽은 언제나 약자들입니다. 성경은 대표적인 약자들로 가난한 자, 고아, 과부, 그리고 나그네를 열거합니다. 건강한 세상은 이런 약자들이 보호받고 대접받는 세상입니다.

하나님 나라에서 이들은 VIP들입니다. 이들을 멸시한 이 땅의 판관들은 한날에 그들이 먼저 주의 법정에서 약자들을 멸시한 이유를 변명해야 될 것입니다.

소위 해방신학자들은 이런 사회적 약자들에 대한 하나님의 사랑을 하나님의 편애라고 말한 바 있습니다. 세상에서 소외된 그들을 하나님이라도 편애할 수밖에 없으신 마음, 우리는 이런 하나님의 사랑을 곧 약자를 위한 정의라고 말해도 좋을 것입니다. 약자를 위한 정의가 배려된 나라를 우리는 문화적 선진국이라고 부릅니다. 이런 나라일수록 천국의 이상에 가까운 지상의 나라들인 것입니다.

우리는 주기도로 기도할 때마다 "…나라가 임하옵시며"라고 기도합니다. 그의 나라는 약자를 위한 정의가 실현되는 나라입니다. 약자를 위한 정의가 실현되려면 교회마다 "교회 내 약자 대상자" 리스트를 가져야 합니다. 바울 사도는 그의 서신에서 과부 명부를 언급하고 있습니다. 그리고 동시에 우리는 "이웃의 약자 리스트"도 만들 필요가 있습니다. 그들을 위한 정의의 실천은 곧 주의 나라가 임하게 하는 기도의 응답입니다. 🪴

주님, 약자들을 위한 정의가 우리 가운데 실현됨을 보게 하옵소서. 아멘

하나님의 침묵을 깨는 기도

● ● ●

하나님이여 침묵하지 마소서
하나님이여 잠잠하지 마시고 조용하지
마소서 (시 83:1)

성경의 하나님은 침묵의 하나님이십니다. 우리는 그의 침묵을 수용하는 것을 배워야 합니다. 그의 침묵을 수용한다는 것은 하나님의 때를 기다리는 것을 의미합니다. 기다림은 신뢰를 뜻합니다. 우리는 그를 믿기에 기다릴 수 있습니다. 그런 경우 주님의 침묵은 조용하지만 담담한 성채와 같습니다. 이 담담한 침묵 속에 거하며 우리는 여전히 미래를 준비하고 미래를 계획할 줄 알아야 합니다.

하나님은 때로 침묵을 깨고 말씀하십니다. 그리고 행동하십니다. 우리는 그런 하나님의 시각을 카이로스라고 부릅니다. 카이로스는 하나님의 때가 찬 시각을 의미하는 하나님의 시그널입니다. 하나님의 카이로스에 하나님은 침묵을 깨고 말씀하시고 활동하십니다. 이런 하나님의 일하심으로 역사는 하나님의 섭리를 실현합니다. 그리고 비로소 역사는 하나님의 공의와 평화를 반영하는 하나님의 무대로 등장합니다.

지금 이스라엘은 사방으로 적들에게 에워싸임을 당한 채로 압박을 경험하고 있습니다. 적들의 칼날은 예리하게 백성의 심장을 겨누고 있습니다. 이제 백성의 심장은 떨고 있습니다. 시각을 다투는 위기 앞에서 하나님의 침묵은 좀처럼 깰 줄 모르는 긴 죽음의 동면처럼 느껴지기만 합니다. 그리하여 백성은 기도의 무릎을 꿇고 주께 호소를 결심합니다. "하나님, 묵묵히 계시지 말아 주십시오. 침묵을 지키지 마십시오."

이제야 말로 침묵을 깨는 기도를 결행할 시간입니다. 나라가 위급하고 세상이 어지러울 때 우리는 침묵을 깨는 기도를 드려야 합니다. 이런 기도를 드릴 때 우리는 기도의 동기가 순결하도록 스스로를 성찰해야 합니다. 단순히 정권이 바뀌어 우리가 권력의 자리에 앉을 목적으로 세상의 변화를 기도해서는 아니 될 것입니다. 주께서 역사의 지존이심을 알게 할 목적으로 우리는 침묵을 깨는 기도를 드려야 합니다. 🪴

주님, 역사가 어지러운 이때가 주의 침묵을 깨는 기도를 드릴 때인지를 바르게 분별하게 하옵소서. 아멘

우리는 참새족과 제비족

• • •

나의 왕, 나의 하나님, 만군의 여호와여
주의 제단에서 참새도 제 집을 얻고
제비도 새끼 둘 보금자리를 얻었나이다 (시 84:3)

이 시편은 주의 성전에 거하는 성도의 행복을 노래하고 있습니다. 특히 삼
중의 축복을 찬미합니다. 첫째는, 주의 성전으로 나아가는 발걸음의 행복을
노래합니다. 주님을 만나 그를 예배하러 가는 시온의 대로에서 성도들은 새
힘을 얻습니다. 둘째는, 주의 성전에 거하며 그를 예배하는 행복입니다. 셋
째는, 이 예배의 결과로 날마다 주를 신뢰하고 살아가는 행복입니다.

시편 기자는 주의 제단에서는 참새도 제집을 얻고 제비도 새끼 둘 보금자
리를 얻는다고 노래합니다. 참새와 제비는 성지에서 가장 흔하게 보는 조류
에 속합니다. 시편 기자는 이 참새와 제비가 성전경내를 평화롭게 드나들며
그 누구의 훼방도 없이 안식을 취하는 모습을 본 순간 우리를 애틋하게 대접
하시는 하나님의 사랑을 기억해 낸 것입니다. 우리는 그의 참새이며 제비들
입니다.

참새는 성지에서 가장 흔하면서도 가치 없는 새로 평가되었습니다. 그래서
복음서에서 우리 주님도 참새 두 마리의 값이 겨우 한 앗사리온이 아니냐고

말씀하신 바 있습니다. 앗사리온은 동전 중 가장 낮은 화폐단위에 속하는 것입니다. 그런 참새도 주님의 사랑과 돌보심의 대상이라면 인생의 존재는 얼마나 소중한가를 성경은 역설적으로 평가하고 있는 것입니다.

참새가 가치 없는 새의 상징이라면, 제비는 방황하는 새의 상징입니다. 제비는 한곳에 정착 못하고 이곳에서 저곳으로 정처 없이 방황합니다. 그러나 그런 제비가 꼭 정착하는 때가 있는데 짝을 찾아 사랑을 하고 새끼를 낳게 되면 비로소 안식하고자 합니다. 주님은 그런 제비인생에게 기꺼이 안식처를 예비하십니다. 인생은 주 안에서만 참된 안식을 발견합니다. 🪴

주님, 우리는 참새인생이요 제비인생이오나 주안에서만 참된 가치와 안식을 발견하게 됨을 찬양하나이다. 아멘

부흥의 이미지

● ● ●

주께서 우리를 다시 살리사
주의 백성이 주를 기뻐하도록 하지
아니하시겠나이까 (시 85:6)

본문 6절에서 시편 기자는 "우리를 다시 살려 주옵소서"라고 기도하고 있습니다. 여기서 '다시 살림'이 바로 부흥입니다. 부흥은 영어로는 'revival'이라고 일컫습니다. 부흥은 다시 살아남 곧 부활이요 회복인 것입니다. 그러나 한 사람이나 한 공동체가 다시 회복된다는 것은 도대체 어떤 모습을 의미하는지에 대해서는 진지한 논의가 없습니다. 부흥의 이미지를 알아봅니다.

부흥은 회복이요, 회복의 궁극적인 이미지는 균형입니다. 모든 깨어짐은 본질적으로 균형의 상실입니다. 오늘의 시편에서 시편 기자는 긍휼과 진리의 균형, 그리고 정의와 화평의 균형을 증언하고 있습니다. 오늘의 세상은 이 균형을 상실하고 있습니다. 그래서 부흥이 목마르게 기다려집니다. 교회도 마찬가지입니다. 우리는 너무 쉽게 균형을 상실한 채 치우칩니다.

하나님은 긍휼의 하나님이시지만 동시에 진리의 하나님이십니다. 진리를 잃어버린 긍휼은 감상적인 덕에 지나지 않고, 긍휼을 잃어버린 진리는 냉혹한 감동이 없는 이치에 불과합니다. 긍휼과 진리가 만나는 곳에서 우리는 진정한 부흥을 경험하게 될 것입니다. 우리는 나 개인의 내면과 공동체의 장에서 이런 부흥을 사모해야 합니다. 주님을 닮기 위해서입니다.

　하나님은 정의의 하나님이시지만, 동시에 화평의 하나님이십니다. 화평을 잃어버린 정의는 잔인한 폭력이 될 수 있고, 정의를 잃어버린 화평은 문제를 회피하는 비겁함일 수 있습니다. 하나님은 정의와 화평이 입 맞추는 모습을 보고 싶어 하십니다. 그것이 부흥입니다. 부흥의 이미지입니다. 오늘 우리 시대는 이런 균형의 미학으로 역사가 다시 세워지는 부흥을 기다립니다. 🪴

오, 하나님! 우리는 너무 쉽게 치우치는 존재들이오니 원컨대 균형을 사모하게 하옵소서. 그리하여 진정한 부흥을 경험하게 하옵소서. 아멘

일심과 전심으로

• • •

> 여호와여 주의 도를 내게 가르치소서 내가 주의 진리에 행하오리니
> 일심으로 주의 이름을 경외하게 하소서 주 나의 하나님이여 내가 전심으로
> 주를 찬송하고 영원토록 주의 이름에 영광을 돌리오리니 (시 86:11,12)

오늘의 시편에서 시편 기자는 일심과 진심으로 여호와를 경외하고 찬송하기를 갈망하고 있습니다. 일심은 '나누어지지 않는 마음' 곧 'undivided heart'입니다. 전심은 '집중된 온 마음' 곧 'whole heart'입니다. 하나님 앞에 온전히 나아가려면 무엇보다 먼저 마음이 나누어지지 말아야 하고 그분에게 집중해야 합니다. 우리는 또한 그분에게 집중해야 할 이유를 다시 묵상해야 합니다.

그분은 홀로 광대하십니다. 그분같이 기적을 행하시는 분이 없습니다. 아니 그분과 비교되실 분이 없습니다. 그분은 전능하십니다. 따라서 그분에게 나아가는 이들이 그분에게 관심을 나누어 드리는 일은 그분을 욕되게 하는 일입니다. 그분은 우리의 전 존재로 경배를 받기에 합당하신 분이십니다. 그분은 우리의 10분의 1이나 7분의 1이 아닌 전체를 요구하십니다.

그분은 진리의 하나님이십니다. 그분은 홀로 참되신 분이십니다. 그분은 결코 왜곡되지 않으시며 거짓됨이 없으십니다. 그분은 순전하시고 정직하십니다.

따라서 그를 따르는 자기 백성들이 주의 도의 진리 가운데 행하기를 기대하십니다. 그러므로 이 진리 가운데 행하기를 원하는 자마다 거짓을 버리고 일심으로 그리고 전심으로 주 하나님을 따르기를 소원해야 합니다.

그분은 인자하시고 긍휼에 풍성하십니다. 그분은 큰 사랑으로 우리를 지옥에서 구원하신 분이십니다. 그리고 지금도 변함없이 우리의 죄를 용서하시고 우리를 용납하시는 분이십니다. 그분의 인자하심으로 우리는 감히 그분 앞에 설 자리를 얻어 기도의 무릎을 꿇습니다. 우리는 그가 우리를 선대하시는 분이심을 알기에 일심과 전심으로 그분의 도움을 구할 수 있습니다. 🌱

주님, 여러 가지 일들이 우리의 관심을 나누는 때에 일심과 전심으로 주를 경배함을 배우게 하소서. 아멘

나의 모든 근원

• • •

시온에 대하여 말하기를 이 사람, 저 사람이
거기서 났다고 말하리니 지존자가
친히 시온을 세우리라 하는도다 (시 87:5)

근원을 아는 인생은 방황할 필요가 없습니다. 우리의 근원은 하나님이십니다. 하나님 안에서 삶의 근거와 이유를 발견하고 사는 이는 흔들리지 않습니다. 인생의 모든 방황은 정체성의 혼란에서 오는 것입니다. 내가 누구인지를 알지 못하는 사람이 내가 어떻게 살고 행동해야 하는가를 확신할 수는 없기 때문입니다. 자기 정체성의 확신은 인생의 진정한 출발입니다.

정찰을 나가는 군인에게 무엇보다 중요한 것은 돌아올 기지를 아는 일입니다. 인생 가운데는 그 기지를 알지 못하고 사는 사람들이 의외로 많습니다. 존재는 있지만 소명 없이 살아가는 이들이 바로 그런 사람들입니다. 소명은 기지에서 받는 것입니다. 그리고 우리는 소명을 마치고 기지로 돌아와야 합니다. 그래서 자기 기지를 시온 성산에 두고 사는 것이 행복한 인생입니다.

정찰의 여정에서 군인에게 중요한 일은 기지와 끊임없이 연락하는 일입니다. 우리를 소명의 길로 보내신 하나님은 우리가 그 소명을 바르게 수행하도록 우리를 돕고자 하십니다.

우리는 날마다 우리의 삶의 근원되신 하나님에게서 소명을 수행하는 지혜와 능력을 공급받아야 합니다. 말씀과 기도는 우리로 우리의 근원되신 하나님과 교통하며 연락하는 방편입니다.

예배의 장은 나의 근원을 확인하며 근원과 터치하는 마당입니다. 예배를 소홀히 할 때 성도도 방황할 수 있습니다. 우리는 날마다 개인예배로 주님께 나아와야 하고, 또한 정기적으로 공적 예배를 통해 다른 성도들과 함께 함으로 거기에 임재하시는 하나님을 경험해야 합니다. 그리하여 평생에 우리 영혼이 그분을 찬미하고 그분을 인하여 춤추는 자가 되어야 합니다.

나의 모든 근원이 되신 주여, 내가 행여나 당신을 잊고 사는 일이 없도록 나의 평생을 예배자로 살게 하옵소서. 아멘

영혼의 어두운 밤

흑암 중에서 주의 기적과
잊음의 땅에서 주의 공의를
알 수 있으리이까 (시 88:12)

기독교 신비학자요 영성의 큰 스승이었던 '십자가의 성 요한'이래로 그리스도인들에게 영혼의 어두운 밤은 더 이상 낯선 표현이 아니게 되었습니다. 인생을 살다 보면 우리의 인생 여정 혹은 믿음의 여정에서 이런 어두운 밤을 경험하게 됩니다. 심지어 기도의 여정에서도 이런 어두운 밤이 경험될 수 있습니다. 그것은 철저하게 하나님께 버림받음을 경험하는 밤입니다.

시편 기자는 이런 처절한 경험을 여러 다양한 표현으로 고백하고 있습니다. 무덤(음부)에 가까움, 무덤에 내려가는 자, 사망자 중에 던지움, 살육 당한 자, 무덤에 누운 자, 주께서 다시는 기억치 않으심, 깊은 웅덩이에 두심, 주의 노가 나를 누르심, 나의 아는 자들이 내게서 떠나감, 파도가 나를 에워쌈, 내 눈이 쇠함, 주께서 내 영혼을 버리심, 주께서 자기의 얼굴을 숨기심...

이런 밤을 지나는 비밀은 기도를 포기하지 않는 것입니다. 기도할 힘이 없어질 때에라도 기도를 포기해서는 안됩니다. 기도의 언어를 찾지 못하거든 두 손이라도 들고 있어야 합니다.

손을 들 힘이 없거든 엎드려라도 있어야 합니다. 그리고 내가 느끼는 절망과 참담함을 시편 기자처럼 고백할 필요가 있습니다. 그러면 머잖아 새벽이 밝아 올 것입니다. 밤이 지날 것입니다.

시편 기자에게 이 어둔 밤을 지나게 한 것은 주의 인자하심과 성실하심이었습니다. 곧 '헤세드'의 은총이었습니다. 주 앞에 엎드리는 자마다 이 헤세드의 은총이 임할 것입니다. 그러면 우리는 무덤에서 주의 인자하심을 노래하고, 우리의 영혼이 멸망 당함을 느끼는 절망의 밤 그 한복판에서 일어나 주의 성실하심을 선포할 것입니다. 그리고 우리는 새벽을 맞이합니다.

주님, 우리의 영혼이 어두운 밤을 지날 때 기도를 포기하지 않도록 도우시옵소서. 아멘

언약 신앙

● ● ●

내가 여호와의 인자하심을
영원히 노래하며 주의 성실하심을 내 입으로
대대에 알게 하리이다 (시 89:1)

기독교는 언약의 신앙이라고 할 수 있습니다. 성경은 구약과 신약으로 되어 있습니다. 그리스도 이전의 약속과 그리스도 이후의 약속으로 되어 있습니다. 여호와 하나님은 하나님의 사람들과 시시때때로 언약을 맺습니다. 그리고 그 언약을 통해 하나님의 구속의 섭리를 이루시고 하나님의 뜻을 이 땅에 펼쳐 가십니다. 예수 그리스도는 모든 언약의 초점이시며, 성경 언약의 알파와 오메가가 되십니다.

오늘의 시편에는 인자와 성실이라는 단어가 반복되고 있습니다. 하나님께서 우리와 언약을 맺으시는 동기는 그의 인자하심 때문이십니다. 그가 우리와 맺은 언약을 우리가 의심치 않고 신뢰하고 살아갈 수 있는 까닭은 그의 성실하심 때문이십니다. 하나님의 인자와 성실로 인하여 우리는 그의 언약을 믿고 언약의 믿음 안에서 안식하며 살아갑니다. 우리의 기도와 찬양은 언약 신앙으로 인하여 힘을 얻습니다.

하나님의 백성들이 역사 속에서 범죄하고 실패함에도 불구하고 진멸되지 아니한 것은 그분과의 언약 때문입니다. 그러므로 우리가 범죄할 때 우리는 그 앞에 나아와 용서를 구하기를 주저하지 말아야 합니다. 우리의 범죄는 우리를 향하신 그의 언약의 실현을 지연시킬 수 있지만 결코 무효화되지는 않습니다. 만일 우리가 우리 죄를 자백하면 그는 그 자신의 신실하심에 근거하여 기쁘게 우리를 용서하십니다.

　언약신앙이 가장 빛을 발하는 시간은 우리가 역경의 광야를 지날 때입니다. 우리가 가는 길이 아무리 어둡고 험해도 우리가 서있는 자리에 부는 바람이 아무리 거세고 추워도 우리가 흔들리지 아니함은 그분의 약속의 견고함 때문입니다. 우리는 하나님의 언약 속에 감추인 하나님의 인자와 성실을 확인하며 미래를 변함없이 소망하며 살 것입니다. 언약의 신앙은 하나님의 백성들의 존재의 기반입니다.

언약의 주님! 우리가 밤을 지날 때, 우리로 주의 인자와 성실을 굳게 믿고 약속을 붙들게 하옵소서. 아멘

종말론적 인생

• • •

주의 목전에는 천 년이 지나간 어제 같으며
밤의 한 순간 같을 뿐임이니이다. 우리에게 우리 날 계수함을
가르치사 지혜로운 마음을 얻게 하소서 (시 90:4,12)

인생을 종말론적으로 산다는 것은 인생의 끝이라는 관점에서 하루하루를 바라보고 사는 것을 의미합니다. 오늘을 마지막 날을 사는 것처럼 사는 것입니다. '가시고기'의 저자는 오늘이 어제 죽어간 사람이 그렇게도 살고 싶어 하던 내일이었다고 말했습니다. 사형수의 남은 5분은 50년보다 소중합니다. 새해를 연말을 보내는 심정으로 산다면 한 해의 모습은 사뭇 달라질 것입니다.

시편 기자는 인생은 결국 티끌로 돌아가는 것이라고 했습니다. 그분이 돌아가라고 하시면 돌아가야 하는 것이라고 했습니다. 그래서 우리는 어떤 이웃이 세상을 떠나가면 "돌아가셨습니다."라고 말합니다. 이런 인생의 유한성은 우리의 죄악과 창조주의 진노 때문이라고 성경은 말합니다. 죄가 인생을 덧없게 만든 것입니다. 그래서 인생은 아침에 돋았다가 저녁에 마르는 풀과 같습니다.

이런 유한한 인생을 의미 있게 만드는 것은 주의 인자와 주의 은총뿐입니다.

주의 성실하신 사랑은 우리의 불성실에도 불구하고 우리가 매달릴 수 있는 유일한 안식처입니다. 그 사랑 안에 거하는 사람에게 만족과 기쁨이 있습니다. 은총이란 자격이 없는 사람에게도 주어지는 일방적인 사랑입니다. 그 은총이 내리는 곳에서 우리는 비로소 내일을 기대할 수 있습니다.

그래서 시편 기자는 우리에게 인생의 날을 계수하며 사는 기도를 가르칩니다. 우리의 남은 날들은 은총의 날들입니다. 이 은총의 날들을 어떻게 창조주의 뜻을 따라 지혜롭게 살 수 있을 것인가를 물어야 합니다. 우리의 연수가 칠십이요 강건하면 팔십이라도 아니 인생이 갈망하는 팔십을 넘어선 장수를 한다 해도 은총이 없는 생은 수고와 슬픔뿐입니다. 🪴

주여, 우리의 남은 날들을 주의 인자와 은총으로 사는 진정 종말론적인 인생이 되게 하소서. 아멘

믿음인생의 세 인칭

• • •

나는 여호와를 향하여 말하기를 그는 나의 피난처요 나의 요새요
내가 의뢰하는 하나님이라 하리니 이는 그가 너를 새 사냥꾼의 올무에서와
심한 전염병에서 건지실 것임이로다 (시 91:2-3)

시편 91편에는 믿음 인생의 세 인칭이 소개되고 있습니다. 즉 나(I)와 너 (You)와 그분(He-God)이십니다. 어떤 사람의 인생은 1인칭만으로 만들어지는 인생이 있습니다. 그런 인생을 이기주의적 인생이라고 부릅니다. 그런가 하면 당신에 대한 관심으로 만들어지는 인생이 있습니다. 그런 인생을 이타주의적 인생이라고 부릅니다. 그런가 하면 하나님에 대한 관심이 주를 이루는 인생을 우리는 신본주의적 인생이라고 부릅니다.

나는 무엇보다 소중한 존재입니다. 성경은 내가 천하를 주고도 바꿀 수 없는 존재라고 가르칩니다. 나는 하나님의 형상을 따라 지어진 하나님의 작품입니다. 그런 나이기에 나의 하나님 전능자는 내가 그의 전능의 그늘아래 내가 쉬어가며 사는 인생이기를 소원하십니다. 그래서 나는 나를 지키시는 그분에게 그분이 나의 요새요 나의 피난처라고 고백하며 이제는 나를 넘어서는 인생을 살아갈 것입니다.

너는 또 다른 나의 분신입니다. 너와 나는 서로 떨어진 섬이 아니라 서로

연결된 대륙의 한 부분입니다. 그래서 나는 너의 복지에 관심을 가져야 하고 너를 위해 기도의 책임을 져야 할 너의 지킴이인 것입니다. 나는 네가 어떤 위험에서 지켜지는 안전함에 거하기를 누구보다 소원하지만 나는 나의 한계를 알기에 무엇보다 나의 주께서 너의 방패가 되고 액막이가 되어 두려움 없이 살아가는 너를 보고 싶어 합니다.

그러나 무엇보다 내가 기도하기는 네가 어려움에 처할 때 나에게가 아닌 나의 하나님께 기도하여 그분의 도움을 직접 받고 그분의 음성을 직접 들으며 그분이 너의 인생의 주인 되신 삶을 살아가는 모습을 보고 싶어 합니다. 그리고 한걸음 더 나아가 너도 너의 이웃들을 위해 기도의 도움을 베풀며 살아가는 모습을 보고 싶습니다. 하나님은 우리 모두가 마침내 이런 신본주의적 인생을 오랫동안 살아가며 상급 받기를 소망하십니다. 🌱

오 하나님, 제가 이기주의와 이타주의를 넘어서서 하나님 중심의 신본주의적 인생을 살게 하여 주옵소서. 아멘

안식일의 축복

여호와여 주께서 행하신 일이
어찌 그리 크신지요 주의 생각이 매우
깊으시니이다 (시 92:5)

시편 92편의 머리에는 "안식일의 찬송시"라는 소개가 기록되어 있습니다. 안식일에 사용된 예배시로 보여집니다. 지금의 교독문과 같은 것이라고 할 수 있습니다. 그러나 우리는 이 시에서 안식일을 우리에게 주신 하나님의 마음과 안식일을 지키는 자의 축복을 읽어낼 수 있습니다. 우리가 신앙인으로 누릴 수 있는 축복 가운데 가장 아름다운 축복이 안식일의 축복입니다.

안식일은 아무 것도 안 하는 날이 아닙니다. 안식일은 예배의 날입니다. 그런 의미에서 안식일은 영적 안식의 날인 것입니다. 육체적인 안식도 필요하고 소중한 것이지만 영적인 안식은 훨씬 더 필요하고 소중한 것입니다. 영혼의 쉼은 우리 영혼에 기쁨을 제공합니다. 이 기쁨의 표현이 곧 찬미요 예배입니다. 그러므로 우리는 안식일에 주를 기뻐하는 연습을 해야 합니다.

안식일의 주인은 하나님이십니다. 그러므로 우리는 이 날만이라도 우리의 인생의 주인을 생각해야 합니다. 우리는 날마다 우리들 자신에 대한 생각으로 가득 찬 나날을 살아갑니다.

　　그러나 자신에 대한 이런 생각들은 우리로 쉽게 인생의 주인을 잊게 합니다. 우리는 안식일의 고요 속에서 주인 되신 그분이 누구이시며 그가 지난 한 주간도 어떤 일을 하셨는가를 묵상합니다.

　　이렇게 안식일을 지키는 자들을 인해 하나님은 기뻐하시고 우리에게 다가오십니다. 그리고 우리로 그의 임재 안에 거하게 하십니다. 그의 임재는 성도의 궁전입니다. 이 궁전에서 우리의 왕을 알현하며 그의 앞에 머리를 조아리며 엎드립니다. 우리의 머리에는 거룩한 기름이 부어집니다. 우리의 육체는 새로워지고, 영혼은 춤추기 시작합니다. 이것이 안식일의 축복입니다. 🌱

안식일의 주인되신 주여, 우리로 참된 안식에 거하는 법을 가르쳐 주옵소서. 아멘

야훼 하나님의 정치

여호와께서 다스리시니 스스로 권위를 입으셨도다
여호와께서 능력의 옷을 입으시며 띠를 띠셨으므로
세계도 견고히 서서 흔들리지 아니하는도다 (시 93:1)

세상의 모든 정치는 만유의 궁극적 통치자이신 야훼 하나님의 통치를 반영하는 것이어야 합니다. 세속 정치의 모든 불행은 그분의 통치를 제대로 학습하지 못한 결과입니다. 세속 정치의 모든 영광은 그분의 통치를 주의 깊게 학습한 결과라고 할 수 있습니다. 우리의 학습의 효율성은 학습의 모델을 바르게 선택하고 일관성 있게 그 모델링을 적용함에 따라 나타납니다.

하나님은 왕이십니다. 그는 위엄이 있으신 왕이십니다. 그러나 그의 외적인 위엄은 꾸밈이 아닌 그의 존재를 둘러싼 영광의 자연스런 나타남입니다. 그는 권능의 왕이십니다. 그러나 그의 권능은 지배하는 힘이 아닌 만물을 섬기시는 존재의 양식이십니다. 그는 영원하시고 불변하신 왕이십니다. 그래서 그의 통치는 신뢰의 표상이시며 그의 보좌는 흔들리지 않습니다.

야훼 하나님은 두 가지 통치의 원칙을 갖습니다. 하나는 법치입니다. 그는 법으로 만유를 다스리십니다. 그는 자연법과 양심의 법으로 자연과 인생을 다스리십니다.

　이 법에 순응하는 자연과 인생은 평안을 누리지만 이 법을 거스르면 무질서와 혼란, 파괴를 경험하게 됩니다. 법을 존중하는 사회일수록 질서와 평화, 축복을 경험하는 일류 사회, 복지 사회가 되어 갑니다.

　또 하나는 성육신의 통치입니다. 왕이신 야훼는 초월자로서 저 높은 곳에서 다스리시는 분이 아니라, 백성가운데 오셔서 그들 가운데 자신의 집을 두시고 우리를 다스리십니다. 주의 집은 주의 영이 거하는 전이십니다. 그분은 자신의 임재로 우리의 고통과 접촉하시며 우리를 몸으로 돌보십니다. 지도자가 성육신하지 못하는 사회는 결국 백성을 억압하는 음지가 됩니다.

주님, 이 땅의 모든 지도자들이 우리의 완벽한 왕이신 야훼 하나님의 정치를 겸손히 학습하게 하소서. 아멘

어리석은 자와 지혜로운 자

• • •

백성 중의 어리석은 자들아
너희는 생각하라 무지한 자들아 너희가
언제나 지혜로울까 (시 94:8)

어리석음에 대한 세상적 정의와 성경적 정의는 현저하게 차별화됩니다. 세상에서는 자기 이익을 잘 챙기고 약게 사는 사람이 지혜로운 사람입니다. 때로 이런 사람들은 악을 행하기를 서슴지 않습니다. 이런 사람들의 사고구조에는 지혜의 도덕성이 고려되지 않습니다. 그래서 이들은 과부와 나그네와 고아를 멸시합니다. 그런데 하나님은 이들을 어리석다고 하십니다.

세속적으로 지혜로워 보이는 사람들이 사실은 어리석은 이유는 이들이 하나님의 전지하심과 하나님의 심판을 믿지 않기 때문입니다. 하나님은 인생이 악을 행하는 것을 보고 계십니다. 그러나 인생은 하나님이 보시지 못할 것으로 알고 악을 행하기에 담대합니다. 하나님을 잘 모르기 때문입니다. 전지하신 그분은 거룩하신 눈으로 인생을 주목하시고 심판을 예비하십니다.

지혜로운 사람은 주의 법을 알고 주의 교훈으로 가르침을 받기를 즐거워하는 사람입니다. 그의 인생에는 도덕적인 잣대가 분명하여 원칙을 준수하며 양심의 법을 어기지 않으려 합니다.

　　하나님은 이런 사람들의 양심의 깊은 곳에 평안을 내리시고 이들이 걷는 인생의 여정에서 환난을 벗어나게 하십니다. 성경은 이런 사람이 정말 지혜로운 사람이라고 가르칩니다.

　　지혜로운 사람에게도 환난의 위기는 있습니다. 그러나 이런 시간이야말로 시험의 때인 줄 알고 타협하지 말아야 합니다. 그러면 미끄러지는 우리의 발을 주께서 붙드시며 주의 위로가 우리의 영혼에 충만할 것입니다. 의를 행하려 하여 고독하거든 우리의 영혼의 산성이시고 피할 바위이신 주의 그늘 아래 머물러 쉴 줄 알아야 합니다. 지혜자의 도움은 여호와이십니다.

주여, 세상이 보기에 어리석어도 주님 보시기에 지혜로운 인생을 사는 자가 되게 하소서. 아멘

경배에의 초대

시인은 우리를 경배의 자리로 초대합니다. 그는 우리에게 시와 음악으로 여호와를 경배하자고 초대합니다. 우리의 몸을 굽히며 무릎을 꿇고 마음을 드려 그분 앞에 "와서" 그를 경배하자고 초대합니다. 그는 피조물인 우리가 그를 경배할 마땅한 이유를 설득합니다. 우리가 그를 경배할 이유는 무엇보다 그가 하나님이시고 우리는 그가 지으신 피조물이기 때문입니다.

우리가 하나님을 경배할 이유는 그가 하나님이시기 때문입니다. 시인은 그가 누구이신가를 묵상합니다. 무엇보다 그는 창조자이시며 왕이십니다. 때로 신의 창조를 믿지만 신의 섭리를 믿지 못하는 사람들이 있습니다. 이신론자(Deist)의 신은 우리를 낳으시고 우리를 기르기를 포기한 어머니와 같습니다. 그러나 성경의 신은 우리를 지으시고 우리를 통치하시는 왕이십니다.

성경의 하나님은 또한 구원의 반석이십니다. 인생이 요동하는 이유는 흔들리는 기초 위에서 인생을 살아가기 때문입니다. 하나님은 흔들리지 않는 구원의 기초가 되십니다.

오늘날 개인과 사회, 민족이 요동하는 이유는 흔들리는 것들을 의지하고 살아가기 때문입니다. 어느 날 우리 인생에 흔들리지 않는 기초를 발견하는 순간 우리는 그냥 엎드려 경배하게 됩니다.

성경의 하나님은 또한 우리의 목자이십니다. 그는 구원의 목장으로 우리를 이끄신 다음 우리를 방목하지 않으십니다. 그는 한 순간도 쉼이 없이 그의 따뜻하고 철저한 시선으로 우리를 돌아보시는 부지런한 목자요 우리는 그의 기르시는 양이십니다. 이런 목자의 가슴을 경험한 이들이 엎드려 그를 찬양하는 것, 그것이 바로 경배입니다. 지금은 그를 경배할 때입니다. 🌱

주님, 모든 것이 흔들리고 있는 이때에 흔들리지 아니하시는 하나님을 경배하는 자들이 되게 하소서. 아멘

새 노래에의 초대

• • •

새 노래로 여호와께 노래하라
온 땅이여 여호와께
노래할지어다 (시 96:1)

창조주 하나님은 인생을 노래하는 자로 지으셨습니다. 그분은 우리로 노래할 거리가 있도록 날마다 우리의 인생의 장에 새 일을 행하십니다. 우리는 그분의 새 일을 경험할 때마다 새 노래를 부르게 됩니다. 그래서 인생은 새 노래를 배우고 익히는 지속적인 여정이라 할 수 있습니다. 우리가 노래를 잃을 때 그것은 우리가 노래의 주인과의 교감을 상실한 증거입니다.

우리가 그분에게 처음 배운 노래는 구원의 노래였습니다. 우리는 인생이 일상적인 허무와 권태 속에서 그렇게 살다가 그렇게 죽어 가는 것이라고 생각했습니다. 그런데 아니었습니다. 우리가 구원을 받고 보니 그것은 꿈꾸어 보지 못한 새 일이었습니다. 이제 새 눈으로 본 온 세상이 놀이터였고 날마다의 삶이 축제였습니다. 그래서 우리는 노래하는 자가 되었습니다.

우리가 새롭게 만난 인생은 한마디로 기적을 경험하는 삶이었습니다. 날마다 그의 기이한 행적을 경험하는 삶이었습니다. 기적이 아닌 것이 아무 것도 없었습니다.

　그리고 이런 기적을 경험하는 사람들의 가장 자연스런 반응이 노래요 찬미입니다. 어찌 노래하지 않을 수 있으며 어찌 찬미하지 않을 수 있겠습니까? 자연과 우주도 함께 노래하고 있는데 말입니다.

　그러나 우리가 인생의 어느 한 순간 구원의 감격을 상실하고 주님과의 교제를 게을리하자마자 노래를 잃어버립니다. 우리는 어느새 습관적으로 옛 노래를 반복할 뿐 새 노래를 더 이상 배우지 못합니다. 그분의 새롭게 일하심을 체험하지 못하기 때문입니다. 어제 거둔 남은 만나를 씹어 보지만 오늘 거둔 만나의 신선함이 없어 우리의 노래에는 신바람이 떠난 것입니다.

우리의 주인이신 주님, 우리가 당신 앞에 서는 날까지 새 노래를 부르게 하소서. 아멘

영존하는 기쁨의 이유

● ● ●

의인을 위하여 빛을 뿌리고
마음이 정직한 자를 위하여 기쁨을
뿌리시는도다 (시 97:11)

오늘 우리는 별로 기쁨이 없는 인생을 살아가고 있습니다. 물론 우리는 기쁨을 좇아 여러 인생의 자극을 실험하며 살아갑니다. 그러나 이런 자극들은 우리의 인생의 장에 더 큰 슬픔을 초래합니다. 우리의 기쁨의 이유가 초라하고 일시적인 것들이었기 때문입니다. 그러나 성도의 기쁨의 이유는 하나님 때문입니다. 그는 영존하시는 분이십니다. 그래서 그분 안에 기뻐하는 이들은 영존하는 기쁨을 누리게 됩니다.

하나님은 통치하시는 하나님이십니다. 그분의 통치를 받는 사람들은 행복합니다. 그는 공평과 의로 통치하십니다. 공평하고 의로운 임금의 통치를 받는 행복한 백성들에게는 하늘과 구름, 산과 섬들조차 행복하게 노래하는 것으로 보여집니다. 그래서 우리는 더 더욱 그의 통치를 사모하며 살아갑니다. 오직 그분의 통치만이 만유의 희망이요 피조물의 기쁨이기 때문입니다.

하나님은 판단하시는 하나님이십니다. 인생은 억울한 일의 연속으로 느껴질 때가 적지 않습니다.

그러나 세월이 지나 보면 이 모든 일들을 합력하여 선을 이루시는 그분의 섭리를 보며 우리는 경이를 느끼지 않을 수 없습니다. 그래서 우리는 일이 우리의 뜻대로 되지 않는 상황에서도 기뻐할 수가 있습니다. 그래서 우리는 때로 우리의 감정이 허용을 안 해도 의지적으로 기뻐하는 것을 배워야 합니다.

하나님은 사랑하시는 하나님이십니다. 그는 그를 사랑하는 자들에게 축복을 부어주고 싶어 하십니다. 오늘의 시편에서 시편 기자는 하나님이 우리에게 빛과 기쁨을 뿌려 주신다고 했습니다. 마치 겨울날 하늘의 창을 열고 눈을 뿌려 주시듯 말입니다. 그래서 그의 빛과 기쁨으로 뿌림 받은 영혼들은 행복에 겨워 사랑의 찬미를 부르게 됩니다. 성도들은 이 기쁨으로 세상의 죄와 악을 이기는 삶을 살아갑니다. 🌱

주님, 기뻐할 것이 없는 세상에서 영존하는 기쁨의 이유를 붙들고 살게 하심을 감사드립니다. 아멘

구원 받은 자의 유일한 의무

• • •

새 노래로 여호와께 찬송하라
그는 기이한 일을 행하사 그의 오른손과 거룩한 팔로
자기를 위하여 구원을 베푸셨음이로다 (시 98:1)

구원받은 자의 유일한 의무는 노래입니다. 찬송입니다. 그가 경험한 구원은 전혀 새로운 것이었기에 그의 노래 또한 새 노래요, 새 찬송입니다. 그는 이 노래를 새 존재가 되어 새 삶의 주인 되신 이에게 감격으로 드립니다. 가사와 리듬이 새로울뿐더러 내용 그 자체가 새로운 노래입니다. 이 노래는 아무리 불러도 낡아지지 않는 영원까지 가지고 갈 새 노래입니다.

이 노래의 내용은 주의 인자와 성실이십니다. 바로 이 주의 인자와 성실이 주의 백성들을 사망에서 구원하셨기 때문입니다. 우리가 이 세상 인간과의 관계에서 경험하는 모든 것은 이기심과 불성실입니다. 이런 이기심과 불성실로 우리는 상처받고 고통 속에 살아갑니다. 이런 고통의 심연에 자리잡은 죄에서 우리를 구원할 희망은 오직 주의 성실하신 사랑뿐입니다.

이 세상 어디에서도 경험할 수 없었던 주의 인자와 성실로 구원받은 주의 백성들은 가능한 모든 방법으로 주를 찬양하고자 합니다. 그는 가능한 모든 악기를 동원하고 초대 가능한 모든 대상들을 불러 찬양의 축제를 열고자 합니다.

그래서 구원받은 자의 인생은 곧 축제입니다. 그는 이 축제를 위하여 하늘과 땅, 바다와 산악을 불러 함께 찬양하자고 초대합니다.

찬양은 노래일 뿐 아니라, 삶이어야 합니다. 구원받은 자의 삶의 방식이 바로 찬양입니다. 주의 인자와 성실을 경험한 주의 백성들은 마땅히 자신의 삶의 장에서 주를 닮은 인자와 성실이 드러나도록 해야 합니다. 의와 공평이 드러나도록 해야 합니다. 우리는 찬양하는 대로 살 것입니다. 왜냐하면 찬양의 내용이 곧 우리의 삶의 태도와 질, 방식을 결정하기 때문입니다. 🌱

구원의 주님, 우리를 구원하신 주를 향하여 성도의 유일한 의무인 찬송을 그치지 않게 하소서. 아멘

거룩 거룩 거룩

• • •

주의 크고 두려운
이름을 찬송할지니 그는
거룩하심이로다 (시 99:3)

본 시편에서 시편 기자는 세 번씩 하나님께 대하여 그는 거룩하시도다고 고백하고 있습니다. 마치 잘 알려진 찬송가의 가사처럼 그는 하나님의 거룩하심을 "거룩 거룩 거룩"하다고 찬송하고 있습니다. 하나님의 하나님 되신 속성 가운데 가장 두드러진 것은 거룩하심입니다. 인생이 하나님께 접근하면서 제일 먼저 직면하는 존재론적 깨달음이 그의 거룩하심인 것입니다.

그는 거룩하심으로 만유를 통치하십니다. 따라서 만유는 그분의 엄위하신 임재 앞에서 두려워 떨 수밖에 없습니다. 그분 앞에 서는 순간 만유와 인생은 즉시로 자신의 죄성을 인지할 수밖에 없게 됩니다. 만유의 요동치는 소리들은 모두 이 죄성을 숨기거나 합리화하려는 본능적인 방어기제의 소음들입니다. 그러나 침묵할 때 우리는 그의 거룩하신 임재를 경험합니다.

그는 거룩하심으로 만유를 섭리하십니다. 따라서 그는 만유 가운데 공과 의를 행하십니다. 우리가 불공평과 불의를 행할 때마다 그는 우리네 삶의 마당에서 작은 심판들을 행하십니다.

그리고 우리네 역사의 장이 깨끗함을 경험할 때마다 거기에 자신의 영광을 계시하십니다. 이 영광을 목격한 사람마다 주 앞에 엎드려 그를 경배하며 그의 거룩하심을 경배합니다.

거룩하신 하나님은 그가 찾으시는 백성들을 또한 거룩하게 구별하시고 그들을 성도라 부르십니다. 그리고 자신의 명예를 위하여 그는 자신의 백성들이 부르짖는 기도와 간구를 응답하십니다. 그러므로 기도의 응답은 하나님의 백성들의 거룩한 체험의 일상입니다. 우리가 기도의 응답을 간증할 때마다 우리는 그의 거룩하신 이름을 높여 드리는 것입니다. 할렐루야!

주님, 우리는 주께서 거룩하신 이심을 알기에 엎드려 다만 주를 경배하며 살고자 하오니 원컨대 우리로 주의 거룩하심을 경험하게 하옵소서. 아멘

행복한 예배자

기쁨으로 여호와를 섬기며
노래하면서 그의 앞에
나아갈지어다 (시 100:2)

행복한 사람은 예배자이고, 예배자는 행복한 사람입니다. 예배자는 예배의 대상이신 하나님이 자신의 목자이시며 그 목자 되신 이의 돌보심 안에 살고 있음을 고백합니다. 우리는 그가 지으신 양이고 기르시는 양이라고 고백합니다. 하나님의 창조자 되심, 그리고 섭리자 되심이 예배의 이유인 것입니다. 그리고 그의 섭리의 선하심과 신실한 사랑을 믿기 때문입니다.

행복한 예배자는 행복한 소리를 냅니다. 그래서 그의 예배는 즐거운 찬양이 됩니다. 이 세상에서 살아가는 이웃들의 입에서 새어 나오는 신음소리와 예배자들의 즐거운 찬양소리는 얼마나 대조적인지요! 예배자의 마음 안에 행복이 살고 있기 때문입니다. 그러나 그는 또한 찬양하며 자신의 행복을 강화합니다. 찬양은 근심을 치유하고 문제를 해결하기 때문입니다.

행복한 예배자는 행복한 섬김이들입니다. 예배는 서비스(service)입니다. 서비스는 서브(serve)하는 '섬김이'들을 만들어 냅니다. 예배하며 우리는 허리를 굽힙니다.

스스로를 낮추며 겸비하여 주님의 주권 아래 모든 것을 내려놓습니다. 교만한 사람들은 예배하지 못합니다. 예배는 겸손한 성도들의 특권입니다. 그는 예배의 자리에서 일어나 행복한 섬김의 자리로 나아갑니다.

행복한 예배자는 행복한 감사자들입니다. 그는 예배할 때마다 감사를 고백합니다. 그의 마음 안에 감사가 살고 있기 때문입니다. 그는 하나님의 섭리의 비밀을 알고 있습니다. 그는 하나님이 어떤 일을 행하셨으며 지금도 어떤 일을 행하고 계시는가를 알고 있습니다. 예배를 모르는 사람들의 마음은 지옥입니다. 그의 마음 안에 불평이 살고 있기 때문입니다. 우리는 예배의 특권을 감사해야 합니다. 🌱

주님, 우리로 행복한 예배자가 되게 하신 것을 감사하오며, 우리로 더욱 진지한 예배자가 되게 하소서. 아멘

시편
101편~120편

묵상의 샘 이동원 목사

사랑과 정의의 균형

내가 인자와 정의를
노래하겠나이다 여호와여 내가 주께
찬양하리이다 (시 101:1)

시편 기자는 주님의 사랑과 정의를 노래하겠다고 말합니다. 정의를 상실한 사랑은 감상에 불과하고, 사랑을 잃어버린 정의는 냉혹한 자기 의가 될 수 있습니다. 인간에게 가장 어려운 것은 균형입니다. 대개의 정의로운 사람에게는 사랑이 결핍되어 있고, 대개의 사랑의 사람에게는 정의가 부족합니다. 그러나 하나님은 균형의 신이십니다. 그는 사랑이시며 정의로우십니다.

주님은 사랑으로 만물을 지으셨고 사랑으로 만물을 다스리십니다. 만물의 존재의 갈피마다 그의 사랑이 숨 쉬고 있으며, 만물의 생성과정에 그의 사랑의 손길이 함께 합니다. 만물의 영장인 인간은 사랑 없이 살 수 없도록 지음받은 존재입니다. 인간이 구하고 찾는 가장 절실한 양식은 사랑입니다. 사랑은 사랑의 근원이신 하나님을 찾을 때 비로소 목마름을 해갈합니다.

주님은 공의로 만물을 지으셨고, 공의로 만물을 다스리십니다. 만물의 존재의 갈피마다 그의 정의가 숨 쉬고 있으며, 만물의 생성과정에 그의 정의의 손길이 함께 합니다.

그러나 우리가 살아가는 세상은 불의와 악이 넘쳐나고 있습니다. 그래서 하나님의 사람들은 기도할 때마다 정의를 탄원합니다. 행동할 때마다 불의와 악을 응징하는 정의의 편에 서기를 열망합니다.

그러나 문제는 사랑과 정의를 함께 수행해야 할 때 그 균형을 추구하기 어려운 궁지에 빠지는 일이 적지 않다는 것입니다. 이 솔로몬의 지혜를 필요로 할 때마다 우리는 무엇을 결단하기에 앞서 기도하기를 배워야 합니다. 시편 기자는 그 흠 없는 선택을 위하여 주께서 오셔서 도움 주시기를 기도하고 있습니다. 그의 지혜만이 우리를 균형의 길로 인도할 것이기에.

사랑과 정의의 신이신 하나님, 우리가 사랑과 정의의 선택 사이에서 방황할 때 우리로 치우침이 없는 균형의 길을 찾아가도록 우리를 인도하소서. 아멘

인생 하프타임의 기도

• • •

나의 말이 나의 하나님이여
나의 중년에 나를 데려가지 마옵소서
주의 연대는 대대에 무궁하니이다 (시 102:24)

중년은 인생의 하프타임이라고 할 수 있습니다. 전반전을 여유 있게 리드한 선수들은 느긋하게 하프 타임을 즐길 수 있습니다. 그러나 전반전에 제대로 성적을 내지 못한 선수들은 하프 타임이 긴장되고 초조한 시간일 수밖에 없을 것입니다. "과연 만회가 가능한 것일까? 아니 이 정도로는 상대에게 곧 추월되지는 않을 것인가? 게임은 결국 패배로 종결될 것인가?"

시편 102편에는 인생 중년의 증상들이 여과 없이 묘사되고 있습니다. 괴로운 날이라고 고백합니다. 그 동안의 인생의 날들이 연기처럼 사라졌다고 말합니다. 시간의 허무를 고백한 것입니다. 음식 먹을 의욕도 사라졌다고 말합니다. 마음이 풀처럼 시들었다고 말합니다. 광야의 올빼미처럼 황폐한 곳의 부엉이처럼 뼛속까지 스며드는 차가운 고독과 소외를 느낍니다.

중년의 연령은 다양하게 정의되어 왔습니다. 한때는 35세면 중년의 시작으로 보았습니다. 한 50년 전만 해도 인간의 수명이 50세면 이미 늙은 나이로 생각했습니다.

그러나 최근 인류 보편의 수명이 70대를 훨씬 상회하면서 심지어 55세에서 65세까지를 포스트 중년기로 보는 견해까지 등장했습니다. 중년기는 태도 여하에 따라 가장 생산적 시기일수도 가장 낭비적 시기일수도 있습니다.

시편 기자의 중년의 기도는 몇 가지로 요약됩니다. 첫째는, 나를 중년에 데려가지 말아 달라고 기도합니다. 아직은 기회를 달라는 것입니다. 둘째는, 여호와의 이름과 영예를 선포하는 여생을 살게 해 달라고 기도합니다. 셋째는, 후손과 역사에 기여할 수 있는 남은 생애를 살게 해 달라고 기도합니다. 그는 시간과 함께 낡지 않는 주안의 소망을 붙잡고 살기로 한 것입니다.

영원하신 주님, 시간과 함께 변하지 않으시는 주님만 바라보고 사는 우리의 중년기가 되게 하소서. 아멘

건망증 조심

• • •

내 영혼아 여호와를 송축하며
그의 모든 은택을
잊지 말지어다 (시 103:2)

사소해 보이는 건망증도 큰일을 그릇되게 할 수 있습니다. 우리가 늙어가며 제일 두려워하는 것이 치매입니다. 그러나 건망증보다 치매보다 더 무서운 것은 영적 건망증입니다. 그것은 우리의 영적인 삶을 마비시키고 성도의 삶의 근거인 하나님을 망각하게 합니다. 다른 모든 것을 잊어도 그분을 잊지 않고 그분을 붙들고 있으면 우리는 아직 희망이 있습니다.

그분 안에서 무엇보다 잊지 말아야 할 첫째는 우리가 지금도 생존하고 있음이 그분의 용서 때문임을 아는 것입니다. 만일 그분이 우리의 낱낱의 죄들을 기억하시고 일일이 그것들의 원인과 결과를 따지시사 정죄하시고 심판하신다면, 우리의 설 자리는 어디이겠습니까? 그러나 그분은 우리의 죄를 동에서 서가 먼 것같이 옮기시고 잊어 주신다고 약속하신 분이십니다.

둘째로 잊지 말 것은 그가 우리에게 건강을 주신 것입니다. 아직도 우리가 이 땅에 남아 숨 쉬며 살아 있다는 경이로움, 건강 때문입니다. 우리가 물론 그 동안 결코 병 없이 살아온 것은 아니지만 분명 따져보면 병든 날보다는 건강한 날들이 더 많았고 지금도 이렇게 존재함은 육신의 힘이 공급되어진 까닭입니다. 그리고 때마다 그는 우리를 회복하게 하셨습니다.

셋째로 잊지 말 것은 그가 우리의 인생 여정에 베푸신 모든 좋은 것들입니다. 이 좋은 일들과 좋은 소식들로 인해 우리들 인생의 날들은 젊음을 독수리처럼 유지할 수 있었습니다. 부족함이 없을 수 없는 인생이지만 그럼에도 불구하고 만족한 인생이었습니다. 그렇다면 우리는 자주 감사와 축제의 이벤트를 마련해야 합니다. 건망증에 걸리지 않기 위하여 입니다.

주님, 받은 은혜가 너무 감사하기만 합니다. 하오나, 그것들을 잊을까 걱정이오니 원컨대 우리를 영적인 건망증에서 지켜 주소서. 아멘

하나님의 또 다른 사역자, 자연

● ● ●

바람을 자기 사신으로 삼으시고
불꽃으로 자기 사역자를
삼으시며 (시 104:4)

성경은 인간이 구원을 경험하고 하나님의 뜻을 분별하여 살아가기에 충분하도록 기록된 하나님의 말씀입니다. 그래서 우리는 성경을 하나님의 특별계시라고 부릅니다. 누구나 성경을 읽을 수 있고 이해할 수 있도록 하나님은 성령을 우리에게 보내셨습니다. 그리고 성경을 특별히 잘 해석하여 가르치고 선포하도록 특별한 사람들에게 성령으로 기름을 부어주십니다.

우리는 하나님의 말씀을 잘 해석하여 가르치고 선포하는 사람들을 사역자라고 부릅니다. 그들은 하나님의 말씀으로 하나님의 사람들을 섬기는 사람들입니다. 우리는 말씀의 은사를 받은 사역자들을 귀히 여겨야 합니다. 그래서 성경은 말씀을 가르치는 장로들을 배나 존경할 자로 알라고 합니다. 그러나 오늘의 시편은 하나님의 뜻을 전달하는 또 다른 사역자를 소개합니다.

오늘의 시편에서 하나님은 바람과 번갯불을 당신의 사역자로 심부름꾼으로 삼으셨다고 기록합니다. 얼마나 많은 인류가 바람 속에서 창조주의 존재를 지각했고, 얼마나 많은 인류가 번갯불 속에서 하나님의 위엄을 깨닫게 되었는지 모릅니다. 자연을 가리켜 우리는 하나님의 일반계시라고 부릅니다. 일반계시는 구원을 위해 충족한 계시는 아니지만 심판의 근거로는 충족합니다.

창조의 단계 단계는 바로 인간 창조에 앞서 그리고 인간 구원을 위한 말씀의 선물을 주시기에 앞서 인간의 생존과 번영 그리고 자신의 영광의 무대로서의 자연의 거룩한 펼쳐짐이었던 것입니다. 빛을 지으시고 하늘을 천막처럼 펼치시고 땅의 기초를 놓으시고 물 위에 들보를 놓으신 분, 그는 구름으로 병거를 삼으시고 바람 날개를 타고 다니시는 분이십니다. 그를 찬양하십시오.

창조주이신 주님, 주님의 음성을 듣기 위해 성경 읽는 일을 게을리 않게 하시되 또한 우리로 자연의 사역자들을 통해 들려오는 그분의 음성도 놓치지 않게 하소서. 아멘

우리는 언약의 관계

. . .

그는 그의 언약 곧 천 대에 걸쳐 명령하신 말씀을
영원히 기억하셨으니 이것은 아브라함과 맺은 언약이고
이삭에게 하신 맹세이며 (시 105:8,9)

삶은 곧 관계입니다. 가정생활은 부부관계 그리고 부모와 자녀의 관계를
통해 이루어집니다. 직장생활은 직장의 고용인과 피고용인 그리고 나와 내게
맡겨진 과제의 관계를 통해 이루어집니다. 교회생활 혹은 신앙생활의 본질도
결국 관계의 문제라 할 수 있습니다. 교회의 머리 되신 주님과 교회의 지체된
성도의 관계야말로 교회생활의 질을 결정하는 열쇠입니다.

그런데 관계의 신실성을 테스트하는 시금석은 약속의 문제에 대한 관점과
그 이행여부에 달려 있다고 해도 지나친 말이 아닐 것입니다. 약속(promise)
이라는 말을 좀 더 성경적으로 사용한다면 언약(covenant)입니다. 성경에 나
타난 어떤 언약은 무조건적이며 어떤 언약은 조건적이기도 합니다. 무조건적
인 언약은 하나님의 조건 없는 사랑의 표현이며 조건적인 언약들은 그의 기
대를 반영합니다.

이스라엘 백성들은 이런 무조건적인 언약들을 하나님이 신실하게 기억하
셨음을 회고하며 하나님을 찬양하고 그분에게 감사해야 한다고 주장합니다.

생각해 보면 출애굽의 은혜도 가나안의 기업을 허락하심도 일방적인 하나님의 언약이었습니다. 오늘의 하나님의 백성들이 누리는 구원의 은혜도 조건 없는 선물이며, 천국의 소망도 조건을 초월한 그의 언약이었습니다.

이제 우리가 할 일은 보다 조건적인 언약들에 대한 우리편의 책임을 다하는 것입니다. 그것이 바로 순종의 책임입니다. 그리고 이런 순종의 책임은 구체적인 행위로 나타나야 합니다. 하나님은 그의 자녀들이 약속한 일들에 대하여 신실하게 책임을 다하는 모습을 보고 싶어하십니다. 이 모습만이 우리가 하나님과의 언약의 관계에서 신실한 자녀의 본분을 다하는 길입니다.

오, 언약의 하나님, 우리로 주를 닮아 언약에 신실한 종으로 한 평생을 살게 하소서. 아멘

그러므로-그러나

• • •

그러므로 여호와께서는 그들이 요구한 것을 그들에게 주셨을지라도
그들의 영혼은 쇠약하게 하셨도다. 그러나 여호와께서 그들의 부르짖음을
들으실 때에 그들의 고통을 돌보시며 (시 106:15,44)

인간 역사는 범죄와 반역의 역사였습니다. 이스라엘의 역사가 그것을 증
명합니다. 그들은 애굽에서 범죄하였습니다. 노예가 된 것은 자신들의 죄가
아니지만 억압자에 대한 당연한 저항을 떠나서 거기에도 계신 하나님의 일하
심을 바라보지 못하고 원망함은 그들의 범죄였습니다. 노예들이 사는 유형지
도 그의 주권을 벗어나지 못하며 따라서 그 땅에도 여전한 하나님의 기적의
손길을 알아차림은 그들의 몫입니다.

광야에서도 그들은 범죄하였습니다. 광야에서도 계속되는 하나님의 축복
으로 그들은 생존하고 삶의 행진을 진행하였습니다. 그러나 그들은 감사치
아니하였고 오히려 원망하였으며 더 욕심을 부렸습니다. 그리고 이 욕심을
이루고자 우상을 만들었습니다. 이것은 약속의 땅 가나안에 들어가서도 변하
지 않은 여전한 죄인의 모습이었습니다. 그들은 약속의 땅을 다시 우상의 문
화로 더럽혔습니다.

그러므로 하나님은 그들을 심판하실 수밖에 없었습니다.

그러므로 그들은 광야에 엎드러지며 재앙을 경험할 수밖에 없었습니다. 그러므로 그들은 온역을 앓고 온갖 사고로 생명의 단축을 경험하는 일이 적지 않았습니다. 그러므로 하나님은 자기의 사랑하는 백성들을 열방에 붙이시고 다시 열방의 지배를 받고 고통을 당하게 하셨습니다. 그러므로 이 모든 것은 당연한 범죄의 결과였습니다.

그러나 하나님은 그들을 긍휼히 여기셨습니다. 그래서 그는 오래 참으시고 기다리셨습니다. 그것이 그의 속성이었기 때문입니다. 결정된 심판에도 불구하고 그러나 그는 자기의 백성들의 부르짖음의 기도를 들으셨습니다. 자신의 언약을 기억하시고 그들을 인자하게 대하셨습니다. 그래서 그때의 그들도 오늘의 우리도 회복과 기대의 삶을 삽니다. '그러므로'의 하나님이 '그러나'의 하나님이 되신 것입니다.

그러므로 우리를 심판할 수밖에 없으신 하나님, 그러나 오늘도 우리를 긍휼로 대하시기를 기도합니다. 아멘

그래도 감사와 찬송으로 살 이유

● ● ●

감사제를 드리며 노래하여
그가 행하신 일을
선포할지로다 (시 107:22)

인생을 불평과 저주로 살아가는 사람들이 적지 않습니다. 사실 인생에는 불평할 만한 그리고 저주하고픈 일들이 끊이지 않습니다. 그런데 시편 기자는 그래도 우리는 감사와 찬송으로 살아야 한다고 가르칩니다. 여호와는 선하시고 인자하시기 때문입니다. 그의 사랑과 그가 행하시는 기이한 일들을 인하여 그는 우리에게서 감사와 찬송을 받기에 합당하시기 때문입니다.

무엇보다 광야에서의 구원을 생각할 때 우리는 감사하고 찬송해야 합니다. 광야는 낮에는 덥고 밤에는 춥습니다. 광야에는 먹을 것이 빈곤합니다. 광야는 목마른 곳입니다. 광야에는 도처에 위험이 도사리고 있습니다. 인생은 광야입니다. 그런데 이 광야에서 우리는 구름과 불로 보호함을 입었고 생수와 만나로 생존할 수 있게 하시니 감사하고 찬송할 일이 아닌지요.

광야에 무리를 지어 행군하다 보면 질병이 많고 불쾌한 일들이 다반사로 발생합니다. 질병은 우리의 육체를 괴롭히고 관계의 상처는 우리의 마음을 아프게 합니다.

그러나 이런 질병과 상처로 우리는 겸손하게 됩니다. 우리가 고통 중에서 마음을 낮추고 참회하는 순간에 우리는 다시 치유와 자유를 경험하게 됩니다. 그리고 다시 감사와 찬송을 회복하게 됩니다.

광야의 여정에는 바다여행이 포함되어 있습니다. 바다는 우리에게 폭풍과 파도를 경험하게 합니다. 우리는 이런 폭풍과 파도 속에서 혼란과 절망을 경험합니다. 그러나 신기한 일은 우리가 이런 파도로 인하여 마침내 더 빨리 소원의 항구로 인도된다는 사실입니다. 바다 저 건너편 우리가 마침내 거할 평화의 성에 도달하는 그날 우리는 영원토록 감사하고 찬송할 것입니다.

주님, 우리가 불평하고 저주하고픈 충동을 받을 때마다 더욱 감사하고 찬송하는 자로 살게 하소서. 아멘

새벽을 깨우리로다

• • •

비파야, 수금아,
깰지어다 내가 새벽을
깨우리로다 (시 108:2)

새벽은 어둠을 탈출하는 시간입니다. 자연의 새벽은 은총입니다. 그 누구의 노력 없이도 새벽은 밝아옵니다. 역사의 새벽도 은총입니다. 위에 계신분의 간섭 없이 역사의 새벽이 밝아 온 때가 없었습니다. 그럼에도 불구하고역사의 새벽을 깨우기 위해서는 적지 않은 사람들의 희생이 필요했습니다. 개인의 삶의 새벽도 은총으로 밝아 오지만 여전히 우리가 할 일은 남아 있습니다.

시편 기자는 새벽을 깨우기 위해 먼저 찬양을 제안합니다. 어둠 속에서 우리는 노래를 잃어버렸습니다. 우리에게는 긴 신음과 탄식만이 있었습니다. 우리가 찬양한다는 것은 어둠의 역사 속에도 진행되고 있는 하나님의 섭리와주권을 수용한다는 고백입니다. 그러므로 찬양하는 사람들의 가슴속에는 감사가 있습니다. 찬양하는 순간 역사는 새로운 날을 위해 준비됩니다.

새벽을 깨우기 위한 또 하나의 준비는 기도입니다. 찬양은 우리를 더 깊은기도로 인도합니다. 우리는 찬양하며 기도합니다.

찬양으로 열려진 가슴 안에 역사를 품는 구체적인 기도의 제목들이 태어납니다. 하나하나 기도의 제목들이 우리의 입술로 고백되고 주의 보좌 앞에 드려지는 순간 역사는 허물을 벗고 새로운 신부로 걸어 나올 치장을 시작합니다.

기도는 행동의 반대어가 아닙니다. 기도가 진지한 행동을 낳습니다. 기도 없는 행동은 많은 경우 책임질 수 없는 충동을 낳습니다. 기도의 가장 진지하고 승화된 단계를 수도원의 언어로 '컨템플라치오'(contemplatio)라고 부릅니다. 깊은 침묵의 머묾 안에서 간밤의 어둠의 장막은 걷히고 새날이 밝아 옵니다. 그리고 우리는 '인도된 행동'(guided action)으로 새벽을 깨우러 나갑니다.

주님, 새벽을 그냥 기다리는 자가 아니라, 찬양과 기도로 새벽을 깨우는 자가 되게 하소서. 아멘

원수 갚는 기도

• • •

나는 사랑하나
그들은 도리어 나를 대적하니
나는 기도할 뿐이라 (시 109:4)

기도로 원수를 갚아도 좋을까요? 성경은 그렇다고 대답합니다. 성경이 원수 갚는 기도를 기록하기 때문입니다. 오늘의 시편이 그 좋은 샘플입니다. 그렇다고 그런 기도가 하나님 들으시기에 좋은 것인지 안 좋은 것인지에 대해서는 시편은 침묵합니다. 그러나 하나님은 분명히 그런 기도도 들으신다는 것입니다. 하나님이 들으시기에 거북한 기도는 존재하지 않습니다.

우리가 우리에게 피해를 입힌 누군가를 저주하고 싶을 때 직접적으로 그 사람에게 우리의 한을 풀어놓는 것은 지혜로운 일도 아니고 유익하지도 않습니다. 백해무익한 일입니다. 그런데 하나님께 이를 보고하면 놀라운 평안이 임합니다. 자유가 임합니다. 우리는 이제 더 이상 미움의 포로가 될 필요가 없어집니다. 하나님이 이를 다루실 것을 확신하기 때문입니다.

만일 우리가 우리 마음에 가득한 한을 품고 살면 그는 그의 미움을 그릇된 대상을 향하여 폭발시킬 가능성이 많습니다. 그런 때에 그런 대상은 대리 복수의 희생물이 됩니다.

　　오늘 우리의 가정과 직장은 이런 피해자들의 보이지 않는 상처의 신음으로 요동치고 있습니다. 그리고 세상에는 이런 보복의 악순환으로 안식과 평화를 외면한 전쟁터만 확산되고 있습니다.

　　원수 갚는 기도는 바람직하지는 않을지 모르지만 필요한 기도입니다. 이 기도 후에 우리의 마음은 미움의 감옥에서 놓여나 자유의 날개를 달고 보좌 앞으로 오릅니다. 이제 비로소 우리는 보좌 앞에 나아가 우리 자신들을 축복해 달라고 기도할 마음의 여유를 얻습니다. 저주의 한과 주술에서 놓임 받은 우리는 자신과 세상을 축복하며 축복의 도구로 쓰임 받게 됩니다.

주님, 누군가를 저주하고 싶어질 때 주님 앞에 나아와 그렇게 기도할 수 있는 부끄러운 용기를 주옵소서. 아멘

새벽이슬 같은 청년들

● ● ●

주의 권능의 날에 주의 백성이
거룩한 옷을 입고 즐거이 헌신하니 새벽 이슬 같은
주의 청년들이 주께 나오는도다 (시 110:3)

청년은 꿈꾸는 자들입니다. 노인이라도 아직 꿈꾸고 있다면 그는 청년입니다. 그가 비록 나이 어린 청년 세대에 속해 있어도 꿈을 잃고 산다면 그는 노인입니다. 세상의 변혁과 갱신은 꿈꾸는 자들에 의해 이루어져 왔습니다. 청년은 현상유지를 거부합니다. 그는 지금 이대로 기존의 질서에 안주하기를 거부합니다. 그에게 어제의 삶을 지속하는 것은 죽음을 수용하는 것입니다. 그래서 그는 새 미래를 꿈꾸는 것입니다.

청년은 승리를 목표로 살아가는 자들입니다. 그래서 그들에게는 열정과 헌신이 있습니다. 열정과 헌신이야말로 역사를 변혁하는 추진력이라고 할 수 있습니다. 열정으로 뜨거운 사람들을 만나면 우리는 비전에 감염됩니다. 그리고 그 열정에 동의하는 전사로 변합니다. 우리는 어느새 함께 청년들이 뛰어가는 전선을 향해 목숨을 걸고 달려갑니다. 우리는 이미 승리를 향한 운명 공동체의 일원이 된 것입니다.

시편 기자는 메시야를 만난 사람들의 인생을 새벽 이슬 같은 청년이라고 그립니다. 우리가 메시야를 만난 그 순간 우리는 새 비전을 잉태한 채 새 목표를 향해 헌신하는 인생이 된 것입니다. 그에게는 온전히 새로운 미래가 펼쳐져 있습니다. 이 놀라운 가능성의 미래를 향해 펄떡이는 가슴으로 일어서는 자들을 가리켜 성경은 주의 백성이라고 일컫는 것입니다. 지금이야말로 역사는 주의 백성들을 기다리고 있습니다.

메시야를 만난 사람들이 변하는 이유는 무엇입니까? 그가 왕이시기 때문입니다. 하나님께서 기름 부으신 새 시대의 왕을 만난 사람들이 어찌 그 앞에 엎드리지 않을 수 있겠습니까? 주께서는 이제 거룩한 권능의 홀을 손에 잡으시고 우리를 일으키시며 함께 새 시대를 다스리자고 말씀하십니다. 그리고 제사장 되신 손으로 우리를 만지시며 일어나 이 시대를 함께 치유하자고 말씀하십니다. 새벽이 밝아옵니다. 🕮

주님, 이 시대를 사는 주의 백성들이 다시 한 번 메시야의 비전을 품고 일어나는 새벽이슬 같은 청년들이 되게 하옵소서. 아멘

여호와의 행사

• • •

여호와께서 행하시는 일들이
크시오니 이를 즐거워하는 자들이
다 기리는도다 (시 111:2)

당신은 여호와의 행사를 목격한 일이 있습니까? 그렇다면 당신은 하나님을 찬양하는 사람일 것입니다. 우리가 진정한 찬양의 삶을 살지 못하는 원인은 여호와 하나님의 행사를 목격한 일이 없이 인생을 살고 있기 때문입니다. 인간의 행사는 그 행사가 아무리 위대하게 보여도 그 속내를 들여다보면 다 별 볼일이 없는 그렇고 그런 일들뿐입니다. 허사일 따름입니다.

그러나 여호와의 행사는 진실로 위대하십니다. 그가 홀로 위대하신 자 크신 하나님이시기 때문입니다. 그의 행사는 그 행사를 경험한 사람들에게 영원한 즐거움을 가져다줍니다. 영원한 행복을 제공합니다. 그것은 미처 인생이 헤아려 계획할 수 없는 인간 지성의 영역 밖에서 펼쳐지는 것이어서 우리의 이해를 초월합니다. 그래서 그의 위대성은 영원을 두고 연구될 가치를 지닙니다.

여호와의 행사는 존귀하십니다. 그의 행사는 비할 데 없는 도덕적인 가치를 지닌 품위 있는 일들입니다.

우리는 그의 행사의 족적마다 영원한 의를 볼 수 있습니다. 그의 행사는 진실하고 정의롭습니다. 그의 행사는 영광스럽고 아름답습니다. 그래서 그의 행사는 영원히 기억될 가치를 지니는 것들입니다. 또한 그의 행사를 기억하고 따르는 사람들에게 존귀한 인생을 약속합니다.

그러므로 여호와의 행사는 찬양되어야 마땅합니다. 한 순간 한 시대뿐 아니라 영원토록 찬양되어야 마땅합니다. 그래서 시편 기자는 마치 우리가 삼행시 오행시 놀이를 하듯 히브리어 알파벳 글자를 순서대로 인용하며 여호와 하나님을 찬양합니다. 이 시편은 하나님의 은혜와 자비로 그의 위대하심과 존귀하심을 경험한 사람들의 고백적인 찬양입니다. 할렐루야! 여호와의 행사를 이제도 찬양하십시오.

주여, 인생이 무료하고 권태롭다고 말하는 이들로 여호와의 놀라운 행사를 경험하게 하옵소서. 아멘

믿음으로 사는 자의 행복

● ● ●

할렐루야, 여호와를 경외하며
그의 계명을 크게 즐거워하는 자는
복이 있도다 (시 112:1)

믿음으로 살기에 포기하고 희생해야 하는 일들도 적지 않습니다. 그러나 믿음으로 사는 자가 누리는 행복의 모습은 풍성하고 다양합니다. 시편 기자는 다시 히브리어의 알파벳을 사용하여 여호와를 경외하는 인생의 복됨을 일일이 열거합니다. 믿음으로 사는 자는 무엇보다도 후손들에게 경건한 영향을 끼쳐 그들이 땅에서도 정직하고 강성하게 살게 된다고 약속합니다.

믿음으로 사는 자는 부와 재물을 탐하지 않습니다. 그러나 그들이 성경적인 원칙을 따라 정직하고 친절하게 살아갈 때 하나님은 그 집에 부와 재물을 허락하셔서 그들이 은혜를 베풀며 살아가게 하십니다. 그래서 다시 그들의 한 평생이 의롭고 어질고 자비하기를 기대하십니다. 기독교 신앙은 결코 기복적이 아니지만 그렇다고 금욕주의적인 것도 아닙니다.

믿음으로 사는 자는 무엇보다 마음이 견고한 인생을 살아갑니다. 우리 시대는 우리를 흔드는 흉한 소식들이 끊이지 않습니다. 만일 우리가 인생의 소망을 물질이나 권력에 두고 산다면 우리는 한시도 안심하지 못할 것입니다.

그러나 소망을 여호와께 두고 그를 신뢰하는 인생은 시대의 흐름으로 인하여 일희일비할 필요가 없습니다. 그는 요동치 아니하는 산성 안에 살기 때문입니다.

믿음으로 사는 자는 자신에게 하늘이 내린 축복을 흩어 나누는 인생을 살아갑니다. 그의 삶의 장에는 의가 빛나고 그의 존재는 오래 동안 기억되고 기념될 것입니다. 그의 삶은 그를 따르고자 하는 사람들의 모범이 되고 그를 질투하는 악인들에게는 두려움의 대상이 됩니다. 그럼에도 불구하고 여호와 하나님은 그를 높이서서 행복한 인생의 귀감을 삼으십니다.

주님, 우리의 한 평생이 부디 믿음으로 살아가는 의인의 복된 생애가 되게 하소서. 아멘

역전 드라마를 만드시는 하나님

모든 역전 드라마가 통쾌한 것은 아닙니다. 당연히 그 노력의 대가가 인정되어야 함에도 불구하고 잘될 것 같은 드라마가 역전되는 사건으로 꿈을 이루지 못할 때 우리는 운명의 주인에게 항의하고픈 마음을 지울 길이 없습니다. 우리는 올림픽 경기에서 당연히 승리로 귀결되어야 할 게임들이 이해하기 어려운 결말의 역전으로 분노를 느낀 기억들이 생생합니다.

그러나 불의가 승리하고 억압자들에게 찬양이 돌아가는 상황에서 분투하다가 하나님의 극적인 개입으로 마침내 정의가 승리할 때 절로 할렐루야를 외치게 됩니다. 인생이 흥미로운 드라마일 수 있는 이유는 이런 역전의 가능성을 안고 살아가기 때문일 것입니다. 물론 우리가 기대한 역전이 반드시 규칙처럼 일어나지는 않습니다. 그의 주권의 신비의 공간은 여전합니다.

이런 우리의 이성을 넘어선 신비 때문에 하나님의 공의를 의심하는 것은 어리석은 일입니다. 성경은 이 세상만으로 대답될 수 없는 물음들을 해결하기 위한 영원한 세상을 준비하셨기 때문입니다.

　　그럼에도 불구하고 대부분의 성경 인물들은 역전 드라마를 통해 역사의 무대 위로 올라섭니다. 그리고 당당히 마침내 하나님의 하나님 되심을 증거하는 것을 보여 줍니다.

　　삶의 난문의 하나는 의로운 자가 가난과 궁핍으로 고통하는 것을 보는 일입니다. 혹은 착한 주의 딸이 잉태치 못하고 부끄러워하며 사는 일입니다. 그러나 어느 날 갑자기 주는 그들을 진토에서 일으키시고 거름 무더기에서 건져 내시사 영화롭게 하십니다. 요셉처럼, 다윗, 다니엘처럼 말입니다. 한나처럼 말입니다. 그때 우리는 모두 역전의 하나님을 찬양하게 됩니다.

주님, 인생이 불공평하다고 느낄 때에 역전 드라마를 만드시는 주를 기억하며 여전히 찬양하며 살아가게 하옵소서. 아멘

가장 위대한 기적

그가 반석을 쳐서
못물이 되게 하시며 차돌로 샘물이
되게 하셨도다 (시 114:8)

인생은 기적을 필요로 합니다. 상식과 합리성만으로 해결될 수 없는 문제들이 산적해 있기 때문입니다. 기적을 기대하는 것은 결코 요행수를 바라는 것과는 다릅니다. 요행을 기대하는 것은 우연의 확률에 인생을 거는 것입니다. 그러나 하나님의 백성들이 기적을 기대하는 것은 믿음에 근거한 것입니다. 우리는 전능자이시고 이성을 초월하신 하나님을 믿는 것입니다.

하나님의 백성들의 역사는 하나님의 기적을 경험해온 역사였습니다. 하나님의 백성들이 경험해온 독특한 역사를 일컬어 우리는 구속사라고 부릅니다. 우리가 경험한 가장 위대한 기적은 바로 구속(구원)의 사건이었습니다. 이 인류의 구속이 가능하도록 하나님은 당신의 아들로 하여금 육신을 입고 이 땅에 오시게 하사 그로 인생의 자리를 대신 취하게 하셨습니다.

하나님은 당신의 백성들이 맨 처음 구속의 역사를 실제적으로 경험하고 기다리도록 출애굽의 드라마를 기획하셨습니다. 인간사의 가장 비참한 사건은 인간이 다른 인간의 노예가 되는 일입니다.

애굽의 노예가 된 이스라엘이 자유와 해방을 사모하고 절규하자 하나님은 해방자 모세를 예비하십니다. 그리하여 출애굽의 사건은 인류 구속의 드라마의 전거가 되었습니다.

시편 기자는 이 해방의 사건을 천지개벽의 사건으로 설명합니다. 바다가 사라지고 산들의 양들이 춤추며 즐거워 함 같이 어느 날 갑자기 주의 백성들은 자유를 누리고 약속의 땅을 향한 출발을 시작한 것입니다. 광야는 아직도 우리를 위협하고 여전히 우리를 목마르게 하지만 반석이 샘물을 내고 약속의 땅이 보이기 시작한 것입니다. 기적의 인생이 시작된 것입니다.

주님, 인생에는 여전히 힘든 일이 많지만 우리는 이미 기적의 여정을 시작한 것을 잊지 않게 하옵소서. 아멘

우상 공장을 찬양마당으로

● ● ●

죽은 자들은 여호와를 찬양하지 못하나니 적막한 데로
내려가는 자들은 아무도 찬양하지 못하리로다 우리는 이제부터 영원까지
여호와를 송축하리로다 할렐루야 (시 115:17,18)

사람의 마음은 우상공장입니다. 우리는 끊임없이 우상을 만들어 내고 있습니다. 신이 인간을 만든 것이 아니라, 인간이 신을 만들어 냈다는 포이에르 바하의 말은 우상에 관한 한 진실입니다. 상상력은 신의 놀라운 선물이지만 동시에 사단의 공작실이기도 합니다. 우리는 상상의 마당에서 신과의 교감을 즐길 수도 있고, 못 다 이룬 욕망을 신으로 옹립할 수도 있습니다.

과거의 우상은 입이 있어도 말하지 못하고 눈이 있어도 보지 못하고 귀가 있어도 듣지 못하였습니다. 그러나 현대의 우상은 훨씬 간교하여 말도 하고 보여 주기도 하고 들려주기도 합니다. 그래도 우상은 우상입니다. 우상은 여전히 사람이 만든 것입니다. 마음으로 만들어 낸 것도 여전히 인간의 수공물에 불과합니다. 현대인은 여전히 우상을 만들고 우상을 경배합니다.

현대인이 만들고 있는 가장 매혹적인 우상은 여전히 자기라는 우상입니다. 오늘 현대인의 서가를 가득히 채우는 소위 "자기도움"(self-help)의 심리학적인 책자들은 대부분 인간이 신이 될 수 있다는 가정을 전제하고 있습니다.

인간의 가능성을 일깨우는 것은 소중한 일이지만 인간의 한계를 지적하지 않는 자기 개발은 가장 현대적인 우상 제조술에 불과합니다.

우상 숭배를 예방하는 가장 확실한 방법은 참되고 살아계신 유일하신 여호와 하나님을 예배함을 생활화하는 것입니다. 오직 하나이신 여호와 그분이 우리의 주님이심을 고백할 때 우리의 마음은 그분을 높이는 찬양 마당이 됩니다. 우리의 존재의 이유와 목적이 신의 영광이라면 우리는 예배의 모든 순간마다 찬양으로 그분의 이름을 칭송하는 삶을 살아야 합니다.

주님, 우상공장인 우리의 마음이 찬양 마당이 되게 하소서. 아멘

평생 기도자

우리는 어떤 프로젝트를 시작할 때마다 단기적인 것과 장기적인 것으로 나누어 계획에 착수합니다. 그러나 어떤 프로젝트는 장기적인 것으로도 끝날 수 없는 일생을 걸어야 할 일들이 있습니다. 그 중의 하나가 기도 프로젝트입니다. 기도는 평생 프로젝트라고 할 수 있습니다. 우리가 하나님의 자녀가 되어 하나님을 아바 아버지로 부르는 순간 기도는 시작됩니다.

기도는 주님을 사랑하는 일입니다. 기도는 주님과의 대화요 교제입니다. 사랑은 대화와 교제 없이 자랄 수 없습니다. 한 남녀 커플이 사랑에 빠지는 순간 그들 사이에는 대화와 교제가 시작됩니다. 결혼은 그들 사이에 그들의 사적공간을 밤낮없이 열어 놓고 무한대의 깊이 속으로 이 대화와 교제가 자라가는 마당을 제공합니다. 구원이 성도에게 이런 마당을 제공한 것입니다.

인생은 위기의 연속입니다. 하나의 위기가 지나가면 또 하나의 위기가 찾아옵니다. 큰 위기가 지나가면 작은 위기가 찾아옵니다. 작은 위기가 지나가면 다시 큰 위기가 찾아옵니다.

이 모든 위기 속에서 흔들림 없이 살아가도록 창조주는 우리에게 기도를 선물하신 것입니다. 기도자에게는 은퇴가 없습니다. 우리에게 위기로부터의 은퇴가 약속되지 않았기 때문입니다.

죽음은 인생의 마지막 위기입니다. 죽음은 인생의 마지막 여행입니다. 이 위기의 여행은 홀로 가야 하는 여행입니다. 그러나 기도하는 자에게 주님은 동행을 언약하십니다. 그분의 인도하심으로 우리는 존귀한 성도답게 죽을 수 있습니다. 그날 우리의 지상의 기도여행은 마쳐지고 우리는 천상의 순례자가 됩니다. 그래서 시편 기자는 평생 기도자로 살 것을 다짐합니다.

내 영혼 내 귀를 열어주시고 나와 함께 할 것을 언약하신 주님! 나로 시편 기자처럼 평생에 기도하는 자로 살아가게 하옵소서. 아멘

그분을 칭찬하며 살아갈 이유

우리에게 향하신 여호와의 인자하심이
크시고 여호와의 진실하심이 영원함이로다
할렐루야 (시 117:2)

하나님은 찬양 받으시기에 합당하신 분이십니다. 그는 또한 칭송 받으시기에 합당하신 분이십니다. 찬양은 오늘날 종교화된 단어로 쓰여집니다. 그러나 가장 단순한 언어로 이 단어를 비종교화 해야 한다면 찬양은 칭찬입니다. 하나님은 칭찬받으시기에 합당하십니다. 그가 행하신 일로 인하여 그는 칭찬을 받으실 분이기도 하지만 보다 중요한 것은 그의 존재 자체입니다.

존재는 언제나 행위를 앞서는 것입니다. 내가 그렇게 행동하는 가장 중요한 이유는 내가 그런 존재이기 때문입니다. 나의 존재가 행위를 결정하는 것입니다. 그래서 우리는 자신의 행위 이상으로 존재를 고민해야 합니다. 시편 117편은 성경에서 가장 짧막한 장입니다. 그러나 이 짧은 시편에는 하나님의 하나님 되신 존재의 속성을 선포합니다. 그는 어떤 분이십니까?

하나님은 인자하신 분이십니다. 그의 이름은 헤세드 곧 사랑이십니다. 그분의 사랑은 크고 위대하십니다. 그의 사랑은 얼마나 큰 사랑인지 인생은 헤아려 알 수가 없습니다.

그래서 바울은 이분의 사랑의 깊이와 높이, 넓이와 길이를 측량할 수 없다고 고백합니다. 다만 우리는 십자가에서 그의 사랑을 경험한 자로 평생 그의 사랑을 칭찬하며 살기로 결심해야 합니다.

하나님은 진실하신 분이십니다. 그의 이름은 에메트 곧 진실이십니다. 그분의 진실은 결코 왜곡됨이 없습니다. 그래서 그의 진실하심은 영원에 이르도록 올곧게 보존됩니다. 그리고 그의 진리를 삶에 적용하면서 그의 진실하심을 경험한 사람마다 그의 진실의 품에서 쉼을 누립니다. 하여, 그의 진실을 만난 모든 인생은 그를 소리 높여 칭찬하며 살기로 결심합니다.

주 여호와여, 당신은 인자하시고 진실하시오니 우리에게 칭찬을 받기에 합당하시나이다. 할렐루야!

내 편이 되어주시는 여호와

여호와는 내 편이시라
내가 두려워하지 아니하리니
사람이 내게 어찌할까 (시 118:6)

우리는 모두 철없는 어린 시절 내 편 네 편으로 나뉘어 편싸움을 하던 기억이 새롭습니다. 이제 우리는 어른이 되었습니다. 우리는 더 이상의 편싸움에서 자유로운 인생을 살고 있을까라는 질문을 던져봅니다. 꼭 그런 것 같지는 않습니다. 저마다 독특한 자기만의 주장과 편견, 기호 그리고 이기심이 존재하는 한 편가르기는 별 수 없는 보편적 삶의 모습일 듯 합니다.

문제는 너와 내가 다양성 중에 존재하는 한 조각의 모자이크가 아닌 너와 내가 적이 되어 존재하는 경우 삶은 곧바로 전장이 되어 버린다는 것입니다. 그리고 이런 경우 대부분 나는 선이고 당신은 악으로 간주가 됩니다. 이런 이분법적 편가르기로 세상살이가 시끄럽습니다. 나라와 나라가 대적하고, 공동체와 공동체가 갈등하고, 집단과 집단의 대립이 계속되고 있습니다.

성경은 분명히 선과 악이 존재하고, 의와 불의가 존재한다고 가르칩니다. 그러나 선과 악을 구별하시고 의와 불의를 판단하시는 이는 하나님이십니다.

그분만이 궁극적으로 그리고 본질적으로 선하시고 의로운 유일한 분이시기 때문입니다. 그래서 링컨이 말한 것처럼 우리가 고민할 것은 오히려 하나님이 내 편인가가 아니라 내가 하나님 편에 있는가라는 것입니다.

삶이 혼돈하고 힘들어질 때 우리는 너무나 상황 그 자체에 집착하기가 쉽습니다. 그러나 우리가 처한 상황 속으로 깊이 들어가면 들어갈수록 우리는 더 큰 불안과 두려움에 빠져들 수 있습니다. 이럴 때일수록 우리는 상황이나 사람 생각을 벗어나 하나님을 바라보아야 합니다. 이 시편은 개혁자 루터가 애송한 시로 전해집니다. 그의 승리를 벤치마킹할 필요가 있습니다.

주님. 주님만 내 편이 되시면 아무것도 두려울 것이 없겠습니다. 그러나 주님이 내 편에 계신가 보다 내가 주님 편에 있는가를 더 고민하게 하옵소서. 아멘

행복으로 가는 길

● ● ●

행위가 온전하여
여호와의 율법을 따라 행하는 자들은
복이 있음이여 (시 119:1)

시편 117편이 성경에서 가장 짧은 장이라면, 시편 119편은 성경에서 가장 긴장입니다. 모두 8구절씩 22단락으로 된 무려 176구절로 되어 있습니다. 그리고 각각의 단락이 히브리어 알파벳 순서로 시작하고 있습니다. 이 시편은 한마디로 하나님의 말씀을 예찬한 시편이라고 할 수 있습니다. 유대 기독교 신앙의 유일한 기초는 기록된 하나님의 말씀 곧 토라입니다.

시편 119편에서 하나님의 말씀은 다양한 별명으로 호칭되고 있습니다. 이 다양한 칭호들이 모여 말씀의 특성들을 나타냅니다. 여호와의 법, 여호와의 증거, 주의 도, 주의 법도, 주의 율례, 주의 모든 계명, 주의 의로운 판단, 주의 말씀, 주의 계명, 주의 입의 모든 규례, 진리의 말씀... 실로 성경은 오늘 날도 여전히 변치 않는 인생의 절대적 기준을 제공하고 있습니다.

시편 기자는 이 완벽하게 조직된 위대한 시편 119편의 서두를 행복의 선언으로 열고 있습니다. 마치 산상수훈의 서두를 연상시키기도 하지만 어쩌면 시편 119편은 시편 1편을 다시 풀어서 쓴 시편 1편의 주해 시편이라고도 할 만합니다. 복 있는 자의 행보는 말씀과 더불어 시작됨을 증언하고 있습니다. 여호와의 법을 행하는 자가 행복으로 가는 길을 걷는 사람입니다.

진정한 행복은 무엇보다 가치관이 흔들리지 않는 데서 시작합니다. 오늘은 이 길을, 내일은 저 길을... 많은 사람들은 길을 찾다가 마는 방황의 인생을 살아갑니다. 자기가 걷는 길이 흔들릴 필요 없는 정해진 길임을 아는 사람은 다소간의 고난이 있어도 부끄럼이 없는 담대함으로 그 길을 걷습니다. 말씀이 가르치는 길, 그 길만이 우리를 참 행복으로 인도하는 길입니다.

주님, 모든 가치관이 흔들리는 시대 소위 포스트모던의 시대에서 흔들림이 없이 말씀을 붙잡고 사는 행복의 길을 걷게 하심을 감사하나이다. 아멘

전적으로 부패한 세상

전적으로 세상을 부패하게 한 것은 전적으로 부패한 인간입니다. 인간이 전적으로 부패했다는 말이 결코 인간에게 선한 구석이 없다는 뜻은 아닙니다. 하나님의 형상대로 지음 받은 인간은 죄로 말미암은 타락을 경험했지만 아직도 남아있는 형상만으로도 인간은 충분히 선을 행하고 의를 추구할 수 있습니다. 그러나 죄는 인간의 모든 존재의 영역을 침범하였습니다.

죄는 무엇보다 인격의 영역을 광범하게 침투하였습니다. 그 결과로 무엇보다 우리의 인지적 영역이 심하게 왜곡되었습니다. 우리는 지식의 이름으로 그릇된 이데올로기조차 사상으로 용납하였습니다. 우리의 정서는 미움과 폭력조차 인간다움으로 미화하기에 이르렀습니다. 우리의 의지는 프로메테우스의 반항조차 인간 존재의 양식으로 수용하기에 이르렀습니다.

시편 기자는 무엇보다 두 가지 영역에서 부패한 인간과 부패한 세상을 고발합니다. 그 하나가 거짓과 진실의 문제입니다. 인간은 모름지기 진실을 추구해야 마땅할 것입니다.

　　우리는 모두 진실을 원한다고 말합니다. 그러나 시편 기자는 그것이 사실이 아니라고 증언합니다. 우리의 거짓된 입술과 궤사한 혀가 이를 증언합니다. 우리는 실상 진실을 미워하고 거짓을 사랑합니다.

　　인간의 전적 부패의 또 하나의 영역은 전쟁과 평화의 문제입니다. 우리는 누구나 평화를 원한다고 말합니다. 그러나 그것도 사실이 아닙니다. 인간이 정말 평화를 원한다면 우리는 이미 오래 전에 평화를 실현했을 것입니다. 인간이 끊임없이 싸우는 이유는 단순합니다. 타락한 인간의 품성 안에는 호전성이 도사리고 있습니다. 우리의 마음은 전쟁을 소원하고 있습니다.

거룩하신 주님! 우리가 거짓을 즐기면서 진실하겠다고 말하지 않게 하시고, 싸움을 즐기면서 평화를 소원한다고 말하지 않게 하옵소서. 아멘

시편
121편~150편

묵상의 샘 이동원 목사

눈을 들어 산을 보라

● ● ●

내가 산을 향하여
눈을 들리라 나의 도움이
어디서 올까 (시 121:1)

산은 인생의 사랑을 받습니다. 산에는 우리의 이상이 살고 있기 때문입니다. 높은 산은 언제나 꿈 많은 산악인들의 정복의 목표였습니다. 산에는 피난처가 있기 때문입니다. 자고로 위험에 처한 인생은 산으로 몸을 숨겨 보호를 받았습니다. 울창한 숲과 바위 그리고 깊은 암굴은 요새가 되어왔습니다. 산은 인생의 안식처입니다. 우리가 잠시라도 쉴 곳을 제공합니다.

예루살렘으로 향하는 순례자들에게 성전 산은 언제나 주께서 저들을 기다리는 어머니의 품과 같은 곳이었습니다. 명절이면 순례자들이 예루살렘 언덕에 접근하여 성전이 보이면 환호성을 지릅니다. 거기서 그들은 이제 여호와 하나님을 경배하며 찬양할 것입니다. 그리고 이제까지 인생을 순례하며 받았던 모든 상처를 치유 받으며 여호와 라파를 찬미할 것입니다.

이제 우리는 태산 같은 전능자의 품 안에 거하는 동안 모든 환난에서의 지키심을 확신하며 기뻐할 것입니다. 실로 우리는 오랜만에 긴장의 띠를 풀고 안식을 누리며 방전된 내 인생 배터리의 충전을 즐거워합니다.

산에 이슬이 내리듯 하나님의 임재 안에 거하는 성도들은 성령의 이슬을 먹고 즐거워하며 새 힘을 얻습니다. 우리의 도움이 위에서 내리기 때문입니다.

하나님의 임재 안에서 누리는 축복은 이중적입니다. 우리는 무엇보다 출입의 보호를 받습니다. 마치 든든한 성채의 관리를 받는 병사와도 같습니다. 그리고 우리는 우리가 속한 하나님의 왕국의 견고함 만큼 안전을 확신하며 오늘을 살고 내일을 계획합니다. 시편 기자는 이 복된 경험을 가르쳐 지금부터 영원까지 지키심을 받는 행복이라고 서술합니다. 산을 보십시오.

내 눈높이 보다 더 높은 산의 성채에서 나를 내려다 보시는 주님, 주께서 나의 모든 것이 되어 주시니 아무것도 두렵지 않습니다. 감사함으로, 아멘

예루살렘의 평화를 위하여

예루살렘은 평화의 도시라는 뜻입니다. 그러나 역사적으로 예루살렘은 결코 평화롭지 못한 도시였습니다. 그럼에도 불구하고 예루살렘의 평화 없이는 이스라엘의 평화도 세계의 평화도 존재할 수 없습니다. 오랫동안 예루살렘은 이스라엘의 수도요, 동시에 세계 3대 종교인 유대교, 기독교와 이슬람의 구심점 역할을 해온 도시였기에 이 도시의 존재는 매우 중요합니다.

제가 아는 이스라엘의 선교사요 고고학자였던 찰스 셔(Charles Shaw) 박사는 본문의 말씀을 문자 그대로 해석하여 늘 예루살렘의 평화를 위한 중보 기도를 쉬지 않으셨습니다. 예루살렘의 평화는 오늘날도 중동의 평화와 세계 평화의 가능성을 말하는 중요한 열쇠가 되고 있습니다. 더 이상 섬들이 아닌 대륙의 한 부분으로 사는 우리에게도 이 기도는 매우 중요합니다.

영적으로 예루살렘의 존재는 교회 공동체를 상징하고 있습니다. 예루살렘이 이스라엘 백성의 신앙 활동의 중심이었듯이 오늘날 교회는 여전히 이 시대를 사는 하나님의 백성들의 신앙 활동의 중심이 되고 있습니다.

  교회의 평화는 문자 그대로 교회를 구성하는 지체인 하나님의 백성들의 평화인 것입니다. 그래서 오늘을 사는 성도들은 이 기도의 책임을 다해야 합니다.

  평화는 히브리어로 샬롬이라고 합니다. 샬롬은 단순히 외적인 상황의 안정만이 아닌 우리의 존재 자체에서 누리는 생명의 질서와 건강을 뜻합니다. 요즈음 말로 하면 웰빙입니다. 교회가 건강할 때 우리가 사는 세상에서 교회는 진실로 세상의 빛과 소금일 수 있습니다. 교회 건강은 교회가 직면한 중요한 본질적인 과제입니다. 교회 건강을 위하여 기도해야 합니다. 🌿

주님, 예루살렘에 평화를 주시고 우리가 섬기는 교회에도 진정한 평화로 충만하게 하소서. 아멘

조소와 멸시가 넘칠 때

• • •

안일한 자의 조소와
교만한 자의 멸시가 우리 영혼에
넘치나이다 (시 123:4)

인생을 살다가 보면 이웃들의 조소와 멸시로 견디기가 어려울 때가 있습니다. 아마도 본문의 배경은 이스라엘의 시온의 땅에로의 귀환 초기의 경험을 반추한 것으로 여겨집니다. 느헤미야와 같은 이들이 의욕을 가지고 예루살렘 성 재건에 착수했지만 돌아오는 것은 조소와 멸시였습니다. 그 땅의 기득권자들 중 평안한 자들은 조소하고 교만한 자들은 멸시했습니다.

이와 같은 때에 우리가 할 일은 무엇입니까? 본능은 우리에게 복수를 권하고 감정은 우리에게 한바탕 맞장 뜰 것을 요구할지 모릅니다. 그러나 느헤미야가 선택한 것은 기도였습니다. 기도는 주님을 바라보는 일입니다. 시편 기자에 의하면 그는 하늘에 계신 분이시며 하늘의 보좌에서 땅을 통치하는 분이십니다. 그가 모든 것을 아시고 모든 것을 가능케 하시는 분이십니다.

기도는 우리의 눈과 귀를 훈련할 때 효과적일 수가 있습니다. 우리의 눈을 우리를 둘러싼 답답한 현실에 고정시키기보다 역사를 섭리하시는 전능자의 보좌에 고정시키는 훈련이 필요합니다.

　우리의 귀로 사방에서 들려오는 조소와 멸시의 소리를 듣고 기진맥진하기보다 우리에게 세미한 음성으로 말씀하시는 전능자를 향하여 우리의 영의 귀를 열 줄 알아야 합니다.

　그리고 무엇보다 기도하는 자들에게 어김없이 부어 주시는 그분의 긍휼을 구해야 합니다. 역사를 통해 하늘의 보좌를 움직여온 가장 강력한 짧은 기도는 이런 기도였습니다. "우리를 긍휼히 여기소서." 왜 주께서는 우리가 긍휼을 구할 때 그렇게도 민감하고 신속하게 반응하실까요? 그 까닭은 하늘의 주요 역사의 주이신 그가 긍휼에 풍성하신 주님이시기 때문입니다.

역사의 통치자이신 주님. 우리의 심령에 조소와 멸시가 넘칠 때 다만 조용히 주께 나아와 주의 긍휼을 구할 줄 알게 하옵소서. 아멘

우리 편에 계시는 여호와

● ● ●

이스라엘은 이제 말하기를
여호와께서 우리 편에 계시지 아니하셨더라면
우리가 어떻게 하였으랴 (시 124:1)

하나님의 백성들은 하나님을 자기의 도움으로 삼고 살아가는 사람들입니다. 하나님은 천지를 만드시고 인생을 지으신 분이십니다. 그를 의지하는 사람들은 가장 확실한 도움의 방편을 가지고 사는 사람들입니다. 그를 의지하는 자들에게 그는 자신의 이름을 빌려주십니다. 우리는 그의 이름을 찬양하며 그의 이름으로 기도하며 그의 이름을 선전하며 살아갑니다.

시편 기자는 여호와가 우리 편에 계시지 아니한 인생의 그림들을 그려봅니다. 그는 마치 원수들의 삼키우는 제물과 같을 것이며 홍수에 휩쓸리는 인생과 같을 것입니다. 최근 동남아시아, 아프리카에서 지진과 해일로 속수무책을 경험한 인생과 다를 바가 없습니다. 그리하여 그는 또한 원수에게 찢기우는 먹이이며, 사냥꾼의 그물에 걸린 가련한 새와 같을 것입니다.

시편 본문에는 "여호와께서 우리 편에 계시지 아니하셨더라면"이라는 표현이 두 번씩이나 반복됩니다. "만일"이라는 가정법으로 인생의 최악의 상황을 가정해보는 일은 매우 의미 있는 감사의 치유요법이라고 할 만합니다.

그분이 우리 편에 계시다는 것이 얼마나 축복임을 알 수 있기 때문입니다. 그때 비로소 우리는 노래하는 자가 되고 감사하는 인생을 살 수 있습니다.

이제 우리에게 주어진 절박한 묵상의 과제는 여호와가 우리 편에 계신가가 아니라, 링컨이 말한 것처럼 우리가 여호와 편에 서 있느냐는 것입니다. 우리가 그분을 가까이 하면 그분은 기쁨으로 우리를 가까이 하시는 분이십니다. 우리에게 주어진 남은 인생의 시간을 그분을 알고 그분을 섬기기로 한다면 인생은 그분의 임재를 경험하는 약속의 드라마가 될 것입니다.

주님, 다시 펼쳐 주시는 인생의 기회를 창조자이신 여호와를 가까이 하는 시간 되게 하시사 우리 편에 계신 그분을 경험하는 인생이 되게 하소서. 아멘

산들이 예루살렘을 두름과 같이

● ● ●

산들이 예루살렘을 두름과 같이
여호와께서 그의 백성을 지금부터 영원까지
두르시리로다 (시 125:2)

예로부터 지금까지 예루살렘은 세 개의 산들이 둘러싸고 있습니다. 중앙에 성전산, 동편에 감람산 그리고 남쪽의 시온산이 바로 그 산들입니다. 적들이 쳐들어오는 길을 이런 산들이 에워쌈으로 예루살렘성은 안전할 수 있었습니다. 특히 시온산은 암석 위에 자리잡아 견고한 요새를 이루고 있었던 것입니다. 예루살렘은 천연의 조건으로 평화의 성이 될 수 있었습니다.

오늘 우리는 모든 것이 요동하는 시대를 살아가고 있습니다. 나라가 요동하고 권위와 기존 질서들이 요동하고 있습니다. 심지어 우리가 붙잡고 살아왔던 가치관들이 요동하고 있습니다. 그리고 이런 요동하는 상황에 적응하지 못하는 현대인들은 불안과 두려움에 사로잡혀 있습니다. 우리가 물어야 할 가장 심각한 물음은 우리의 안전의 근거가 무엇인가라는 것입니다.

옛 언약은 여호와가 우리의 반석이라고 말합니다. 새 언약은 그리스도가 우리의 반석이라고 가르칩니다. 이 반석 위에 주께서는 새로운 언약의 공동체인 교회를 세울 것이라고 하셨습니다.

그리고 이런 교회를 음부의 권세가 흔들지 못할 것이라고 약속하셨습니다. 이 공동체 안에서 사는 성도들은 시온의 산이 요동치 아니함처럼 주의 요새 안에서 살아가는 것입니다.

시편 기자는 산들이 예루살렘을 두름과 같이 여호와가 우리를 둘러싸고 있다고 증언합니다. 이 증언이 사실이고 우리가 이 증언의 약속된 사실성을 믿고 있다면 우리의 현실을 바라보는 삶의 태도는 좀 더 담대할 수 있어야 합니다. 아무리 우리를 둘러싸고 있는 현실이 요동하고 있는 것으로 보여도 그보다 더 확실한 것은 주께서 우리를 둘러 지키고 계시다는 사실입니다.

주님, 정치 지도자들의 약속에도 불구하고 우리는 여전히 요동하고 있습니다. 우리의 삶의 근거를 여호와께 두게 하시사 우리의 걸음이 흔들리지 않게 하소서. 아멘

남방 시내들 같이

여호와여 우리의 포로를
남방 시내들 같이
돌려 보내소서 (시 126:4)

이스라엘 땅에는 남방에 네게브라는 사막지대가 있습니다. 이 사막지대는 여름의 건기를 지나는 동안 한여름의 태양의 저주를 견디어내면서 참혹한 몰골이 됩니다. 열사의 태양 아래 모든 생명체는 비틀거리고 건조한 모래바람만 불어오는 사막은 죽음의 땅일 수밖에 없습니다. 그러나 여름의 건기가 끝나고 겨울철 우기가 시작되면서 갑자기 모든 것은 달라집니다.

인생에는 반드시 건기가 있습니다. 삶의 모든 정황은 한마디로 메마름입니다. 목이 부쩍 부쩍 타들어 오고 노래를 잃어버린 우리네 가슴에는 죽음의 그림자만 가득합니다. 이런 시간은 종종 영혼의 어둔 밤이라고 불리워지기도 했습니다. 생명의 흔적이 없는 이 시간, 유일한 인생의 미덕은 견디는 것입니다. 존재 이외에는 인생의 모든 의미를 상실하는 시간입니다.

네게브 사막에 우기가 도래하면 사막은 큰 강을 만들기 시작합니다. 그리고 땅은 힘찬 호흡을 시작하고 강변에는 꽃이 피어나기 시작합니다. 그리고 강줄기는 현란한 몸동작으로 춤을 추기 시작합니다.

하나님의 초자연적인 간섭으로 꿈꾸는 겨울, 생명의 봄이 돌아온 것입니다. 지금 시편 기자는 우리의 포로 된 시절을 남방 시내들같이 돌려 달라고 기도합니다.

실제로 하나님의 간섭으로 한 순간 자유의 몸이 된 이스라엘은 바벨론 포로에서 풀려납니다. 이것은 꿈꾸는 순간이었으며 존재의 감격을 회복하는 순간이었습니다. 그들은 남방의 시내들처럼 노래하고 춤추며 대사를 행하신 여호와를 찬양하기 시작했습니다. 이렇게 자유는 왔습니다. 지금도 자유는 그렇게 찾아옵니다. 그래서 절망은 금물입니다. 조금만 더 기다리시면 됩니다.

주님, 지금도 포로 된 자리에서 자유를 잃은 당신의 백성들에게 남방 시내들 같은 기적을 허락해 주옵소서. 아멘

집을 세우는 자

• • •

여호와께서 집을 세우지 아니하시면
세우는 자의 수고가 헛되며 여호와께서 성을 지키지 아니하시면
파수꾼의 깨어 있음이 헛되도다 (시 127:1)

인간이 가진 가장 진한 열망의 하나는 행복한 가정을 세워가는 일입니다. 이른 아침부터 저녁까지 직장에서의 땀 흘리는 수고의 가장 큰 이유도 가정의 행복을 위해서입니다. 가정은 우리의 행복이 출발하는 장소이고 우리의 행복을 결산하는 장소이기도 합니다. 심지어 성경은 천국을 가리켜 우리의 영원한 집이라고 말합니다. 가정은 이 땅에서의 우리의 집입니다.

그런데 이런 가정들이 흔들리고 있습니다. 그리고 이런 흔들리는 가정들을 다시 세우기 위한 여러 방안들이 제시되고 있습니다. 어떤 방안은 사회학적인 것이고 어떤 방안은 심리학적인 것입니다. 그러나 성경은 신학적인 방안을 제시합니다. 여호와 하나님을 다시 가정의 건축가로 인정하라는 것입니다. 그분의 지시하심을 따라 다시 가정생활을 배우라는 것입니다.

지금은 집을 지을 때 설계자와 건축가가 엄격하게 구별되어 있습니다. 그러나 현대 서구적인 건축문화의 출발점이었던 로마에서는 설계자가 곧 건축가이었다고 합니다.

그것이 이상적이 아니겠습니까? 훌륭한 건축가는 설계자의 의도를 잘 드러내어 실현하는 자라고 할 수 있습니다. 그러면 설계자가 건축을 지휘하는 것이 가장 확실한 건축 방안이 될 것입니다.

현대 가정의 모든 비극의 출발점은 우리의 가정에서 하나님을 추방한 것입니다. 더 이상 그분은 가정의 설계자도 아니며 가정의 건축가는 더 더욱 아닙니다. 그러나 이제라도 우리는 다시 하나님이 우리 가정의 설계자이심을 고백해야 합니다. 그분이 가정을 설계하시고 만드셨습니다. 이제 그분의 뜻을 따라 부부생활을 하고 자녀양육 하는 것을 배워야 합니다.

가정의 설계자이신 하나님, 당신의 뜻을 따라 우리들의 집을 세워가게 하옵소서. 아멘

수고의 결과를 누리는 인생

● ● ●

네가 네 손이 수고한 대로
먹을 것이라 네가 복되고
형통하리로다 (시 128:2)

수고해도 결과를 누리지 못하는 인생이 있습니다. 시편 127편은 그런 인생의 그림을 그리고 있습니다. 이 시편의 서두에서 우리는 헛되다는 단어가 반복적으로 등장하는 것을 관찰할 수가 있습니다. 여호와께서 집을 세우지 아니하면 집을 세우는 자의 수고가 헛되고 성을 지키지 아니하시면 지키는 자의 수고도 헛된 것입니다.

심지어 이른 아침부터 저녁 늦게까지 열심히 노동하는 일까지도 헛되다고 했습니다. 수고해도 결과를 누리지 못하기 때문입니다. 가장 허무한 인생은 수고의 대가를 거두지 못하는 인생입니다. 그런데 시편 기자는 여호와가 우리네 삶의 기초가 되지 못한다면 그리고 그분이 우리의 삶의 건축자가 되지 못한다면 수고의 결과를 보증 받지 못한다는 것입니다.

시편 128편은 시편 127편과 정반대의 인생을 그리고 있습니다. 수고의 결과를 보증 받는 인생을 묘사하고 있습니다. 만일 우리가 여호와를 경외하고 그가 원하시는 길을 걷고자 한다면 우리 손이 수고한 대로 결과를 거두는 인생을 살게 될 것이라고 말씀하십니다. 그리고 우리 인생이 복되고 형통하리라고 약속하십니다.

이런 수고의 결과를 누리는 가장 실제적인 삶의 현장은 무엇보다 우리의 가정이 되리라고 언약하고 있습니다. 가정이야말로 우리의 수고의 결과를 가져오는 삶의 마당입니다. 우리는 가정의 행복을 위하여 기쁘게 노동의 땀을 흘리는 것입니다. 우리의 수고의 결과로 행복한 부부, 행복한 자녀들이 식탁에 둘러앉는 곳, 거기서 우리는 진정한 믿음의 보람을 거두는 것입니다.

우리의 가정과 직업의 주인이신 주님, 우리로 우리의 수고의 결과를 누리는 인생을 살게 하소서. 아멘

밭을 가는 작업

인생은 밭 갈기입니다. 밭을 가는 일은 노동이요 작업입니다. 밭을 가는 일에는 힘이 들어갑니다. 땀을 흘려야 합니다. 그래서 밭 갈기는 고통입니다. 그리고 밭 갈기는 하루아침에 끝나는 작업이 아닙니다. 지속적인 고통의 과정입니다. 그러나 이 밭 갈기의 끝에 파종의 보람을 경험하게 됩니다. 밭은 이제 씨받이의 장이 된 것입니다.

뿐만 아니라 밭갈이의 결과로 밭고랑이 생깁니다. 밭고랑으로 물이 흘러갑니다. 비가 오면 이 고랑이 시내가 되어 물을 운반합니다. 눈이 오면 받아 두었다가 강을 만들기도 합니다. 그때 우리는 밭갈이의 보람을 거두게 됩니다. 노동 후에 오는 쾌락을 느끼기도 합니다. 밭이랑을 바라보는 기쁨은 인생의 심미적인 은총입니다.

밭갈이는 고통을 감내하는 인생의 땀 흘림을 상징합니다. 시편 기자는 밭 가는 이가 또한 내 등을 갈고 있다고 고백합니다. 길게 고랑을 만든 우리네 등줄기에서는 땀이 흘러내리고 우리는 인생이 비로소 고통의 긴 과정임을 인지하게 됩니다. 그러나 땀 흘림은 그 자체가 존재의 보람임을 확인하는 방편이기도 합니다.

　고통과 기쁨은 쌍생아입니다. 고통이 없으면 기쁨이 없고 기쁨을 느낄 수 없다면 고통을 견디지 못합니다. 밤이 아침과 맞닿아 있는 것처럼 고통은 기쁨을 끌어안고 견딤의 에너지를 방출합니다. 그래서 우리는 고통의 한밤중에도 감사의 기도를 잊지 말아야 합니다. 그리고 우리는 마침내 고통이 또한 야훼의 축복이라고 고백합니다.

주님, 인생이 고통이라고 느껴질 때 바로 이 고통이 산자의 생존의 기쁨임을 고백하게 하옵소서. 아멘

깊은 데서 부르짖는 기도

● ● ●

여호와여 내가
깊은 곳에서 주께
부르짖었나이다 (시 130:1)

하나님의 백성 된 사람들은 평생을 기도하며 살아갑니다. 그러나 우리의 삶의 정황, 그리고 그 정황을 직면하는 깊이에 따라 우리의 기도의 양태는 천차만별입니다. 어느 날을 우리는 기도의 강을 헤엄치며 지나기도 하지만 그 어느 날은 기도가 메마른 건조한 사막을 건너기도 합니다. 기도로 젖은 하루를 지난다 해도 그 기도는 심오할 수도 있고 피상적이기도 합니다.

시편 기자가 드린 시편 130편은 구약의 기도이면서도 가장 신약적인 기도라고 일컬어집니다. 말틴 루터는 이 시편을 가장 바울적인 기도라고 말했습니다. 왜냐하면 가장 심오한 인간 실존의 해답을 찾고 있기 때문입니다. "깊은 데서"라는 표현은 "바닥에서"라는 오늘의 관용어와 통할 수 있는 말입니다. 시편 기자는 자신의 고난의 심연에서 고난의 원인을 발견합니다.

고난의 문제를 다루지 않는 종교나 철학은 존재하지 않습니다. 그만큼 고난은 가장 보편적인 인간 실존의 딜레마인 것입니다. 그러나 대부분의 종교나 철학이 이 문제를 아무리 난해한 언어의 기교로 다루어도 고난을 직면하는 인생에게 별로 희망이 되지 못하는 것은 고난의 현상에만 집중할 뿐 고난의 진정한 원인을 보지 못하기 때문입니다. 원인은 죄입니다.

시편 기자의 기도가 진실로 깊은 데서 부르짖는 기도일 수 있었던 것은 인간의 죄를 대면하기 때문입니다. 시편 기자는 지금 자신이 경험하는 고난의 자리 더 깊은 곳에서 자신의 죄를 직면하며 주의 용서를 구하고 있습니다. 심판자의 용서만이 인생의 새벽을 가져다 줄 수 있음을 믿은 것입니다. 기도 속에 만난 주님의 큰 사랑 안에서 시편기자는 바닥을 치고 일어섭니다.

주님, 내 자신의 죄를 피하지 않게 하시사 진정 깊은 데서 부르짖어 기도하게 하소서. 아멘

젖 뗀 아이의 평화

● ● ●

실로 내가 내 영혼으로 고요하고 평온하게 하기를
젖 뗀 아이가 그의 어머니 품에 있음 같게 하였나니
내 영혼이 젖 뗀 아이와 같도다 (시 131:2)

평화는 인류 공통의 가장 보편적인 열망이라고 할 수 있습니다. 평화를 추구하지 않는 종교가 없고 평화를 추구하지 않는 철학도 없습니다. 심지어 모든 인류의 정치 제도와 실험도 평화를 목표로 하고 있습니다. UN 창설의 동기도 인류의 평화였습니다. 올림픽 같은 인류의 스포츠 행사조차도 평화를 목표로 하고 시작되었습니다. 그러나 평화는 멀기만 합니다.

이 땅에서 살아가는 대부분의 인간은 개인적인 평화를 획득하기 위해 소유의 길을 걸어 왔습니다. 좀 더 많이 소유하면 마음이 평화로울 것으로 판단한 것입니다. 그러나 이상하게 소유의 길에는 신기루가 출현하여 하나를 소유하면 더 많은 소유의 가능성을 보여주며 지치도록 걷고 또 걷게 합니다. 그래서 걷다 쓰러진 저 멀리 또 다른 소유의 신기루가 손짓합니다.

젖 먹는 아기를 엄마의 품에서 떼어놓아 보십시오. 우리는 아기들의 처절한 울음소리를 그치게 할 다른 방도를 찾을 수 없습니다. 그러나 다시 아기를 엄마의 품에 돌려주고 엄마의 젖을 빨리게 하는 순간 즉시로 아기의 울음은 멈추고 아기의 행복한 미소가 떠오릅니다. 젖 먹는 아기의 열망을 잠재우는 유일한 평화의 수단은 엄마의 젖을 소유하게 하는 것입니다.

그러나 좀 더 성숙한 아기가 엄마의 젖을 떼도 엄마와 함께 있음으로만도 미소 짓는 신기한 장면을 우리는 목격합니다. 이제 아기에게 소유(to have)보다 더 소중한 존재(to be)의 의미가 깨달아진 것입니다. 엄마가 내게 젖을 공급하지 않아도 엄마와 함께 있음이 내게 평화가 된 것입니다. 그것이 바로 하나님과 함께 있음을 체험한 성숙한 젖 뗀 성도의 행복입니다.

우리의 엄마 같으신 주님, 우리를 성숙하게 하사 젖 뗀 성도의 평화를 경험하게 하소서. 아멘

전능자의 성막을 발견하기까지

• • •

내 눈으로 잠들게 하지 아니하며
내 눈꺼풀로 졸게 하지 아니하기를 여호와의 처소 곧 야곱의 전능자의
성막을 발견하기까지 하리라 하였나이다 (시 132:4,5)

성막은 성전의 원형이었습니다. 그것은 하나님의 지상의 집이었습니다. 하나님은 무소부재하십니다. 편재하십니다. 어디에나 계십니다. 그러나 어디에나 계신 그분은 특정한 장소를 택하시어 거기에서 쉬고 싶어 하시고 당신이 사랑하는 사람들을 만나고 싶어 하십니다. 그래서 성막은 때로 회막 곧 만남의 장소로 불리워지기도 했습니다. 그래서 성막은 거룩한 미팅의 마당이었습니다.

하나님의 백성들이 범죄하고 하나님을 실망시켜 드리는 순간 그는 성막에서 얼굴을 숨기십니다. 그때 성막은 의미 없는 천막으로 전락합니다. 그가 거기 계시기에 그곳은 비로소 성막일 수 있었습니다. 그래서 성막을 잃은 주의 백성들은 눈물을 흘리며 그의 임재를 사모하게 됩니다. 한때 성막에서 전능자의 영광을 경험했던 주의 백성들은 그 황홀한 추억을 잊을 수가 없었습니다.

하나님께서 그의 아들 예수를 이 땅에 보내실 때 그는 예수로 하여금 이 땅의 성막이 되게 하셨습니다.

이제 그 안에 거하는 사람마다 성막의 안식과 영광을 체험하게 된 것입니다. 이제 하나님의 모든 백성들은 예수 안에서 전능하시고 전지하신 하나님을 만나며 그의 황홀한 사랑을 경험하게 된 것입니다. 그러나 이 성막의 존재를 모르는 이웃들이 너무나 많습니다.

주께서는 보다 구체적으로 성막의 영광을 체험하도록 공동체를 허락하셨습니다. 그것이 바로 교회입니다. 우리가 진지하게 교회를 탐구할 때 우리는 성막의 영광을 오늘 이 시대에도 경험할 수 있습니다. 그리고 이런 교회는 전통적인 교회보다는 공동체를 추구하는 셀 교회가 이런 성막의 원형에 가깝다고 할 수 있습니다. 오늘의 성도들이 성막 곧 주의 집에서 주를 만나는 모습을 보고 싶습니다. 🌿

주님. 참된 안식과 영광을 모르는 이 시대에 전능자의 성막을 발견하는 축복을 주옵소서. 아멘

코이노니아 공동체

● ● ●

보라 형제가 연합하여
동거함이 어찌 그리 선하고
아름다운고 (시 133:1)

하나님은 태초부터 당신의 백성들을 코이노니아 공동체로 지으셨습니다. 하나님 자신이 교제 없이는 존재할 수 없는 하나님이십니다. 기독교의 하나님은 단순히 유일신이 아닌 삼위일체의 신이십니다. 삼위 하나님은 태초부터 인격적인 교감 속에 존재하고 계셨습니다. 아버지 하나님은 처음부터 아들 하나님과 함께함으로 존재하고 계셨습니다. 우리는 그분을 닮은 존재들입니다.

교제는 그 자체로 선하고 아름다운 것입니다. 우리의 교제는 꼭 목표가 있어야 하는 것이 아닙니다. 목표 성취와 목표 관리에 의해 지배되는 경영 마인드의 세상에서 목표 없는 만남은 시간 낭비처럼 생각될지 모릅니다. 그러나 하나님은 때로 우리가 교제 그 자체를 위해서 만날 수 있어야 한다고 가르치십니다. 거기서 진정한 이해와 사랑이 싹트기 때문입니다.

교제의 장은 능력을 공급받는 장입니다. 순전한 교제의 자리에서 우리는 재충전의 은혜를 누리게 됩니다.

옛날의 제사장 취임식은 기름 부으심으로 이루어졌습니다. 제사장의 머리에서 옷깃과 발끝까지 흘러내리는 기름부음은 능력으로 잠긴 사역자의 모습입니다. 그런데 이런 기름부음은 선배가 후배에게 혹은 서로가 서로에게 행하는 상호 사역이었던 것입니다.

교제는 교제를 낳고 교제의 축복은 나눔을 낳습니다. 약속의 땅에서 가장 높은 헬몬산의 이슬이 바람이 날릴 때면 작은 산(텔)들에 그 축복을 나누는 시간이 됩니다. 그리고 이런 축복의 나눔은 약속의 땅 전체를 생기 있는 활력으로 춤추게 합니다. 성도의 교제가 바로 이런 축복의 나눔터인 것입니다. 교제를 상실한 공동체는 더 이상 건강한 공동체일 수 없습니다.

형제들의 교제를 선하고 아름답게 여기시는 주여, 우리의 교제를 그렇게 축복되게 하옵소서. 아멘

밤을 지키는 야훼의 종들

보라 밤에 여호와의 성전에
서 있는 여호와의 모든 종들아
여호와를 송축하라 (시 134:1)

옛날 성전에는 야간 근무를 하는 여호와의 종들이 있었습니다. 지금도 직장에서 야간 근무를 하는 종들과 다를 것이 없는 모습입니다. 그런데 예루살렘을 찾은 순례자들에게는 이런 제사장들의 모습이 특별한 감동으로 다가왔던 것 같습니다. 하나님을 섬기기 위해 밤을 지나는 그들의 모습이 인상적이었던 듯싶습니다. 그래서 그들을 축복한 노래가 이 시편입니다.

밤은 안식의 시간이지만 동시에 어두움의 권세자가 활동하는 시간입니다. 어두움의 영들이 밤에 기승을 부리고 많은 죄악의 역사가 밤에 쓰여집니다. 사단은 밤을 지배하기 위한 음모를 진행하고 그의 부하들은 날갯짓을 하며 온 세상 어두운 골목들을 방문하여 어두움을 인위적인 빛으로 포장합니다. 그리고 인생들은 이 미혹을 알지 못한 채 어둠에 빠져들어 갑니다.

그런데 이런 밤에 깨어 일어나 손을 들고 송축하는 사람들이 있습니다. 그들은 찬양과 기도로 밤의 주인이 하나님이신 것을 선포합니다. 그리고 이 밤에 성령께서 모든 어두운 세상의 공간들을 참된 진리의 빛으로 비추시기를 간구합니다. 어느 날 갑자기 이 어둔 밤 쾌락의 허무를 깨닫고 성전으로 향하는 발걸음들은 밤을 기도로 지새우는 종들의 기도의 응답입니다.

　새 언약의 시대에 성전은 성령을 모신 모든 성도들의 육체입니다. 이 시대의 밤을 지키기 위해 우리는 성전까지 갈 필요가 없습니다. 우리가 있는 그 처소에서 때로 우리는 밤을 지키는 전사들이 될 수 있습니다. 우리의 조국, 우리의 교회, 우리의 가정, 우리의 자녀들은 이런 밤의 전사들을 필요로 합니다. 그때 우리는 밤을 지키는 야훼의 종들이 되는 것입니다. 🌿

주님, 우리가 이 시대의 밤하늘에 가득한 어두움을 쫓아내고 빛을 가져오는 밤의 지킴이가 되게 하옵소서. 아멘

아주 특별한 소유

• • •

여호와께서 자기를 위하여
야곱 곧 이스라엘을 자기의 특별한 소유로
택하셨음이로다 (시 135:4)

우리는 인생을 살아가면서 여러 가지를 소유하며 살아갑니다. 그 중 대부분은 시간이 흘러가면서 쓰레기 같은 것들로 전락하여 폐기처분 되어야 할 것들입니다. 이사할 때마다 우리는 이런 것들로 인해 골머리를 앓게 됩니다. 그러나 그 중에는 아주 특별한 소유가 있어 평생을 간직하고 싶은 소중한 보물로 기념하고 싶은 것이 존재합니다.

그런데 시편 기자는 바로 우리들 성도들의 존재 자체가 주님 자신의 아주 특별한 소유가 되었다는 것입니다. 도대체 왜 일까요? 죄와 허물투성이로 살아가는 우리가 거룩하신 여호와 하나님에게 무슨 의미가 있어 그의 특별한 소유가 되었다는 말입니까? 만유를 소유하신 여호와에게 무슨 부족함이 있어 인생이라는 소유가 다시 필요했을까요?

가장 중요한 이유는 자신을 닮아 인격적 교감을 나눌 대상으로서의 상대가 필요하셨던 것입니다. 기독교 신관의 특성은 단순한 유일신관이 아닌 삼위일체 신관입니다.

한 신학자는 이런 신관의 특성을 하나님의 사회성이라고 말하기도 했습니다. 그래서 처음부터 인간은 하나님의 형상을 따라 지음 받은 아주 특별한 그의 사랑의 대상이었습니다.

무엇보다 인생은 하나님을 예배해야 할 존재로 지음을 받았습니다. 예배란 인격적인 존재가 또 다른 최고의 인격적인 존재를 향해 바칠 수 있는 가장 높은 존경의 행위라고 할 수 있습니다. 자발적으로 자신의 마음을 다하여 애정을 고백하는 인간의 존재 자체는 하나님의 기쁨인 것입니다. 그래서 그는 우리에게 오늘도 우리가 그의 특별한 소유라고 말씀하십니다.

사랑하는 주님, 우리를 아주 특별한 소유로 간주하시는 주님의 가치 선언에 따라 우리의 존재를 바라보는 자가 되게 하소서. 아멘

감사하는 삶으로의 초대

• • •

여호와께 감사하라
그는 선하시며 그 인자하심이
영원함이로다 (시 136:1)

열 길 물속은 알아도 한길 사람 속은 모른다는 말이 있습니다. 그러나 그 마음에 행복이 있는지를 알 수 있는 한 가지 테스트를 통해 알 수 있습니다. 그것이 무엇일까요? 감사입니다. 저는 감사할 줄 모르는 사람이 행복해 하는 것을 한 번도 본 적이 없습니다. 감사가 있는 곳에 행복이 있고 행복이 있는 곳에 감사가 있습니다.

아이였을 때는 받은 선물 자체에 대한 관심이 가장 컸습니다. 그러나 성숙해 가면서는 받은 선물(gift)보다 더 중요한 것이 그 선물을 주신 분(giver)의 소중함을 깨닫기 시작합니다. 시편 저자는 우리가 마땅히 감사를 드려야 할 최고의 대상이 누구임을 알려줍니다. 그분은 영존하시는 여호와이시요(1절), 전능하신 하나님이시며(2절), 인자(사랑)하심으로 우리를 돌보시는 주님임을 선포합니다(3절).

우리를 위해 모든 것을 창조해 주시고 그 축복을 누리게 하신 하나님께 어찌 감사하지 않을 수 있겠습니까?

죄의 노예였던 우리를 자유케 하신 주님의 구원을 어찌 감사하지 않을 수 있겠습니까? 그리고 지금까지 우리를 보호해 주시고 인도해 주시며 우리의 필요를 신실하게 공급해 주신 주님께 어찌 감사치 않을 수 있겠습니까?

과거부터 지금까지 그리고 앞으로도 우리를 향한 하나님의 선하심과 사랑이 지속된다면, 주님을 향한 감사의 찬양이 계속되어야 하지 않을까요? 그래서 시편 저자는 우리를 감사하는 삶으로 초청하고 있습니다. 매일 감사의 고백이 있고, 감사의 찬송이 있으며, 범사에 감사할 수 있다면 어찌 그 사람을 복되다 아니할 수 있겠습니까?

하나님 아버지의 선하심과 영원하신 사랑을 기억하며 주님께 감사하는 것이 오늘도 저의 거룩한 습관이 되게 하옵소서. 아멘

바벨론의 강가에서

• • •
우리가 바벨론의
여러 강변 거기에 앉아서
시온을 기억하며 울었도다 (시 137:1)

바벨론은 고향을 상실한 이스라엘을 기다리고 있었던 형벌의 땅이었습니다. 바벨론은 유형지의 상징입니다. 바벨론에서 이스라엘은 포로 된 삶을 살았습니다. 더 이상 자유롭지 못했던 이스라엘은 꿈을 접은 채 생존의 기술을 익히는 타율의 인생이었습니다. 그 어느 날 홀연히 우리는 바벨론에 던지우는 인생의 경험을 만나게 됩니다. 그날 우리는 노래를 잃어버립니다.

바벨론의 강가에서 제일 먼저 우리를 괴롭히는 것은 기억입니다. 우리는 과거를 기억하고 울기 시작합니다. 우리는 또한 예루살렘의 자유를 기억하게 됩니다. 그 잃어버린 과거의 축복과 풍요를 기억하고 우리는 현재의 슬픔 속에 가라앉습니다. 그러나 우리가 아직도 무엇인가를 기억할 수 있다는 것은 아직 모든 것을 포기하지 않았다는 증거이기도 합니다.

기억은 새로운 존재의 시작일 수 있지만 기억만으로 잃어버린 과거가 회복되지는 않습니다. 진정한 회복의 출발은 회개입니다. 무엇이 잘못되었던가를 우리는 분명하게 성찰할 필요가 있습니다.

운명론자는 과거를 한 속에 묻지만 과거를 반성하지 않습니다. 창조론자는 과거에서 교훈을 찾습니다. 그리고 그가 배워야 할 가장 중요한 교훈은 자신의 과오와의 대면입니다.

회개가 미래를 향한 열매로 나타나기 위해서는 기도가 시작되어야 합니다. 진지한 기도 속에서 과거는 정리되고 미래는 태어납니다. 기도는 행동을 계획하고 행동을 촉구합니다. 역사 속의 모든 위대하고 가치 있는 시도들은 누군가의 기도에 빚지고 있습니다. 말도 쉽고 비판도 쉽지만 기도는 가장 힘든 창조적인 노력입니다. 기도는 미래를 여는 창조의 시작입니다.

주님, 우리의 인생이 바벨론 강가에 버림받았다고 느낄 때 기억하고 회개하고 기도하게 하소서. 아멘

완전케 하실 때까지

• • •

여호와께서 나를 위하여 보상해 주시리이다
여호와여 주의 인자하심이 영원하오니
주의 손으로 지으신 것을 버리지 마옵소서 (시 138:8)

인생은 미완성 교향곡입니다. 인생은 누구나 자기의 모든 꿈을 완벽하게 이룰 수 없음을 잘 알고 있습니다. 그럼에도 불구하고 꿈은 포기할 수 없는 것입니다. 아무도 완전할 수 없을 것을 알면서도 우리는 시지프스의 신화처럼 오늘도 저 정상을 향한 움직임을 계속하고 있습니다. 행여나 은혜를 주시면 후회 없는 마무리로 완전을 고백할 소망을 포기할 수 없기 때문입니다.

우리 스스로 아무도 완전에 도달할 수는 없지만 인생의 주인 되신 이의 자비와 은혜를 따라 완전케 하실 소망을 갖고 사는 것은 결코 무리한 욕망은 아닙니다. 아니 오히려 그것은 거룩한 소원이라고 할 만합니다. 우리보다 앞서 인생을 살아간 선배들 중 우리를 시기나게 하는 발자취를 남긴 사람들의 생애 속에는 모두 이런 거룩한 욕망의 이끄심이 있었습니다.

그 완전함에 도달하려는 사람에게 먼저 있어야 할 일은 감사와 찬양입니다. 이미 베푸신 주의 은혜에 대한 감사가 없고 찬양이 없는 사람에게 주께서 그의 인생의 미래를 다시 이끌어 갈 필요를 느끼실 리가 없기 때문입니다.

미래에의 기대는 과거에 함께 하심에 대한 감사에서 맺어지는 열매입니다. 미래의 설계는 과거의 성취의 기쁨에서 그 비전과 용기를 얻습니다.

시편 기자는 그가 겸손하여 주 앞에 자신을 낮추실 때 언제나 자신을 일으켜 세우시고 자신의 미래를 보여주시는 은혜를 체험하였습니다. 이런 체험에 근거하여 그는 다시 자신을 낮추고 그의 불확실한 미래를 주께 의탁합니다. 그리고 자신에게 관계된 모든 것을 완전하게 해주시도록 기도합니다. 적어도 주 앞에 설 때에 후회 없이 인생을 결산하게 해달라고 기도합니다.

주님, 결코 완전할 수 없는 인생이지만 완전을 향해 걷는 것을 포기하지 말게 하소서. 아멘

전지하고 편재하신 그분 앞에서

● ● ●

여호와여 주께서 나를 살펴 보셨으므로
나를 아시나이다. 내가 주의 영을 떠나 어디로 가며
주의 앞에서 어디로 피하리이까 (시 139:1,7)

하나님은 전지하십니다. 모든 것을 아십니다. 이것이 그의 백성에게 얼마나 큰 위로가 되는지요? 세상 모든 사람 그 어느 누구도 나를 알아주지 못해도 그분이 나를 아신다면 무엇을 걱정할 필요가 있겠습니까? 나의 진실을 아시는 그분 앞에서 나는 당당할 수 있습니다. 내 고민을 아시는 그분 앞에서 나는 비로소 나의 나 된 옷을 벗고 정직할 수 있습니다.

그가 전지하심이 악인에게는 얼마나 큰 위협이 되겠습니까? 그의 모든 악한 음모를 그는 알고 계시기 때문입니다. 그래서 악마는 주님의 살아계심 그 자체가 그의 존재의 한계임을 알고 있습니다. 악마는 세상 모든 사람을 다 속일 수 있어도 그분만은 속일 수 없음을 압니다. 그래서 악마는 사람들이 하나님의 전지성을 의식하지 않고 살기를 기대할 뿐입니다.

하나님은 편재하십니다. 그는 무소부재하십니다. 그는 어디에나 계십니다. 이것이 그의 백성에게 얼마나 큰 용기가 되는지요? 그가 어디에나 계시다면 그는 진실로 어디에서나 나의 도움이 되시기 때문입니다.

그 누구도 나의 도움이 되지 못하는 이 상황에서 그가 바로 여기에 나와 함께 아심을 아는 행복, 그래서 주의 백성들은 어디에서나 외롭지 않습니다.

그러나 그의 편재하심이 어디에나 있을 수 없는 악인에게는 얼마나 두려운 일인지요? 아무도 모르게 악을 행할 수 없기 때문입니다. 악인의 배후에 있는 악마는 스스로도 공간을 초월하는 것 같은 연극을 연출합니다. 그러나 그것은 눈속임에 불과합니다. 홀로 주 하나님 그분만이 편재하십니다. 전지하시고 편재하신 주님 안에 사는 것, 그것이 가장 안전한 인생입니다.

전지하시고 편재하신 주님, 주님 안에 머묾이 행복임을 잊지 말고 살게 하소서. 아멘

악인의 그물에서 벗어나는 길

● ● ●

교만한 자가 나를 해하려고
올무와 줄을 놓으며 길 곁에 그물을 치며
함정을 두었나이다 (셀라) (시 140:5)

인생을 살다 보면 악인이 판 함정에서 허우적거려야 하는 안타까운 궁지를 경험할 수 있습니다. 악인은 인생 도처에서 우리를 기다립니다. 그들은 입술에 독을 숨긴 채 미소를 흘리며 접근합니다. 그러나 오래지 않아 우리는 그들의 입술 아래 숨긴 독을 발견하고 소스라쳐 놀라게 됩니다. 그리고 비로소 내가 그의 그물에 걸린 것을 알게 됩니다.

그때 우리는 할 수만 있으면 그의 간악함을 고발하고픈 충동을 느낍니다. 우리는 저주의 기도의 유혹을 느끼고 저주의 시를 쓰고픈 갈망을 누를 길이 없습니다. 과연 성도는 악인을 저주해도 좋은가는 오랫동안 시편을 연구하는 이들의 숙제이기도 했습니다. 오늘의 시편을 포함하여 적지 않은 원한의 시편이 기록된 것을 보면 주는 정직한 감정의 토로를 막지는 않으시는 듯 합니다.

문제는 우리의 감정의 토로가 단순한 카타르시스로 멈추어서는 안 된다는 사실입니다. 감정의 승화가 만나는 광장은 기도의 마당이어야 합니다.

여기 이 정직한 기도의 자리에서 우리의 기도를 들으시는 하나님을 만나 그가 우리의 구원이시며 소망이심을 고백하는 자리, 거기서 우리는 비로소 우리를 변호하시는 주의 품에서 참 안식을 경험합니다.

그리고 마침내 우리가 일어서서 우리가 인생을 사는 모습으로 우리가 그분 앞에서 의인임을 증명해 내야 합니다. 그리하여 의인의 기도를 응답하시는 그분이 우리의 하나님이심을 자랑할 수 있어야 합니다. 어떤 경우에도 악인에 대한 올바르지 못한 반응으로 우리와 저들이 구별되지 아니하는 모습을 경계해야 합니다. 그때 비로소 악인은 패배하고 정직한 자들은 승리를 누릴 것입니다.

주님, 악인이 함정을 파고 우리를 미혹할 그때에도 주님의 의로 악을 승리하게 하소서. 아멘

황혼녘의 기도

- - -

나의 기도가 주의 앞에 분향함과 같이 되며
나의 손 드는 것이 저녁 제사 같이
되게 하소서 (시 141:2)

우리의 신앙의 선배들은 밝아오는 새벽을 바라보며 시편 63편을 읽고 기도했습니다. 시편 63편이 새벽의 기도라면 시편 141편은 저녁의 기도입니다. 황혼이 짙어갈 때 이 시편을 읽어보십시오. 우리의 분주했던 마음이 가라앉고 황혼의 평화가 임할 것입니다. 이 시편은 황혼녘의 기도입니다. 우리의 미움은 용서로 녹아지고 우리의 고통은 은혜로 치유될 것입니다.

하루 온종일 힘든 일들을 경험하면서 우리의 마음은 무의식 중에서 상처를 입었습니다. 분심을 가라앉히고 기도하는 내 마음의 수면에 문득 문득 떠오르는 분노는 내가 얼마나 치열하게 하루를 살았는가를 보여줍니다. 하루 동안 아니 특별히 지난 오후의 그 답답했던 시간들 속에 내 입술로 분출된 조급했고 더럽혀진 언어의 부끄러운 방황들을 되돌아보십시오.

이제는 입을 다물고 귀를 열 시간입니다. 언어만이 기도가 아닙니다. 우리는 언어를 넘어서는 기도를 배울 필요가 있습니다. 기도의 언어가 강둑이라면 기도 그 자체는 강물이라고 말한 이가 있었습니다.

　기도의 언어는 기도의 방향을 이끌어 주는 것이 사실입니다. 그러나 강둑의 경계가 정해졌다면 이제는 조용히 흘러가야 합니다. 저녁 기도는 흐르는 강물입니다.

　기도하다가 생각의 소요가 있거든 지는 황혼을 바라보며 손을 드십시오. 조용히 들어올린 기도의 팔에 주를 향한 소원을 담아 올리십시오. 산간 마을 저녁 식사를 준비하는 농가의 담장 너머로 피어 올려지는 그 평화로운 연기와 함께 농부는 하루의 피곤을 날려보냅니다. 입술에 담겨진 피곤한 언어의 유희 대신 이제는 어둠 속에 임하는 안식의 은혜를 갈망하십시오. 🌿

주님, 저녁의 평화를 그리워하며 하루를 부끄럼 없이 살게 하소서. 아멘

동굴에서의 기도

● ● ●

내 영혼을 옥에서 이끌어 내사
주의 이름을 감사하게 하소서 주께서 나에게 갚아 주시리니
의인들이 나를 두르리이다 (시 142:7)

인생을 살다 보면 동굴로 피해 숨어야 하는 시간이 있습니다. 동굴은 격리된 곳입니다. 동굴은 고독한 곳입니다. 동굴은 아무도 없는 곳입니다. 동굴은 버림받은 자의 처소입니다. 아마도 이 시편을 기록한 다윗이 사울의 위협을 피하여 동굴로 피신했을 때 다윗은 이곳에서 절망을 경험한 듯합니다. 자신의 잘못과 상관없이 다윗은 원통함과 혼자됨을 경험합니다.

그러나 한 순간 그는 이 동굴에서 하나님의 임재를 발견합니다. 사람에게 버림받은 동굴이 바로 하나님의 거룩한 임재의 지성소였던 것입니다. 그는 갑자기 이 동굴에 가득한 그분의 임재를 확인하며 엎드립니다. 그리고 소리 내어 여호와께 부르짖어 호소합니다. 당신만은 내 억울함을 아시지 않느냐고 호소합니다. 하나님의 전지하심이 그의 안식이 된 것입니다.

그 순간 동굴은 그의 새로운 피난처로 변신합니다. 우리가 버림받은 곳이 바로 우리의 안식처가 된 것입니다. 여기서 우리는 쉼을 얻고 새 힘을 얻습니다.

우리는 더 이상 절망하지 않습니다. 기도가 모든 것을 바꾸어 놓은 것입니다. 우리가 기도를 잊지 않는 한 절망은 없습니다. 절망은 희망의 시작일 따름입니다. 이제 절망의 동굴은 희망의 진원지가 됩니다.

이제 이 동굴에서 다윗은 두 가지를 기도합니다. 하나는 다시 감사하는 인생을 살게 해 달라고 기도합니다. 고난은 우리에게 감사를 잊게 할 수가 있습니다. 인생의 회복은 감사의 회복과 함께 시작됩니다. 또 하나는 이제 함께 일할 의인을 보내 달라고 기도합니다. 인생의 새 미래를 위한 동역자가 필요했기 때문입니다. 그리하여 동굴은 새 역사 창조의 모태가 됩니다.

하나님, 우리의 인생이 동굴을 경험할 때, 동굴을 희망의 모태로 바꾸는 기도를 허락해 주옵소서. 아멘

하나님이 얼굴을 숨기실 때

여호와여 속히 내게 응답하소서 내 영이 피곤하니이다
주의 얼굴을 내게서 숨기지 마소서 내가 무덤에 내려가는 자
같을까 두려워하나이다 (시 143:7)

역사 속에는 종종 하나님이 그의 거룩하신 얼굴을 드러내시는 순간들이 있습니다. 그때 우리는 그의 기적을 체험하고 그의 영광을 목도하게 됩니다. 물론 그의 얼굴이 현상적으로 나타나는 것은 아니지만 우리는 그의 임재를 체험하고 크게 놀라고 즐거워합니다. 그러나 또한 적지 않게 우리는 그의 침묵을 경험합니다. 이때가 그분이 얼굴을 숨기시는 시간입니다.

하나님이 얼굴을 숨기실 때 그의 자녀들이 해야 할 일은 무엇이겠습니까? 무엇보다 그때가 자신을 성찰하는 시간이어야 합니다. 그리고 참회하는 시간이어야 합니다. 하나님은 이유 없이 우리에게서 그의 얼굴을 숨기시거나 외면하시는 분이 아닙니다. 반드시 그럴만한 이유가 있어서입니다. 아버지가 그의 사랑스런 자녀들에게 이유 없이 얼굴을 돌리시고 숨기시겠습니까?

이때 우리는 아버지의 마음을 알고 겸손히 엎드려 우리의 상한 마음으로 그분의 존전 앞으로 나아가야 합니다. 그리고 솔직하게 우리의 참담한 심정을 쏟을 필요가 있습니다.

그분 앞에 가식은 통하지 않습니다. 우리가 마음이 상해 있을 때 아버지는 더 큰 고통으로 우리를 바라보시며 그는 숨어서 우리를 주목하십니다. 이제 큰 소리로 아버지를 부를 때입니다.

그리고 우리의 참회는 단순히 우리의 과거에만 시선이 머물러서는 안됩니다. 참회의 심정으로 우리의 미래의 소원을 그분에게 아뢰어 보십시오. 그리고 이제 우리가 나아갈 길을 알게 해달라고 기도하십시오. 우리의 주 되신 주의 뜻을 행하려 한다고 말하십시오. 이제 주께 친히 인도하심을 구하십시오. 그는 곧 미소 지으며 당신의 얼굴을 보이실 것입니다.

사랑하는 우리들의 아버지. 우리에게서 얼굴을 숨기지 마시고 우리를 인도하옵소서. 아멘

내 손과 주의 손

• • •

나의 반석이신 여호와를 찬송하리로다
그가 내 손을 가르쳐 싸우게 하시며
손가락을 가르쳐 전쟁하게 하시는도다 (시 144:1)

한국인은 예로부터 손재주가 많은 민족으로 알려져 왔습니다. 우리말에도 유달리 손과 관련된 언어들이 발달되어 있습니다. '수단이 좋다', '수완이 좋다'는 말을 자주 사용하고 속어로 '손 본다'는 말도 쓰고 있습니다. 우리 나라가 컴퓨터 선진국이 되고, 반도체 산업을 발달시킨 것도 한국인의 손 때 문이라는 설이 있습니다. 그렇게 기분 나쁘지 않은 그럴듯한 말입니다.

그런데 이런 우리의 손재주도 결국은 창조주의 선물인 것을 인정해야 할 것 같습니다. 오늘의 시편에서 시편 기자는 주께서 내 손을 가르치시고 훈련 하신다고 말하고 있습니다. 만일 우리의 손이 주님께 붙잡혀 훈련되지 않는 다면 결국 내 손은 내 이익을 추구하기 위해 수단과 방법을 가리지 않는 손이 될 수 있습니다. 지금은 내 손이 한 일들을 돌아볼 시간입니다.

시편 기자는 아마도 목동 다윗의 신분으로 거인 골리앗과 싸움을 할 때의 치열한 전장을 기억해내고 있는 듯 싶습니다. 물맷돌을 들고 거인 앞에 선 소년에게 왜 두려움이 없었겠습니까?

그러나 그의 손은 주의 손에 붙잡힌 손이었기에 정확하게 거인을 향해 돌이 날아갈 수 있었습니다. 하늘로부터 임하는 주의 손은 지금도 그의 도움을 기다리는 손을 찾습니다.

우리 한국인들이 짧은 세월에 큰 일을 해내고도 세계에서 아직도 도덕성이 뒤떨어진 민족이 되어 존경받지 못하는 가장 큰 이유는 우리가 목적 성취를 위해 지나치게 수단과 방법을 가리지 않는 삶을 살아왔기 때문입니다. 우리의 강점이 우리의 약점이 된 것입니다. 이제는 우리의 손을 겸허하게 전능자의 손에 위탁하고 그분의 인도대로 살아가는 것을 배워야 합니다.

주님, 우리 손의 자랑을 주의 손에 붙잡힌 자랑으로 바꾸게 하소서. 아멘

찬양함으로 존재하는 인생

• • •

왕이신 나의 하나님이여
내가 주를 높이고 영원히 주의 이름을
송축하리이다 (시 145:1)

인생이 존재하는 방법은 여러 가지입니다. 어떤 사람은 돈 버는 기쁨으로, 혹은 지식을 탐구하는 기쁨으로 존재합니다. 어떤 사람은 자기의 영향력이 증대하는 기쁨으로 존재합니다. 어떤 사람은 창조의 보람으로 존재합니다. 어떤 사람은 꿈을 추구하는 보람으로 존재합니다. 또 어떤 사람들은 죽지 못해 존재합니다. 시편 기자는 찬양함으로 존재한다고 고백합니다.

시편 기자는 무엇보다 예배의 장에서 주를 높이고 주를 찬양하기를 소원하고 있습니다. 시편 145편에서 150편은 모두 일종의 예배 찬양이라고 할만 합니다. 그러나 시편 기자는 날마다의 삶의 장에서 하나님을 찬양하기를 소원합니다. 이 시편은 히브리 알파벳의 순서대로 일상에서 주를 찬양하고 있는 내용입니다. 더 나아가 그는 영원토록 그분을 찬양하고 싶어 합니다.

도대체 왜 우리가 그분을 그렇게 찬양해야 합니까? 무엇보다 그는 위대하시기 때문입니다. 그의 위대하심은 측량할 수 없습니다. 그는 은혜로우십니다. 그는 그가 만든 모든 인생들과 모든 피조물들에게 은혜를 내리십니다.

그는 또한 의로우십니다. 그는 불공평한 세상에서 부당한 대접을 받는 모든 인생들을 선대하시고 그들을 일으켜 세우심으로 공의를 펼치십니다.

우리는 우리가 감동을 느끼거나 은혜를 내리신 대상들을 칭송하고 싶어 합니다. 그렇다면 우리는 찬양을 생활화할 필요가 있습니다. 삶이 곧 예배임을 고백하는 우리라면 우리는 삶의 한복판에서 하나님을 찬양하는 것을 배워야 합니다. 우리의 가슴에 찬양이 살고 있어야 하고 우리의 입술에 찬양이 담겨 있어야 합니다. 우리는 찬양으로 존재하는 인생이어야 합니다.

찬양 받으시기에 합당하신 하나님. 찬양이 곧 우리의 삶이 되게 하옵소서. 아멘

우리가 의지할 대상

우리가 의지할 대상은 방백이 아닙니다. 권력자들이 아닙니다. 권력은 필요한 것입니다. 권력을 행사하여 나라를 다스리고 사회를 움직이는 사람들은 필요한 존재들입니다. 우리는 그들을 지도자들이라고 부릅니다. 그들이 존재하지 않는다면 국가나 사회는 무정부적 혼란 속에 빠져들 것입니다. 그러나 그들은 의지할 대상은 못됩니다. 다만 기도의 대상일 따름입니다.

어떤 인생도 의지할 대상은 못 됩니다. 우리는 인생을 홀로 살아갈 수 없습니다. 더불어 살아가는 관계없이 인생은 의미를 느낄 수 없습니다. 따라서 이웃들은 우리 인생의 소중한 동반자들이며 사랑과 섬김의 대상들입니다. 그렇다고 인생을 신앙의 대상으로 착각해서는 안됩니다. 인생은 호흡이 끊어지는 순간 아무도 도울 수 없는 흙으로 즉시 돌아가야 합니다.

시편 기자는 오직 여호와 하나님 한 분만이 우리가 의지할 대상이라고 가르칩니다. 그는 창조자이십니다. 그는 섭리자이십니다. 그는 힘없는 인생과 언약을 맺으시고 그 언약을 신실히 지키시는 하나님이십니다.

그는 때때로 인생을 향해 일방적으로 그리고 무조건적으로 언약을 맺으시는 하나님이십니다. 그의 사랑의 본질이 일방적이고 무조건적이시기 때문입니다.

우리가 그 하나님을 믿을 수 없다면 우리는 아무도 그 누구도 그 무엇도 믿을 수가 없을 것입니다. 그래서 여호와 하나님은 유일한 믿음의 대상이십니다. 그는 자기를 의지하는 자들을 책임지겠다고 선언하신 분이십니다. 그래서 그는 억울한 일을 만난 당신의 백성들을 다시 일으켜 세우십니다. 그리고 그는 나그네를 보호하시고 고아와 과부들을 특별히 돌보십니다.

연약한 자의 의지가 되시는 하나님. 우리가 진정 의지할 분은 오직 여호와 하나님 한 분 뿐임을 고백하나이다. 아멘

이스라엘의 회복자

• • •
여호와께서 예루살렘을 세우시며
이스라엘의 흩어진 자들을
모으시며 (시 147:2)

하나님은 계시의 하나님이십니다. 그는 그의 능력을 무엇보다 그가 만드신 자연을 통해 펼쳐 보이십니다. 그리고 이런 자연의 혜택은 믿는 자와 안 믿는 자의 구별 없이 모든 인생에게 공평하게 베풀어집니다. 이런 혜택을 일반계시 혹은 자연계시라고 일컫습니다. 그러나 하나님은 이런 혜택만으로 그분에게 나아오지 못할 사람들을 위해 특별한 사랑을 계시하십니다.

이스라엘은 하나님의 특별한 백성으로 선택되었습니다. 이스라엘의 선택은 하나님의 특별하신 사랑을 증거하고 있습니다. 그는 평범한 사랑으로 만족할 수 없어 특별한 선택으로 특별한 사랑을 계시하고 싶어 하십니다. 그리고 이렇게 선택된 사람들이 특별하게 보호받고 살도록 그는 자신의 메시지, 토라를 선물로 허락하십니다. 이것을 가르쳐 특별계시라고 부릅니다.

그러나 모든 사랑이 그러하듯 사랑은 강제될 수 없습니다. 사랑이 강제된다면 사랑은 이미 사랑이 아니라 폭력입니다. 그래서 하나님의 특별한 사랑을 받은 사람들에게 처음부터 이 사랑을 거절할 수 있는 자유를 허락하십니다.

　이 자유의 선택으로 하나님 대신 우상을 선택한 이스라엘은 그들을 사랑하시는 분에 의해 친히 채찍을 경험하는 아픔을 통과합니다.

　그러나 천지를 창조하시고 보존하시는 능력으로 당신의 사랑하는 자들을 설득하시는 하나님은 그 백성을 위한 최고의 드라마를 연출하십니다. 우리는 이 드라마를 가리켜 이스라엘의 회복이라고 부르는 것입니다. 그는 흩어져 포로 되었던 당신의 백성들을 때가 찬 시각 다시 시온의 땅으로 부르시고 예루살렘으로 하여금 노래를 부르게 하시는 연출자이십니다.

회복자이신 하나님. 이스라엘의 회복에서 우리를 향한 주님의 특별한 사랑을 다시 확인하게 하시고 우리에게도 동일한 회복의 은총을 부어주소서. 아멘

만물 찬양대

• • •

하늘의 하늘도 그를 찬양하며
하늘 위에 있는 물들도
그를 찬양할지어다 (시 148:4)

만물 찬양대의 찬양을 들어보신 일이 있으십니까? 우주는 거룩한 찬양으로 가득 차 있습니다. 다만 우리에게 들을 귀가 없어 듣지 못할 뿐입니다. 내 마음에 근심과 불평이 가득 차 있으면 우주의 찬양은 오히려 우주의 탄식으로 신음으로 들릴 것입니다. 그러나 근심을 잠재우고 불평을 가라앉히고 폭풍우 저 건너편에서 들리는 신비한 화음에 귀를 기울여 보십시오.

해와 달이 노래하고 별들이 노래하는 합창 소리가 영혼을 울릴 때 조용히 무릎을 꿇고 창조주를 찬미하여 보십시오. 바닷가에 나아가 파도 소리에 귀를 기울이며 창조주를 찬미하여 보십시오. 폭풍과 뇌성 번개가 우박과 함께 이 땅을 흔드는 밤에 창문을 열고 창조주 하나님을 소리 높여 찬미하여 보십시오. 당신은 이제 만물 찬양대의 지휘자로 초대되셨습니다.

그리고 이제 당신은 이 음악회에 이웃들을 초대할 책임을 맡으시게 된 것을 감사하십시오. 이 거룩한 책임을 우리는 전도라고 부릅니다. 정치가들을 초대하십시오.

그들이야말로 만물을 다스리는 지혜를 그분에게 배워야 할 자들입니다. 그리고 그들로 만물의 통치자를 찬미하게 하십시오. 그리고 노인과 청년, 아이들을 모두 초대하여 함께 찬미를 학습해야 합니다.

그러나 창조주는 무엇보다 당신의 형상대로 특별하게 지음 받은 당신 자신의 찬미를 직접적으로 듣고 싶어 하십니다. 우리 한 사람 한 사람이 솔로이스트가 되어 노래를 시작할 때 하나님은 친히 귀를 기울이시며 그분 또한 할렐루야로 화답하십니다. 잠시 후 당신 자신의 노래 소리마저 들리지 않는 거대한 우주의 가슴을 느끼거든 그냥 아–멘 하시면 됩니다.

오, 하나님, 우리 한 평생 만물 찬양대의 지휘자로 솔로이스트로 당신만을 노래하며 살게 하소서. 아멘

새 노래로 드리는 노래

• • •

할렐루야 새 노래로 여호와께
노래하며 성도의 모임 가운데에서
찬양할지어다 (시 149:1)

우리는 항상 흘러간 옛 노래에 대한 향수를 갖고 있습니다. 옛 노래에서 우리는 아련한 옛 추억의 발자취를 회고하게 되기 때문입니다. 그러나 만일 우리가 옛 추억에만 집착하게 되면 인생은 과거 지향적이 될 수밖에 없습니다. 지나간 우리의 삶 속에는 분명히 기뻐하고 감사할 삶의 은혜들이 있습니다. 그러나 동시에 과거 속에는 회한의 기억들도 존재합니다.

그러나 어느 날 우리가 인생의 도상에서 예수를 만나는 순간 우리의 인생은 BC와 AD로 나뉘어지게 됩니다. 바울 사도는 우리가 그리스도안에 들어가는 순간 이전 것은 지나가고 새 것이 되었다고 선포합니다. 우리는 새 피조물이 된 것입니다. 이렇게 새 피조물이 된 인생에게 위에서 내리시는 선물이 새 노래입니다. 성경은 이 노래를 구속의 노래라고 부릅니다.

그러나 주안에서 새롭게 된 인생의 경험은 결코 일과성의 사건이 아닙니다. 우리는 주안에서 날마다 새로워지는 삶을 경험하게 됩니다. 예레미야 선지자는 주의 인자와 긍휼이 날마다 새로우니 주의 성실이 크도다고 고백합니다.

그래서 우리는 아침에도 노래하고 침상에서도 노래합니다. 그래서 주께서는 우리를 인해 기뻐하시고 우리는 그분을 인해 즐거워합니다.

우리는 노래하기 전 우리의 마음 속에 은혜의 경험을 확인해야 합니다. 그래야 우리의 마음 속에 노래의 샘이 메마르지 않습니다. 날마다 새 노래를 부를 수 있습니다. 이 노래는 마음으로도 부르는 노래이고 입술로도 부르는 노래이며 춤추며 부르는 노래입니다. 삶으로 부르는 노래입니다. 새로운 삶을 경험하는 사람들이 주께 드리는 노래가 새 노래인 것입니다.

노래의 주인이신 주님, 우리에게 새 노래를 날마다 가르쳐 주옵소서. 아멘

할렐루야 인생

● ● ●

호흡이 있는 자마다
여호와를 찬양할지어다
할렐루야 (시 150:6)

시편의 마지막은 할렐루야로 마무리되고 있습니다. 성도의 인생은 할렐루야로 시작하고 할렐루야로 마무리되어야 할 인생입니다. 우리는 하나님의 능하신 행동을 인하여 그를 찬양해야 합니다. 그는 창조의 주님이십니다. 그는 섭리의 주님이십니다. 우리는 또한 그의 구속의 놀라운 은총을 인하여 그를 찬양해야 합니다. 그는 위대하신 사랑의 주님이십니다.

우리는 어디에서 그를 찬양해야 할까요? 우리는 성소에서 그를 찬양해야 합니다. 우리는 예배의 자리마다 그를 찬양해야 합니다. 그러나 사실은 이 온 우주가 그의 성소입니다. 그래서 우리는 권능의 궁창에서 그를 찬양해야 합니다. 우리는 땅의 숲 속에서도 그를 찬양하고 바다의 심연에서도 찬양해야 합니다. 우리의 몸이 있는 모든 곳에서 그를 찬양해야 합니다.

우리는 어떻게 그를 찬양해야 할까요? 대답은 당신이 가진 모든 것으로 그를 찬양해야 합니다. 나팔이 있으면 나팔로 찬양하십시오. 비파와 수금이 있으면 비파와 수금으로 찬양하십시오.

소고와 현악과 퉁소로 찬양하십시오. 큰 소리 나는 제금으로도 찬양하십시오. 아니 당신이 호흡할 때마다 그를 찬양하십시오. 그는 우리에게 호흡을 주신 분이시기 때문입니다.

누가 그를 찬양해야 할까요? 우리가 왜 그를 찬양할 것인가의 대답은 하나님이 하신 모든 일 때문입니다. 우리는 어디에서 찬양해야 할 것인가의 대답은 모든 곳에서입니다. 어떻게 찬양해야 할 것인가의 대답은 모든 것으로입니다. 그러면 누가 그를 찬양할 것인가의 대답은 명확해 집니다. 모든 사람이 그를 찬양해야 합니다. 아니 모든 것이 그를 찬양해야 합니다.

주님, 주를 찬양함으로 날마다를 살게 하시고 주를 찬양함으로 인생을 마무리하게 하소서. 할렐루야. 아멘

잠언
1장~10장

묵상의 샘 이동원 목사

잠언으로 사는 인생

• • •

지혜롭게, 공의롭게, 정의롭게,
정직하게 행할 일에 대하여
훈계를 받게 하며 (잠 1:3)

잠언 인생은 무엇보다 정의롭게 사는 인생입니다. 오늘의 세상은 불의한 세상입니다. 불의한 세상은 정의로운 사람들을 필요로 합니다. 그들은 불의한 세상의 등불이요 희망입니다. 정의가 왜곡되어 온 세상의 길은 그 동안 얼마나 어둡고 먼지로 가득 찬 외면하고 싶은 여정이었는지요? 잠언은 우리로 바른 길을 가게하고 이 길에서 넘어진 사람들을 일으킵니다.

잠언 인생은 또한 공평하게 사는 인생입니다. 공평한 사람은 과분한 대접을 기대하지도 소홀한 대접을 기대하지도 않습니다. 그냥 분수에 맞게 물 흐르듯 살고 싶어합니다. 나만 누리는 인생이 아니라 함께 누리는 인생을 갈망합니다. 그래서 그는 자신의 특권을 제한할 줄 알고 불공평함에 처한 이들을 동정하고 그들에게 나와 동일한 특권이 주어지도록 노력합니다.

잠언으로 사는 인생은 정직하게 사는 인생입니다. 그는 자신을 확대할 필요도 축소할 필요도 느끼지 않습니다. 그는 가면을 싫어합니다. 마스크가 인격처럼 행세하는 세태를 초월하여 자신과 화목한 사람입니다.

그래서 그의 말과 행동은 크게 다르지 않습니다. 이런 사람들이 있어서 세상은 기준을 발견합니다. 그리고 우리는 아직도 믿음의 거래를 할 수 있습니다.

잠언으로 사는 인생은 지혜롭게 사는 인생입니다. 그는 원칙을 갖고 살아가지만 원칙의 노예로 살지는 않습니다. 그는 인생이 얼마든지 예측하기 어려운 예외성으로 가득 찬 모험의 장인 것을 이해하는 사람입니다. 그래서 그는 큰 원칙의 틀을 존중하면서 융통성을 발휘할 줄 압니다. 그에게 가장 큰 원칙은 이웃과 자신을 유익하게 하고 더불어 성공하는 것입니다. 🌱

주님, 저로 하여금 정의롭고 공평하게 그리고 정직하고 지혜롭게 살아가는 잠언 인생이 되게 하소서. 아멘

지식의 근본

• • •

여호와를 경외하는 것이
지식의 근본이거늘 미련한 자는
지혜와 훈계를 멸시하느니라 (잠 1:7)

미래학자 앨빈 토플러의 예언처럼 우리는 지금 농경화 시대와 산업화 시대를 거쳐 정보화 시대 그리고 지식화 시대에 이르게 되었습니다. 정보와 지식이 가장 중요한 시대를 맞이하게 된 것입니다. 그러나 이런 시대의 예언보다 3천년이나 앞서서 지혜로운 왕 솔로몬은 지혜와 지식의 중요성을 증언합니다. 그의 삼천 잠언들은 시대를 초월한 현장감을 지닙니다.

여기서 솔로몬이 말한 근본이라는 말은 전제나 기초 혹은 시작이라고 번역될 수 있는 말입니다. 여호와를 경외함은 모든 지식의 전제요, 기초요 시작입니다. 경외한다는 말은 단순한 두려움이 아닙니다. 사랑이 전제된 두려움 곧 '거룩한 존경'이라고 할 수 있는 말입니다. 하나님과의 바른 관계에서 모든 지식은 제자리를 찾고, 인류를 유익하게 하는 지혜로 쓰여집니다.

어느 교도소에서 수형 생활을 하는 수인들을 대상으로 사명감을 갖고 문맹을 깨우치는 일에 유난히 열심인 교도관이 있었다고 합니다. 그는 수인 중 문맹이었던 한 청년을 도와 문맹 탈출을 도왔고 그는 얼마 후 출옥했다고 합니다. 그런데 얼마가 지나 그가 다시 교도소로 돌아와서 이번엔 죄목이 무엇인가 알아보았더니 문서 위조죄로 들어 왔다는 이야기가 있습니다.

"알기 위하여 믿는다"는 말이 있습니다. 알고 믿는 것이 아니라 창조주요 섭리자요 구속자이신 하나님을 믿는 것이 진정한 지식의 시작이라는 말입니다. 우리는 하나님을 믿음으로 하나님을 경외하게 되고 하나님을 경외하는 자라야 비로소 하나님을 위하는 관점의 삶을 살아갈 수가 있습니다. 이런 이들에게 우리는 유용한 지식을 기대할 수가 있습니다. 🌱

주님, 여호와를 경외함을 목적으로 지식을 추구하는 사람들이 많아지게 하소서. 아멘

지혜가 들려주는 설교

• • •

나의 책망을 듣고 돌이키라
보라 내가 나의 영을 너희에게 부어 주며
내 말을 너희에게 보이리라 (잠 1:23)

히브리어로 지혜는 호크마(hokma)이고 이 단어는 희랍어의 소피아(sophia)에 해당됩니다. 기독교 역사를 통해 잠언서에서 의인화(personification)된 지혜는 구약에 나타난 선재하신 그리스도로 해석되어 왔습니다. 이 지혜는 창세 전부터 존재하였고 그로 말미암아 만물이 창조되었고 이 지혜는 주의 자녀들에게 선포되었고 이 지혜를 받아들임이 곧 영생이었습니다.

바울 사도는 디모데에게 보내는 편지에서 모든 성경은 하나님의 감동으로 된 것으로 교훈과 책망과 바르게 함과 의로 교육하기에 유익하다고 가르쳤습니다. 잠언 기자는 이 지혜의 책망을 듣고 주의 자녀들이 돌이켜야 한다고 역설합니다. 여기서 사용된 '돌아섬'이란 단어는 히브리어의 '슈웁'(shub)으로 기독교 공동체가 통상적으로 사용하는 회개에 해당되는 말입니다.

잠언 기자는 지혜의 설교를 듣는 청중들에게 두 가지를 약속합니다. 첫째는, 성령의 임재이고 둘째는, 성령의 조명입니다. 말씀을 듣고 회개하면 성령이 부어질 것이라고 약속합니다. 말씀은 성령이 오실 길을 예비합니다.

말씀을 듣고 적절한 반응을 보이는 사람들에게 성령은 역사합니다. 우리가 성령을 경험하지 못하는 이유는 지혜의 말씀을 청종치 않기 때문입니다.

신학에서는 성경을 깨닫게 됨이 성령의 조명의 사역이라고 설명합니다. 조명(illumination)이란 비취심을 의미하는 말로 우리가 말씀을 들을 때에 깨닫게 하시는 사역을 일컫는 단어입니다. 시편 기자는 말씀을 열 때에 '우둔한 자에게 비취어 깨닫게 하소서'라고 기도합니다. 이는 단지 지적 이해만이 아닌 어떻게 이 지혜를 삶에 적용하여 살 것인가를 구하는 것입니다. 🌱

지혜의 영이신 주님. 원컨대 우리가 잠언서를 통해 우리의 참된 지혜가 되시는 그리스도를 만나 그의 인도를 경험하도록 도와주소서. 아멘

그때가 오기 전에

그 때에 너희가 나를 부르리라
그래도 내가 대답하지 아니하겠고 부지런히 나를 찾으리라
그래도 나를 만나지 못하리니 (잠 1:28)

하나님을 부를 때가 있습니다. 하나님을 찾을 때가 있습니다. 그러면 그는 우리에게 대답하시고 우리를 만나주십니다. 그런 때를 가리켜 성경은 은혜의 때라고 부릅니다. 지금은 은혜의 때입니다. 은혜의 문이 열려 있는 때입니다. 바울은 지금이야말로 은혜의 때이고 지금이야말로 구원의 날이라고 말합니다. 아직 잔치 자리는 열려있고 초청도 계속되고 있습니다.

하나님을 불러도 대답을 들을 수 없고 하나님을 찾아도 만날 수 없는 때가 있습니다. 그런 때를 가리켜 성경은 심판의 때라고 말합니다. 잔치 집의 문은 닫히고 이제는 냉정한 셈을 해야 하는 결산의 순간입니다. 이제 우리의 말과 생각, 그리고 낱낱의 행동이 그분에게 평가되어야 하는 시간입니다. 그의 공의가 선포되고 그의 거룩을 직면해야 할 시간입니다.

그때 비로소 하나님을 부르고 하나님을 찾는 사람들이 적지 않을 것입니다. 그런 의미에서 잠언 기자의 말씀은 예언적입니다. 그러나 더 이상 우리는 그의 따뜻한 음성을 들을 수 없고 그의 부드러운 손길을 경험할 수 없습니다.

그가 내리신 충분했던 은혜의 기회를 우리가 스스로 간과했기 때문입니다. 우리는 목전의 이익만 셈하고 결산을 생각하지 못한 것입니다.

그때가 오기 전에 우리는 단 한 번의 삶의 기회를 소중히 여겨야 하고 그가 내리시는 은혜를 감동하고 감사할 수 있어야 합니다. 그때가 오기 전에 우리는 거룩을 결단하고 그의 거룩을 따라 살아야 합니다. 그때가 오기 전에 우리는 날마다의 삶, 하루하루의 삶이 지혜로운 결산으로 매듭지어 지는 인생이 되어야 합니다. 그때 그 앞에서 후회 없는 삶이어야 합니다.

삶과 역사의 주인이신 하나님, 우리의 오늘이 그때 주인이신 당신 앞에서 부끄럼이 없는 종말론적인 삶이 되게 하소서. 아멘

안전에서 평안까지

● ● ●

오직 내 말을 듣는 자는
평안히 살며 재앙의 두려움이 없이
안전하리라 (잠 1:33)

아브라함 매슬로우(Abraham Maslow)라는 심리학자는 인간의 본성에 대한 '동기부여 이론'을 주장하였습니다. 인간의 행동은 만족하지 못한 욕구를 채우는 목표로 움직여 간다는 것입니다.

매슬로우가 주장하는 욕구는 생리적인 욕구에서 안전 욕구로, 다음은 소속과 애정의 욕구로, 다음은 존경의 욕구로, 마지막으로 자기실현 욕구로 나아간다는 것입니다.

인간은 일단 먹고 자고 배설하는 생리적 욕구가 충족되지 않으면 다른 어떤 가치 있는 욕구를 지향하지 못합니다. 생리적인 욕구 다음으로 중요한 것은 안전에 대한 욕구입니다. 이 욕구는 근본적으로 신체적이고 감정적인 위험으로부터 보호되고 안전해 지기를 소원하는 욕구입니다. 잠언 기자는 무엇보다 안심하며 살아갈 수 있는 안전의 삶을 구하고 있습니다.

인간에게 기본적인 생리 욕구와 안전 욕구가 채워지면 그 다음 단계로 인간은 상위 욕구를 지향하도록 되어 있다고 매슬로우는 주장합니다.

성경은 우리의 자아가 존중되고 우리의 존재가 이웃들에게 수용되고 이웃들과 더불어 누리는 기쁨의 인생을 가리켜 평안이라고 말합니다. 이 평안은 더 이상 재앙을 두려워 않고 비전을 찾아 떠나는 샬롬의 행복인 것입니다.

잠언 기자는 이런 행복을 지향하는 지름길은 지혜의 말을 경청하는 것이라고 가르칩니다. 우리가 지혜의 말을 들으면 지혜는 우리를 보호하고 우리의 행복을 보장합니다. 예수 그리스도는 하늘의 지혜가 육화하신 분이십니다. 이 시대의 성도들이 그리스도를 주로 모시고 그분의 말을 따를 때 우리의 인생은 안전에서 평안으로 인도함을 받는 약속의 여행이 됩니다.

주님, 우리의 인생이 주님의 지혜의 말씀으로 안전에서 평안의 땅으로 인도함을 받는 가장 복된 여행이 되게 하소서. 아멘

참으로 구하고 찾을 것

은을 구하는 것 같이 그것을 구하며
감추어진 보배를 찾는 것 같이
그것을 찾으면 (잠 2:4)

인간이 지닌 가장 큰 갈망은 금은 보화였습니다. 본문에 금 대신 은이 언급된 것은 역사의 한때 금보다 은이 더 값진 것으로 평가된 적이 있었기 때문입니다. 오늘날도 변함없이 화폐 가치가 평가 절하되는 즉시 우리는 금이나 은을 확보하려 합니다. 그리고 모든 아름다운 여인들은 자신들의 미의 가치를 자신이 지닌 금이나 은의 장신구로 격상시키려 해 왔습니다.

그런데 성경은 우리가 금이나 은을 찾듯 지혜를 구하고 찾아야 한다고 가르칩니다. 인류 역사에는 금이나 은을 찾아 먼 여행을 떠난 사람들 그리고 자신의 목숨을 걸었던 사람들의 이야기로 가득합니다. 그런데 참된 지혜를 찾는 일에는 그 이상의 노력이 필요할 수도 있습니다. 왜냐하면 그런 지혜는 감추어진 지혜이기 때문입니다. 구도는 바로 보물찾기입니다.

바울 사도는 그리스도안에 지혜와 지식의 모든 보화가 감추어져 있다(골 2:3)고 말했습니다. 그렇다면 우리에게 참으로 필요한 것은 많은 지혜나 지식이 아니라 그리스도 한 분이십니다.

　　우리에게 참으로 필요한 것은 많은 재산이나 명예가 아니라 그리스도 한 분이십니다. 그리스도는 어제나 오늘이나 변함없이 희망이시고 구원이십니다. 그가 우리의 참된 보화이십니다.

　　잠언 기자는 지혜를 구하고 찾는 자들에게 두 가지를 약속합니다. 하나님을 아는 지식과 하나님을 경외하는 삶인 것입니다. 예수 그리스도를 만나는 사람마다 하나님을 알아가기 시작하고 하나님을 경외하기 시작합니다. 그런데 그것은 시작에 불과합니다. 그리스도를 깊이 알아 갈수록 우리는 더 깊이 그를 경외하게 됩니다. 그래서 우리는 오늘도 그를 찾아야 합니다. 🌱

주님, 우리가 참으로 구하고 찾을 것은 다른 무엇이 아닌 오직 그리스도 한 분임을 다시 깨우쳐 주소서. 아멘

정직과 의의 프리미엄

• • •

그는 정직한 자를 위하여
완전한 지혜를 예비하시며 행실이 온전한 자에게
방패가 되시나니 (잠 2:7)

세상에서 지혜로운 사람들은 주로 부정직한 사람들입니다. 그들은 자신의 사사로운 이익을 위하여 수단과 방법을 가리지 않고 지혜로운 꾀를 발휘하는 사람들입니다. 세상에서 우리는 자주 정직한 사람들이 손해 보는 모습을 일상적으로 직면합니다. 그러나 잠언 기자는 정직한 사람들에게 오히려 분별하는 지혜를 약속합니다. 단순한 지혜가 아닌 분별의 지혜입니다.

성경에서 분별은 하나님의 뜻과 깊이 연관되어 있습니다. 하나님의 뜻에 합당한 지혜는 우리를 피상적으로가 아니라 전인적으로 유익하게 하고 이 세상뿐 아닌 저 세상에서 까지 부끄럽게 아니할 지혜입니다. 악인의 지혜는 바람에 나는 겨와 같으나 의인의 지혜는 시대와 함께 시들지 않는 영향력을 남기게 됩니다. 이런 지혜가 정직한 자의 프리미엄입니다.

세상에서 보호받는 사람들은 주로 특권을 누리는 사람들입니다. 특권을 갖지 못한 사회적 약자들은 일상적으로 위험에 노출된 삶을 감수해야 합니다.

그래서 피상적으로 관찰해 보면 이 세상은 악인이 번영하는 불공평을 바라보며 살아가는 무대입니다. 그러나 역사에서 악인의 번영이 바람직한 업적으로 평가되는 법은 없습니다. 악인의 번영은 허영일 따름입니다.

악인에게도 선한 구석은 있지만 흥미로운 것은 역사는 악인의 업적을 보호해 주지 않는다는 것입니다. 그러나 의인의 의는 반드시 보호되어 후세에 등장합니다. 많은 경우 우리의 사는 날 동안에도 이런 사필귀정의 드라마를 자주 목격하게 됩니다. 하나님은 자주 심판의 때까지 악인을 방관하시지만 의인은 반드시 보호하십니다. 그는 진실로 의인의 방패가 되십니다. 🌱

거룩하신 하나님, 당신의 자녀들로 하여금 정직과 의의 프리미엄을 잊지 말고 살게 하옵소서. 아멘

보호받는 인생의 행복

곧 지혜가 네 마음에 들어가며
지식이 네 영혼을 즐겁게 할 것이요 근신이 너를 지키며
명철이 너를 보호하여 (잠 2:10-11)

우리는 날마다 인생을 살아가며 소위 안전의 위협을 경험합니다. 그래서 안전 수칙을 교육받기도 하고 안전의 생활화 캠페인을 벌이기도 합니다. 그럼에도 불구하고 미디어는 하루도 빠짐없이 우리 주변에서 일어나는 안전 사고를 보도하기에 분주합니다. 진실로 인생의 마당은 안전한 곳이 아니며 그래서 안전의 문제와 보호의 문제는 절실한 인생의 과제입니다.

잠언 기자는 안전에 대한 최대의 수칙은 하늘의 지혜를 따라 사는 것이라고 가르칩니다. 하늘의 지혜가 땅의 안전을 보장하는 것입니다. 이런 하늘의 지혜는 땅에서 일어나는 일들에 대한 분별력을 제공하며 명철을 일깨우는 것입니다. 이 지혜가 바로 우리를 위협에서 지켜주고 보호받는 인생의 행복을 선물합니다. 그런데 우리에게는 지혜를 경청할 여유가 없습니다.

하나님의 백성들에게 하늘의 지혜는 이미 주어진 선물입니다. 새 언약의 백성들은 완성된 경전인 하나님의 말씀의 선물을 가지고 살아갑니다. 그러나 착용되지 않은 구명대나 안전벨트가 무용한 것처럼 활용되지 않은 지혜의 보

고는 하늘의 창고에 쌓여있는 먼지 묻은 재고품에 불과한 것입니다. 하루도 성경을 열지 않고 사는 성도들이 적지 않은 것을 봅니다.

잠언 기자는 무엇보다 지혜의 말을 경청해야 한다고 가르칩니다. "나의 말을 받고 내 지혜에 너의 귀를 기울이라"(잠 2:1-2)고 가르칩니다. 그러나 우리는 지혜의 말을 귀로 경청하는 것만으로 보호받는 행복을 누리지는 못합니다. 우리는 이 지혜의 말을 마음으로 받아 즐거워할 수 있어야 합니다. 그때 지혜의 말씀은 역동적으로 살아 움직이며 우리를 보호할 것입니다.

지혜의 근원이신 주님, 주께서 우리에게 허락하신 지혜의 선물을 사용할 줄 아는 지혜를 주옵소서. 아멘

지켜져야 할 결혼 언약

● ● ●

그는 젊은 시절의 짝을 버리며
그의 하나님의 언약을
잊어버린 자라 (잠 2:17)

성경에 결혼의 의미는 여러 가지로 그려져 있습니다. 결혼은 일생을 함께 할 특별한 친구를 얻는 일입니다.(companionship) 결혼은 특별하게 열린 의 사소통을 필요로 하는 삶의 마당입니다.(communication) 결혼은 자녀를 생 육함으로 하나의 가정을 창조하는 사건(pro-creation)입니다. 그러나 결혼 은 무엇보다 하나님 앞에서의 언약의 사건입니다.(covenant)

성경적 결혼이 세속적인 결혼과 차별화되는 핵심을 우리는 '언약 사상' 에서 찾을 수 있습니다. 히브리인들은 이런 언약을 가리켜 '베리트'(berit) 라고 합니다. 결혼은 단순히 한 남자와 한 여자가 일생을 함께 하기로 언약 하는 사건이 아닙니다. 결혼은 '하나님 앞에서' '하나님을 사이에 두고' 한 남자 와 한 여인이 인생의 동반자가 되기로 언약하는 사건인 것입니다.

하나님 앞에서 결혼한다는 것은 하나님을 주례로 모신다는 의미가 있습니 다. 그는 우리의 만남을 가능하게 하신 분일 뿐 아니라, 우리의 만남을 그의 인도로 수용한 사람들을 부부되도록 인치시는 분이십니다.

그리고 하나님을 사이에 두고 결혼한다는 것은 그분을 우리의 결혼의 증인으로 삼는다는 의미가 있습니다. 그가 우리 사이에 영원한 증인이 되셨습니다.

성경이 무엇보다 경고하는 죄의 하나가 약속을 깨는 일입니다. 그래서 시편 기자도 우리가 서원한 것은 해로울지라도 지켜져야 한다고 가르칩니다. 그런데 이혼은 이런 약속 중에서도 가장 거룩한 약속을 깨는 것이며 그래서 성경은 하나님이 이혼하는 것(이혼자가 아니라)을 미워하신다고 말씀하십니다. 이혼은 용서받지 못할 죄는 아니나, 쉽게 고려할 대안은 아닙니다. 🌱

주님, 이혼이 보편화되는 세상 풍조를 따라 결혼의 어려움을 이혼의 대안으로 쉽게 고려하는 성도들이 되지 않게 하옵소서. 아멘

거룩한 땅

그러나 악인은 땅에서
끊어지겠고 간사한 자는 땅에서
뽑히리라 (잠 2:22)

유토피아란 그런 곳이 없다는 뜻입니다. 그래도 유토피아는 포기할 수 없는 인류의 이상향입니다. 이 땅에 비록 그런 이상향이 존재할 수 없다 해도 우리는 우리가 살고 있는 땅을 이상향에 근접하도록 노력할 책임이 주어져 있습니다. 적어도 우리의 관념 속에 그런 이상향이 존재한다는 것은 그런 땅에 대한 꿈을 하나님이 우리에게 주신 것이 분명한 것입니다.

이 땅에 이상향에 근접한 사회가 존재한다면 그 곳이 어떤 곳일지 궁금합니다. 구약은 언약의 땅이 바로 그런 하나님의 꿈을 궁극적으로 실현할 수 있는 땅이어야 한다는 것을 일관성 있게 가르치고 있습니다. 그리고 메시아가 오시는 날 마침내 그 땅의 이상은 실현될 것이라고 말씀하고 있습니다. 그리고 그 전이라도 우리는 그런 땅을 사모해야 한다고 가르칩니다.

오늘의 본문은 그 땅의 이상을 역설적으로 가르치고 있습니다. 우리가 살고 있는 이 땅에서 우리는 끊임없이 악과 거짓의 피해를 입고 시달려 왔습니다.

그래서 거룩한 땅은 악인이 더 이상 발붙이지 못하는 땅이어야 하며 진실하지 못한 거짓의 사람들이 제거된 땅이어야 합니다. 그때 비로소 그 땅은 선한 사람들과 진실한 사람들이 꿈을 실현하는 사회가 될 것입니다.

성경은 이런 이상을 하나님의 나라의 가치라고 증언하며 모든 시대의 하나님 나라의 백성들에게 그 나라를 위해 기도할 책임이 있다고 가르칩니다. "나라이 임하옵시며…"가 바로 이런 가치를 실현하기 위한 기도인 것입니다. 악이 만연한 세상에서 선의 가치를 증진시키고, 거짓이 만연한 사회에서 진실의 가치를 확장할 때 우리에게 그 나라는 가까이 온 것입니다.

선하시고 참되신 주여, 우리가 사는 세상이 아무리 추하고 어두워도 결코 거룩한 땅의 꿈을 버리지 않게 우리를 도와주소서. 아멘

'헤세드'와 '에메트'

● ● ●

인자와 진리가 네게서 떠나지 말게 하고
그것을 네 목에 매며 네 마음판에 새기라 그리하면 네가 하나님과
사람 앞에서 은총과 귀중히 여김을 받으리라 너는 마음을 다하여
여호와를 신뢰하고 네 명철을 의지하지 말라 너는 범사에 그를 인정하라
그리하면 네 길을 지도하시리라 스스로 지혜롭게 여기지 말지어다
여호와를 경외하며 악을 떠날지어다 (잠 3:3-7)

우리 한국인들의 전통과 마찬가지로 이스라엘 백성들도 그들의 삶에 중요
한 모든 것을 기록으로 남기는 전통을 갖고 있었습니다. 어느 경우에는 두루
마리에 어느 경우에는 돌에 새겨 두기도 했습니다. 그러나 더 중요한 것과 공
개하기 어려운 비밀한 것이나, 공개되더라도 잊지 말아야 할 것은 가장 가까
운 곳과 마음속 깊은 곳에 간직해야 한다고 생각했습니다.

여인들이 목에 걸고 다니는 장신구는 여인들의 치장거리 중에 가장 친근
한 것입니다. 반지는 언약의 상징이지만 목걸이는 한 사람의 개성을 표출하
는 가장 드러나는 상징입니다.

지혜자는 그 가장 가까운 곳, 잘 보이는 곳에 인자와 진리로 장식하고 살
아야 한다고 가르칩니다. 그러나 더 중요한 것은 인자와 진리를 마음속에 새
겨두고 살아야 한다는 것입니다.

인자 없는 진리는 우리를 질리게 하는 냉혹한 사실에 지나지 않습니다. 그러나 반대로 진리가 결여된 인자는 감상적인 동정에 지나지 않습니다. 인자는 '헤세드'로 언약에 성실한 사랑을 뜻하고, 진리는 '에메트'로 하나님의 영원한 교훈을 뜻합니다. 하나님의 백성들의 가장 아름다운 내면의 미적 가치와 자랑스러운 외적인 장신구는 헤세드와 에메트입니다.

헤세드와 에메트는 성도들의 아름다움과 지혜로움의 질을 결정하는 두 개의 보석입니다. 우리는 날마다 이 두 개의 보석을 가지고 다니며 이 두 개의 보석으로 우리의 삶과 인격을 단장해야 합니다. 그러나 더 중요한 것은 이 두 개의 보석의 빛이 우리의 내면에 스며들어 있어서 이 두 개의 보석의 빛으로 우리의 가정과 공동체를 따뜻하고 밝게 투사해야 합니다.

우리의 지혜 되신 하나님, 당신의 빛나는 보석 선물인 헤세드와 에메트로 우리의 삶과 인격을 단장하기를 게을리 하지 않게 하옵소서. 아멘

인간의 지혜와 하나님의 지혜

● ● ●

너는 마음을 다하여
여호와를 신뢰하고 네 명철을
의지하지 말라 (잠 3:5)

인간의 지혜와 하나님의 지혜의 차이는 결국 인간과 하나님의 차이입니다. 인간은 아무리 그가 가진 지혜로 인류의 문화와 과학 문명을 발전시켜 왔어도 여전히 유한한 인생일 따름입니다. 유한한 지혜를 어떻게 무한한 지혜와 비교할 수 있겠습니까? 유한한 지혜는 결국 무한한 지혜의 한 조각일 따름입니다. 피조물의 지혜는 창조주의 은총의 선물일 뿐입니다.

그러면 우리가 어떻게 유한한 지혜의 오류를 예방하고 극복할 수 있겠습니까? 그것은 우리의 유한한 지혜를 무한한 지혜의 감독 아래 두고 그 무한자의 인도를 받을 때에만 가능한 일입니다. 그 무한자가 바로 야훼 하나님이십니다. 그는 진실로 그 누구의 도움도 없이 스스로 존재하시며 어제도 계시고 오늘도 계시고 내일도 영원히 계시는 전지하신 분이십니다.

피조물인 인생 안에 존재하는 지혜의 잠재력을 개발하고 그 총명을 극대화하기 위해서는 무엇보다 우리가 나누어지지 않은 온전한 마음으로 매 순간마다 주님을 의지하고 살아야 합니다.

우리 인생이 충동적으로 자신의 지혜를 의지하고 싶어질 때 우리는 직관적인 자신의 판단을 유보하고 말씀 읽기를 생활화할 필요가 있습니다. 성경이야말로 지혜의 근원입니다.

이런 인생을 구체적으로 사는 또 하나의 방편으로 우리 믿음의 선배들이 오래 전부터 실천해 온 '숨기도'(Breath prayer)를 학습할 것을 제안하고 싶습니다. 우리가 직면한 상황에서의 충동적인 분노가 떠오를 때에라도 우리는 잠시의 깊은 호흡으로 우리의 여유를 되찾고 주님의 도우심을 구할 수 있다면 우리는 그 많은 경거망동에서 자신을 거룩하게 지킬 것입니다. 🌱

지혜의 근원이신 주 여호와 하나님. 우리로 자신의 지혜를 의존하는 졸속에서 자신을 지키도록 우리로 하여금 좀더 진지하게 말씀과 기도를 생활화하게 도와주소서. 아멘

올곧게 사는 길

너는 범사에 그를 인정하라
그리하면 네 길을
지도하시리라 (잠 3:6)

누구나 인생을 올곧게 살기를 소원합니다. 이것은 하나님의 형상대로 지음 받은 인생의 보편적 열망일 것입니다. 하나님의 형상의 가장 큰 모습의 하나가 참되심이기 때문입니다. 의로우심이기 때문입니다. 한 인간이 예수님을 만나고 그를 구주로 신뢰하는 순간 제일 먼저 누리는 축복이 그분 앞에 의롭다고 여기심을 얻는 것입니다. 그러나 문제는 각론입니다.

어떻게 우리가 살아가는 인생의 길에서 구체적으로 우리가 올곧게 살고 행할 수 있느냐는 것입니다. 천재 철학자 파스칼은 피레네 산맥의 이쪽에서는 정의가 저쪽에서는 불의가 된다고 적었습니다. 정의의 주관성을 꼬집어 말한 것입니다. 우리 속에 존재하는 의식의 방어기제는 또한 끊임없는 자기합리화의 작업으로 우리가 선택한 의를 정당화하기에 급급합니다.

그런데 지혜자는 잠언에서 그 실천적 가이드를 제공합니다. 범사에 그를 인정하라는 것입니다. 그러나 이 실천적 가이드조차도 아직 우리를 행동의 길로 인도하기에는 무리가 있어 보입니다.

　어떻게 하는 것이 정말 모든 일에 주님을 인정하며 사는 길이겠습니까? 우선 우리는 말씀에 익숙해질 필요가 있습니다. 말씀이 분명한 가이드라인을 제공하기 때문입니다.

　그러나 다시 중요한 결정을 하기에 앞서 자주 기도해야 합니다. 말씀의 규범조차도 구체적인 결단에서는 우리를 망설이게 하는 상황이 너무나 비일비재하기 때문입니다. 인생의 길에는 선과 악 사이와 같은 분명한 선택보다는 더 큰 악과 보다 작은 악의 선택 같은 명제들이 산적해 있습니다. 그러므로 기도 속에 들려오는 세미한 음성에서 길을 볼 줄 알아야 합니다.

주님, 우리의 길이 보이지 않을 때 더욱 주님을 찾고 부르고 도움을 구하는 삶에 익숙하게 하옵소서. 아멘

마약과 보약

스스로 지혜롭게 여기지 말지어다
여호와를 경외하며 악을 떠날지어다 이것이 네 몸에 양약이 되어
네 골수를 윤택하게 하리라 (잠 3:7-8)

마약은 단기간의 효과를 장담합니다. 소위 즉효를 선전합니다. 그래서 당장의 고통을 피하고 순간의 쾌락을 추구하는 인생들이 마약의 미혹에 빠져듭니다. 그러나 결과적으로 마약은 몸과 마음을 함께 파멸시킵니다. 세속 사회가 선전하는 성공의 길은 주로 마약 같은 즉효를 추구합니다. 그러나 정도를 멀리한 부도덕의 길은 결과적으로 궁극적 실패를 초래합니다.

보약은 장기간의 시효를 요청합니다. 소위 즉효와는 상관이 없습니다. 그래서 당장의 효험을 추구하는 사람들에게 보약은 오히려 부담일 수 있습니다. 그러나 인내심을 가지고 보약을 복용하는 사람들은 결과적으로 몸과 마음의 건강을 얻습니다. 구약과 신약은 가장 좋은 인류의 보약입니다. 성경적 성공의 처방은 순간적 쾌락이 아닌 궁극적 행복을 약속합니다.

성경적 지혜는 당장의 성공을 약속하지는 않습니다. 그래서 우리는 성경적 지혜를 따르기 보다는 내 안에서 즉흥적으로 솟아나는 인간적이고 충동적인 지혜를 따르기가 쉽습니다.

그것이 우리를 편리하게 하고 당장의 유익을 얻게 하리라는 속셈 때문입니다. 그러나 후일 이런 처방은 더 많은 아픔과 상처를 남깁니다. 우리는 삶의 궁극적 건강을 생각해야 합니다.

전인 건강을 파괴하는 제일의 적은 악입니다. 그러나 악은 멀리 하고자 할수록 우리를 끌어 들이는 마력을 갖고 있습니다. 그래서 악을 대결하려면 악보다 더 큰 힘을 가지신 하나님에게로 나아와야 합니다. 하나님을 경외하면 할수록 우리는 악을 두려워하게 됩니다. 그것이 악을 피하고 선을 추구하는 건강의 길입니다. 주를 경외함이 가장 효험 높은 보약입니다.

우리의 건강을 위하시는 주님, 우리가 마약이 아닌 보약을 구하는 사람이 되게 하소서. 아멘

회복되어야 할 '첫 열매'정신

● ● ●
네 재물과 네 소산물의 처음 익은 열매로
여호와를 공경하라 그리하면 네 창고가 가득히 차고
네 포도즙 틀에 새 포도즙이 넘치리라 (잠 3:9–10)

재산과 열매는 고금을 통하여 가장 구체적인 인류생존의 목표이었습니다. 목적이었다고 할 수는 없어도 적어도 우리의 노력과 땀 흘림의 이유이었기 때문입니다. 어떤 의미에서 하루하루 살아가는 우리의 삶의 애씀의 결정체가 재산과 열매로 귀결되기 때문입니다. 그러나 한 사람의 인생의 평가는 재산을 어떻게 모았느냐가 아니라 어떻게 썼느냐가 관건입니다.

지혜자는 재산과 땅에서 얻은 모든 처음 열매로 주님을 섬겨야 한다고 가르칩니다. 주 여호와가 우리의 삶의 주인이시며 삶의 이유가 되신다면 우리의 물질 사용의 우선순위는 당연히 그분이어야 합니다. 오래 동안 여호와의 백성들에게 첫 열매의 드림이나 십일조의 헌신은 당연한 것이었으나, 이런 경건의 실천도 이제는 시대정신의 도전으로 흔들리고 있습니다.

우리 시대의 가장 현저한 특성은 물질주의라고 할 수 있습니다. 한동안 한 시대를 풍미했던 공산주의도 결국 모든 실존을 물질로만 접근하고자 했고 오늘날 맹위를 떨치는 자본주의도 결국 우리 시대의 물질주의적 성향을 부추겨

온 중요한 요인들이었습니다. 그러나 이런 물질주의의 극복은 물질의 드림과 나눔을 가능하게 하는 영적 동기를 필요로 하고 있습니다.

하나님의 백성들이 진실로 먼저 구할 것이 그의 나라와 의라면 우리 시대에도 다시 회복되어야 할 가르침이 진실로 이 첫 열매 드림의 정신입니다. 우리의 자녀들이 이 정신을 배워 그들의 봉급의 첫 열매를 주께 드리고 모든 좋은 것들을 예배의 헌물로 주께 나아와 드린다면 우리의 존재와 교회 창고는 아직도 세상을 구원하는 하나님의 희망이 될 수 있습니다.

물질의 주인이신 하나님, 우리로 물질을 얻게 하시는 하나님께 먼저 물질을 드림으로 물질에서 승리하는 인생을 살게 하옵소서. 아멘

두 손으로 누리는 축복

그의 오른손에는
장수가 있고 그의 왼손에는
부귀가 있나니 (잠 3:16)

그 누군가가 한 손에는 장수의 축복을 또 한 손으로는 부귀영화의 축복을 누릴 수 있다면 이보다 더 놀라운 축복의 삶이 어디에 있겠습니까? 장수하는데 장수하는 동안 주어진 건강으로 누릴 수 있는 축복이 없다면 차라리 장수가 저주일 수도 있고, 부귀영화가 주어져 있는데 장수하지 못하다면 부귀영화 그 자체도 무용지물의 재고품에 불과할 것입니다.

그래서 잠언 기자는 이런 축복의 중요한 전제가 바로 지혜라고 가르칩니다. 참으로 지혜 있게 인생을 경영할 줄 아는 사람에게 바로 이런 두 손의 축복이 허락될 수 있다는 것입니다. 어떤 사람이 건강한데 부귀가 없다거나, 부귀는 있는데 건강이 없다면 이는 모두 절반의 성공일 것입니다. 참으로 지혜로운 사람은 이 두 가지 축복의 균형을 추구할 줄 아는 사람입니다.

그래서 우리가 건강을 추구하기 전에 먼저 추구할 것이 바로 지혜이며, 부귀를 추구하기 전에 먼저 추구할 것도 지혜입니다. 지혜를 먼저 구하면 건강과 부귀는 절로 따라올 수 있다는 것입니다.

그래서 지혜는 하나님 나라의 핵심적 가치인 것입니다. 너희는 먼저 그 나라와 그의 의를 구하라는 주님의 말씀의 구약적 적용이 바로 이 말씀이라고 할만 합니다.

그리고 이런 하나님의 지혜를 소유한 사람은 그가 소유한 건강을 결코 자신만을 위한 건강으로 사용하지 않을 것이며, 그가 소유한 부귀를 결코 자신의 쾌락을 위해 사용하지도 않을 것입니다. 그래서 참으로 지혜로운 하나님의 사람의 두 손에 주어진 장수와 부귀의 축복은 하나님의 나라를 위해 소중하게 쓰여지는 진정한 선교적 축복의 도구가 될 것입니다. 🌱

복의 근원이신 하나님. 우리 두 손에 장수와 부귀의 축복을 붙들고 주의 나라를 바라볼 줄 알게 하옵소서. 아멘

선을 행할 힘이 있거든

• • •

네 손이 선을 베풀 힘이 있거든 마땅히 받을 자에게
베풀기를 아끼지 말며 네게 있거든 이웃에게 이르기를 갔다가 다시 오라
내일 주겠노라 하지 말며 (잠 3:27-28)

세상을 살아가며 가장 안타까운 순간들은 자신의 무력함을 느낄 때입니다. 스스로의 무력은 자신을 구원하지도 이웃을 도울 수도 없기 때문입니다. 그래서 사람들은 힘을 갖기를 원합니다. 사회적 위치도 힘일 수 있고, 경제적인 여유도 힘일 수 있고, 정신적인 지식도 힘일 수가 있습니다. 그래서 모든 인생의 존재양식은 힘을 추구하는 헐떡임일 수밖에 없습니다.

그러나 모든 힘은 남용의 유혹을 갖고 있습니다. 절대적인 권력은 절대적으로 부패하다는 말은 언제나 진실입니다. 그러면 어떻게 우리는 힘을 선용할 수 있겠습니까? 소극적으로는 자신의 힘의 남용을 경계할 수 있는 제도적 장치가 필요할 것입니다. 그러나 그보다 더 중요한 것은 힘의 사용이 타인 지향적일 수 있는 삶을 연습하는 일입니다.

기독교 공동체에서 구제나 자선은 경건추구의 가장 중요한 덕목으로 간주되어 왔습니다. 야고보도 경건은 단순히 죄된 어떤 일을 안 하는 것만이 아니라 고아와 과부를 돌아보는 삶이라고 가르칩니다.

　　물론 우리가 이 세상 모든 사람들을 돌아볼 수 있는 것은 아닙니다만, 우리가 걸어가던 여리고 길에서 도움을 청하는 이웃에게는 발걸음을 멈출 수 있어야 합니다.

　　그리고 자선을 행하는 시간은 언제나 오늘 바로 지금이어야 합니다. 내일은 우리의 시간이 아닙니다. 내일로 사랑을 미루는 것은 결국 오늘 나를 향한 성령의 감동을 거절하는 것입니다. 바로 지금 여기에서 내게 말씀하시는 성령의 음성에 귀를 기울임이 우리의 사랑의 시작이어야 합니다. 그렇게 해서 이루어지는 사랑의 실천이 라이프 스타일이 되어야 합니다.

모든 힘의 근원이신 주님, 우리에게 선을 행할 힘이 있을 때 선을 베풀기를 주저하지 않게 하옵소서. 아멘

악인의 집과 의인의 집

• • •

악인의 집에는 여호와의
저주가 있거니와 의인의 집에는
복이 있느니라 (잠 3:33)

우리는 대부분 세상을 살아가는 동안 가정을 이루며 살아갑니다. 그리고 우리는 모두 가정의 행복을 빌며 살아갑니다. 가정은 우리가 경험하는 최초의 학교이며, 최초의 사회이기도 합니다. 만일 이 가정에서의 경험이 불유쾌할 때 그 영향은 평생을 지배합니다. 인류의 역사에서 불건강한 영향을 끼친 지도자들을 분석해보면 소위 역기능적 가정의 출신들입니다.

소위 역기능적 가정과 순기능적 가정의 차이는 무엇일까요? 그 가장 중요한 판별의 요소는 사랑과 가치가 아닐까 합니다. 얼마나 가정에서 사랑을 받고 자라났느냐는 것과 어떤 도덕적 가치의 영향을 받고 자라났느냐는 것입니다. 사랑을 경험하지 못한 인생은 사랑을 주지 못하는 자가 됩니다. 가치의 영향을 받지 못한 사람의 판단력은 왜곡되어 있습니다.

영향력은 수동적인 것입니다. 그러나 영향에 대한 반응은 아직도 능동적인 것입니다. 최악의 상황 속에서도 우리는 최선의 반응의 자유를 갖습니다. 그러므로 부모나 가정의 영향은 아주 중요한 것이지만 우리가 그 영향을 디디고 일어서서 어떤 선택을 하느냐는 아직도 나 자신의 몫입니다. 그 선택에 의해 우리는 악인이 되기도 하고, 의인이 되기도 합니다.

우리의 라이프 스타일이 악한 모습으로 고정되면 그는 본능적으로 하나님을 대적하는 인생을 살게 됩니다. 그가 가는 인생의 궁극에는 저주가 기다리고 있습니다. 그러나 성경적 가치관인 의를 우리의 삶의 준거로 선택하고 하나님을 주인으로 선택한 가정은 축복 지향적인 인생을 살게 됩니다. 이 땅에 의인의 가정이 늘어나는 그만큼만 세상은 밝아집니다. 🌱

복의 근원이신 주님, 무엇보다 우리가 사는 세상에 의인의 가정이 늘어가게 하소서. 아멘

교사 아버지

• • •
아들들아 아비의
훈계를 들으며 명철을 얻기에
주의하라 (잠 4:1)

오늘날 방황하는 청소년 문제는 대부분 어려서 처음으로 경험한 아버지와의 불유쾌한 기억 혹은 아버지 부재에 기인한다는 것은 공공연한 비밀로 알려져 있습니다. 공공연하다는 것은 심리학자들의 과학적 검증과 임상적 증언에 의해 알려져 있을 만큼 알려져 있다는 것이고, 비밀이라는 것은 그럼에도 불구하고 많은 사람들이 이 사실에 아직도 무지하다는 것입니다.

물론 자녀들을 교육하는 부모의 역할에서 어머니의 역할이 절대로 과소평가될 수는 없는 일입니다. 그럼에도 불구하고 교육에 있어서 권위(authority)를 제공하는 것이 아버지의 역할이기 때문입니다.

인간은 의존적이어야 하는가? 완전히 독립적일 수 있는가? 이것은 아직도 끝나지 않은 교육적 논쟁입니다. 진리는 그 중간 어딘가에 존재한다고 할 수 있을 것입니다.

성경은 인간은 처음부터 하나님을 의존하도록 지음 받았다고 가르칩니다. 그런 의미에서 인간은 의존적인 존재입니다.

　　그러나 인간의 성숙은 이 의존성을 넘어서서 이제는 내가 누군가에게 하나님처럼 되어 주는 독립적 존재가 되어 감을 뜻합니다. 바로 그 누군가가 우리의 자녀들이며 자녀들에게 이제 부모는 하나님을 보여주는 거울 같은 존재인 것입니다.

　　그런 의미에서 아버지는 자녀들이 처음으로 경험하는 첫 번째 권위라고 할 수 있습니다. 그 권위가 따뜻하고 안정적일 때 자녀들의 평생은 안정적이 될 수 있습니다. 그리고 자녀들은 아버지의 가르침을 배우며 우리 인생의 궁극적 권위이신 하나님께 대한 순종의 마음 밭을 가꾸는 것입니다. 이 첫 교사이신 아버지와의 관계가 모든 권위들과의 관계를 결정합니다. 🌱

우리의 인생의 첫 교사인 아버지를 인해 감사를 드립니다. 좋은 아버지가 많은 세상이 되어 좋으신 하나님을 아버지로 알아가는 세상이 되게 하소서. 아멘

지혜가 으뜸이다

• • •

지혜를 버리지 말라 그가 너를 보호하리라
그를 사랑하라 그가 너를 지키리라 지혜가 제일이니 지혜를 얻으라
네가 얻은 모든 것을 가지고 명철을 얻을지니라 (잠 4:6-7)

스티븐 코비는 성공적인 인생의 가장 현저한 특성은 우선순위에 있다고 가르쳤습니다. 그는 항아리에 먼저 큰 돌을 넣고, 다음에 자갈을 넣으며 다 채워졌는가를 묻습니다. 그리고 다음에 모래를 넣고 다시 물을 붓는 실험을 해 보이며 그가 하는 이상한 행동의 의미를 물었습니다. 많이 넣는 것이 중요한 것이 아니고 큰 돌을 먼저 채워야 한다는 것이었습니다.

으뜸은 우선순위를 뜻합니다. 잠언 기자는 인생의 우선순위를 지혜를 찾고 지혜를 관리하는 일에 두어야 한다는 것을 역설합니다. 지혜를 버리지 말고 지혜를 사랑해야 한다는 것입니다. 여기서 지혜는 거의 예수 그리스도와 동일한 비중을 가진 의미로 사용되고 있습니다. 바울 사도는 그가 하나님으로부터 오신 우리의 지혜라고 증거하고 있습니다.(고전 1:30)

우리가 가진 모든 것을 다해서라도 우리가 얻어야 할 가장 소중한 분은 예수 그리스도입니다. 그는 우리가 가진 밭을 팔아서라도 소유해야 할 우리의 보화이십니다.

우리의 가장 소중한 보화가 바로 예수라는 말입니다. 왜냐하면 그 안에 영생이 있고, 그 안에 우리가 필요로 하는 모든 지혜가 있기 때문입니다. 그는 우리가 기도할 때마다 그의 보화를 나누어 주십니다.

그래서 성경은 우리가 하나님의 나라와 그의 의를 먼저 구해야 한다고 가르치신 것입니다. 하나님 나라의 핵심은 예수이십니다. 예수가 왕이 되어 통치하는 나라가 바로 천국입니다. 그 나라는 의의 나라이며, 평화의 나라이며, 기쁨의 나라입니다. 참된 지혜는 그의 의와 평화와 기쁨의 가치를 따르는 선택입니다. 지혜의 인생은 무엇보다 예수를 사랑하는 삶입니다.

사랑하는 주님, 무엇보다 예수를 기준으로 하는 바른 선택의 삶을 살게 하소서. 아멘

말씀을 받고 살아가는 유익

● ● ●

내 아들아 들으라
내 말을 받으라 그리하면 네 생명의
해가 길리라 (잠 4:10)

잠언 기자를 통해 우리에게 주어진 말씀은 잠언 4장 10절 이하에 의하면 지혜의 말씀이고, 정직한 말씀입니다. 우리가 성경의 말씀이 성령에 의한 감동의 말씀임을 고백한다면 잠언 기자가 우리에게 전달하고자 하는 말은 본질적으로 하나님의 말씀입니다. 잠언 기자는 이 말씀을 따라 살아가는 인생의 유익을 다양한 관점에서 관찰하여 우리에게 전달합니다.

무엇보다, 이 말씀은 우리에게 장수를 약속합니다. 네가 오래 살 것이며, 네 생명의 날이 길 것이라고 언약합니다. 그러나 이 말씀을 우리의 생명의 날의 길이를 기계적으로 담보한 것으로 보기는 어렵습니다. 오히려 이 말씀은 질적인 장수를 약속한 것으로 보아야 할 것입니다. 그냥 오래만 사는 것이 아닌, 인생을 아름답고 건강하게 살 것을 약속하고 있습니다.

사실 건강하지 못한 채로 오래 사는 것은 오히려 저주의 인생일 수 있습니다. 그러나 우리가 이 말씀을 따라 지혜의 길을 걷다 보면 우리는 불필요한 넘어짐을 피하고 유쾌하게 살아갈 수 있습니다.

이 말씀을 따라 정직의 길을 걷다 보면 더디 걷는 길 같이 보여도 실은 더 빨리 가게 됩니다. 말씀을 따라 사는 길은 돋는 햇살 같아서 점점 밝음으로 가는 길입니다.

어떤 사람들은 좋은 조건에서 인생을 출발하지만 결국은 열매 없는 초라한 마지막을 맞이합니다. 그러나 어떤 사람들은 불리한 조건에서 출발하지만 결국은 풍성한 열매를 맺습니다. 청교도들은 믿음으로 인한 고난의 길을 가면서도 서로에게 "아직 가장 좋은 것은 오지 않았다"고 격려하며 살았습니다. 말씀을 받고 순종하며 사는 것보다 더 좋은 인생은 없습니다. 🪴

주님, 우리의 인생이 어떤 조건에 처했느냐 보다, 주의 말씀에 어떻게 반응하는 가를 더 유의하며 살게 하소서. 아멘

무엇보다 중요한 마음관리

• • •

모든 지킬 만한 것 중에
더욱 네 마음을 지키라 생명의 근원이
이에서 남이니라 (잠 4:23)

기독교 철학자 달라스 윌라드는 인생은 마음으로 사는 존재라고 가르칩니다. 육체는 소중한 우리 됨의 한 부분이지만 우리의 삶을 조정하고 관리하는 것은 우리의 마음입니다. 우리의 삶이란 우리 마음의 역동의 결과인 것입니다. 우리의 지식, 우리의 감정, 우리의 의지 그리고 우리의 모든 경험과 교육과 환경은 우리의 마음을 만드는 역동적 요소들인 것입니다.

지상의 모든 문제들의 해결 방식이 늘 피상적으로 마무리되는 것은 이 마음을 주목하는 대신 구조만을 주목하기 때문입니다. 그러나 인간의 내면을 다루지 못하는 어떤 개혁도 근본적인 개선에 이르지 못하는 것은 인간영성을 간과하기 때문입니다. 오늘날의 과학과 정치, 경제는 개혁의 근본인 마음을 놓치고 있습니다. 사람은 떡만으로 살지 못하는 존재입니다.

눈물의 선지자는 일찍 '만물보다 심히 부패한 것이 인간의 마음'이라고 했습니다. 성경은 이런 마음의 부패는 우리 안에 내재하는 인간의 본성과 세속적 가치관 그리고 악한 자의 지배 때문이라고 가르칩니다.

  곧 육신과 세상과 마귀의 역동 때문인 것입니다. 이런 죄인의 죄인 됨의 고백과 거듭남은 인간 영성의 새로워짐의 가장 중요한 근원적인 출발점인 것입니다.

  이제 우리 마음의 주인 되시고 우리를 새롭게 하시는 주님의 은혜를 입는 삶을 배워가야 합니다. 죄가 있는 곳에 은혜가 필요한 것도 절대적인 사실이지만 거룩한 삶을 위해 은혜는 더욱 필요합니다. 우리의 노력은 그분의 은혜에 반응하는 것을 배우는 창조적 예술입니다. 이 예술의 이름은 사랑입니다. 사랑만이 인간의 내면을 가장 확실하게 변화시킵니다. 🪴

주님, 이 세상에서 우리가 행하는 그 어떤 일보다 우리의 마음을 잘 관리하는 은혜를 베풀어 주옵소서. 아멘

치우침 없는 균형의 경건

• • • •

좌로나 우로나 치우치지 말고
네 발을 악에서
떠나게 하라 (잠 4:27)

지난 날의 인류의 역사는 좌우 극단의 대립으로 피를 흘려온 기억을 지우지 못할 것입니다. 오늘날의 지구촌에서 진행되는 대부분의 분쟁과 비극도 따지고 보면 소위 극단의 이데올로기를 고수하려는 이들의 독선으로 말미암은 것들입니다. 아마도 그 대표적인 사례가 이슬람 근본주의자들이 아닌가 싶습니다. 세계 도처에서 들려오는 신음소리가 이것을 증명합니다.

하나님의 나라는 진보적 가치와 보수적 가치를 공유하고 있습니다. 인권과 평등이 진보적 가치를 대표해 왔다면 복음과 자유는 보수적 가치를 대표해 왔습니다. 성경은 인권과 평등을 강조하면서 동시에 복음과 자유를 양보할 수 없는 하나님 나라의 가치로 소개합니다. 그러나 한때 기독교 운동의 양극단을 대표하던 이들은 둘 중 하나를 철저히 외면해 왔습니다.

우리나라의 최근세 역사도 이런 비극을 온 몸으로 겪어 왔고, 아직도 계속되는 남과 북의 분단이나 국민 통합을 저해하는 남남 갈등도 따지고 보면 극단적인 좌우 이데올로기의 대립 때문이라고 할 수 있습니다.

그런데 지혜자는 오늘 우리에게 좌로든 우로든 빗나가지 말아야 한다고 충고합니다. 진리도 균형이고, 경건도 결국은 균형의 미학이라고 할 수 있습니다.

삶에 대한 통전적 시각은 우리로 하여금 좌우 어느 쪽으로든 우리의 시야가 굴절되는 것을 예방합니다. 하나님의 나라는 지상의 어떤 이데올로기를 초월하여 우리가 마땅히 포용해야 할 모든 가치를 예수 안에서 용해하는 자정능력을 갖습니다. 예수는 가장 보수적인 분이면서도 가장 래디칼한 진보적 시각을 갖고 계십니다. 그분이 바로 우리의 비전이요, 희망입니다.

역사의 주인 되신 주님, 우리로 좌로도 우로도 치우치지 말고 다만 예수를 바라보게 하소서. 아멘

미혹과 사랑의 차이

• • •

대저 음녀의 입술은 꿀을 떨어뜨리며
그의 입은 기름보다 미끄러우나 나중은 쑥 같이 쓰고
두 날 가진 칼 같이 날카로우며 (잠 5:3-4)

이성에 대한 이끌림은 자연스러운 창조 현상의 하나입니다. 어떤 사람이 이성을 보고 전혀 끌림을 경험하지 못한다면 그것은 정상적인 모습이 아닐 것입니다. 요즈음 동성애 문제가 전 세계적인 문화의 화두가 되고 있지만 성경적인 전망에 의하면 어떤 논리로도 합리화 될 수 없습니다. 태생적인 동성애 성향을 말하지만 그것이 곧 자연스러움의 입증은 못됩니다.

인간이 죄인 됨의 성향을 타고났다고 해서 죄를 합리화할 수는 없지 않겠습니까? 가장 자연스러운 사랑은 이성을 향한 것이며 그것은 하나님이 우리를 그렇게 지으신 까닭입니다. 그러나 우리가 이성을 향한 끌림의 본능을 갖고 있다 해도 이 모든 끌림을 사랑으로 또한 해석할 수는 없습니다. 진정한 사랑의 완성은 한 대상을 향한 것이어야 하기 때문입니다.

성경은 한 남자가 부모를 떠나 아내와 합하여 둘이 한 몸을 이루는 것이 결혼이라고 가르칩니다. 이런 결혼 지향적이 아닌 모든 사랑의 실험은 결국 우리를 죄로 인도하는 것입니다. 성경은 이것을 미혹이라고 말합니다.

　미혹은 남자에서 시작될 수도 있고 여인에게서 시작될 수도 있습니다. 그러나 특히 유혹에 약한 남자는 미혹하는 여인을 경계할 필요가 있습니다.

　자연스럽게 살아가는 부부보다는 불륜의 관계가 더 강렬한 성적 자극의 환경을 제공하고 타락한 성품을 지닌 인생은 종종 이런 미혹을 사랑으로 착각하기도 합니다. 그러나 지혜자는 진정 지혜로운 사람은 꿀과 기름 같은 불륜의 언어나 몸짓이 사랑은 아니며 결국은 쑥처럼 쓴 고통과 비수처럼 예리한 상처를 남긴다는 것을 기억해야 한다고 경고하고 있습니다.

주님, 사랑을 위해 우리를 지으신 주님, 우리에게 참된 사랑과 미혹을 분별하는 지혜를 허락해 주옵소서.
아멘

쾌락주의 인생의 대가

• • •
두렵건대 마지막에 이르러 네 몸, 네 육체가
쇠약할 때에 네가 한탄하여 말하기를 내가 어찌하여 훈계를 싫어하며
내 마음이 꾸지람을 가벼이 여기고 (잠 5:11-12)

쾌락은 하나님의 선물입니다. 성경은 결코 쾌락 그 자체를 정죄하지 않습니다. 적당한 한계 내의 쾌락은 고단한 인생길에 삶의 주인 되신 하나님이 예비하신 소중한 은총입니다. 전도서의 기자는 사람마다 먹고 마시는 것과 수고의 결과로 누리는 낙이 선한 것이고, 하나님의 선물이며, 더 나아가 부부는 함께 즐겁게 살 권리가 있다고 가르칩니다. (전 3:13, 9:9)

그리고 이런 쾌락에 대한 적극적인 관점은 신약성경에도 지속적으로 제공되고 있습니다. 바울 사도는 모든 것을 후히 주시고 누리게 하시는 것이 곧 하나님(딤전 6:17)이시라고 기록합니다. 심지어 기독교의 가장 권위 있는 성경은 인생의 가장 중요한 존재의 목적이 '하나님을 즐거워하는 것'이라고 고백하여 왔습니다. 바울에게 금욕주의는 바른 교훈이 아니었습니다.

그러나 기독교는 오랫동안 쾌락은 성경적이지만 쾌락주의는 기독교가 아니라고 가르쳐 왔습니다. 이 가르침은 아직도 정당합니다. 왜냐하면 그것이 시대와 함께 수정될 수 없는 계시의 교훈이기 때문입니다.

하나님 없는 쾌락, 브레이크가 없는 쾌락이라는 이름의 자동차는 결국 파멸을 불러오기 때문입니다. 성경적 한계를 벗어난 성의 쾌락도 마찬가지입니다.

지혜자는 그래서 성의 쾌락이 우리를 손짓할 때 쾌락의 궁극을 보고 행동해야 한다고 가르칩니다. 그래서 지혜로운 인생은 브레이크를 수시로 점검할 줄 아는 것입니다. 이 브레이크 점검의 기술이 바로 부단히 말씀의 경고에 귀를 기울이는 것입니다. 곧 주님의 훈계와 책망에 마음의 귀를 열고 자신을 다스릴 때 우리는 방종의 값을 지불할 필요가 없습니다. 🌱

주님, 우리로 쾌락을 즐거워 할 줄 알게 하시되, 하나님의 교훈을 떠난 쾌락을 또한 경계할 줄 알게 하소서. 아멘

우물 관리

• • •

너는 네 우물에서 물을 마시며
네 샘에서 흐르는 물을 마시라 네 샘으로 복되게 하라
네가 젊어서 취한 아내를 즐거워하라 (잠 5:15,18)

고대인의 삶에서 우물은 삶의 중심이었습니다. 성경에 나타난 족장시대의 전쟁은 주로 우물을 둘러싼 다툼이었습니다. 성경이 묘사하는 족장 이삭의 삶의 풍경은 주로 삶의 주거를 옮겨가며 우물을 파는 일이었습니다. 우물은 생존에 필요한 식수의 공급원이었고, 고단한 인생 여정에서 아낙네들의 삶의 유일한 쉼터요 인생의 애환을 나누는 오아시스였습니다.

잠언 기자의 삶에서 우물은 또 하나의 삶의 상징성을 지니고 우리를 찾아옵니다. 우물은 남정네들의 삶의 동반자인 아낙의 품을 상징합니다. 이 우물에서 남성들은 목마름을 해갈하고 위로와 용기를 얻습니다. 그리하여 우물은 고단한 인생길을 걷는 남편들에게도 여전한 삶의 쉼터요 오아시스입니다. 그러나 우물을 샘솟게 하는 우물관리의 책임은 남성들의 몫입니다.

우리가 이미 소유한 우물은 우리에게 더 이상 신비를 제공하지 않습니다. 그러나 매일처럼 물을 긷는 이 우물이 고장을 일으키면 우리의 일상은 그 페이스를 잃고 허덕입니다.

그래서 이 우물이 고장나지 않고 신선한 물을 공급하도록 우리는 우물의 상태를 눈여겨보아야 합니다. 내 옆에 있어 나를 바라는 우물을 복되게 하는 사람은 우물의 가장 큰 수혜자입니다.

그래서 현대인들에게도 우물은 여전히 삶의 중심이어야 합니다. 부부관계는 하나님과 나 사이를 제외하고는 우리의 모든 관계에서 우선순위 일 번이어야 합니다. 이 우물에서 행복하게 물을 긷고 일어나는 사람들은 일터를 향해 용기백배하여 걷습니다. 그는 이 우물에서 즐겁게 마신 샘물로 목마른 이웃들을 행복하게 할 꿈을 갖고 이웃을 향해 나아가는 사람입니다.

주님, 우리의 바쁜 일상에서 우리 남편들이 자기 우물 관리의 중요성을 잊지 않게 하소서. 아멘

평탄한 인생 길

인생을 사는 누구나 평탄한 길을 가고 싶어 합니다. 그럼에도 불구하고 인생 길은 평탄하지만 않음을 반드시 경험하게 됩니다. 인생길은 평탄하기보다 굴곡이 더 많은 길임을 우리는 인정하지 않을 수 없습니다. 성경은 그 이유를 무엇보다 죄에서 발견합니다. 죄에서 자유로운 인생은 하나도 없고 그래서 인생에서 굴곡의 길은 누구나의 보편적인 경험이 됩니다.

그럼에도 불구하고 우리는 여전히 평탄한 길을 소원하고 기도합니다. 인생의 굴곡성을 단순히 모험으로 수용하기에는 인간된 연약함을 우리가 너무나 잘 인지하기 때문입니다. 치기 어린 청춘의 고산 등정까지도 모험의 벼랑에서 다시 평탄한 하산을 구합니다. 그러면 굴곡의 길을 피할 수 없는 인생길에서 어떻게 우리가 평탄함의 여정을 기대할 수 있겠습니까?

지혜자는 무엇보다 우리가 하나님 앞에 있어야 한다고 말합니다. 우리가 여호와의 눈 앞에서 사는 인생임을 잊지 않을 때 그의 도움을 겸허히 구하는 자리에 서게 됩니다.

개혁자의 삶의 모토 "코람데오"(Coram Deo)는 결코 자기 결백을 주장하기 위한 포장 선언이 아니라, 자신의 전적 부패를 인지하는 겸허한 자기 경고와 자기 성찰의 고백 선언이었습니다.

우리의 가장 진지한 도움은 오직 천지를 지으신 그분에게서 오는 것을 각성한 순간부터 우리는 기도자의 삶을 살게 됩니다. 그는 쉬지 않고 기도할 수밖에 없는 자임을 깨닫고 자신과 자신이 얽혀 있는 세상을 위한 중보자의 삶을 살게 됩니다. 이런 인생에게 창조와 섭리의 주께서 주시는 고요한 은총이 평탄의 삶인 것입니다. 평탄의 길을 사모하십시다.

선한 목자이신 주님, 때로 우리가 음침한 골짜기를 피할 수 없다 해도 여전히 구하옵나니 우리의 인생 길을 평탄하게 하옵소서. 아멘

보증 조심

● ● ●

내 아들아 네가 만일 이웃을 위하여 담보하며
타인을 위하여 보증하였으면 네 입의 말로 네가 얽혔으며
네 입의 말로 인하여 잡히게 되었느니라 (잠 6:1-2)

성경의 인생관은 리얼리즘에 기초하고 있습니다. 성경적 세계관의 기초가 실용주의라고 할 수는 없겠으나 문제를 푸는 방식에 있어서 성경은 실용적인 접근방식을 존중하고 있습니다. 그것이 오늘날 동양보다는 서양의 합리적 인생관을 낳은 배경이라고 할 수 있을 것입니다. 따뜻한 가슴으로 인생을 이해하는 사람일수록 차가운 머리로 문제를 풀어야 합니다.

돈 문제는 인생에서 가장 중요한 가치를 가지는 것은 아니지만, 인간관계와 인생의 만족도에 가장 실제적인 영향을 끼치고 있습니다. 그래서 우리는 돈 문제에 대한 철학적 정립 없이 인생을 성공적으로 경영할 수 없습니다. 복음서에 나타난 예수님의 비유에는 지속적으로 돈 문제가 등장하고 있습니다. 지혜자인 잠언 기자도 돈 문제를 실제적으로 취급합니다.

우리는 주변에서 보증을 잘 못 선 결과로 패가망신하는 이웃들을 적지 않게 목격하고 있습니다. 그럼에도 불구하고 보증의 관행은 여전히 지속되고 있습니다.

그 이유는 그것이 사회적 관행이며 인정과 체면의 습속에서 우리가 자유롭지 못하기 때문입니다. 그래서 우리는 마음으로 원하지 않으면서도, 보증의 계약에 동의하고 후일 후회하는 일을 반복합니다.

성경이 보증을 경계한 것은 이웃에 대한 무관심이나 냉정함을 가르치고자 한 것은 아닙니다. 성경은 다른 무엇보다도 이웃 사랑을 가장 큰 계명으로 가르치고 있습니다. 다만 보증은 이웃 사랑의 바람직한 방법이 아닙니다. 보증은 서로를 부자유하게 얽매이게 하고 순전한 우정의 미래 관계를 위협합니다. 차라리 이웃에게 구제하는 것이 성경적인 실천입니다. 🪴

삶의 지혜이신 주님, 우리로 이웃에게 무관심하지 않으면서도 이웃을 바르게 사랑하게 하옵소서. 아멘

게으른 이들의 스승

● ● ●

게으른 자여
개미에게 가서 그가 하는 것을 보고
지혜를 얻으라 (잠 6:6)

게으름은 기독교 역사의 오래 전부터 일곱 가지 큰 죄의 하나로 간주되어 왔습니다. 우선 가장 실용적인 이유에서 게으름이 빈곤을 낳았기 때문이었습니다. 그리고 빈곤에 처한 사람들은 이웃에게 부담이 될 수밖에 없었고 이것이 사회 문제가 되었기 때문입니다. 결국 게으른 사람들은 나누고 주는 자가 아닌, 받기 위해 살아야 하는 자가 되어야만 했습니다.

성경은 게으름을 고치는 처방의 본으로 개미를 제시합니다. 개미의 근면함이 바로 창조주의 기대를 반영하기 때문입니다. 성경의 하나님은 일하시는 하나님이십니다. 그는 처음부터 노동의 본을 보이시고 노동을 명하시고 가르치신 분이셨습니다. 창조와 섭리는 그가 일하시는 하나님이심을 보여주고 있고, 그는 첫 사람에게 에덴동산의 경작과 관리를 명하셨습니다.

지혜자는 우리에게 관찰과 학습을 명합니다. 개미를 스승으로 관찰하고 학습하라고 가르칩니다. '살펴봄'은 관찰의 가장 중요한 기능이고, 지혜를 얻음은 학습의 결과입니다.

개미는 현재 지향적이 아니라 미래 지향적입니다. 그는 미래를 위해 현재를 절제하고 준비할 줄 아는 자입니다. 창조주 하나님은 그의 창조물인 개미를 관찰하고 학습하라고 가르치십니다.

기독교 문명이 꽃피우는 곳마다 인간의 삶을 풍요롭게 개선하는 긍정적인 기여가 있어왔습니다. 우리는 이런 현상을 창조주의 뜻을 따른 더할 수 없이 자연스러운 결과라고 말할 수 있을 것입니다. 일할 수 없는 인생들을 구제하는 것은 성경적인 덕목이지만, 일할 수 있는 이들에게 일하지 않고도 먹을 수 있는 사회를 약속하는 것은 성경적인 미래가 아닙니다.

주님, 우리 사회가 게으름을 극복하는 선진사회가 되기 위해 다시 한번 창조주의 의도를 관찰하고 학습하는 자들이 되게 하소서. 아멘

건달과 악인

• • •

불량하고 악한 자는 구부러진 말을 하고 다니며
눈짓을 하며 발로 뜻을 보이며 손가락질을 하며 그의 마음에 패역을 품으며
항상 악을 꾀하여 다툼을 일으키는 자라 (잠 6:12-14)

한 사회의 어두운 그늘에는 항상 비생산적인 라이프 스타일을 지닌 기생충 같은 인생들이 기생하기 마련입니다. 성경에는 그들을 가리켜 건달과 악인이라고 일컫습니다. 건달과 악인이 많아지는 사회일수록 건강하지 못한 사회입니다. 물론 이들도 처음부터 그런 인생을 살겠다고 의도한 것은 아니었을 것입니다. 그것은 점진적인 타락의 결과일 따름입니다.

지혜자는 건달과 악인의 라이프 스타일의 몇 가지 현저한 증상을 지적합니다. 우선 그들은 말에 성실하지 못한 사람들입니다. 성실(誠實)의 한문에서 첫 글자 '성'은 말을 그대로 이룬다는 뜻을 갖습니다. 자기 말에 책임지지 못하는 것은 인생을 포기하는 현저한 결과입니다. 진실에 근거하지 않은 말은 자신과 이웃을 함께 파괴하는 악의 열매를 초래합니다.

지혜자는 건달과 악인은 서로 상통하는 몸의 언어를 갖고 있다고 지적합니다. 그들은 눈짓과 발짓과 손짓으로 서로 신호를 한다고 말합니다. 우리가 가진 몸의 언어는 우리의 사람됨을 나타내는 소중한 습관입니다.

그것은 혀의 언어보다 더 절실하게 내가 누구인가를 나타내고 있습니다. 우리의 몸의 언어로 무엇을 전달하려고 하는지를 항상 관리해야 합니다.

건달과 악인의 일상적인 삶의 모습은 싸움을 일삼는 것입니다. 때로 자신들이 직접적인 싸움을 하지 않아도 싸움의 배후에 있어서 싸움을 충동하는 원흉들입니다. 왜냐하면 그들의 마음에는 항시 악이 존재하기 때문입니다. 그들은 악한 것을 계획하고 악한 일을 벌이는 것으로 존재의 의미를 확인합니다. 결국 그들은 악마의 하수인들로 살아가는 것입니다.

주님, 행여나 우리 인생이 건달과 악인의 길을 가지 않도록 우리의 말과 마음을 진실하고 평화롭게 하옵소서. 아멘

주께서 미워하시는 일곱 가지

• • •

여호와께서 미워하시는 것 곧 그의 마음에 싫어하시는 것이
예닐곱 가지이니 곧 교만한 눈과 거짓된 혀와 무죄한 자의 피를 흘리는 손과
악한 계교를 꾀하는 마음과 빨리 악으로 달려가는 발과
거짓을 말하는 망령된 증인과 및 형제 사이를 이간하는 자이니라
(잠 6:16-19)

주께서 미워하시는 죄들의 공통점은 모두 이웃에게 구체적인 악을 행함과 관련되어 있습니다. 성경에 가르쳐진 최대의 덕목은 이웃 사랑입니다. 이웃 사랑은 이웃을 세우는 것입니다. 이웃 사랑의 반대는 이웃을 허는 것입니다. 그러므로 주께서 이웃을 허는 인생의 행위들을 미워하신다고 말합니다. 주께서 미워하시는 것들은 역설적으로 주님의 기대를 드러냅니다.

처음 다섯 가지 죄들은 인간의 신체와 관련되어 묘사되어 있습니다. 눈, 혀, 손, 마음과 발이 그것들입니다. 성경은 우리의 신체가 의의 병기도 될 수 있고, 불의의 병기도 될 수 있다고 가르칩니다. 우리가 우리의 지체들을 어디에 드리는가에 따라서 우리의 지체가 무엇의 병기인가가 결정됩니다. 그래서 성경은 너희 몸을 거룩한 산제사로 드리라고 권면합니다.

마지막 두 가지는 다 관계를 파괴하는 죄들입니다. 이웃에 대한 거짓 증거와 형제를 이간함인 것입니다.

이것은 십계명의 9계명에서도 이미 강조된 바가 있습니다. 하나님의 여러 속성 중 가장 중요한 것은 진실과 사랑입니다. 그는 참되시고 사랑이십니다. 그런데 거짓 증거는 하나님의 진실을 역행하는 것이며, 이간질은 하나님의 사랑을 거스르는 것입니다.

우리의 이웃 사랑은 이웃에게 악을 행하지 않으려는 단순한 동기에서 출발하는 것으로 족하지 않습니다. 오히려 하나님을 기쁘시게 하는 것이 무엇인가를 묵상함으로 출발해야 합니다. 왜냐하면 하나님은 우리의 행위 그 자체보다 행위를 만드는 동기를 살피시기 때문입니다. 하나님의 진실과 사랑이 우리를 지배할 때 우리는 참으로 이웃을 사랑하게 됩니다.

주님, 우리가 주께서 미워하시는 것들을 행하지 않기 위해서도 주님의 사랑을 먼저 깊이 경험하게 하소서. 아멘

위험 예방

• • •
사람이 숯불을 밟고서야
어찌 그의 발이 데지
아니하겠느냐 (잠 6:28)

인생은 위험으로 가득 차 있습니다. 질병의 위험, 사고의 위험, 사업 실패의 위험, 직업 상실의 위험, 천재지변의 위험, 관계 왜곡의 위험 등은 대표적인 것들입니다.

그러나 이 모든 것 중 가장 위험해 보이지 않는 위험이 있다면 관계 왜곡의 위험일 것입니다. 그런데 관계 왜곡의 다양한 형태 가운데 처음에 가장 무해하게 진행되는 것은 이성 관계의 왜곡입니다.

대부분의 이성 관계는 우정의 이름으로 혹은 낭만의 이름으로 시작되고 진행되기 때문입니다. 그러나 일단 이 관계가 결혼의 언약으로 가정을 만드는 결실을 맺지 못한 채 명백한 한계를 넘어서기 시작할 때 그것은 모든 관계의 왜곡 중에서 가장 현저한 상처를 남기게 됩니다. 물론 우리는 외상을 남기지 않는 여러 장치를 개발했지만 문제는 심리적인 상처입니다.

무의식의 깊은 곳에 남겨진 상처는 우리의 의식을 지배하며 우리의 모든 삶의 영역에서 매우 비정상적인 정서 반응의 방어기제를 형성합니다.

이것은 후일 부부관계의 벽이 되기도 하고 우리의 모든 인간관계에서 불필요하게 방어적인 벽을 만들게 됩니다. 어딘지 모르게 순수하게 반응하지 못하고 정상적인 호의를 왜곡하는 이들의 상처가 바로 이 때문입니다.

이런 상처는 치유될 수 없는 것은 아니지만 너무 많은 시간과 비용을 요구합니다. 그래서 모든 유형의 질병이 그런 것처럼 중요한 것은 예방입니다. 처음부터 발을 데지 않도록 숯불에 접근하는 것을 조심해야 합니다. 이성과의 관계에서 어디까지가 안전한 선인가를 분명하게 파악하고 한계내의 행동 수칙을 결정하고 성령의 경고에 늘 민감하게 반응해야 합니다. 🌱

주님. 자신의 연약함을 알기에 늘 깨어 있게 하시고 가장 중요한 관계를 지키기 위해 스스로를 또한 분명하게 지킬 줄 아는 자가 되게 하소서. 아멘

눈동자처럼 지키라

• • •
내 계명을 지켜 살며
내 법을 네 눈동자처럼
지키라 (잠 7:2)

"몸이 천 냥이면 눈이 구백 냥"이란 옛말이 있습니다. 눈의 중요성을 강조한 말일 것입니다. 그래서 눈의 구조는 위로는 머리뼈, 앞으로는 코뼈, 밖으로는 광대뼈가 철저하게 보호하는 구조입니다. 우리가 넘어지더라도 코가 깨지고 눈두덩이가 터져도 눈만은 보호되도록 창조주께서 만드신 것입니다. 우리는 모든 중요한 외부 정보의 80%를 눈을 통해 얻습니다.

그러나 눈에서도 눈동자는 가장 중요한 부분입니다. 눈의 핵이라고 할만합니다. 그래서 영어로는 눈의 애플(apple)이라고도 말합니다. 우리의 안구는 하루 약 10만 번씩 움직이고 눈꺼풀은 약 5천번이나 깜빡인다고 합니다. 눈의 각막 뒤에 빛이 들어가는 둥근 입구를 우리는 동공이라 일컫습니다. 우리는 본능적으로 이 소중한 눈동자를 눈을 깜빡이며 보호합니다.

잠언 기자는 우리가 주의 명령과 교훈을 눈동자처럼 소중히 여겨야 한다고 가르칩니다. 기독교인들은 '한 책의 사람들'(People of the Book)이라고 일컬어집니다.

　우리는 이 책의 교훈으로 살아계신 하나님을 경험하였고 예수의 제자가 되어 살게 되었습니다. 신앙생활의 모든 여정을 한마디로 묘사한다면 이제부터 그의 명령을 지키는 삶을 살아가는 것입니다.

　구약시대의 사람들에게 최고의 장식이 있었다면 말씀으로 집을 장식하고 몸을 치장하는 것이었습니다. 그들이 공동체로 여행을 하거나 주거지를 옮기면 제일 먼저 챙겨야 할 것이 주의 말씀인 토라였습니다. 토라는 공동체의 최고의 자산이었고, 공동체를 지키는 질서요 하나님의 백성들의 삶의 기초였습니다. 우리는 오늘 이 말씀을 눈동자처럼 지키고 있습니까? 🪴

주님, 성경책이 흔하다는 현상 때문에 말씀의 가치를 망각한 저희를 용서하시고 우리로 말씀을 눈동자처럼 소중히 간직하며 살게 하소서. 할 수 있다면 눈을 깜빡일 때마다 주의 말씀을 기억하게 하소서. 아멘

마음판에 새기라

이것을 네 손가락에 매며
이것을 네 마음판에
새기라 (잠 7:3)

우리가 사는 시대를 MM의 시대라 일컫습니다. 멀티미디어의 시대라는 말입니다. 이 시대의 현저한 상징은 스피드와 칼라라고 할 수 있고 이런 특성을 대표하는 문명의 이기가 TV와 DMB의 스크린이라고 할 수 있습니다. 이런 문명의 혜택은 인간의 상상력이 이룩한 문명의 위대한 발자취라고 할만합니다. 우리는 이런 문명의 이기를 즐길 수 있는 특권이 있습니다.

그러나 이런 문명의 발전으로 상대적으로 우리가 잃어버리고 있는 것들에도 관심을 기울일 필요가 있습니다. 우선 독서열의 후퇴입니다. 사실 역설적인 일은 오늘날의 멀티미디어의 발전은 지나간 시절 독서 삼매경을 통해 위대한 상상을 시작한 결과였다고 할 수 있습니다. 심리학자들은 독서야말로 인간 상상력의 모태요 산실이었다고 지적하고 있는 것입니다.

그런데 오늘의 우리는 문명의 발전을 이룩해 놓고 오히려 이런 문명 발전의 산실인 상상력을 소홀히 하고 있는 것입니다. 상상력과 함께 오래 동안 문명의 끈을 붙들고 인간 사유와 정신문화의 근간이 되어 온 것이 암기력의 격려이었습니다. 그런데 오늘날 우리는 이런 암송의 미덕을 상실해 가고 있습니다. 모든 암송 중 성경 암송은 암송 문화의 꽃이었습니다.

신앙인들에게 지혜의 말씀을 마음판에 새기는 것보다 더 중요한 신앙 승리의 방편이 어디에 있겠습니까? 시편 기자도 범죄하지 않고자 주의 말씀을 마음속에 두었다고 고백합니다. 어떻게 말씀을 마음 속에 두고 늘 그 말씀을 묵상하며 그 말씀을 따라 살 수가 있겠습니까? 성경 암송이 그 대답입니다. 성경 암송의 거룩한 습관이 회복되는 부흥을 보고 싶습니다. 🌱

주님, 부흥을 사모하는 이때에 무엇보다 성경 암송의 거룩한 습관을 사모하게 하옵소서. 아멘

나의 누이 나의 친구

● ● ●

지혜에게 너는 내 누이라 하며
명철에게 너는
내 친족이라 하라 (잠 7:4)

우리가 한 사람의 삶의 배경을 알아보고 그의 행동의 깊은 잠재적 이유들을 이해하려면 그의 가족과 그의 친구를 알아보는 것이 무엇보다 중요합니다. 인간의 성장 과정에 있어 좋은 누이의 역할은 그의 성격의 부드러움과 따뜻함의 토양이 되어주고, 어렸을 적 어울리는 친구들은 결정적으로 우리 인생의 올곧음과 올바름의 향방을 정하는 나침반이 되어 줍니다.

잠언 기자는 우리에게 지혜를 우리의 누이로 삼고 살라고 충고합니다. 지혜는 매우 실제적인 것입니다. 지혜는 바르고 유익하게 사용된 지식입니다. 우리 사회가 고학력 사회가 되어 가면서 지식 있는 사람은 많아져 가는데 문제는 지혜 있는 사람이 없어져 간다는 것입니다. 성경은 지혜는 학교에서 얻어지는 것이 아니라 위로부터 주어지는 선물이라고 가르칩니다.

다시 잠언 기자는 우리에게 명철을 친구로 삼아야 한다고 충고합니다. 명철은 우리에게 올곧은 판단을 함에 있어 지혜보다 더 앞서야 할 선험적인 것입니다. 명철함이 없이 지혜로울 수 없습니다.

명철은 이해 곧 '언더스탠딩'입니다. 그러나 더 좋은 서구식 표현은' 인사이트(insight)'입니다. 바른 상황적 판단이 지혜로움이라면 명철은 양심의 본능이 제공하는 직관입니다.

좋은 누이와 좋은 친구가 결정적으로 원만한 인격 형성과 건강한 성장 발달에 기여 하는 것처럼 우리가 인생의 마당에서 날마다 좋은 판단을 하고 살아가기 위해서는 지혜롭고 명철할 필요가 있습니다. 그러나 성경은 이런 지혜로움과 명철은 우리가 우리의 양심을 얼마나 잘 관리하고 성령님의 인도하심을 민감하게 잘 좇아감에 있느냐에 달려 있다고 가르칩니다. 🌱

선하고 의로우신 주님, 우리의 평생에 지혜를 누이로, 명철을 친구로 삼고 살게 하옵소서. 아멘

지혜 없는 젊은이

어리석은 자 중에,
젊은이 가운데에 한 지혜 없는
자를 보았노라 (잠 7:7)

　잠언서는 지혜의 책입니다. 가히 인류의 지혜의 보고라 할 수 있습니다. 그러나 특히 젊은이들을 위한 지혜의 보고입니다. 왜냐하면 잠언서의 가장 중요한 대목들은 지혜로운 왕이요 명철한 아버지였던 솔로몬이 아들에게 친히 개인적으로 권고하는 따뜻한 교훈의 책이기 때문입니다. 자신의 일생을 통한 경험의 진수가 농축된 지혜의 서신이라고 할 수 있습니다.

　현대의 아들들에게 아버지의 권면은 시대에 뒤떨어진 잔소리로 다가올지 모릅니다. 그러나 우리가 잊지 말아야 할 것은 그 아버지도 한때는 자신의 아버지의 교훈을 잔소리로 간주했던 인생이었습니다. 그럼에도 불구하고 아들이 자신의 교훈을 잔소리로 간주할 것을 알면서도 할 수밖에 없는 절실한 아버지의 마음의 부담은 곧 지혜의 성령의 부담이셨던 것입니다.

　"나도 내 아버지에게는 아들이었으며 내 어머니 앞에서도 하나뿐인 귀여운 자식이었노라"(잠 4:3) 그는 지금 그런 아들의 시절을 겪은 아비의 심정으로 사랑하는 아들에게 지혜로운 인생의 길을 권면하고 있는 것입니다.

　무엇보다 지혜로운 인생은 도덕적인 바른 선택에서 시작된다고 가르칩니다. 특히 쾌락주의적 방황에서 자신을 지켜야 한다고 가르칩니다.

　어리석음 가운데서도 어리석음은 청년의 시절을 부도덕한 이성들과 어울려 낭비하는 것입니다. 그것은 시간의 낭비요, 정력의 낭비요, 가치의 낭비인 것입니다. 잠언 기자는 이런 정욕을 따르는 인생의 길은 곧 죽음으로 가는 길, 스올로 가는 길이라고 경고합니다. 그러나 뜻밖에도 인생의 마당에 이런 아비의 충고를 버린 지혜 없는 젊은이들이 적지 않습니다.

오, 하나님. 지혜 없는 젊은이들이 가득한 인생의 길에서 우리의 자녀들, 우리의 청년들이 지혜롭게 아비의 충고를 가슴에 새기고 자신을 지키는 평생을 살게 하옵소서. 아멘

그물 속으로 날아드는 새

축구 관전에서 제일 어이없는 패배가 있다면 자살골을 먹는 경우입니다. 그러나 이런 경우는 실제로 적지 않게 발생합니다. 또 지혜로운 적은 자살골을 유도하기도 합니다. 제일 후회스런 패배는 적의 의도를 간파하고 있으면서도 어쩔 수 없이 적의 간계에 말려드는 경우입니다. 이런 경우 어쩔 수 없다는 패자의 변명은 용서받기 어려운 구실일 뿐입니다.

신앙의 마당에서도 종종 자살골을 먹고 세상의 조롱거리로 등장하는 성도들의 모습을 볼 수 있습니다. 성경은 이런 미혹이 있을 것을 반복해 경고하며 우리의 원수 사단 마귀가 바로 그런 전략을 구사할 것을 경고합니다. 잠언 7장의 적지 않은 긴 분량에서 지혜의 영이신 성령께서는 이런 쾌락주의적인 전략의 그물에 많은 남성들이 희생될 것을 일러주고 있습니다.

인류의 직업 중에서 가장 혐오스런 직업은 성매매입니다. 그럼에도 불구하고 인류는 이 직업을 없애는 일에 성공한 사례가 없습니다. 그 원인은 단순하게 말해서 성매매의 수요가 계속되고 있기 때문입니다.

성경은 이 길을 걷는 남성들에게 그 길이 스올의 길 곧 사망의 길이라고 경고합니다. 그럼에도 불구하고 이 길을 걷는 사람들의 발걸음은 끊이지 않습니다.

오늘의 본문에서 지혜자는 인간이 사용할 수 있는 가장 신랄한 경고의 언어로 이 길을 걷는 자들의 마지막을 경고합니다. 화살이 그 간을 꿰뚫을 것이라고 말입니다. 그리고 그것이 바로 그물 속으로 날아드는 새의 운명의 종국이 될 것이라고 말입니다. 이 시험에서의 성공과 실패는 당장의 쾌락지수와 궁극의 행복지수 사이에서 무엇을 선택하느냐에 달려 있습니다.

주님, 당장의 쾌락보다 영원한 행복을 선택하는 지혜를 우리에게 주소서. 아멘

진실을 말하는 입술

● ● ●

내 입은 진리를 말하며
내 입술은 악을
미워하느니라 (잠 8:7)

예수님은 사람이 마음에 가득한 것을 입술로 말한다고 하셨습니다. 우리는 한 사람의 언어를 보고 그의 인격을 알 수 있습니다. 진실한 말은 진실한 인격을 반영하고, 거짓된 말은 거짓된 인격을 반영합니다. 따라서 진실한 말을 하는 인격의 훈련은 우리의 마음 다스리기에서 시작되어야 합니다. 속 사람이 변할 때 인간의 겉 사람이 변할 수 있습니다.

속 사람 변화의 첫째 출발점은 진실의 주인이신 예수님을 영접하는 것입니다. 예수님은 내가 곧 진리(진실)라고 말씀하셨습니다. 반면에 그는 사단의 정체를 드러내시면서 그는 거짓의 아버지요, 역사의 처음부터 그는 거짓을 말하고 행하여 왔다고 하셨습니다. 첫 사람에게 네가 선악을 알게 하는 열매를 먹어도 결코 죽지 않으리라고 말한 자가 사단이었습니다.

예수님을 주로 고백하는 모든 성도들은 매 순간 순간 삶의 마당에서 진실의 영이신 성령으로 지배를 받는 삶을 살도록 해야 합니다. 사단은 할 수만 있으면 택한 자라도 미혹하려고 한다고 주께서 친히 경계하셨습니다.

이런 사단의 궤계를 물리치고 성도들은 언제 어디서라도 정직하고 선한 말, 그리고 어떤 경우라도 책임질 수 있는 말을 하려고 노력해야 합니다.

무엇보다 악을 미워하고 기도를 쉬지 말아야 합니다. 주께서 가르치신 바를 따라 "다만 악에서 벗어나게 하소서"라고 기도함으로 자신의 입술을 지켜야 합니다. 그리고 하나님의 말씀을 경청하고 나누는 삶을 습관화해야 합니다. 주의 말씀은 바로 진실의 증언이요, 진리의 말씀이기 때문입니다. 그때 비로소 우리의 입은 진실을 말하는 입술이 될 것입니다. 🪴

주여, 진실이 사라진 시대를 사는 우리에게 악을 미워하고 진실을 말하는 입술을 갖게 하소서. 아멘

'나 지혜'씨의 인생 주소

주소를 계속해서 옮겨야 한다는 것은 아직도 내 인생이 안정되지 못했다는 말입니다. 유목민은 늘 농부를 그리워했다고 합니다. 그 끊임없는 유랑의 불안에서 탈출하고 싶어했기 때문입니다. 서양 문화의 생동성은 유목민의 모험에서 시작되었고, 동양 문화의 사색성은 농부의 지혜에서 시작되었다는 말이 있습니다. 우리는 종종 사색의 현 주소를 물어야 합니다.

잠언 기자의 일생의 목표는 지혜로운 삶의 추구였습니다. 그는 자신의 이름이 "나 지혜"이기를 소원했습니다. 그리고 나 지혜씨는 자신의 인생의 주소가 명철이기를 갈망했습니다. 지혜로운 사람은 명철한 사람입니다. 그는 무엇보다 인생과 사물을 잘 이해하는 총명함이 있는 사람이기를 원했습니다. 그는 매사의 판단에 있어 그런 총명함을 추구하고자 합니다.

나 지혜씨는 총명한 판단의 근거로 언제나 정확한 정보를 획득하고자 합니다. 우리 시대는 이런 정보를 지식이라고 부릅니다. 인터넷 문화는 우리에게 지식 정보화 시대를 열었고 우리는 이제 우리가 탐색하는 모든 것에 대한 지식 검색이 가능하게 된 시대를 살아가고 있습니다. 그러나 나 지혜씨는 이런 지식의 원천이 하나님의 말씀인 것을 잊지 않고자 합니다.

그리고 무엇보다 나 지혜씨는 그가 얻은 지식과 정보를 활용하여 판단하고 행동하기에 앞서 근신함을 삶의 덕목으로 삼고자 합니다. 한번 더 생각하기 위해서 입니다. 이런 생각의 여백은 기도가 숨쉬는 영의 공간이기도 합니다. 나 지혜씨는 이런 근신과 분별력으로 하나님의 인정과 이웃들의 신뢰를 얻는 사람입니다. 그가 오늘 우리의 역할 모델이기를 기도합니다. 🌱

지혜의 근원이신 주님, 당신을 닮은 나 지혜들이 많아지게 하옵소서. 아멘

태초에 지혜가 있었다

• • •

여호와께서 그 조화의 시작
곧 태초에 일하시기 전에
나를 가지셨으며 (잠 8:22)

잠언 8장 22절 이하는 요한복음 1장 1절 이하의 말씀과 너무 닮았습니다. 창세기 1장과도 닮은 면이 있지만 훨씬 더 요한복음의 복음적 메시지가 배어 있는 느낌입니다. 물론 시기적으로 잠언이 앞서니까 요한복음의 기자가 잠언의 영향을 받았을 것입니다. 태초에 있었던 지혜를 말씀으로만 바꾼 듯 합니다. 잠언의 지혜는 곧 요한복음의 말씀이라고 할 수 있을 것입니다.

그렇다면 요한복음 1장의 말씀 곧 로고스가 화육하신 예수 그리스도를 뜻하고 있다면 잠언 8장의 지혜를 삼위의 제2위이신 예수 그리스도로도 볼 수 있을 것입니다. 실제로 그렇게 본문을 해석한 성경학자들도 적지 않았습니다. 물론 좀 더 엄격하게 성찰하는 학자들은 단순한 지혜의 문학적 의인화로 보았지만 말입니다. 문제는 주님의 원 존재와 창조의 양식입니다.

분명한 사실은 그는 어느 날 갑자기 충동적으로 창조 행위를 시작하신 것이 아닙니다. 그는 창조 이전에 먼저 존재하셨고 지혜와 충분히 교감하신 후 창조 행위를 시작하셨다는 말입니다.

그런 의미에서 그는 분명하게 피조물과 구별되는 창조자이십니다. 그리고 그는 인격적인 창조자이십니다. 그는 깊으신 지혜로 생각하시고 만물과 인생을 지으셨습니다.

말씀은 생각의 표현이며, 의사소통의 매개체입니다. 그리스도는 보이지 않으시는 하나님의 생각의 나타남이시고, 동시에 하나님과 인간의 교통을 가능하게 하시는 중보자이십니다. 마찬가지로 지혜는 처음부터 하나님의 생각 속에 계셨고, 하나님과 함께 계셨습니다. 요한의 표현을 빌리면 만물은 그로 말미암아 지은 바 되셨습니다. 태초에 지혜가 있었습니다.

태초부터 지혜로 계신 주님, 우리로 항상 지혜이신 주님과 동행하는 인생을 살게 하소서. 아멘

잠언서의 복음

그러나 나를 잃는 자는 자기의
영혼을 해하는 자라 나를 미워하는 자는
사망을 사랑하느니라 (잠 8:36)

이보다 더 분명한 복음의 선언을 어디서 발견하겠습니까. 거의 요한복음 3장 16절을 연상하게 하는 말씀이 아닙니까. 복음은 좋은 소식입니다. 가장 좋은 소식은 우리가 새 생명을 얻고 인생을 새롭게 출발할 수 있다는 것입니다. 그리고 그것은 전적으로 하나님의 은혜 혹은 그의 사랑 때문이라고 할 수 있습니다. 여호와의 은총 때문인 것입니다.

복음의 다른 반면은 새 생명을 거부하는 이들에게 결국은 사망이 기다리고 있다는 것입니다. 요한복음 3장 16절의 표현으로는 불신의 결과가 멸망이라는 것입니다. 이런 멸망은 하나님의 사랑의 부족 때문이 아닙니다. 우리의 죄 값입니다. 죄의 삯은 사망이기 때문입니다. 그러나 하나님은 은혜로 우리를 위해 영생의 선물을 준비하셨습니다.

잠언 8장의 '나'라는 표현은 일차적으로 지혜의 의인화임을 인지합니다. 그러나 성령께서 잠언의 진정한 저자요, 성경 전체의 저자이심을 우리가 고려한다면 성경의 통일성이라는 측면에서 볼 때 과연 오늘의 잠언 본문이

가진 신약적 복음 선언과의 유사성이라는 놀라운 특성을 하나의 우연으로 간
과할 수 있느냐는 것입니다.

그래서 우리는 여기서 오랫동안 성경학자들이 주장해온 잠언서의 복음을
발견하는 기쁨을 고백하는 바입니다. 신약 성경이 변함없이 지혜의 참된 근
원이 예수 그리스도이심을 주장한다면 지혜이신 예수 그리스도를 거부함은
곧 생명을 저버리는 일이기 때문입니다. 그가 오신 것은 그의 사람들이 생명
을 얻고 더 풍성히 얻게 하고자 함입니다.

지혜의 근원이신 주님, 윤리적 교훈의 나열처럼 보이는 구약의 잠언에서 우리는 생명이신 그리스도
를 발견하고 기쁨으로 당신을 찬양하나이다. 아멘

지혜로운 건축가

• • •

지혜가 그의 집을 짓고
일곱 기둥을
다듬고 (잠 9:1)

인생은 집을 짓는 여정입니다. 인생을 살다간 자리에 우리는 모두 한 채의 집을 남깁니다. 어떤 집은 쉽게 무너질 집으로 남고, 어떤 집은 세월이 지나도 오랫동안 견딜 견고한 집으로 남습니다. 어떤 집은 보기에도 좋아 지나가는 사람들에게 즐거움과 쉼을 선물하지만, 어떤 집은 곧 무너질 것 같고 조잡하여 지나가는 사람들을 불안하게 하고 불쾌하게 합니다.

지혜로운 건축가는 무엇보다 집의 기초를 신중하게 선택합니다. 예수님도 산상수훈에서 집을 짓는 두 사람의 이야기를 들려 주셨습니다. 한 사람은 모래 위에, 또 한 사람은 반석 위에 집을 지었습니다. 두 집은 건축 후 매우 비슷하게 보였지만, 홍수가 나고 비바람이 불자 그 무너짐과 견딤의 근본 차이가 드러났습니다. 두 집의 차이는 결국 기초의 차이였습니다.

예수께서는 내 말을 듣고 행하는 자는 반석 위에 집을 지은 사람과 같다고 가르치십니다. 주님의 말씀은 잠언 기자가 말한 지혜의 말씀입니다. 우리는 지혜로 집을 지어야 합니다.

성도의 집은 반석 위에 세워져야 하고 일곱 기둥을 세운 집이어야 합니다. 일곱은 성경에서 언제나 완전한 숫자의 상징입니다. 주님의 말씀은 우리가 신뢰할 수 있는 완벽한 지혜입니다.

요한계시록 4장에 보면 천국의 보좌 앞에는 일곱 등불이 켜 있었는데 이는 곧 하나님의 일곱 영이라고 하셨습니다. 지혜로운 건축가는 늘 성령의 도우심으로 말씀을 읽고 거기에서 인생의 지혜를 구하며 천국을 바라보고 산 사람들입니다. 지혜로운 건축가들은 또한 이 땅에서 영원한 성에 도달할 때까지 성령의 인도를 구하며 기도로 살아가는 사람들입니다. 🌱

지혜의 근원이신 주님, 우리 한 평생 지혜로 집을 짓고 일곱 기둥을 세우게 하소서. 아멘

평준화의 허상

지혜 있는 자에게 교훈을 더하라
그가 더욱 지혜로워질 것이요 의로운 사람을 가르치라
그의 학식이 더하리라 (잠 9:9)

최근 우리나라 교육의 방황은 소위 평준화의 허상에서 비롯되었다는 것이
이 나라 교육의 미래를 걱정하는 사람들의 공통된 진단입니다. 인격은 제품
이 아닙니다. 그래서 공장의 제품처럼 평준화할 수 없습니다. 수업의 진도를
잘 따라오는 학생들은 마음껏 능력을 극대화할 기회를 주고, 잘 못 따라오는
학생들은 그들의 다른 재능을 발굴하도록 도와야 합니다.

교육의 상황에서 가르치는 이가 잘 가르침을 받을 수 있는 대상자를 선발
할 때 자주 입에 오르내리는 표현이 "가르침을 받을 수 있는 마음"(teachable
heart)이 준비되어 있느냐는 것입니다. 어떻게 억지로 교육을 할 수 있겠습
니까? 그리고 무엇보다 학생의 잠재력(potential)과 가능성(possibility)에 따
른 교육 커리큘럼을 준비할 수 있어야 할 것입니다.

오늘의 잠언에서 성경은 일단 지혜롭고 의로운 사람이 더 집중적 교육의
대상이 되어야 한다고 가르칩니다. 물론 그들의 가르침이 오늘날의 학교 교
육이 요구하는 그런 기능적 교육은 아니었을 것입니다.

보다 전인적인 리더십 교육이었다고 말하는 것이 적절한 표현이 될 것입니다. 지금 우리 시대는 모든 영역에 전문성을 넘어서는 성품의 리더십을 기다립니다.

열망과 가능성을 따라 인재를 키우는 리더십, 이것이 바로 새 교육의 방향이 되어야 합니다. 그것이 진정한 평준화, 창조주의 설계를 따라 사람을 키우는 방안입니다. 그리하여 전문성과 성실성을 갖춘 사람들이 이 사회 모든 영역에서 당당함과 겸허함으로 섬기는 모습들이 보편화될 때 우리 사회는 교육 문제의 희망을 말하게 될 것입니다. 대답은 성경에 있습니다.

위대한 교사의 모범이신 주님, 우리가 당신이 주신 책 안에서 이 나라 교육의 미래와 희망을 발견하게 도와주시옵소서. 아멘

장수의 언약

• • •

나 지혜로 말미암아
네 날이 많아질 것이요 네 생명의 해가
네게 더하리라 (잠 9:11)

　장수는 태고부터 인간이 지닌 본능적인 열망이었습니다. 그러나 오래만
사는 것이 행복이 아니라는 것은 인간이 일찍 터득해 버린 공공연한 비밀이
었습니다. 문제는 어떻게 오래 질적인 행복을 유지하면서 살 수 있느냐는 것
입니다. 오늘의 본문에서 잠언 기자는 그 장수 인생을 사는 비밀의 열쇠가 바
로 주의 선물인 지혜라고 가르칩니다.

　지혜 있는 사람은 바른 판단의 복을 누립니다. 인생의 대부분의 스트레스
는 그릇된 판단의 결과로 초래되는 것입니다. 우리 시대의 최대의 비극은 지
혜자가 적다는 것입니다. 지식은 넘쳐 나는데 지혜가 부족한 것입니다. 그
래서 사도 야고보는 성도에게 지혜가 부족하거든 후히 주시고 꾸짖지 아니하
시는 주께 구하라고 가르칩니다.

　지혜 있는 사람은 단순한 성취의 노예로 살지 않습니다. 대부분의 질병은
무리에서 비롯됩니다. 자연의 순리를 거스르는 자들에게 자연은 그 대가를
요구합니다. 그 결과가 바로 질병입니다.

　지혜 있는 자는 근시안적으로 일의 노예가 되는 것을 거절합니다. 그는 건강한 일생을 위해서 목표 달성보다 더 중요한 것이 있음을 압니다.

　목표 달성보다 더 중요한 것은 과정의 미학입니다. 한 순간 한 순간을 즐길 수 있어야 합니다. 그것이 집합하여 생의 보람을 만드는 것입니다. 이런 보람을 누리는 사람들은 피곤을 극복하고 삽니다. 그래서 이런 사람들은 병의 포로가 되지 않고 장수의 복을 누립니다. 목숨이 아깝거든 지혜롭게 사십시오. 장수의 언약을 기억하십시오.

생명의 주인이신 하나님. 오래 이 땅에서 행복하게 살고 싶어 하는 당신의 자녀들에게 지혜롭게 살아가는 복을 허락해 주십시오. 아멘

거만한 지혜의 위험

● ● ●

네가 만일 지혜로우면 그 지혜가
네게 유익할 것이나 네가 만일 거만하면
너 홀로 해를 당하리라 (잠 9:12)

잠언서는 지혜의 책입니다. 그러나 잠언의 기자는 모든 지혜를 무분별하게 찬양하지 않습니다. 지혜에도 겸손한 지혜와 교만한 지혜가 있습니다. 전자가 위로부터 오는 지혜라면, 후자는 땅에 속한 것입니다. 전자가 하나님으로 말미암은 것이라면, 후자는 악한 자로 말미암은 것입니다. 전자는 우리를 유익하게 하지만, 후자는 우리를 파멸시킵니다.

겸손한 사람은 자신의 지혜로 자신을 자랑하지 않습니다. 그는 지혜의 원천이 자신이 아님을 늘 인지하고 있기 때문입니다. 그리고 지혜가 주어진 목적이 자신을 세움에 있지 않음을 알기 때문입니다. 성령에 속한 지혜는 이웃을 세워 우리의 이웃으로 하나님을 위하여 살게 합니다. 무엇보다 불신의 이웃으로 주님을 알게 합니다.

교만한 사람은 자신의 지혜로 자신의 이름을 높이는데 열중합니다. 그가 살아가는 목적은 하나님의 나라가 아닌 자신의 왕국의 확장이기 때문입니다. 그는 킹덤 빌더(kingdom builder)가 아닌, 캐슬 빌더(castle builder)입니다.

그리고 모든 자기 성을 쌓는 사람들의 배후에는 악한 자의 영이 역사합니다. 그의 무기는 악한 지혜입니다.

성경은 사단에게 파멸의 날이 있다고 가르칩니다. 그리고 악한 자가 멸하는 날 그를 따르는 자들이 함께 바닥이 없는 어둠의 심연으로 사라질 것입니다. 세상에서도 악한 지혜의 수명은 길지 않습니다. 그러나 선한 지혜는 영원까지 미치는 열매를 맺게 합니다. 그래서 우리는 단순한 지혜의 사람이기보다 성령의 사람이기를 구해야 합니다.

오 지혜로우신 하나님, 우리에게 지혜를 주시되 그보다 더욱 주의 영을 부어 주셔서 당신의 사람 되게 하소서. 아멘

몰래 먹는 떡

• • •

도둑질한 물이 달고
몰래 먹는 떡이 맛이 있다
하는도다 (잠 9:17)

잠언은 지혜로운 가르침의 모음집입니다. 그러나 잠언은 때로 지혜롭지 못한 사람들의 생각과 언어를 역설적으로 소개하기도 합니다. 오늘의 잠언이 그런 케이스라고 할만 합니다. 그래서 역설적인 세상의 잠언으로 우리를 일깨우고자 하는 것입니다. 우리로 진정한 잠언의 교훈에 거하도록 촉구하기 위해서 입니다. 그래서 때로는 악마도 우리의 교사가 됩니다.

도적질한 물이 달고 몰래 먹는 떡이 맛이 있는 이유는 무엇입니까? 그 은밀한 쾌락 때문입니다. 창조자 하나님은 우리를 오관을 가진 감각적 존재로 지으셨습니다. 그래서 우리는 시각, 청각, 촉각, 미각, 후각의 민감함을 느끼며 살아가는 존재입니다. '영혼의 어둔 밤'과 씨름한 믿음의 선배들이 거의 예외 없이 대면한 것이 바로 이런 감각의 고통이었습니다.

성경의 기자들은 이런 은밀한 미혹과의 싸움에서의 승리를 위해 계속 우리로 결과를 상상하고 직면하라고 가르칩니다. 히브리서 기자는 모세의 믿음을 소개하며 그가 잠시 죄악의 낙을 누림보다 하나님의 백성들과의 고통의 연대를 선택했다고 가르칩니다. 죄악의 낙을 인정했지만 그것은 잠시였습니다. 잠언 기자는 죽음과 스올을 묵상하라고 우리에게 도전합니다.

악한 자는 인류의 처음부터 에덴의 동산에서 먹음직하고 보암직하고 탐스러운 미혹으로 처음 사람에게 다가왔습니다. 우리 주 예수님도 광야에서 동일한 미혹과 싸우셨습니다. 사도 요한은 이런 미혹의 정체를 육신의 정욕, 안목의 정욕, 그리고 이생의 시험이라고 가르칩니다. 우리는 영적 승리를 위해 날마다 감각의 쾌락이 아닌 말씀의 쾌락을 붙들어야 합니다. 🌱

주님, 감각의 쾌락보다 더 큰 즐거움이 말씀의 쾌락인 것을 알게 하옵소서. 아멘

불의와 공의의 궁극성

인간의 삶은 순간성과 궁극성의 싸움이라고 할만 합니다. 물론 우리의 현재를 지배하는 것은 바로 이 순간 여기에서 느끼는 순간성의 감정입니다. 대부분의 인생들은 이 순간성의 감정에서 자유롭지 못합니다. 왜냐하면 순간성의 감정은 강력한 오관의 느낌으로 다가와 우리를 지배하기 때문입니다. 그래도 우리는 끊임없이 궁극성의 사고를 적용하는 것을 배워야 합니다.

재물 모으기도 마찬가지입니다. 많은 사람들이 부정한 방법으로 재물을 취득하는 일에 매달리는 이유는 당장 이 순간 내가 누리는 재물의 쾌락이 너무나 강렬하게 느껴지기 때문입니다. 그런 의미에서 돈은 결코 중립적 도구가 아닙니다. 돈은 선도 악도 아니라는 말씀은 옳습니다. 그러나 일단 우리가 돈을 추구하는 일에 매달리면 악마는 우리 곁에 바짝 다가옵니다.

그리고 악마는 우리가 추구하는 재물이 불한 재물이 되도록 우리를 향한 공작을 시작합니다. 온갖 방어기제를 총동원하여 우리 자신을 설득하고자 할 것입니다.

　재물의 가치는 결국 어떻게 사용하느냐가 중요하다고 말할 것입니다. 그래서 그 재물을 지금 어떻게 모으느냐는 것은 중요하지 않은 것처럼 우리를 설득합니다. 그 순간부터 재물은 불의한 재물이 됩니다.

　그래서 우리에게 필요한 영성훈련은 모든 일의 궁극성을 묵상하는 훈련입니다. 그것은 하나님의 심판의 렌즈로 현실을 성찰하는 것입니다. 미래의 결과로 오늘을 판단하는 훈련입니다. 모든 불의한 재물은 결국 무익한 재물이 되고 맙니다. 그러나 공의롭게 살고자 하는 자는 결국 하나님의 구원의 손길을 경험하게 됩니다. 그의 인생 자체가 하나님의 도구가 됩니다.

공의로우신 주님, 주님의 공의의 궁극성으로 오늘을 사는 것을 배우게 하소서. 아멘

추수 때 마땅히 할 일

여름에 거두는 자는 지혜로운 아들이나
추수 때에 자는 자는 부끄러움을 끼치는
아들이니라 (잠 10:5)

시대는 바야흐로 추수기를 맞고 있는 듯 합니다. 주께서는 일찍 희어져 추수하게 된 밭을 바라보라고 말씀하셨습니다. 물론 세계의 어떤 지역에서는 복음의 영향력이 퇴조하고 교회가 영적 침체를 경험하고 있는 것도 사실입니다. 그러나 오늘날 온 세상을 균형 있게 바라보면 역사의 어떤 시대와 비교될 수 없는 놀라운 영적 부흥을 인류는 경험하고 있습니다.

오늘날 중남미 지역과 아세아 대륙에서는 그 유례를 찾기 어려운 집단 회심을 목격하고 있습니다. 문제는 일꾼의 손길이 부족한 것입니다. 이 추수 때에 잠만 자고 있는 부끄러운 일꾼들이 너무 많은 것입니다. 일꾼이 부족한 지역일수록 삯꾼이 판을 치게 마련입니다. 아니면 구경꾼 세상이 되는 것입니다. 우리는 일꾼인지 삯꾼인지 구경꾼인지를 물어야 합니다.

지혜자는 추수기를 놓치지 않고 곡식을 거두어들이는 아들은 지혜롭다고 말씀하십니다. 일본은 세계 제2차대전 후 영혼의 추수기를 맞이하고 있었습니다.

맥아더 장군은 미국 교회에 선교사 파송을 호소했지만 당시에 잠자던 미국 교회는 이 중요한 때를 놓치고 실기하고 말았습니다. 덕분에 오늘의 일본은 다시 복음에 냉소적인 세속국가로 전락하고 만 것입니다.

바울 사도는 때를 얻든지 못 얻든지 복음을 전하라고 우리에게 부탁합니다. 그러나 알맞은 때에 복음을 전하면 한 국가 한 종족 때로는 한 마을을 쉽게 복음화 할 수 있습니다. 고기잡이를 낚시가 아닌 큰 그물로 하게 됩니다. 지금이 그런 때라면 이제 우리는 윌리암 캐리의 선언처럼 주님으로부터 위대한 일을 기대하고 그를 위해 위대한 일을 시도할 때입니다. 🌱

추수의 주인 되신 주님, 이 추수기를 실기하지 않고 위대한 일을 시도하는 지혜로운 일꾼 되게 하옵소서. 아멘

기억될 이름, 썩을 이름

● ● ●

의인을 기념할 때에는
칭찬하거니와 악인의 이름은
썩게 되느니라 (잠 10:7)

지혜자의 가치의 서열에서 이름의 가치는 부나 지위의 가치보다 우선합니다. 전도서에도 "아름다운 이름이 보배로운 기름보다 낫다"(전 7:1)고 했습니다. 어쩌면 이 서열은 하나님 나라의 가치와 병행하는 것입니다. 이름은 성실의 결과이지만, 많은 경우 재물은 반드시 성실의 결과와 비례하지 않기 때문입니다. 세상에는 불의의 재물도 적지 않기 때문입니다.

예로부터 우리 어른들도 "호랑이는 죽어서 가죽을 남기지만 사람은 이름을 남긴다"고 했습니다. 어떤 사람의 이름이 순간적으로 왜곡되어 인구에 회자될 수도 있습니다. 그러나 이름은 역사 속에서 결국 제 자리를 찾고야 맙니다. 그러므로 우리의 이름이 어떻게 기억될 것인가를 염두에 두고 사는 것은 지혜로운 일입니다. 그것이 우리의 삶의 결산이기 때문입니다.

의인의 이름은 칭찬으로 기억됩니다. 그것이 의인의 삶에 대한 궁극적인 보상이라고 할만 합니다. 의인이 그의 세대에 반드시 인정되지는 않습니다. 오히려 의인의 의로운 행위가 자기의 세대에서는 평가되지 못하고 고난의 인생으로 점철되는 모습들을 봅니다. 그러나 결국 그의 이름은 기념되고 기억되는 날이 오고 그의 후손들이 그 축복을 누리게 됩니다.

그러나 악인의 이름은 썩습니다. 그의 세대에 강요된 그 힘 있는 이름이 결국은 철저하게 망각되어 버립니다. 혹시 누군가가 기억한다 해도 추한 이미지로 외면당하는 이름일 따름입니다. 누가 오늘날 자녀의 이름을 가룟 유다로, 압살롬으로 취할 사람이 있겠습니까. 이름은 자신의 존재의 근거이며 심판의 마지막 자취가 될 것입니다. 내 이름은 어떤 이름입니까? 🌱

역사의 주인 되신 주님, 행여나 우리 이름이 썩을 이름으로 기억되지 아니할 인생을 살게 하소서. 아멘

의인의 입, 악인의 입

의인의 입은 생명의 샘이라도
악인의 입은 독을
머금었느니라 (잠 10:11)

무엇으로 의인 됨과 악인 됨이 구별될 수 있습니까? 지혜자는 그것이 바로 언어생활이라고 지적합니다. 언어는 존재의 집이라고 말한 철학자가 있었습니다. 언어가 우리의 인간됨을 드러내는 것입니다. 의인의 언어는 의롭고 악인의 언어는 악합니다. 성자의 언어는 거룩하고, 패륜아의 언어는 추합니다. 영웅의 언어는 영웅답고, 비겁자의 언어는 비굴합니다.

세상에서 가장 강력한 영향을 끼치는 힘 가운데 하나가 언어의 힘입니다. 언어는 가장 창조적인 힘을 갖습니다. 우리가 가족들이나 이웃들에게 사용하는 언어로 우리의 사랑하는 사람들이 새로운 삶의 비전과 용기를 얻습니다. 의인의 입은 생명의 샘입니다. "빛이 있으라"는 말씀으로 만물이 생겨났습니다. "나사로야 나오너라"는 말씀으로 새 생명이 일어났습니다.

그러나 언어는 동시에 무섭게 파괴적인 힘을 갖습니다. 우리가 잘못 사용하는 파괴적인 언어로 우리의 사랑하는 사람들의 인생이 문자 그대로 무너지기도 합니다.

세상에는 인생들의 저주의 언어로 저주의 삶을 사는 사람들이 즐비합니다. 세상에는 존재의 가치를 부정하는 왜곡된 예언의 결과로 미래를 빼앗기고 사는 사람들이 넘쳐납니다. 언어에는 독이 있습니다.

심리학자들은 언어에는 '암시의 능력'이 있다고 말합니다. 우리는 우리가 사용하는 언어로 우리의 이웃들의 미래를 암시하는 것입니다. 그래서 우리의 언어 사용은 신중해야 합니다. 우리는 우리의 언어로 이웃을 살리기도 하고, 죽이기도 합니다. 그래서 우리는 살리는 언어 사용을 학습해야 합니다. 그때 언어는 생명의 샘에서 생명을 나누는 창조의 도구가 됩니다.

사랑하는 주님, 우리가 사용하는 언어가 이웃을 살리는 도구가 되게 하옵소서. 아멘

악한 두려움과 선한 소원

• • •

악인에게는 그의 두려워하는 것이
임하거니와 의인은 그 원하는 것이
이루어지느니라 (잠 10:24)

사람은 누구나 두려움과 소원을 안고 살아갑니다. 이런 두려움과 소원이 가장 잘 표출되는 때가 한 해를 정리하고 새해를 맞는 때가 아닌가 싶습니다. 누구나 새해를 맞게 되면 새해의 소원을 비는 것을 보게 됩니다. 믿는 이들은 교회로, 다른 종교인들은 그들의 성소로, 안 믿는 이들 중 적지 않은 이들은 산과 바다를 찾아 새롭게 다가오는 날의 행복을 기원합니다.

우리가 비는 새해의 소원의 무의식 저변에는 상당한 두려움이 있다는 것도 부인하지 못할 것입니다. 혹시 새해에 잘 되기를 바라나, 잘 되기는커녕 내 인생에 어떤 재앙이나 비극이 성큼 나를 찾지는 않을까 하는 불안이 공존하고 있는 것입니다. 그 만큼 우리가 사는 세상은 행운과 불운, 성공과 실패, 창조와 상실, 어둠과 빛이 공존하는 세상이기 때문입니다.

오늘의 성경은 두려움과 소원을 구별합니다. 두려움은 근원적으로 악에서 기원한 것이고, 소원은 선에서 기원한다고 말합니다. 물론 성도도 불신자와 동일하게 두려워하며 살고 있지만, 두려움의 원천은 하나님이 아니라는 말입니다. 반면 바람직한 소원의 출처는 언제나 하나님이십니다. 그러므로 성경의 하나님은 우리에게 날마다 "두려워 말라"고 말씀하십니다.

심리학자들은 '암시의 능력'(power of suggestion)을 증언합니다. 우리의 마음에 잠재한 암시가 결국 삶의 현실을 결정한다는 것입니다. 그래서 "믿는 대로 된다"는 것입니다. 우리는 악한 두려움을 안고 살고 있습니까? 아니면 선한 소원을 안고 살고 있습니까? 악인의 마음은 결국 악한 두려움의 지배를 받지만, 의인의 마음은 선한 소원의 지배를 받아야 합니다. 🌱

좋으신 주님, 새 날을 바라보며 선한 소원으로 새 날을 여는 자가 되게 하옵소서. 아멘

잠언
11장~20장

묵상의 샘 이동원 목사

정직한 거래

● ● ●

속이는 저울은 여호와께서
미워하시나 공평한 추는 그가
기뻐하시느니라 (잠 11:1)

우리는 참으로 오랫동안 사업의 영역만은 영성이나 도덕성과 상관이 없다고 간주해 왔습니다. 사업에서 어느 정도의 속임은 있을 수밖에 없는 당연한 마당이라고 간주해 온 것입니다. 그래서 장사하는 분들이 "밑지고 판다"든지 "싸게 판다"는 말을 믿는 사람은 가장 어리석은 사람이라고 생각했습니다. 사업은 무엇보다 나의 이익을 위한 전장이었기 때문입니다.

그런데 어느 날 갑자기 비즈니스의 세계에 "고객 우선"이라든지 "윈-윈 리더십" "서비스 정신" 등의 표어가 등장하고 실제로 자기의 이익이 아닌 우리의 이익을 위해 사업가와 고객이 함께 가려는 노력들이 등장하기 시작했습니다. 그리고 우리는 이런 비즈니스 철학의 배후에 예수님의 섬김의 리더십의 영향을 받은 비즈니스 사상가들의 존재를 알게 되었습니다.

그러나 실상 사업 세계에서 이런 성경적인 가치관의 영향이 유입되기 훨씬 전에 이미 잠언 기자는 상거래의 도덕성을 증거하고 있습니다. 우리의 저울은 정직해야 한다는 것입니다.

부정직한 거래를 주께서 미워하시고 정직한 거래를 주께서 기뻐하신다는 것입니다. 주님이 기뻐하신다면 안 될 장사가 어디 있고, 주님이 미워하신다면 잘될 장사가 어디 있겠습니까.

그럼에도 불구하고 아직도 우리의 삶의 마당에는 유해 식품, 부정직한 뇌물 거래, 부정직한 상표, 외국 상품을 국내 상품으로 둔갑하는 속임수, 단 기간에 큰 이익을 담보로 우리의 돈을 유혹하는 거래의 피해가 변함없이 계속되고 있습니다. 왜냐하면 당장의 이익이 우리의 마음을 흔들기 때문입니다. 그러나 정직한 거래만이 우리의 살길임을 잊지 말아야 합니다. 📖

사업의 주가 되신 주님. 사업에 종사하는 당신의 백성들만이라도 정직한 거래로 인생을 승부하게 하옵소서. 아멘

정직한 인생과 사악한 인생

● ● ●

정직한 자의 성실은 자기를 인도하거니와
사악한 자의 패역은 자기를
망하게 하느니라 (잠 11:3)

정직한 자는 바르고 곧게 사는 사람입니다. 그의 라이프 스타일은 성실입니다. 그는 시간과 장소에 따라 가치관을 바꾸지 않습니다. 그는 일관성 있게 자기 길을 걷는 사람입니다. 이런 사람은 예측 가능한 인생을 살아갑니다. 따라서 누구나 그를 믿을 수 있고 쉽게 따라갈 수 있습니다. 이런 사람은 주변 사람들을 편안하게 합니다.

사악한 자는 비뚤어지고 굽은 사람입니다. 그의 라이프 스타일은 패역입니다. 그는 시간과 장소에 따라 가치관을 바꾸는 사람입니다. 그는 술수와 모략에 인생의 성공을 의지합니다. 이런 사람의 인생은 예측 불가능합니다. 누구도 그를 신뢰하기 어렵습니다. 이런 사람이 리더가 되면 주변은 불안해 지고 그 공동체는 늘 혼란스럽습니다.

정직한 자가 누리는 최대의 축복은 자기가 가야 할 길로 인도함을 받는다는 사실입니다. 정도를 걷는 사람의 결국에는 정직하신 하나님의 구원이 기다립니다.

그러나 사악한 자의 마지막에는 멸망이 기다립니다. 왜냐하면 그는 스스로 가지 말아야 할 길을 선택하며 살았기 때문입니다. 그는 곧 공의로운 하나님의 심판을 만나야 합니다.

무엇이 한 사람을 정직한 사람으로 만들고 무엇이 또 한 사람을 사악한 사람으로 만드는 것일까요? 첫째는 믿음의 차이입니다. 정직한 사람은 정직한 결말을 믿었고, 사악한 사람은 악한 의도를 믿었던 것입니다. 그리고 다음은 습관입니다. 정직한 사람은 정직을 습관으로 만들었고, 사악한 사람은 술수를 습관 삼아 살아온 것입니다.

정직하신 하나님, 우리로 당신을 닮아 바르고 곧은 길을 걷는 습관을 따라 살게 하소서. 아멘

비밀을 지키는 사람

● ● ●

두루 다니며 한담하는 자는
남의 비밀을 누설하나 마음이 신실한 자는
그런 것을 숨기느니라 (잠 11:13)

우리 시대의 존경받는 의사요 정신 의학자였던 폴 토우루니에는 인간 성숙의 가장 중요한 특성으로 비밀을 지키는 것이라고 지적하였습니다. 미성숙한 아이들은 종종 부모에게 "이것은 비밀인데요"하면서 비밀을 말합니다. 그러나 이런 아이들도 사춘기 시절에 진입하면 부모에게 입을 다물고 비밀을 간직하는 것을 볼 수 있습니다.

세상에 많은 직업들 중에 세인들의 존경을 받는 고도의 전문 직업들은 대부분 비밀을 지키는 기능을 요구합니다. 의사가 그렇고 변호사가 그렇고 성직자가 그렇고 상담가가 그렇습니다. 그러나 이런 직업들 말고도 대부분의 공공의 서비스업 종사자들도 그런 암묵적 기능을 전제로 책임을 수행하도록 요청받습니다.

성경은 교회의 일꾼인 집사의 자격에서 우선적으로 일구이언을 안 하고 이웃을 모함하지 않는 언어의 신실함을 요청합니다. 이웃의 비밀을 끌어안고 기도하는 성숙함이야말로 교회의 지체들을 세우는 일군의 사역 방법이기 때문입니다. 그런데 어떤 사람들은 왜 그들의 소중한 이웃들의 비밀을 지켜주지 못하는 것일까요?

오늘의 잠언은 그 이유가 마음이 믿음직하지 못하기 때문이라고 지적합니다. 다시 말하면 마음의 신실함이 결여된 때문입니다. 남을 험담하고 남의 비밀을 말하기를 즐겨 하는 사람들일수록 대부분 신실하지 못한 사람들입니다. 그러나 우리가 신실하신 하나님을 깊이 신뢰할수록 아파하는 이웃을 품고 지키는 사람이 됩니다. 📖

신실하신 주님, 이웃을 고발하는 자가 아닌 이웃을 지키는 자로 평생을 살게 하소서. 아멘

아름다운 여인

• • •

아름다운 여인이
삼가지 아니하는 것은 마치 돼지 코에
금 고리 같으니라 (잠 11:22)

우리 시대의 아름다움을 우리는 주로 외모에서 찾습니다. 그래서 우리는 외모를 단장하는 일에 모든 노력을 기울여 왔습니다. 화장술이 발달했고 심지어 성형술은 새로운 시대의 단장의 코드가 되었습니다. 미인 콘테스트도 이런 시대의 기류를 촉진하는 상징이 되어 왔습니다. 이제는 여성뿐이 아니라 남성도 미의 경쟁에 합류하였습니다.

그러나 성경은 이런 시대의 경향을 초월하여 미의 변함없는 기준을 제시합니다. 그것은 도덕적이고 정신적인 것입니다. 물론 육체와 정신의 미는 이원론적으로 분화될 필요는 없습니다. 진정한 미는 전인적이고 통전적인 것이어야 하기 때문입니다. 그럼에도 불구하고 성경은 시대를 초월한 미의 기준으로 삶의 분별력을 제시하고 있습니다.

아름다운 여인이 삼가지 아니함은 돼지 코에 금 고리처럼 격에 맞지 아니하는 모양입니다. 여기서 삼가지 아니한다는 의미는 분별력을 행사하지 않는 무지한 라이프 스타일을 뜻하고 있습니다.

　진정한 미인은 지혜로운 판단력을 발휘할 줄 아는 상식적 여인이라는 것입니다. 신체의 미가 건전한 분별력을 동반하지 못한다면 꼴불견일 따름입니다.

　그러므로 참된 아름다움을 추구하는 사람들이 구할 진정한 가치는 외적인 것이 아닌 내적인 것입니다. 잠언 기자는 그것이 지혜라고 가르칩니다. 솔로몬의 지혜로움의 소문을 듣고 그를 찾아 온 시바의 여왕은 아름다움의 정체를 알고 있는 여인이었습니다. 우리가 사는 세상이 아름다운 세상이 되려면 지혜로운 사람들이 많아져야 합니다.

지혜의 근원이신 하나님. 우리가 사는 세상이 아름다운 선남선녀로 가득하도록 지혜의 영을 우리에게 부으소서. 아멘

영원한 투자

의인의 열매는 생명 나무라
지혜로운 자는
사람을 얻느니라 (잠 11:30)

우리는 영원하지 못한 시한부의 인생을 살아가고 있습니다. 어떤 의미에서 우리는 모두 사형수들입니다. 우리의 집행시기를 모르고 살아갈 뿐입니다. 진지한 사형수들의 고뇌는 무엇을 남기고 갈 것이냐는 것입니다. 그래서 뜻있는 이들은 영원한 가치를 탐색합니다. 시간 속에 남길 영원한 흔적을 찾는 것입니다.

누군가가 영원한 것을 찾다가 세 가지를 찾아냈다고 합니다. 첫째는, 하나님이셨습니다. 그분만이 영원히 존재하시는 영원자이심을 알게 된 것입니다. 둘째는, 하나님의 말씀이었다고 합니다. 풀은 마르고 꽃은 떨어지되 하나님의 말씀은 세세토록 영원하다고 성경은 증언합니다. 셋째가 하나님이 지으신 사람이었다고 합니다.

물론 사람의 육체는 잠깐입니다. 사람이 구하는 돈도 명예도 권력도 잠깐입니다. 그러나 사람의 영혼은 영원합니다. 그래서 사도 요한은 "이 세상도 정욕도 지나가되 하나님의 뜻을 행하는 자는 영원히 거하느니라"고 말합니다.

그래서 그는 하나님을 위하여 하나님의 말씀으로 사람을 섬기기로 결심했다고 합니다.

오늘의 본문에서 잠언 기자는 지혜로운 자는 사람을 얻느니라고 말합니다. 왜냐하면 사람을 얻는 것은 사람의 영원한 생명을 구하는 일이기 때문입니다. 성경적 의인은 이런 영원한 사람을 얻는 일을 인생의 가장 소중한 열매로 생각합니다. 그래서 이웃을 사랑하고 전도하는 일이야말로 인생의 영원한 투자입니다.

영원하신 하나님, 하나님의 뜻을 따라 영원한 투자를 게을리 않는 인생을 살게 하소서. 아멘

훈계와 책망의 미학

훈계를 좋아하는 자는
지식을 좋아하거니와 징계를 싫어하는 자는
짐승과 같으니라 (잠 12:1)

아무도 훈계를 반길 사람이 없고 책망을 좋아할 사람은 없습니다. 그러나 훈계와 책망이 주어질 때 어떻게 반응하느냐는 것은 전적으로 우리의 선택입니다. 그리고 그 선택 여하에 따라서 우리의 인격적 성숙이 영향을 받는다는 것은 분명한 사실입니다. 훈계나 책망에 대해 비인격적 반응을 보이는 것은 바로 우리가 인격이기를 포기한 짐승의 표지라고 말합니다.

성경은 적극적으로 훈계나 책망의 가치를 변호합니다. 예를 들어 히브리서 기자는 훈계나 책망을 자녀를 향한 부모의 애정으로 설명합니다. 자녀에게 훈계나 책망이 없다면 자녀에 대한 사랑을 포기한 부모의 모습을 유추할 수밖에 없습니다. 성경은 동일한 이유로 우리의 아바 되신 하나님께서 자녀 된 우리의 인생의 마당에 징계를 허용하신다고 가르칩니다.

물론 우리는 우리의 부모나 우리를 사랑하는 이들에 의해 허용된 징계는 기쁘게 수용할 수 있다고 말할지 모릅니다. 그러나 고레스를 '나의 목자'라고 하신 하나님은 나와 아무런 관계가 없어 보이는 인물이나 상황까지도 훈계와 책망의 도구로 얼마든지 쓰실 수 있습니다. 그래서 우리는 누구에게 어떤 방법으로 훈계가 오든 그것을 겸허히 받을 수 있어야 합니다.

타당한 훈계를 타당하게 수용한다는 것은 우리가 진실을 사랑하는 사람인 것을 보여주는 것입니다. 진실이야말로 참된 지식의 기초입니다. 그리고 이런 지식의 근거 위에 인생을 세우는 사람은 아무도 흔들 수 없습니다. 그래서 우리는 때로 훈계나 책망이 아파도 그 교훈에 귀를 기울이는 진정한 용기가 필요합니다. 성경은 이런 사람을 지식의 사람이라고 말합니다. 📖

참된 지식의 근원이신 하나님, 우리로 훈계나 책망에 대해 열린 마음을 주셔서 인간답게 살게 하소서. 아멘

뿌리 깊은 인생

• • • •

사람이 악으로서 굳게 서지
못하거니와 의인의 뿌리는 움직이지
아니하느니라 (잠 12:3)

시인 도종환의 시어처럼 인생을 살면서 흔들리지 아니하는 인생이 어디 있고 젖지 않고 피는 꽃이 어디 있겠습니까. 그래도 누가 흔들림을 사랑할 사람이 있겠으며 젖음을 즐거워할 수 있겠습니까. 조금은 덜 흔들리고 조금은 덜 젖으며 인생을 안정적으로 살아감을 구하는 것은 조금도 이상할 것 없는 보편인생의 갈망일 것입니다.

그런데 잠언 기자는 악이야말로 인생을 굳게 서게 못하는 제일 원인이라고 지적합니다. 그렇다면 우리는 악을 피하고 악을 경계함이 마땅할 것입니다. 악이 우리 인생의 마당에 독을 뿌리는 순간부터 우리 인생의 뿌리는 썩고 꽃과 열매는 허무한 망상이 되고 맙니다. 다만 그의 인생은 악에 휘둘리는 벌레 먹은 잎사귀로 무성할 것입니다.

그래서 잠언 기자는 의인은 뿌리 깊은 인생을 구한다고 말합니다. 그는 흔들리지 않는 기초에 인생의 뿌리를 내리고 싶어합니다. 그는 악인의 꾀를 좇지 아니하고 죄인의 길에 서기를 거절합니다.

　다만 그는 주의 지혜의 말씀으로 인생의 기초를 만들고자 합니다. 예수는 내 말을 듣고 행하는 사람은 반석 위에 집을 짓는다고 말합니다.

　뿌리 깊은 인생은 뿌리 깊은 나무와 같습니다. 저는 진리의 말씀에 인생의 기초를 두고 크게 흔들림이 없는 일관성 있는 삶을 살아갑니다. 진리의 말씀은 시대와 함께 변하지 않는 가치관을 제공하기 때문입니다. 주께서 가르치시고 보여주신 인생은 세상이 흔들지 못하고 악한 자가 넘보지 못할 생명의 뿌리를 소유합니다.

우리 인생의 뿌리 되신 주님, 주께 내 인생의 행보의 기초를 두고 평생을 살게 하소서. 아멘

어진 아내 욕을 끼치는 아내

어진 여인은 그 지아비의 면류관이나
욕을 끼치는 여인은 그 지아비의 뼈가
썩음 같게 하느니라 (잠 12:4)

세상을 사는 동안 우리는 여러 유형의 복을 추구하기도 하고 그 복을 누리기도 합니다. 그러나 이 모든 복 중에 실제적인 복의 하나가 배우자 복일 것입니다. 어떤 배우자를 만나느냐에 따라서 그의 인생의 색깔은 매우 달라집니다. 물론 우리 모두가 양질의 배우자를 만나고 싶어 하지만 그것이 맘대로 되는 것은 아니고 사실 결혼 적령기인 이십대의 판단력은 상당한 부분 미성숙해 있을 수가 있습니다.

그런데 기독교 교육가인 챨리 쉐드는 행복은 우리가 어떤 배우자를 만나느냐에 달려 있는 것이 아니라 우리가 어떤 사람이 되느냐에 달려 있다고 말합니다. 만남도 중요하지만 만남 이후의 우리들 자신의 인격적인 성숙과 관리가 더 중요한 것을 가르친 말입니다. 사실 배우자가 맘에 안 든다고 새로운 선택을 감행한다면 이혼하지 않을 사람은 아무도 없을 것입니다.

인생의 현장에는 종종 배우자의 덕성과 상관없이 아니 오히려 배우자의 비정상적 행위로 인하여 더 인격적인 성화의 길을 걸어간 사람들도 없지 않습니다. 이런 경우를 대표하는 케이스가 악처 소크라테스와 철인 소크라테스의 이야기일 것입니다. 그럼에도 불구하고 보편적인 평균 인생은 나의 됨됨이가 배우자에게 어떤 인격적 영향을 끼칠 것인가를 생각하고 살아야 합니다.

  잠언 기자는 어진 아내는 남편의 면류관이라고 말합니다. 아내의 덕성은 남편의 도덕적 자부심을 만들고 반면에 욕을 끼치는 아내로 인하여 남편은 환자가 되고 심지어 생명의 단축을 경험할 수도 있습니다. 그러므로 지혜로운 부부는 자신의 건강을 위해서도 배우자의 영적 성숙과 인격적인 수련에 관심을 가져야 합니다. 그리고 그 최고의 수련의 방편은 남편의 사랑과 기도입니다. 사랑과 기도 외에 인간 변화의 방법은 없기 때문입니다. 📖

오, 부부의 중매자이신 하나님, 우리가 서로에게 행복한 파트너가 되도록 우리를 부단한 성숙의 길로 인도 하옵소서. 아멘

행복의 열쇠 언어와 행실

사람은 입으로 창조하고 손으로 결실합니다. 신의 선물 중에 참으로 오묘한 것이 우리의 육체입니다. 그런데 우리의 육체의 지체 중에서도 정말 신기한 창조물이 입과 손입니다. 만일 인간이 말을 할 수 없다면 어떻게 되었을까요? 만일 인간이 손을 사용할 수 없다면 어떻게 되었을까요? 언어와 손의 기능은 인간을 인간 되게 하는 것입니다.

입의 언어는 위대한 창조력을 갖습니다. 우리는 입으로 사람을 감동시키고 불가능한 일을 가능하게 합니다. 인류 역사의 위대한 일들은 선언을 통해서 이루어져 왔습니다. 물론 많은 선언은 공허한 것이었지만 믿음의 사람들의 진실한 선언은 대부분 놀라운 생산적 결과를 초래하였습니다. 그래서 우리의 언어는 중요한 것입니다.

우리의 손의 행위는 정직합니다. 우리의 행위는 파종의 원칙에 충실합니다. 심은 대로 거두는 것입니다. 적게 심으면 적게 거두고 많이 심으면 많이 거둡니다.

    선한 것을 심으면 선한 것을 거두고, 악한 것을 심으면 악한 것을 거둡니다. 모두가 일한 만큼 되돌려 받습니다. 그래서 우리의 손의 행위는 중요한 것입니다.

    우리의 행복은 우리의 말과 손에 달려 있습니다. 따라서 우리는 선한 말을 하고 선한 행위를 해야 합니다. 결국 우리의 삶은 우리가 무엇을 말하고 무엇을 행하느냐에 따라 만들어져 가는 것입니다. 말과 행실은 행복의 열쇠입니다. 그러면 오늘도 행복을 소원하는 대로 행복한 말을 하고 행복한 행실을 가꾸어 가야 합니다. ◁▷

창조의 하나님. 우리의 언어로 행복을 말하게 하시고 우리의 행실로 행복을 가꾸는 삶을 살게 하소서. 아멘

진실한 입술과 거짓된 혀

• • •

거짓 입술은 여호와께 미움을 받아도
진실하게 행하는 자는 그의 기뻐하심을
받느니라 (잠 12:22)

인간이 다른 피조물과 차별화되는 특성의 하나는 언어생활입니다. 언어로 인간은 자신을 표현하고 자신의 꿈을 실현합니다. 언어의 질은 한 사람의 크기와 깊이를 결정합니다. 인간은 언어를 빌려 자신의 인생의 갈망을 전달하고 인생의 비전을 추구해 갑니다. 그래서 언어는 우리의 정신이 살고 있는 집이라고 할 수 있습니다.

우리의 언어생활은 무엇보다 진실해야 합니다. 진실한 언어는 진실한 인격을 드러냅니다. 잠언 기자는 진실한 입술은 영원히 보존된다고 말합니다. 진실하신 하나님이 그 진실을 보장하시기 때문입니다. 하나님은 참되고 진실하셔서 진실을 말하는 사람을 지키시고 진실의 가치가 실현되도록 진실하신 성령으로 도우십니다.

거짓된 혀는 잠시 동안 사람을 미혹하고 일시적으로 사람을 지배할 수 있습니다. 이런 모든 거짓의 배후에는 거짓의 영이 도사리고 있습니다. 예수님은 사단은 거짓의 아비라고 했습니다.

사단은 결국 패배하고 멸망 받을 존재입니다. 따라서 사단의 역사는 결코 오래 갈 수 없습니다. 사단은 결국 빛이신 주님 앞에서 그 정체를 드러낼 수밖에 없습니다.

우리는 거짓된 혀의 일시적 승리를 부러워 말아야 합니다. 거짓된 혀로 일시적 이익을 쟁취하는 사람들을 선망할 필요가 없습니다. 아직 심판의 시간이 도래하지 않은 것을 기억하며 최후의 승리자가 됨을 열망해야 합니다. 진실을 위해 자기 희생을 드린 사람들이 마지막 웃는 자가 될 것이며, 진실하신 하나님과 영원히 함께 거할 것입니다.

진실하신 주님, 진실하신 주님과 더불어 마지막 웃는 자가 되게 하여 주옵소서. 아멘

지혜로운 아들 딸

근대의 가장 중요한 발견은 어린이의 발견입니다. 사실 이 땅에 복음이 들어오기까지 '어린이'라는 단어 자체도 존재하지 않았습니다. 어린이는 '어리신 이'의 줄임말로 소파 방정환 선생에 의해 지어진 단어로 알려져 있습니다. 그 전까지 어린이는 어른의 부속물에 불과한 존재로 독립적인 인격적 개체로 취급되지 못했습니다.

어린이가 어른이 되어 가는 과정에서 중요한 것이 지혜입니다. 어떻게 지혜를 얻는가가 관건입니다. 창조주 하나님께서 어린이를 위해 준비하신 최고의 교사는 부모요 특히 아버지입니다. 잠언 기자는 지혜로운 아들과 딸이 되는 열쇠는 아버지와의 관계에 달려 있다고 가르칩니다. 아버지의 가르침과 꾸지람을 어떻게 반응하느냐가 열쇠입니다.

가르침은 신약의 바울 사도에 의하면 교양에 해당되는 단어이고, 꾸지람은 훈계에 해당하는 단어입니다. 바울은 주의 교양과 훈계로 자녀를 양육하라고 말씀했습니다.

의학에서 인간의 건강을 도모하기 위해서 예방과 치유의 방편을 사용합니다. 우리는 병들기 전에 자신의 건강을 돌아보아야 하고, 질병의 증상이 있으면 조기 치유에 착수해야 합니다.

의사의 치유 지시를 따르지 않음은 어리석은 일입니다. 그런데 종종 자신의 지혜가 의사를 능가한다고 착각하는 사람들이 있습니다. 성경은 그들을 거만한 사람들이라고 칭합니다. 지혜로운 주님의 아들들과 딸들은 하나님이 첫 교사로 세우신 아버지의 교훈과 꾸지람을 잘 수용합니다. 지혜로운 아들딸들은 겸손한 가정 학교의 학생들입니다.

지혜로운 큰 스승이신 주님. 우리의 자녀들이 주께서 세워주신 부모, 스승을 잘 순종하는 지혜로운 자녀로 자라가게 하옵소서. 아멘

실실허허 허허실실

• • •

스스로 부한 체하여도 아무 것도
없는 자가 있고 스스로 가난한 체하여도
재물이 많은 자가 있느니라 (잠 13:7)

인생을 살아가는 일에는 연극적인 요소가 전무할 수가 없습니다. 사실 연극이 인생들을 감동시키는 이유는 있을 수 있는 보편적 경험에 토대를 두고 스토리가 전개되기 때문입니다. 심리학의 영역인 행동수정에서는 무엇보다 인간변화의 열쇠를 우리의 의지에서 찾습니다. 문제는 우리의 연극적인 표현이 어떤 의지를 갖느냐는 것입니다.

인생의 장에는 부자인 체하고 사는 사람들도 있고, 가난한 체하고 사는 사람들도 있습니다. 문제는 왜 그렇게 하느냐는 것입니다. 부자인 체하는 사람들의 의지 속에는 남에게 얕보이고 싶지 않다는 생각에서부터 남을 속이려는 의지까지 다양한 의미가 숨어 있습니다. 그러나 결론은 실실허허, 실한 듯하나 비어 있는 삶의 모습입니다.

우리는 가끔 가난한 체하나 대화를 해볼수록 만남을 가져 볼수록 풍부한 인생의 컨텐츠를 갖고 있는 이웃들을 만나게 됩니다. 이런 사람들이 가난한 체 하는 중요한 이유는 이웃을 속이려 하기보다 자신에 대한 평가가 보수적이기 때문인 경우가 많습니다. 겸손하기 때문입니다. 이런 사람이야말로 허허실실의 인생을 사는 사람입니다.

실실허허의 마지막은 허전하기 짝이 없습니다. 이것이 결국 이 사람의 진실이었구나 하는 배신감으로 모두가 허탈해질 수밖에 없습니다. 그러나 허허실실의 결론은 경이로움이요 감동입니다. 예수님을 주인으로 모시고 하늘의 부요를 누리고 사는 사람들이 추구할 인생이 바로 허허실실의 인생입니다. 지혜로운 연극인이 되면 좋겠습니다.

지혜로우신 주님, 주님은 알아갈수록 무한하신 지혜의 보고이십니다. 우리도 주님을 닮아가는 인생이 되게 하소서. 아멘

불로소득의 운명

불로소득은 가장 큰 사회악입니다. 우리 사회가 불로소득을 부채질하는 사회라면 그것은 건강한 사회라고 할 수가 없습니다. 왜냐하면 그것은 땀 흘려 일하는 정직한 사람들의 의욕을 좌절시키기 때문입니다. 사도 바울은 일하기 싫으면 먹지도 말라고 가르쳤습니다. 그러므로 우리는 우리 사회가 일한 대로 대가를 받는 사회가 되도록 기도해야 합니다.

우리 사회의 가장 큰 불로소득은 부동산 투기에서 비롯됩니다. 우리 사회가 건강한 사회가 되려면 부동산 시장이 안정되어야 합니다. 만일 오늘 사회가 보여 주는 현상처럼 '집값 오르기'만으로 부자가 되는 현상이 지속된다면 사람들은 어떻게 땀 흘려 성실하게 일할 것인가를 고민하기보다 어떻게 부동산 투기를 계속할 것인가만 고민하게 될 것이기 때문입니다.

옛 사람들은 땀 흘리지 않고 부를 획득하려는 사람들을 불한당이라고 불렀습니다. 그래서 지혜자는 오늘의 본문에서 손수 땀 흘려 재산을 모으는 중요성을 강조합니다.

　우리는 쉽게 재산을 모으려는 유혹을 경계해야 합니다. 비록 우리 사회가 손수 땀 흘려 재산을 모으려는 노력을 비웃는 풍조를 보여도 우리는 하나님의 말씀의 가치관을 따라야 할 것입니다.

　레위기에는 토지는 하나님의 것이라고 가르칩니다. 그래서 일시적으로 토지를 소유하다가도 희년이 되면 원래 주인에게 돌려주는 제도가 있었습니다. 여기에서 토지 공 개념이 나온 것입니다. 우리는 토지 투기로 부를 획득하기보다 성실한 노동으로 재산을 모으려고 해야 합니다. 성경의 하나님은 이렇게 노력하는 사람들을 보상하시고 불로소득을 심판하시는 하나님이십니다.

재산의 주인이신 하나님, 우리가 하나님의 방법대로 재산을 얻고 늘릴 줄 아는 진정 지혜로운 당신의 백성들이 되게 하옵소서. 아멘

말씀 경외

● ● ●

말씀을 멸시하는 자는 자기에게
패망을 이루고 계명을 두려워하는 자는
상을 받느니라 (잠 13:13)

신앙 인격을 형성하는 일련의 과정을 가리켜 '영성 형성'(spiritual formation)이라고 부릅니다. 오늘날 앞서가는 대부분의 서구 신학교들이 이런 과목을 신학교 정규 과목으로 채택하고 있는 것이 하나의 대세가 되어가고 있습니다. 그런데 문제는 무엇으로 우리의 영성을 형성해 가는 모티브를 삼을 것인가라는 것이 논의의 초점입니다.

그런데 기독교 교회사의 오랜 전통에서는 이론의 여지없이 하나님의 말씀이야말로 이런 영성 형성의 알파요 오메가였습니다. 소위 '성경 읽기'는 '렉시오 디비나'라고 불리어 왔습니다. 모든 묵상은 바로 렉시오 디비나에서 출발합니다. 그리고 올바른 성경 읽기는 결국 성경에 대한 진지한 태도로 결정된다고 할 수 있습니다.

우리가 하나님을 경외하는 것을 어떻게 알 수 있습니까? 그것은 하나님의 말씀을 얼마나 경외하느냐가 관건입니다. 마치 우리가 어떤 사람을 존중하는 징후는 그의 말을 어떻게 듣느냐로 알 수 있는 것처럼 말입니다.

　말은 곧 존재의 집입니다. 우리가 하나님의 말씀을 멸시하거나 가볍게 여긴다면 그것은 하나님을 경외하는 것이 아닙니다.

　잠언 기자는 말씀 경외의 여부가 인생에 미치는 치명적인 영향을 결과에서 주목해 보라고 말합니다. 말씀의 계명을 따라 사는 사람들은 하나님의 기뻐함의 대상이며 그는 상급을 누리는 인생을 산다고 약속합니다. 그러나 말씀을 버린 사람들은 결국 하나님의 버림을 받을 수밖에 없다고 말합니다. 말씀을 경외함이 자신을 지키는 길입니다. 🕮

말씀의 주인 되신 하나님. 우리로 한 평생 말씀의 원리를 붙잡고 말씀을 경외하며 살게 해 주옵소서. 아멘

우정의 축복과 재앙

• • •

지혜로운 자와 동행하면
지혜를 얻고 미련한 자와 사귀면
해를 받느니라 (잠 13:20)

서양 속담에 "당신의 친구를 보여주면 나는 당신이 어떤 사람인가를 말해
줄 수 있겠다"는 말이 있습니다. 친구가 우리 인생의 거울이라는 말입니다.
우리는 함께 어울리는 이들에게서 필연적으로 영향을 주고 받습니다. 그리스
도인들은 모든 사람에게 전도하라는 명을 받고 있습니다. 그러나 우리는 모
든 사람과 친구가 될 수는 없습니다.

친구를 선택할 때는 그가 내게 줄 영향과 내가 그에게 줄 영향을 생각해야
합니다. 이런 영향이 우리의 인격을 만들기 때문입니다. 오늘의 잠언은 우리
가 친구를 선택하는 한 준거로 지혜로운 자와의 동행을 천거합니다. 지혜로
운 사람은 사특한 사람이 아닙니다. 지혜로운 사람은 여호와를 경외하고 여
호와의 말씀을 존중하는 사람입니다.

우리가 지혜로운 사람과 동행하면 지혜를 얻을 것이라고 말합니다. 지혜
로운 친구의 영향으로 우리는 자연스럽게 거룩한 지혜의 삶을 관조하고 모방
할 것입니다.

그러나 만일 우리가 지혜롭지 못한 미련한 사람과 친구가 되면 우리의 인생은 자신도 모르게 해로운 영향을 익히게 됩니다. 그것은 우리 인생의 무서운 재앙이 될 것입니다.

축복과 재앙은 많은 경우 숙명이 아니라 선택의 결과입니다. 우정의 선택은 이런 축복과 재앙을 결정하는 변수가 됩니다. 그러므로 누구와 친구가 될 것인가를 기도하십시오. 자녀들이 건강한 우정의 사귐 속에 자라가도록 기도하십시오. 자녀들의 인생의 마당에 경건하고 지혜로운 친구들과의 의미 있는 우정이 형성되도록 기도하십시오.

우리의 친구 되신 주님, 주님과의 깊은 사귐을 사모하는 친구들 또한 우리의 친구로 만나는 축복을 허락해 주옵소서. 아멘

깨끗함 이상의 가치

소가 없으면 구유는 깨끗하려니와
소의 힘으로 얻는 것이
많으니라 (잠 14:4)

깨끗함은 모든 성도가 추구할 최상의 가치임에 틀림이 없습니다. 우리 주님이 깨끗하고 거룩하시기 때문입니다. 그는 내가 거룩하니 너희도 거룩하라고 권면하시는 주님이십니다. 우리 주님의 십자가의 속죄의 은총을 깨닫고 그를 믿는 순간 우리는 죄에서 깨끗함을 얻고 새 피조물이 됩니다. 주님의 보혈이 우리를 깨끗케 하는 것입니다.

그러나 그럼에도 불구하고 때로 우리의 행동을 선택함에 있어 명확하게 선이나 거룩함이 아닌 별수 없이 악한 것들 중에서 선택을 해야 할 경우들이 적지 않습니다. 더 많은 경우 우리의 선택은 소위 '더 큰 악'(greater evil)과 '보다 작은 악'(lesser evil) 사이에서 선택해야 할 경우들이 발생합니다. 그때 우리의 선택은 무엇입니까?

많은 생의 정황에서 성도들의 경우 소위 깨끗함의 선택에 대한 강박관념으로 인해 아무 것도 선택하지 못하고 무력한 절망 속에 빠져드는 것을 봅니다.

절망은 죄 이상으로 악한 것입니다. 왜냐하면 죄 속에서는 회개의 희망이 있지만, 절망한 사람은 회개도 할 수 없기 때문입니다. 그런 경우 보다 적은 악에 대한 현실적 선택을 필요로 합니다.

소가 있어 구유가 깨끗지 못해도 우리는 소의 유용한 존재 가치를 인정하고 소를 부릴 줄 알아야 합니다. 이런 선택을 가리켜 우리는 기독교 현실주의 대안이라고 불러 왔습니다. 소가 구유를 부정하게 한다 해서 소의 존재 가치를 부정해서는 안 됩니다. 정치의 악과 정부의 실패로 정치 혐오증이나 무정부주의에 빠져서는 안 됩니다.

주님, 세상의 악함 때문에 세상을 거부하는 우리가 되지 않게 하시고 지혜로운 대안을 찾아 세상의 빛과 소금된 인생을 살게 하소서. 아멘

죄와 은혜의 역동성

● ● ●

미련한 자는 죄를
심상히 여겨도 정직한 자 중에는
은혜가 있느니라 (잠 14:9)

우리는 죄 하면 무엇보다 먼저 벌을 연상합니다. 죄와 벌은 옛 언약의 원리를 대표하는 상관 개념입니다. 그러나 새 언약에서는 죄를 말할 때 무엇보다 먼저 함께 다루어져야 할 개념이 은혜입니다. 죄의 해답이 바로 은혜이기 때문입니다. 죄와 죄책과 싸우는 인생은 은혜를 경험하기까지는 죄 문제에서 결코 자유로울 수 없습니다.

우리가 은혜를 입기 위해서는 먼저 죄와의 진지한 직면이 있어야 합니다. 그러나 인생은 은혜를 만나기를 구하지만 죄를 대면하기는 싫어합니다. 우리의 방어기제는 죄를 시인하기보다 그럴 수밖에 없었던 상황 속의 자신을 합리화하는 일에 급할 뿐입니다. 우리는 죄라는 단어 대신 연약함, 실수, 약점, 판단의 착오 등으로 간주합니다.

그런데 잠언은 피상적으로 죄를 대면하는 사람을 미련하다고 말합니다. 죄에 대한 자기 합리화는 자신의 감정을 이완시켜 자신을 기분 좋게 할 수는 있으나 진정한 해방을 줄 수는 없기 때문입니다.

그것은 마치 고통을 이완시키기 위해서 사용하는 마약 복용과 같은 것입니다. 지혜로운 환자는 마약으로 일시적 해결을 구하지는 않습니다.

정직한 사람은 자신의 죄를 시인하고 죄를 부끄러워하며 심판자이신 주 앞에 엎드립니다. 그리고 주의 은혜를 구합니다. 은혜는 받을 자격이 없는 이들에게 베풀어지는 사랑입니다. 이 사랑이 자신의 유일한 희망임을 알고 심판대 앞에 자신을 벌거벗는 사람에게 주는 의의 옷을 입혀 일으키십니다. 이것이 바로 은혜의 역동성인 것입니다.

자비의 주님, 우리로 죄를 피하지 말게 하시고 은혜의 역동을 구하는 자가 되게 하소서. 아멘

슬픔과 즐거움의 역동성

누구나 인간은 즐거워하며 살기를 소원합니다. 그러나 우리의 즐거움은 대부분 몇 날을 가지 못하고 또 다른 근심거리를 대면하면서 그 생명을 다하게 됩니다. 좋은 날 유쾌한 웃음을 웃고 헤어지지만 우리의 헤어짐의 뒤안길에서 우리는 설명하기 어려운 마음의 슬픔을 경험하게 됩니다. 웃음과 즐거움은 결코 오래 가지 못합니다.

그러나 반대로 슬픔을 경험하고 낙담하는 날 그 슬픔도 오래가지 못하는 것을 기억해야 합니다. 슬픔을 삼키는 유쾌한 일이 우리를 다시 위로하기 때문입니다. 우리는 다시 슬픔을 디디고 일어서서 즐거운 새 일을 대면합니다. 그때 인생은 결코 슬픔의 긴 여행만은 아닌 것을 확인하며 옛 어른들의 고사성어 '새옹지마'를 떠올립니다.

옛날 한 노인의 유일한 재산인 암말이 집을 나갔습니다. 슬픈 일입니다. 그런데 얼마 되지 않아 이 암말은 준마를 데리고 왔습니다. 기쁜 일입니다. 그러나 한 날 노인의 아들이 이 말을 타다가 다리가 부러집니다.

　슬픈 일입니다. 그러나 얼마 되지 않아 일어난 전쟁에 이 아들은 다리가 성하지 않음으로 출정을 면합니다. 기쁜 일입니다.

　그래서 예수님은 유명한 산상수훈에서 지금 웃는 자는 애통하며 울 것이고 애통하는 자에게 오히려 위로의 복이 있을 것이라고 말씀하십니다. 이것이 바로 슬픔과 즐거움의 역동적 순환의 진리입니다. 새옹지마의 레슨처럼 우리는 일희일비하는 인생이 아닌 일관성 있는 마음가짐으로 다만 소명을 향해 조용히 성실한 걸음을 걸어야 합니다. 📖

인생의 주인이신 하나님, 우리로 슬픔과 즐거움의 역동을 기억하게 하시사 우리가 경험하는 모든 일에 너무 일희일비하지 않고 다만 소명을 묵묵히 감당하는 인생이 되게 하옵소서. 아멘

악을 도모하는 자와 선을 도모하는 자

• • •

악을 도모하는 자는 잘못 가는 것이 아니냐
선을 도모하는 자에게는
인자와 진리가 있으리라 (잠 14:22)

세상에는 한 평생 악을 도모하고 계획하는 일에 일생을 낭비하는 사람들이 있는가 하면, 선한 계획을 하고 그런 선을 추구하는 일에 자신의 열정과 헌신을 바치며 살아가는 사람들이 있습니다. 악을 추구하는 길이 잘못된 길임을 모르는 사람은 아무도 없습니다. 그러나 문제는 선을 계획하고 추구하는 일생의 보상은 무엇이겠습니까?

아프간 단기 봉사단의 추구는 분명 선한 열정이었고 선한 의도로 계획된 것이었습니다. 그럼에도 불구하고 그 결과는 아까운 젊음들의 희생이 아니었냐고 반문하고 싶은 사람들이 적지 않을 것입니다. 그들에게 세상이 제공한 보상은 아무 것도 없었습니다. 오히려 그 선한 의도를 헤아리지 못하는 사람들에 의한 돌팔매질뿐이었습니다.

그러나 오늘의 본문에서 잠언 기자가 선을 도모하는 자들에게 약속한 것은 그런 세상적인 인정이나 명예가 아닌 인자와 진리였습니다. 인자는 곧 성실한 사랑입니다. 진리는 참되고 밝은 도리입니다.

세상은 세상 그 자체가 인식하지 못해도 이런 인자와 진리로 인해 밝아지고 깨끗해지고 거룩해지고 아름다운 세상이 되는 것입니다.

인자와 진리는 성전의 두 개의 기둥과 같습니다. 교회는 사랑의 공동체요 진리의 공동체인 것입니다. 한 걸음 더 나아가 인자와 진리는 천국을 만드는 가장 중요한 두 가지 덕목이라고 할 수 있습니다. 천국의 주인이신 우리 주님이 곧 사랑이시고 진리이십니다. 따라서 그의 제자들이 선을 도모하며 인자와 진리를 구하는 것은 마땅한 일입니다.

주님, 악을 도모하는 일이 가득한 세상을 살면서 고난과 핍박이 있어도 선을 도모하는 열심이 우리에게 식어지지 않게 하소서. 아멘

의인의 죽음

악인은 그의 환난에 엎드러져도
의인은 그의 죽음에도
소망이 있느니라 (잠 14:32)

환난에서 면제된 인생은 아무도 없습니다. 예수님은 그의 제자들에게도 이런 환난은 예외가 아님을 말씀하셨습니다. "너희가 세상에서는 환난을 당하나 담대하라"고 그는 말씀하십니다. 여기 환난의 보편성이 있습니다. 주님은 비를 의인과 악인에게 꼭 같이 내려 주신다고 하셨습니다. 이런 보편적인 환난으로 우리는 인간됨을 공유합니다.

그러나 의인과 악인의 삶의 차별성은 환난을 직면하는 태도의 차이에 있습니다. 잠언 기자는 악인은 환난에 엎드려진다고 했습니다. 악인은 궁극적으로 환난의 패배자가 된다는 것입니다. 그는 환난에서 가치를 발견하지 못합니다. 따라서 악인도 오기로 환난을 버틸 수는 있어도 환난의 폭우 속에서 인내의 의미를 고백하기는 어렵습니다.

의인이 직면하는 최대의 환난은 죽음일 것입니다. 그러나 잠언 기자는 의인은 그의 죽음에도 소망이 있다고 말합니다. 의인의 죽음에서도 가치를 놓치지 않습니다.

그가 붙들고 있는 가치야말로 바로 그를 의인되게 한 것이기 때문입니다. 그리고 그런 가치는 환난과 더불어 소멸하지 않고 오히려 환난 속에서 더욱 찬란한 빛을 발합니다.

모든 순교 사건들은 결코 아름다운 일이 아니었습니다. 정의가 패배하고 불의가 승리하는 사건들이었습니다. 그러나 순교자들의 공통성은 그들의 삶과 죽음의 가치를 의심하지 않은 것입니다. 그리고 역사는 그들의 확신의 정당성을 입증해 주었습니다. 덧없는 인생들의 설왕설래의 폭풍우가 지나가면 우리는 진실의 가치를 알게 될 것입니다.

소망의 주님, 주님을 신뢰하고 사는 자들에게는 죽음의 환난조차도 가치가 있는 것임을 잊지 않게 하옵소서. 아멘

부드러운 말과 거친 말

유순한 대답은
분노를 쉬게 하여도 과격한 말은
노를 격동하느니라 (잠 15:1)

남성 중심의 부계 사회는 거침을 강함의 상징으로 부드러움을 약함의 상
징으로 사용해 왔습니다. 우리 사회의 영웅들은 터프가이들입니다. 우리 한
국 사회에서도 한동안 조폭 신드롬이 영웅들의 이미지를 크게 변질시켜 왔
습니다. 반대로 부드럽게 말하고 부드럽게 행동하는 사람들은 연약한 인생들
의 생존의 방식으로 여겨왔습니다.

그러나 악을 악으로 반응함은 반드시 악순환을 낳습니다. 그러나 악을 선
으로 반응함은 악순환의 고리를 끊고 선순환의 새 세상을 낳습니다. 그래서
우리 주님은 악을 선으로 갚고 원수를 사랑할 줄 알아야 한다고 가르치신 것
입니다. 주님의 영웅들은 부드러운 신사, 부드러운 숙녀들입니다. 그들은 부
드럽게 말하고 부드럽게 대답합니다.

세상을 파괴하는 가장 무서운 힘은 분노입니다. 세상에서 가장 불행하고
가장 비극적인 일들은 분노에서 비롯된 것들입니다. 그런데 이런 분노를 다
스리는 유일한 비밀은 부드러움의 영성입니다.

어머니의 부드러운 가슴에서 사내 아이들은 분노를 가라앉히고, 아내의 부드러운 충고로 거친 남편들도 분노를 포기하고 용서를 선택합니다.

부드러움의 영성은 "나는 마음이 온유하고 겸손하다"고 말씀하신 주님의 인격에 뿌리박고 자라갑니다. 세상이 보여주는 거침의 모델을 본받아 온 우리는 이제 거침의 옷을 벗고 부드러움의 옷을 입어야 합니다. 주께 임하신 비둘기 같은 성령이야말로 우리 사회의 폭력을 추방하고 어머니의 가슴처럼 따뜻한 사회를 만드는 유일한 처방입니다.

부드러우신 주님. 비둘기 같은 온유의 영을 입혀 주사 우리로 거친 말을 버리고 부드럽게 말하도록 도우소서. 아멘

즐거운 마음, 근심하는 마음

마음은 우리의 존재의 중심입니다. 마음에서 우리의 지식과 감정과 의지가 모여 인격적인 결단을 만들어 냅니다. 마음의 관리는 바로 우리의 존재의 관리입니다. 그래서 우리가 지킬 것 가운데 가장 중요한 것이 마음이라고 성경은 가르칩니다. 우리는 몸의 관리를 위해 우리의 가장 중요한 시간과 에너지, 그리고 생각과 돈을 투자합니다.

우리는 마음의 관리를 인생 관리의 우선순위에 놓아야 합니다. 우리는 무엇보다 마음 관리의 목표를 즐거운 마음이 되도록 해야 합니다. 왜냐하면 즐거운 마음 속에서만 가장 창의적인 아이디어가 떠오르고 가장 생산적인 지혜가 샘솟을 것이기 때문입니다. 즐거운 마음은 밝은 얼굴을 만들고 밝은 얼굴에서만 밝은 미래를 기대할 수 있습니다.

즐거운 마음의 상실은 근심하는 마음을 초래합니다. 근심하는 마음은 모든 파괴적이고 부정적인 결과의 근원입니다. 무엇보다 근심하는 마음은 자신의 존재에 치유하기 어려운 깊은 상처를 만드는 근원입니다.

　수없이 많은 가능성을 가진 사람들이 근심하는 마음으로 인하여 그 가능성을 사장해 버리는 무용지물의 인생을 살아왔습니다.

　성령 충만하면 우리는 시와 찬미와 노래를 부르고 즐거운 마음을 소유하게 됩니다. 우리가 성령으로 충만해지는 순간 근심하는 마음이 소멸됩니다. 하나님이 우리의 마음을 통치하시기 때문입니다. 우리의 마음은 거룩한 기쁨으로 가득하고 우리의 얼굴은 천사의 얼굴을 갖게 됩니다. 마음 관리에 승리하는 성도가 되었으면 합니다.

마음의 주인 되신 하나님, 우리의 마음을 다스리시사 즐겁고 밝은 인생을 살게 도와주소서. 아멘

채소와 쇠고기

채소를 먹으며 서로 사랑하는 것이
살진 소를 먹으며 서로 미워하는 것보다
나으니라 (잠 15:17)

가난했던 시절, 먹거리가 생존과 직결된 계절을 살아갈 때 이런 말씀은 훨씬 더 실감 있게 다가올 것입니다. 당연히 채소는 서민들의 먹거리를 대표하는 것이고, 쇠고기는 여유 있게 살아가는 이들의 먹거리를 상징하는 것이기 때문입니다. 그러나 그 시절 채소를 먹고 살면서도 행복한 사람들이 있었습니다. 사랑을 아는 사람들입니다.

심리학자 매슬로우는 소위 필요의 위계질서를 주장했습니다. 인간은 피부에 닿는 생존문제나 안전문제가 해결되어야 좀 더 고급한 필요를 추구할 수 있고 이런 필요의 궁극성은 자아실현의 욕구라는 것입니다. 이 주장은 일면의 진리일지 모르나 전면적 진리라고는 할 수는 없습니다. 왜냐하면 사랑이야말로 궁극적 필요이기 때문입니다.

사람은 빵만으로 살지 못한다고 주님께서 말씀하셨지만, 사람은 또한 사랑 없이는 살 수 없습니다. 사랑은 인간을 인간되게 하고 그것은 인간의 본질적 욕구의 실현인 것입니다.

왜냐하면 인간은 하나님의 형상을 닮은 존재인데 성경은 하나님은 곧 사랑이시라고 증언합니다. 참으로 사랑한다면 인간이 극복하지 못할 상황은 없습니다.

물질적인 소유나 누림이 행복 지수와 상관이 없다는 것은 상식입니다. 지구촌에서 행복 지수가 높은 나라는 소위 선진국들이 아닌 가난한 나라들이라는 것은 시사하는 바가 큰 교훈입니다. 기름진 쇠고기를 먹고 사는 이상으로 우리가 추구할 것은 미움을 치유하고 사랑의 나눔이 풍성한 가치 중심의 공동체를 창조해 가는 일입니다.

주님, 우리가 지향하는 선진국이 다만 물질적 재화만으로 풍성한 사회가 아닌, 사랑의 나눔으로 풍성한 사회가 되게 하소서. 아멘

성공적인 인생 경영

우리는 오늘 비즈니스 경영 시대를 살아가고 있습니다. CEO는 이 시대 경영자의 상징이 되었습니다. 경영자의 리더십에 따라 기업의 가치가 결정되고 기업의 운명이 달라집니다. 그래서 기업마다 준비된 CEO를 모셔오기 위해 전력을 투구하기도 합니다. 오늘날은 정치, 교육, 종교영역의 리더들에게도 경영 마인드를 요구하게 되었습니다.

그런데 이 모든 영역보다 더욱 절실한 경영의 지혜가 요청되는 영역은 바로 우리의 인생 그 자체입니다. 인생을 잘 산다는 것은 바로 경영의 지혜를 요구하는 것입니다. 그래서 잠언서의 기자는 이제 인생의 경영에 우리가 관심을 가져야 한다고 촉구합니다. 성공적인 인생 경영의 비밀을 지혜자는 하나님의 안목으로 관통하고 있습니다.

바로 이런 상식의 비밀은 조언자의 존재 여부에 달려 있다고 지혜자는 우리를 설득합니다. 조언자와의 의논이 없이 어떤 경영도 성립할 수 없다는 것입니다.

독재 국가나 전제적인 사회가 발전되지 못하는 이유는 바로 이런 언로가 막혀 있는 까닭입니다. 민주 사회의 강점은 열려 있는 언로를 통한 조언의 수용에 있는 것입니다.

회의는 민주주의를 세워 가는 광장입니다. 때로 회의는 번거롭고 시간 낭비처럼 보입니다. 그러나 회의를 통한 조언자들과의 만남과 의견 교류는 불완전한 인간의 약점을 현실적으로 보완하기 위한 하나님의 지혜입니다. 회의와 경청을 거부하는 사람은 리더가 될 수 없습니다. 성경적인 리더는 조언자를 통해 하나님의 음성을 들을 줄 알아야 합니다. 📖

지혜의 근원이신 하나님. 주께서 세우신 조언자들을 통해 주의 음성을 듣고 인생을 경영할 줄 알게 하소서. 아멘

때에 맞는 말

• • •

사람은 그 입의 대답으로 말미암아
기쁨을 얻나니 때에 맞는 말이
얼마나 아름다운고 (잠 15:23)

언어는 존재의 집입니다. 언어를 통해 우리는 존재의 미학을 발견합니다. 그런가 하면 언어를 통해 존재의 추를 확인하기도 합니다. 언어의 입구는 입입니다. 우리는 우리의 입에서 나오는 질문과 대답을 잘 관리할 책임이 있습니다. 그것이 존재의 드러남이기 때문입니다. 우리가 언어의 교통으로 존재를 형성하고 존재를 성숙시킵니다.

우리는 먼저 말하기보다 잘 들어야 합니다. 잘 듣고 대답해야 합니다. 경청의 예술을 익힌 사람들만이 대답의 미학을 터득한 사람들입니다. 나의 지혜롭고 덕스러운 대답이 상대를 안심시키고 그 마음을 열었다고 느낄 때 우리는 존재의 넉넉한 기쁨을 경험하게 됩니다. 우리는 비로소 외딴 섬이 아닌 연결된 대륙의 광활함을 바라봅니다.

적절한 언어 사용에서 가장 중요한 것은 때를 잃지 않는 것입니다. 언어는 빠르게 지나가는 화살과 같습니다. 집중하지 않으면 우리는 화살의 행방을 놓치게 됩니다.

그러나 집중하면 화살의 방향을 인지하며 상대의 화살에 내 마음을 실어 함께 날릴 수 있습니다. 그리고 마주하는 미소 속에서 우리는 상대와 마음을 나누게 됩니다.

잠언 기자는 때에 맞는 말이 얼마나 아름다운가를 증거합니다. 이런 때에 맞는 말로 우리는 이웃을 위로하고 이웃을 세우는 사역을 감당하는 것입니다. 또 이런 때에 맞는 말은 불신의 이웃들의 마음을 열어 복음을 수용하게 하는 선교 사역의 도구가 되기도 합니다. 그래서 말은 중요합니다. 때에 맞는 말을 주시도록 늘 기도해야 합니다.

언어의 주인되신 주님, 우리로 때에 맞는 말로 이웃을 섬기는 삶을 살게 하소서. 아멘

계획과 결정

마음의 경영은 사람에게 있어도
말의 응답은 여호와께로부터
나오느니라 (잠 16:1)

해마다 연말이 되면 우리는 새해의 계획을 세웁니다. 그리고 계획을 따라 우리의 인생이 만들어지기를 소원합니다. 계획은 인간됨의 특권입니다. 다른 생물이 본능적인 자기 생존의 방어 말고 자신의 미래를 계획하며 살아간다는 말을 우리는 듣지 못합니다. 계획은 본능 이상의 인간 사고의 주도면밀한 사색과 추론, 기대의 결과입니다.

그러므로 계획은 사람의 특권이며 사람의 의무이기도 합니다. 그러나 우리는 한 사람도 자신의 계획처럼 자신의 미래가 만들어질 것을 자신하지 못합니다. 여기 인간 실존의 한계가 있고, 인간 존재의 불안이 있습니다. 그래서 우리는 계획하기에 앞서 기도해야 합니다. 기도는 삶의 주인이 인생이 아닌 하나님이심을 고백하는 행위입니다.

우리는 우리의 미래를 계획하며 기도할 때 자신의 소원 이상으로 하나님의 뜻을 우리의 계획 속에 포함시켜야 합니다. 하나님의 계획을 포함시킨다는 것은 하나님의 말씀인 성경에 나타난 하나님의 명령이나 하나님의 기대가 반영되는 것을 의미합니다. 하나님과의 관계의 성숙, 그리고 하나님의 미션 수행 등이 반드시 고려되어야 합니다.

 이제 하나님의 나라와 의에 대한 관심이 충분히 반영된 계획을 세우셨다고 판단되시면, 주저하지 마시고 우리 자신의 소박한 소망을 고려한 행복 추구의 계획을 포함시키십시오. 우리가 먼저 그의 나라와 의를 구할 때 이 모든 것을 더하여 주시겠다고 언약하신 말씀 그대로 이루어 주시는 주님의 행복한 결정을 경험하게 될 것입니다. 📖

인생의 계획의 주인 되신 주님, 주님의 뜻을 따라 우리의 미래를 계획하도록 도우시사 우리로 또한 주님의 행복한 결정을 경험하게 도우소서. 아멘

우리가 집중할 것

● ● ●

사람의 행위가 여호와를 기쁘시게 하면
그 사람의 원수라도 그와 더불어
화목하게 하시느니라 (잠 16:7)

인생을 살다 보면 관계의 상처는 피할 수 없는 것이고, 어느 사이 소위 원수들이 생겨납니다. 성경에는 원수에 대한 언급이 적지 않게 등장합니다. 성경은 그만큼 인생을 실제적 안목에서 바라보는 현실주의적 입장을 취합니다. 성경은 없는 것을 있다고 하지도 않고, 있는 것을 없다고도 하지 않습니다. 원수의 존재는 인생의 필연입니다.

원수들을 처리하는 실제적인 방책은 무엇입니까? 성경은 무엇보다 소극적으로 보복을 금합니다. 원수 갚는 것은 하나님이신 주님의 고유 권한에 속하는 것이기에 인생이 취할 바가 아니라고 가르칩니다. 왜일까요? 인간은 상처를 극대화하고 감정의 악순환을 벗지 못하는 존재이기에 우리의 보복은 공의롭지 못함을 알기 때문입니다.

오늘의 잠언에서 지혜자는 우리가 집중할 것은 보복이 아닌 주님을 기쁘시게 함이라고 가르칩니다. 원수 갚는 것은 주님께 맡기고 말입니다. 사람의 마음도 주님의 통치의 영역을 벗어나지는 못합니다.

주께서 원하시면 원수의 마음도 한 순간에 바뀔 수 있습니다. 주께서 원하시면 어느 날 원수가 우리 발 앞에 엎드리는 것을 보게 됩니다.

관계의 상처가 우리로 잠 못 이루는 밤을 가져다 줄 때 우리는 원수를 묵상하기보다 우리가 오늘 마땅히 할 일에 집중해야 합니다. 성도의 할 일 중 최고의 덕목은 주님을 기쁘시게 하는 일입니다. 우리는 우리의 관념이 아닌 우리의 행실로 주님을 기쁘시게 할 일을 찾아야 합니다. 그때 상처(scar)는 오히려 인생 도약의 별(star)이 됩니다.

사랑의 주님! 원수의 존재가 우리의 인생을 힘들게 할 때 원수가 아닌 우리 주님에게 집중할 그 사랑을 우리에게 부어 주소서. 아멘

지도자의 통치 철학

모든 지도자는 저마다 자신만의 통치 철학을 갖습니다. 그리고 그런 철학에 의해 한 공동체가 다스려지게 마련입니다. 고대에서는 행정과 입법, 사법이 분리되지 않았기 때문에 재판은 가장 상징적인 통치 행위의 마당이기도 했습니다. 사람들은 지도자가 재판하는 것을 보고 그의 통치 철학의 기준과 준거, 가치를 이해할 수 있었습니다.

잠언의 기자는 하나님의 말씀이야말로 하나님을 경외하는 지도자의 가장 중요한 통치의 텍스트가 될 수 있다고 가르칩니다. 성경 텍스트의 무오류성이야말로 우리의 결정의 오류를 예방하는 근원이기 때문입니다. 문제는 성경을 법전처럼 사용할 수 없다는 것입니다. 성경은 성경을 기억하는 마음 속에서만 역동적으로 움직이기 때문입니다.

오래전부터 성경 암송과 묵상은 성경의 가치를 수용하는 사람들에게 가장 중요한 경건의 예술로 간주되어 왔습니다. '거룩한 독서'로 알려진 렉시오 디비나(Lectio Divina)는 경건 생활의 기본으로 통했습니다.

　규칙적이고 일상적인 말씀의 들음에 의해서만 말씀은 우리의 사고와 행위를 다스리는 삶의 원리로 자리를 잡게 됩니다.

　성경은 하나님의 말씀이 곧 성령의 검이라고 가르칩니다. 그러나 말씀이 성령에 의해 자유롭고 시의적절하게 사용되기 위해서는 한 사람의 마음과 입에 말씀이 늘 머물고 있어야 합니다. 그때 비로소 말씀은 통치의 수단이 될 수 있습니다. 그러므로 우리는 공동체의 지도자에게 이런 말씀의 화육이 이루어지도록 기도해야 할 것입니다.

공동체의 주인이신 하나님, 당신에 의해 세워지는 지도자들이 당신의 뜻대로 백성을 섬기도록 그들에게 말씀의 화육이 이루어지게 도와주옵소서. 아멘

지도자의 도덕성

• • •

악을 행하는 것은 왕들이 미워할 바니
이는 그 보좌가 공의로 말미암아
굳게 섬이니라 (잠 16:12)

지도자에게 가장 필요한 덕목은 지도 능력입니다. 그리고 지도하는 능력은 지도의 경험과 기술을 요청합니다. 이것은 도덕성보다 앞서 요청되어야 할 덕목입니다. 우리가 외과 수술을 받을 때 수술 능력과 도덕성 중 어느 것을 먼저 고려할 것인가는 자명한 사실입니다. 의사의 수술 능력과 수술 경험은 도덕성보다 선행하는 것입니다.

그러나 수술 능력과 수술 경험 못지 않게 다음으로 우리가 의사에게 보고 싶은 덕목은 그의 도덕성입니다. 의사가 도덕적으로 믿을 만 할 때 그가 가진 의술의 경험과 능력은 더욱 아름다운 빛을 발하고 그는 신뢰받는 의사가 될 것입니다. 정치 지도자도 마찬가지입니다. 그를 향한 일차적인 요구는 국가를 다스리는 경영 능력입니다.

정치 지도자가 정치 기술과 경영 능력은 있는데 도덕성이 따라주지 못하면 그의 권좌는 불안할 수밖에 없습니다. 그의 통치는 결국 국민의 신뢰를 얻지 못할 것입니다.

그래서 국민들은 국가 지도자의 도덕성을 위해서도 기도해야 합니다. 잠언 기자인 지혜자는 본문에서 왕은 공의를 행함으로 그의 보좌가 더욱 견고해진다고 증언합니다.

그러므로 리더십의 보좌를 견고하게 하려는 지도자들의 노력은 악을 경계하는 것으로 시작되어야 합니다. 그리고 악의 경계는 악을 행하지 않으려는 노력만으로 부족합니다. 악을 행하지 않음은 악을 잠시 중단한 경우일 수도 있습니다. 그러므로 지도자는 악을 미워해야 합니다. 악을 미워하는 자만이 악에서 자신을 지킬 수가 있습니다.

왕의 왕이신 주님, 우리의 지도자들이 능력 있는 지도자일 뿐 아니라, 공의로운 지도자이게 하옵소서. 아멘

용사보다 나은 사람

• • •

노하기를 더디하는 자는 용사보다 낫고
자기의 마음을 다스리는 자는 성을 빼앗는 자보다
나으니라 (잠 16:32)

고대의 용사들은 사나이들의 자존심이었습니다. 그들은 남자다움의 표상
이었고, 국가 사회의 안녕을 지키는 수호신들이었습니다. 그들은 보통 인간
으로 한 세상을 살아가며 누릴 수 있는 명예의 상징이기도 했습니다. 그들은
일상에서도 영웅으로 존경을 받았고, 전장에서는 한 나라의 버팀목이었고 한
공동체를 지키는 영웅들이었습니다.

그러나 이런 용사들에게 용사의 모든 명예를 무력하게 하고 존경을 무위
로 돌리는 아킬레스의 건이 존재하고 있었습니다. 그것은 분노입니다. 한 순
간의 분노로 자신의 명예를 허물고 자신의 성공을 스스로 파괴한 용사들의
리스트는 끝이 없을 정도입니다. 그래서 잠언 기자는 노하기를 더디 하는 사
람은 용사보다 낫다고 한 것입니다.

용사 알렉산더에게 클레토스라는 친구가 있었습니다. 한 날 술에 취한 클
레토스가 알렉산더를 모욕하는 언사를 한 것이 대제를 분노하게 했다고 합니
다. 대제는 창을 친구에게 던져 친구를 죽게 하였습니다.

이 일을 후회한 대제는 이 일로 자살까지 시도하기도 했습니다. 온 세상을 정복한 그가 자신을 다스리는 일에 실패한 것입니다.

분노를 다스리기 위해서는 먼저 마음을 다스려야 합니다. 그리고 마음 다스리기 훈련은 평소의 일상에서 학습되어야 합니다. 예로부터 마음을 다스리는 수양은 동서고금을 물론하고 지도자들의 가장 큰 마음공부의 덕목이었습니다. 그리스도인들은 성령의 통치를 사모하는 영성 훈련의 부단한 진보로 마음 다스리기의 본을 보여야 합니다.

우리 마음의 주인이신 주 하나님. 주님의 영으로 늘 우리 마음을 다스리시사 분노가 아닌 온유로 평생을 살아가는 자가 되게 하옵소서. 아멘

화목과 다툼

● ● ●

마른 떡 한 조각만 있고도 화목하는 것이
제육이 집에 가득하고도 다투는 것보다
나으니라 (잠 17:1)

인류의 역사는 다툼의 역사였다고 말해도 지나친 말은 아닐 것입니다. 다툼은 어디서 비롯되는 것일까요? 사도 야고보는 "다툼이 어디로부터 나느냐 너희 지체 중에서 싸우는 정욕으로부터 나는 것이 아니냐" (약 4:1)고 말합니다. 인간의 욕심이 다툼의 근원이라는 것입니다. 그러므로 욕심을 버리면 다툼에서도 자유하게 될 것입니다.

인류 역사의 모든 전쟁사를 연구해 보면 예외 없이 정치 지도자 개인의 욕심, 혹은 민족적 집단 이기주의가 인간의 삶의 마당을 미움과 싸움의 마당으로 만들어 온 원인이었습니다. 그러므로 평화의 해답은 정치적인 것이 아니라, 신학적인 것입니다. 참된 평화의 모색은 정치적 협상의 장이 아닌 인생의 마음에서 시작되는 것입니다.

가정의 행복을 좌우하는 열쇠도 화목입니다. 가족들이 화목하는 곳에서 우리는 작은 천국을 경험합니다. 종종 이런 가정의 행복은 재산과는 무관합니다.

　반면, 재산이 많은 재벌가의 비극은 가진 것이 많음에서 비롯됨을 볼 수 있습니다. 뉴스를 타는 재산 분배를 둘러싼 재벌가의 다툼에서 인생의 행복은 소유에 있지 않음을 확인합니다.

　가정의 행복을 위한 첫 걸음은 소유가 아닌 존재의 가치를 공유하는 일입니다. 사랑은 인생을 의미 있게 하는 가장 소중한 가정의 가치입니다. 비록 마른 떡 한 조각을 나누어도 진솔한 사랑을 함께 나누는 가정이라면, 제육을 쌓아두고 다투는 이웃을 부러워할 이유가 없습니다. 화목이 천국의 그림이라면, 다툼은 지옥의 그림입니다.

화목의 주님! 부로 인해 욕망과 다툼의 갈등에서 헤어나지 못하는 가정이기 보다, 단순하게 살아도 화목을 누리는 가정을 지향하게 하옵소서. 아멘

사람의 마음

● ● ●

도가니는 은을,
풀무는 금을 연단하거니와
여호와는 마음을 연단하시느니라 (잠 17:3)

여자의 마음은 갈대와 같다는 노래가 있지만, 모든 인간의 마음이 바로 갈대와 같습니다. 죄성의 지배를 받는 인간의 마음은 정처가 없어서 그 본향을 상실한 채 표류하기 때문입니다. 그래서 모든 영성 훈련의 첫 자리는 마음의 훈련에서 시작되는 것입니다. 성령께서 우리의 마음을 다스릴 때 비로소 마음은 닻을 내리게 됩니다.

잠언 기자는 오늘의 본문에서 단련의 중요성을 가르칩니다. 모든 단련은 단련의 주체를 필요로 합니다. 도가니는 은을 단련하고 화덕은 금을 단련합니다. 그런데 사람의 마음을 단련하는 것은 사람을 사람으로 지으신 주 하나님이십니다. 그는 사람의 창조자이시며 동시에 죄에 물든 인간의 마음을 치유하시는 구속자이신 주님이십니다.

치유는 회복이고 회복의 모델은 예수 그리스도이십니다. 바울 사도는 너희 안에 이 마음 곧 그리스도의 마음을 품으라고 가르칩니다. 우리가 우리 마음을 성령의 지배 아래에 두기만 한다면 성령은 우리가 우리 주님의 마음을 품도록 여러 환경에서 연단하십니다. 그러므로 우리가 모든 환경을 감사할 때 환경은 마음의 도가니가 됩니다.

참기 어려운 환경에서 인내를 연습하면 주님의 인내하는 마음이 우리 안에 자리 잡습니다. 용납하기 어려운 대상을 의지적으로라도 수용하면 주님의 긍휼이 우리 마음 안에 자리 잡습니다. 그렇게 하기 힘들 때 기도를 연습하면 주님의 은혜가 임하고, 성령의 도움을 구하면 정함 없는 사람의 마음 안에 주님의 마음이 드러나게 됩니다.

사람의 마음을 지으신 주님, 우리의 마음이 주님의 마음을 닮아 가도록 성령의 통치를 날마다 사모하며 살아가게 하소서. 아멘

고통받는 이웃들을 향한 태도

가난한 자를 조롱하는 자는
그를 지으신 주를 멸시하는 자요 사람의 재앙을 기뻐하는 자는
형벌을 면하지 못할 자니라 (잠 17:5)

인생의 여정은 고통의 여정입니다. 고통에서 예외인 인생은 아무도 없습니다. 그러면서도 인생을 살아가며 대체로 사람들은 자신의 고통을 해석함에는 관대하지만 이웃들의 고통을 해석함에는 너그럽지 못합니다. 나는 억울하게 이런 고통을 당하지만 내 이웃들은 그런 고통을 당함이 당연하다고 간주하는 것입니다.

잠언 기자는 가난한 자를 멸시함은 그를 지으신 창조자 하나님을 멸시하는 것이라고 가르칩니다. 쉽게 말하면 우리가 어떤 예술가의 작품을 멸시함은 그 작가 자신을 멸시함인 것입니다. 성경은 창조자는 모든 인생을 하나님의 형상을 닮은 존재로 지으셨다고 말합니다. 우리는 바로 그분의 걸작품들인 것입니다. 가난한 이웃도 동일하게 주님의 작품인 것입니다.

우리는 인생의 도상에서 전혀 준비되지 못한 채로 재앙을 경험하게 됩니다. 이런 재앙의 결과도 실로 다양합니다. 어떤 사람은 가난하게 되고, 어떤 사람은 장애인이 되기도 하고, 또 어떤 사람은 관계의 상실로 평생을 고독하게

살아야 합니다. 그러나 이런 재앙의 결과로 나머지 여생을 어떻게 살아가든 그들 모두는 하나님의 작품들임을 잊지 말아야 합니다.

　　이런 재앙의 상처를 안고 살아가는 이웃들을 대하는 성도의 마땅한 태도는 무엇이어야 할까요? 종종 우리 중에는 이런 이웃들을 진지한 긍휼로 대하기보다 더 오히려 이들의 재앙을 기뻐하는 잔인함을 보이기도 합니다. 오늘의 잠언은 이런 사람들이 형벌을 면치 못할 것이라고 경고합니다. 고통 받는 이웃들을 향한 합당한 태도는 긍휼뿐입니다.

긍휼에 풍성하신 주님, 가난과 재앙으로 고통 받는 이웃들을 한 평생 긍휼히 여기는 마음으로 섬기며 살게 하소서. 아멘

손자의 존재, 부모라는 존재

손자는 노인의
면류관이요 아비는 자식의
영화니라 (잠 17:6)

손주 자랑은 돈 주고 한다고 합니다. 손주는 존재 그 자체가 할아버지 할머니의 기쁨입니다. 대부분의 부모들은 자식을 기를 때 시간과 마음의 여유를 가지지 못한 채 자식 양육에 매달리게 됩니다. 그들에게는 하나님이 선물로 허락하신 이 소중한 보물들인 자녀들을 관상할 느긋한 여유가 없습니다. 그러나 조부모의 입장은 다릅니다.

직접적인 자녀 양육의 책임을 벗은 조부모들은 손주들을 바라볼 충분한 관조의 여유가 주어져 있습니다. 그래서 조부모들은 자녀들을 바라보는 것만으로 충분히 행복할 수 있습니다. 자기 자식을 통해 이 세상에 온 또 하나의 생명, 그 생명 그 자체를 조부모들은 경이로운 기쁨으로 관조하며 그 존재 자체가 노인의 면류관이 되는 것입니다.

그러면 조부모들처럼 손자를 바라보는 그런 기쁨을 누리지 못하는 부모는 어떤 보람으로 자녀 양육의 고통을 감내해야 하는 것일까요? 자식들이 부모의 존재를 감사하지 못하는 일이 비일비재한 현실입니다.

그러나 사실은 자녀들에게는 인생을 열심히 살아가는 부모의 존재 그 자체가 자녀의 영광이라고 잠언 기자는 증거합니다.

대부분의 무정부주의자들은 무정부의 혼란을 겪게 되면 정부주의자로 순식간에 회심한다고 합니다. 마찬가지로 자녀들은 부모의 존재가 자기들 곁에서 실종되면 대부분 비로소 뼈저리게 부모라는 존재의 큰 그림자를 느끼게 된다고 합니다. 자녀들에게는 부모의 존재가 존재한다는 사실만으로도 위로와 능력, 희망의 이유인 것입니다.

창조의 주님! 우리가 부모로 살아가며 자녀를 양육하는 기쁨을 주신 것도 감사한데 거기다가 손자의 선물까지 주심을 진심으로 감사드리나이다. 아멘

허물 덮기

● ● ●

허물을 덮어 주는 자는 사랑을 구하는 자요
그것을 거듭 말하는 자는 친한 벗을
이간하는 자니라 (잠 17:9)

허물을 드러내는 것이 친구를 돕는 것이라고 믿는 사람들이 있습니다. 어떤 경우에는 그럴 수도 있을 것입니다. 그러나 내가 친구의 허물을 드러내는 역할을 감당하는 순간 대부분 우정은 금이 갑니다. 물론 이런 상황이 전개되는 과정에서 친구의 허물을 드러내는 방법도 문제일 수 있고, 허물이 지적되는 것을 수용하는 방법도 문제입니다.

잠언 기자는 친구의 허물을 덮는 것이 친구에게 사랑으로 보상 받는 길이라고 가르칩니다. 이것은 결코 친구의 불의를 정당화시키는 일에 일조해야 한다는 뜻은 아닙니다. 하나님이 주신 마음의 부담이 있다면 한번은 우리가 진지하게 친구를 직면하여 충고할 필요도 있습니다. 문제는 친구의 허물을 반복하여 상습적으로 말하는 일입니다.

우리가 친구의 허물을 거듭 말한다는 것은 친구의 성숙에 관심이 있는 것이 아니라, 친구의 넘어짐에 관심이 있다는 것입니다. 어떻게 그런 상황에서 우정의 보존을 기대하겠습니까?

　이런 허물 폭로로 고귀한 우정에 금이 가고 우정이 제공하는 사역의 가능성이 제한된 일이 얼마나 많은지요? 친구의 허물을 발견하면 우선 기도하십시오.

　그리고 친구의 허물을 성령께서 교정해 주시도록 간구하십시오. 제가 말하기보다 주님이 직접 고쳐 주시고 치유해 달라고 말입니다. 그리고 친구의 허물을 말할 상황에선 친구의 허물을 덮는 자가 되십시오. 언젠가 친구는 당신의 사랑을 고마워하며 진정한 충고를 구할 것입니다. 바로 그때가 친구의 허물을 사랑으로 직고할 시간입니다.

우리의 허물을 용서하신 주님, 우리로 친구의 허물을 용납하는 가슴과 그 허물을 변호하는 입술을 허락해 주옵소서. 아멘

진정한 명철함

우리가 살아가는 세상은 진정한 명철, 진정한 지혜를 필요로 합니다. 그런 명철 없이 세상에는 우리 힘만으로 해결할 수 없는 문제들이 산적해 있기 때문입니다. 그런데 그런 명철과 지혜는 내 자신 안에는 결여되어 있다고 느껴지는 때가 적지 않습니다. 그래서 인생은 명철을 빌려 줄 이웃이 필요하고 무엇보다 하나님을 필요로 합니다.

지혜로운 사람은 이웃의 지혜에 귀를 기울이는 사람입니다. 지혜로운 사람은 하나님의 지혜를 얻기 위해 기도하는 사람입니다. 지혜로운 사람은 이웃의 지혜를 빌리기 위해 이웃의 말을 경청하는 사람입니다. 지혜로운 사람은 하나님의 지혜를 얻기 위해 진지하게 기도로 인생을 사는 사람입니다. 이런 사람이 얼마나 필요한 세상인지요.

미련한 사람은 자기 안에 모든 해답이 있다고 믿는 사람입니다. 신은 인간 안에 적지 않은 지혜의 보고를 허락하신 것은 사실이지만 인간을 전지한 신으로 만드시지는 않았습니다.

그럼에도 불구하고 미련한 사람은 자신의 피조물성을 망각하고 자기의 지혜가 모든 것을 해결할 것이라고 착각하고 자기 의사를 개진하기에 바쁜 사람입니다.

그래서 진정한 명철은 침묵에서 시작됩니다. 침묵은 들음의 준비이며 기도의 출발입니다. 침묵은 이웃과의 만남의 가장 행복한 광장이며 하나님의 음성을 듣기 위한 지성소입니다. 우리가 침묵으로 이웃의 이야기에 귀를 기울일 때 참된 지혜의 보석을 줍게 되고, 침묵으로 기도할 때 하나님의 명철한 지혜의 응답이 들려오는 것입니다.

명철의 근원이신 하나님, 우리가 필요로 하는 참된 명철을 얻기 위해 오늘은 그만 침묵을 배우게 하소서. 아멘

남의 말 좋아하기

• • •

남의 말하기를 좋아하는 자의 말은
별식과 같아서 뱃속 깊은 데로
내려가느니라 (잠 18:8)

왜 우리는 남의 말하기를 좋아하는 것일까요? 그것도 좋은 말이 아닌 나쁜 말을 말입니다. 단적으로 말하자면 인생의 타락한 본성 때문입니다. 우리는 이웃의 성공을 축하하는 데는 아주 인색합니다. 반면에 이웃의 실패나 타락의 소식을 들으면 즐기고 싶은 본성이 있습니다. 상대적으로 자신이 성공한 것처럼 착각하고 싶어합니다.

남에 대한 말은 별식과 같다고 잠언 기자는 말합니다. 묘한 즐김이 동반된다는 말입니다. 그리고 그런 말을 하거나 들을 때 우리는 창자 깊은 속으로 그런 말을 삼키고 싶어합니다. 인터넷 악플을 즐기고 악플이 인기 있는 것도 같은 이유입니다. 개혁자들의 표현을 빌리면 우리는 모두 전적으로 부패하고 타락한 존재들이기 때문입니다.

남에 대한 나쁜 말을 하는 것은 쉬운 일입니다. 남에 대한 나쁜 말을 하기 위해서 노력할 필요가 없습니다. 타락한 내적 본성의 충동을 따르기만 하면 됩니다.

입만 벌리면 우리 모두 험담과 중상모략의 말이 거침없이 쏟아져 나오는 것을 경험합니다. 가히 우리 목구멍이 열린 무덤이라는 바울의 증언이 실감 나는 대목이 아니겠습니까.

그러나 남에 대한 좋은 말은 쉽게 나오지 않습니다. 그래서 남에 대한 좋은 말을 위해서는 의지적인 노력이 필요합니다. 성령으로 거듭난 모든 성도는 이제 새로운 성품과 새로운 의지를 가꾸어가야 합니다. 이웃에 대하여 좋은 말하기는 새 인생을 사는 가장 중요한 학습의 하나가 되어야 합니다. 악플을 버리고 선플 운동을 펼칠 때입니다.

내 마음과 말의 주인이신 하나님, 남에 대한 악한 말이 아닌 착한 말을 연습하게 도와주소서. 아멘

여호와의 이름

• • • •

여호와의 이름은 견고한 망대라
의인은 그리로 달려가서
안전함을 얻느니라 (잠 18:10)

우리가 힘들고 어려울 때 우리는 모두 부르고 싶은 이름들이 있습니다. 어떤 사람은 어머니의 이름을, 어떤 사람은 친구의 이름을, 또 어떤 사람은 애인의 이름을 부르고 싶어 합니다. 소월은 '초혼'에서 산산이 부서진 이름, 부르다가 내가 죽을 이름을 노래하기도 했습니다. 그는 국권을 상실한 조국의 이름을 그렇게 부르고 있었습니다.

그러나 소월의 초혼처럼 우리가 넋을 놓아 그렇게 그리운 이름을 불러도 상황이 변하지 않을 때 문자 그대로 우리가 부르는 이름들은 허공에 산화되는 이름뿐인 이름에 불과할 따름입니다. 그러나 우리가 이런 인생의 한계를 경험할 때 정말 불러야 할 이름이 있다고 성경은 가르칩니다. 그 이름은 바로 여호와 우리 하나님이십니다.

여호와는 스스로 계신 자존자이십니다. 그는 한번 약속하면 반드시 약속을 지키시는 신실하신 분이십니다. 그는 어제도 오늘도 내일도 동일하신 영원자이십니다.

그래서 그의 이름은 견고한 망대이십니다. 우리가 그 이름으로 기도할 때 인생의 총체적인 전망을 얻습니다. 그리고 우리는 그의 이름으로 인생의 진정한 안식을 경험합니다.

성경적 의인은 여호와를 자기의 하나님으로 믿고 사는 사람입니다. 의인의 주인은 바로 의 자체이신 하나님이십니다. 그래서 의인은 주인이신 여호와를 부르며 하루를 시작하고 여호와를 부르며 하루를 닫습니다. 여호와가 그의 소망이요 여호와가 그의 안전이십니다. 인생이 힘들 때 우리는 지체 없이 여호와의 이름으로 달려가야 합니다.

여호와 하나님. 불안한 인생의 장에서 당신의 이름이 우리의 모든 것이 되시나이다. 부디 당신의 이름을 부르기를 하루도 잊지 않게 하소서. 아멘

조급함의 욕

• • •

사연을 듣기 전에
대답하는 자는 미련하여
욕을 당하느니라 (잠 18:13)

오늘 우리가 살고 있는 시대는 짧은 시간 내에 최대의 결과를 산출하는 것을 미덕으로 간주합니다. 그래서 모든 것이 '빨리 빨리' 입니다. 이런 시대의 풍조는 인간관계에 큰 손상을 입히고 있습니다. 그 결과 우리는 인간 상호간의 진지한 대면과 진지한 경청의 자세를 상실하고 말았습니다. 포스트 모던 인들은 이제 피상적인 만남과 헤어짐을 반복할 따름입니다.

잠언 기자는 무엇보다 사연을 듣기 전에 대답하는 조급함을 주의시키고 있습니다. 그런 사람이 미련한 사람이라고 말합니다. 그리고 그는 종종 무안과 욕을 당하기도 합니다. 조금만 더 인내하고 이웃들의 말에 귀를 기울이는 정성만 있어도 우리의 만남은 감동의 깊이를 지닐 수 있습니다. 이런 지혜있는 사람들을 시대는 기다리고 있습니다.

조급함의 반대는 느긋함이라고 할 수 있습니다. 느긋함의 여유는 인생을 결과의 관점이 아닌 과정의 관점에서 바라보고 살아가는 지혜입니다. 결과 이상으로 과정을 즐기는 것이 중요하기 때문입니다.

느긋함과 게으름은 다른 차원의 라이프 스타일입니다. 느긋한 사람은 게으른 사람과 다르게 결국은 결과를 실현하는 사람입니다.

조급함의 가장 큰 손실은 인간 관계의 상실입니다. 우리의 말에 귀를 기울이지 않는 상대를 우리는 신뢰하지 않습니다. 인격의 교감에서 비로소 우리는 신뢰를 갖고 마음을 열게 됩니다. 그러기 위해서는 우리는 목전의 이익만을 계산하는 조급함을 벗어나야 합니다. 시대는 조급함의 욕을 경계하는 이런 지혜로운 사람들을 필요로 합니다.

시간의 주인이신 하나님. 느긋함의 여유로 하나님과 이웃을 섬기는 일생을 살게 하소서. 아멘

죽고 사는 권세

• • •

죽고 사는 것이 혀의 힘에 달렸나니
혀를 쓰기 좋아하는 자는
혀의 열매를 먹으리라 (잠 18:21)

세상에서 가장 큰 힘을 갖는 것이 바로 혀의 힘입니다. 혀를 통해 표현되
는 말은 엄청난 힘을 갖고 있습니다. 그 힘은 때로 창조적일 수도 있고, 때로
는 파괴적일 수도 있습니다. 한 사람을 천국으로 보낼 수도 있고, 한 사람을
지옥으로 보낼 수도 있습니다. 한 사람의 사활을 좌우할 뿐 아니라, 때로는
한 공동체의 사활을 결정합니다.

태초에 하나님께서는 말씀으로 만물을 창조하셨습니다. 그리고 하나님은
당신의 형상대로 지음 받은 인생에게도 말할 수 있는 언어를 선물로 주셨습
니다. 그래서 하나님을 닮은 인생도 말씀으로 창조적 기능을 발휘하게 되었
습니다. 우선 그는 말씀으로 이웃들에 대한 사랑을 표현하고, 이웃들을 구원
하고, 이웃들과 소통하게 되었습니다.

그러나 이 엄청난 혀의 힘, 말의 힘은 인생들로 하여금 이웃들에게 파괴적
영향을 갖게도 되었습니다. 그것은 죄로 말미암은 인간 실존의 영향입니다.
그래서 잘못 표현된 말, 혹은 의도적인 분노의 말, 미움의 말로 부부 관계가

파괴되고, 우정이 무너지고, 공동체가 흔들리게 되었습니다. 세상은 언어의 희생자로 넘쳐나고 있습니다.

그래서 오늘의 잠언은 우리에게 혀를 잘 쓰는 사람은 그 열매를 먹는다고 가르칩니다. 우선 우리는 혀를 적게 쓰려고 애써야 합니다. 꼭 필요한 말만을 하고 침묵의 은총을 구해야 합니다. 그리고 말을 할 경우 기도한 후 말하기로 작심해야 합니다. 꼭 필요한 말들이 적절한 아름다움으로 표현될 때 그런 말은 인류를 구원하는 힘이 됩니다.

말씀의 주인이신 하나님, 우리에게 혀를 절제시키는 은혜를 주시고 우리의 혀에서 나오는 말이 이웃을 섬기는 선한 도구만 되게 하소서. 아멘

지식을 동반한 열심

• • •
지식 없는 소원은
선하지 못하고 발이 급한 사람은
잘못 가느니라 (잠 19:2)

오늘날 우리는 소위 지식화의 시대를 살아가고 있습니다. 지식이 돈이고 지식이 재산이고 지식이 바로 성공이 되는 시대를 말입니다. 그러나 지식이 아직도 잘 통하지 않는 유일한 영역이 있다면 우리의 감정의 세계입니다. 우리가 일상에서 경험하는 격한 감정의 분출의 때마다 감정의 무서운 힘과 함께 지식의 무력을 확인합니다.

확실히 인간은 이성적 존재라기보다는 감정적 존재입니다. 그래서 감정이 통제되지 않은 열심은 참으로 무서운 것입니다. 역사 속에서 인간의 열심은 창조적이라기보다 파괴적인 일들을 적지 않게 이루어 놓았기 때문입니다. 예수님 당시 열심 당원들의 열심, 히틀러의 열심, 막스 레닌 주의자들의 열심은 역사 속의 대표적 사례들입니다.

그러므로 역사가 우리에게 가르쳐 준 교훈은 인간의 열심에 부과된 가장 중요한 과제는 우리가 열심을 갖게 되는 일일수록 더욱 지식을 필요로 한다는 사실입니다.

그것을 잠언 기자는 단순하게 지식이 없는 열심은 좋은 것이 아니라고 말하는 것입니다. 객관적인 열린 지식이 없이 어떤 일을 서두름은 헛된 일을 도모함인 것입니다.

사안이 중요할수록 우리는 시간을 갖고 지식을 구할 필요가 있습니다. 그리고 그 지식은 전문성에 기초해야 할 뿐 아니라, 영성에 기초한 지식이어야 할 필요가 있습니다. 하나님을 경외함에 기초하지 않은 지식은 결국 우리 인생을 유익하게 못하는 까닭입니다. 일이 급할수록 격한 감정의 질주를 멈추고 지식을 구하는 기도를 드려야 합니다. 📖

주님, 일이 급할수록 우리가 감정으로만 일하지 않고 지식이 동반된 열심으로 사는 자가 되도록 우리를 도와주소서. 아멘

너그러운 인생

단 한 번뿐인 인생을 살면서 너그러운 인생을 사는 사람이 있는가 하면 인색한 인생을 사는 사람이 있습니다. 너그러운 인생의 마당에는 언제나 친구들이 넘쳐나지만, 인색한 인생의 마당에는 인적이 드물기만 합니다. 그 대표적인 증거의 마당은 그가 죽은 초상집을 방문해 보면 알만 합니다. 초상집 풍경은 한 인생의 추수 마당입니다.

우리는 너그러움이란 단어를 떠올릴 때마다 먼저 경제적인 여유를 연상하기도 합니다. 그러나 절대로 너그러움은 경제적인 형편에 따라 결정되는 것이 아닙니다. 오히려 마음의 크기와 따뜻함에 비례하는 것입니다. 마음이 좁고 추운 사람은 경제적인 여유가 있어도 자신의 인생에 족쇄를 채운 스쿠리지 영감처럼 인색하기만 합니다.

스쿠리지가 뒤늦게 깨달은 진실은 나눔은 돈으로만 하는 것이 아니라는 것입니다. 런던의 거리를 거닐며 아이들에게 보내는 미소, 아이들의 머리를 쓰다듬어 주는 작은 친절로도 충분히 행복해하는 이웃들을 바라보며 나눔이 곧 행복이라는 것을 깨닫습니다. 그는 비로소 자신이 만든 쇠사슬 인생에서 풀려나 참 자유를 경험합니다.

신학자들은 "주는 자가 복이 있다"라는 바울 사도의 말씀을 아홉 번째 복이라고 일컫습니다. 예수님의 8복은 제9복으로 완성이 된다고 말한 수도자도 있었습니다. 주고자 하는 사람만이 자신의 마음을 비울 수가 있고, 자신의 마음을 들여다보고 울 수가 있습니다. 십자가에서 모든 것을 내어 주신 예수님의 너그러운 마음을 배울 때입니다.

자비의 주님, 많은 사람들이 시대의 어려움 속에서 자신의 마음을 닫고 살 때에 오히려 자신의 마음을 여는 너그러움을 학습하게 하소서. 아멘

용서의 영성

노하기를 더디 하는 것이
사람의 슬기요 허물을 용서하는 것이
자기의 영광이니라 (잠 19:11)

우리는 우리가 상처 받은 일은 오래 기억하지만, 이웃들에게 상처를 준 일은 일반적으로 기억하지 못합니다. 그리고 우리가 상처를 입는 순간 우리의 일상적인 반응은 분노하는 것입니다. 그리고 이렇게 우리에게 상처를 입힌 자들을 결코 용서하고 싶지 않은 분노를 느낍니다. 차라리 할 수만 있다면 복수하고 싶은 전의를 불사르게 됩니다.

그런데 잠언 기자는 마땅히 우리가 분노해야 할 때에 분노하지 않고 분노를 자제함이 곧 사람의 슬기라고 말합니다. 그리고 우리로 분노를 품게 한 자들을 용서할 수 있다면 그것이 바로 자신의 영광이라고 말합니다. 진실로 자신의 분노를 통제하고 자신의 마음을 다스리는 것은 한 나라를 정복하는 것보다 더 힘들고 위대한 일입니다.

루이스 스미드(Lewis Smedes)는 용서란 지혜에서 나오는 고도의 기술이라고 말합니다. 아무나 용서할 수 없습니다. 오직 지혜롭고 용기 있는 사람만이 용서를 실천할 수 있습니다.

 우리가 용서하지 못하는 가장 큰 이유는 자존심 때문입니다. 그러나 결과적으로 용서하지 못할 때 가장 큰 손해는 자기 자신이 자신에게 입히는 것입니다.

 그래서 참으로 지혜로운 사람들은 용서를 결단합니다. 그리고 자신의 마음에서 일어나는 분노나 미움과 상관 없이 그는 용서하기로 결단합니다. 그는 이웃을 용서할 뿐 아니라, 자기 자신도 용서합니다. 그는 인생의 길을 미움의 짐을 덜어버린 자유함으로 걷기를 희망합니다. 미움의 짐은 가벼워지고, 영광의 무게는 더욱 무거워집니다.

사랑의 주님, 미움의 영성을 잃어버리고 용서의 영성으로 나머지 인생을 나비처럼 날며 살아가게 하옵소서. 아멘

배우자의 분복

●　●　●

집과 재물은 조상에게서 상속하거니와
슬기로운 아내는 여호와께로서
말미암느니라 (잠 19:14)

인생을 살면서 우리는 만남이 얼마나 중요한 것인가를 실감합니다. 만남이 우리 인생의 환경을 만들고 때로는 운명을 결정하기조차 합니다. 그래서 우리는 좋은 만남을 위해 기도해야 합니다. 좋은 부모를 만나고 좋은 배우자를 만나고 좋은 스승을 만나고 좋은 목사를 만나고 좋은 친구를 만남으로 우리의 인생은 부요해집니다.

그래서 우리는 인생을 살면서 한번쯤은 좋은 부모를 타고 나는 친구들을 부러워합니다. 그들에게 상속의 복이 있기 때문입니다. 어떤 사람은 집을 상속받기도 하고 또 어떤 사람들은 재물을 상속받기도 합니다. 이것을 우리는 조상 복이라고 합니다. 이것은 대부분 우리의 노력과 상관 없이 우리가 태어날 때 이미 결정된 것입니다.

부모와 달리 배우자는 선택할 수 있습니다. 선택은 자유이지만 거기에는 언제나 성공과 실패의 가능성이 반반입니다. 그래서 배우자 선택은 신중해야 하고 진지한 기도를 필요로 합니다.

우리가 기도할 많은 일 중에 나의 배우자를 위한 기도, 나의 자손들의 배우자를 위한 기도는 가장 우선순위에 있어야 합니다. 슬기로운 배우자를 여호와가 주셨다고 간증하기 위해서입니다.

배우자는 인생 여정의 파트너입니다. 평생을 함께 길 가는 길벗이 축복으로 느껴지는 인생이야 말로 최고의 분복일 것입니다. 그것은 좋은 집, 넉넉한 재산보다 더 고귀한 축복입니다. 누구도 이 축복을 갈구하지 않을 사람은 없을 것입니다. 그러나 이 축복을 누리는 사람이 희귀함은 결국 기도의 희귀함 탓입니다. 그래서 여호와께 이 축복을 구해야 합니다.

인생의 인도자이신 주님, 평생의 반려자인 배우자를 위해 기도하기를 멈추는 죄를 결코 범치 않게 하소서. 아멘

심판과 채찍

• • •

심판은 거만한 자를 위하여 예비된 것이요
채찍은 어리석은 자의 등을 위하여
예비된 것이니라 (잠 19:29)

지혜자는 심판은 거만한 자를 위한 것이고, 채찍은 어리석은 자를 위한 것이라고 말합니다. 누가 거만한 자입니까? 거만한 자는 하나님을 인정하지 않고 자신을 하나님 위에 두는 사람입니다. 궁극적으로 그는 하나님에 대한 믿음이 없는 사람입니다. 이런 사람을 위해 주께서는 심판을 예비하십니다. 하나님의 공의가 서기 위해서입니다.

누가 어리석은 자입니까? 어리석은 자는 하나님을 믿는 사람일 수도 있습니다. 하나님의 백성들도 하나님의 인도를 따르지 아니할 때에는 어리석음에 빠지기 쉽습니다. 그래서 그런 이들에게 채찍이 필요합니다. 채찍은 어리석은 주의 자녀들을 각성시키는 교훈의 도구입니다. 성경은 하나님이 사랑하는 자들을 채찍질하신다고 말씀합니다.

심판이 없는 세상은 어떻게 될까요? 악인이 득세하고 정의가 패배하는 세상이 될 것입니다. 그래서 역사에는 언제나 하나님의 심판이 개입하고 있습니다. 이 심판이 있어서 우리는 사필귀정을 말할 수 있습니다.

그럼에도 불구하고 역사는 악인의 악에 대해 오랫동안 침묵을 지키기도 합니다. 그래서 역사는 최후의 심판을 준비합니다.

하나님의 자녀들에게 채찍이 없으면 어떻게 될까요? 우리는 모두 방종하고 버릇없는 자들이 될 것입니다. 무엇보다 우리는 하나님의 자녀답지 않은 자녀로 인생을 살 것입니다. 그래서 사랑의 하나님은 그의 자녀들을 위해 징계의 채찍을 준비하십니다. 그래서 이 채찍을 맞을 때마다 우리는 어리석음을 벗어나 지혜로운 자녀로 성숙해 갑니다.

지혜로우신 주님, 우리로 하나님의 심판을 불평 말게 하시고, 하나님의 채찍을 감사하게 하옵소서. 아멘

마음 읽기

사람을 도우려면 상대의 마음을 읽어야 합니다. 그래야 그의 가장 깊은 필요를 채울 수 있고 그를 유익하게 할 수 있습니다. 그러나 상대의 이런 궁극적인 필요를 알아차리는 일은 쉽지 않습니다. 우리는 모두 깊은 필요를 숨긴 채로 피상적인 필요에 매달려 살고 있기 때문입니다. 참으로 명철한 사람만이 그렇게 할 수가 있습니다.

사람의 마음을 읽기 위해서는 먼저 마음의 소리를 경청해야 합니다. 경청의 자세는 마음의 무장을 해제하게 만듭니다. 마음이 열리면 스스로의 깊은 필요를 드러내도록 되어있습니다. 인간은 자기 계시를 통해 자기를 확인하는 존재입니다. 그러나 그 말조차도 말로만 듣지 말고 말의 행간에 숨겨진 본심의 소리로 들어야 합니다.

인간의 마음은 분주한 소음으로 가득 찬 분심의 우물입니다. 이 분심을 가라앉혀야 본심을 대하게 됩니다. 이 분심을 본심으로 바꾸는 과정이 잠심입니다. 그리고 이 잠심으로 들어가기 위해 필요한 영적 훈련이 침묵입니다.

　우리는 너무 많은 말을 하고 살기 때문에 잠심의 기회를 얻지 못합니다. 그러나 우리의 마음이 잠심하게 되면 본심이 떠오릅니다.

　침묵의 명철이 사람의 마음속 깊이 숨겨진 모략의 정체를 알게 합니다. 이 모략은 선한 것일 수도, 비열한 것일 수도 있습니다. 본능적인 것도, 도덕적인 것도 있습니다. 그러나 일단 모략이 계시되면 모략은 정화되어 벌거벗은 마음이 됩니다. 다음은 침묵의 샘에 고인 명철로 이웃의 마음을 시원케 하는 지혜를 선물할 차례입니다.

우리의 마음을 지으신 주님, 우리로 우리의 이웃들을 마음으로 만날 수 있도록 이웃의 마음 깊은 곳으로 여행하는 명철을 허락해 주소서. 아멘

일관성의 미덕

지도자의 덕목으로 간주되는 중요한 요소의 하나가 '인티그리티' (integrity)입니다. 우리 말로 번역되기가 쉽지 않은 단어입니다. 학자들은 '통전성'이라고 옮기기도 합니다. 그러나 이 말은 영어 단어보다도 더 어렵게 느껴집니다. 그래서 어떤 분들은 '순결'이나 '정직'이라고 옮기기도 합니다. 의역을 하면 '일관성'이 좋을 듯 합니다.

오늘 본문의 정황은 시장처럼 보여집니다. 물건을 파는 상인의 미덕을 강조하고자 한 듯합니다. 그러나 궁극적으로는 하나님의 사람됨의 자질을 가르치려는 의도가 보입니다. 상인이 늘 물건 매매를 위해 사용하는 '추'나 '되'는 그의 정직성을 대표합니다. 상인은 자신의 정직성을 속이고 일시적으로 이익을 얻을 수도 있을지 모릅니다.

그러나 문제는 인생의 창조자요 섭리자이신 하나님이 이를 지켜보신다는 사실입니다. 그리고 여호와 하나님은 부정직한 상인들의 매매하는 모습을 미워하신다고 말씀하십니다.

그것은 공평하시고 일관성 있는 하나님의 품성을 거스르기 때문입니다. 만일 하나님께서 이런 부정직한 모습을 심판하시기로 작정하신다면 누가 이를 막을 수 있겠습니까?

진정한 성공은 궁극적인 성공입니다. 그리고 이런 궁극적인 성공은 일관성의 미덕을 실행하는 사람들에게 주어지는 면류관입니다. 본문은 이런 일관성을 '한결같음'이라고 칭합니다. 오늘의 세상에는 이렇게 한결같은 삶을 사는 사람들이 참 드물어 보입니다. 그러나 이런 한결같은 사람들을 여호와 하나님은 찾고 계십니다.

한결 같으신 주님, 우리로 주님을 닮아 한결같음의 일관성으로 인생을 살게 도와주소서. 아멘

청각과 시각의 선물

• • •

듣는 귀와 보는 눈은
다 여호와께서 지으신
것이니라 (잠 20:12)

창조주의 선물 가운데 가장 경이로운 것은 인간의 육체입니다. 시편 기자는 오묘한 육체라고 말합니다. 그런데 인간의 육체 중에도 가장 오묘한 창조물이 귀와 눈이라고 잠언 기자는 말합니다. 듣는 귀와 보는 눈은 우연의 산물이 아닌 창조주의 특별한 은총의 선물인 것입니다. 청각과 시각이 마비된 인생은 가장 불편한 삶을 살아갑니다. 우리는 그런 이웃들을 청각 장애인과 시각 장애인이라고 칭합니다.

해마다 장애 이웃들을 생각하는 주간이 되면 전국적으로 장애 체험 대회가 열립니다. 우리는 이런 이벤트를 통해 듣는 귀의 소중함과 보는 눈의 소중함을 체험적으로 학습합니다. 일상성은 우리로 창조의 신비를 당연한 존재로 인식하게 합니다. 그러나 장애의 체험은 이런 일상성이 창조주의 특별한 축복이었음을 새삼스럽게 인식하게 합니다.

청각의 축복이 상실된 인생을 가정해 보십시오. 우리는 우선 교회 강단에서 선포되는 하나님의 말씀을 듣지 못할 것입니다.

   그리고 우리가 존경하고 사랑하는 이웃들의 그 아름다운 사랑의 음성을 듣지 못하게 될 것입니다. 우리의 사랑스런 아이들의 그 조잘거림도 계곡을 타고 흐르는 시냇물의 노래 소리도, 오케스트라의 그 장엄한 선율도 듣지 못하게 될 것입니다.

   이제는 시각이 상실된 인생을 가정해 보십시오. 일출의 그 신비한 탄생도, 일몰의 그 장엄한 침묵도 보지 못하는 세상을 상상해 보십시오. 사랑하는 가족과 친구들의 그 익살스런 표정도 사랑하는 이들의 시선과 맞닿는 그 전율의 체험을 상실한 세상은 무슨 의미가 있는 세상이겠습니까. 듣는 귀와 보는 눈을 지으신 창조자 여호와께 감사를 드림은 세상을 경이롭게 사는 지혜입니다. ◢◣◢◣

듣는 귀와 보는 눈을 지으신 여호와여, 그 귀와 그 눈으로 당신의 음성을 듣고 당신의 얼굴을 보며 평생을 살게 하소서. 아멘

의논 경영

• • •

경영은 의논함으로
성취하나니 지략을 베풀고
전쟁할지니라 (잠 20:18)

오늘 우리는 경영이 모든 것을 결정하는 시대를 살아가고 있습니다. 그래서 최고 경영자를 조형하는 온갖 프로그램이 선보이고 책방에는 수많은 유형의 현대적인 경영 기법이 소개되고 있습니다. 경영이 필요 없는 데는 아무 데도 없습니다. 가정 관리도 하나의 경영이고 나라 정치도 경영이며 심지어는 목회도 경영의 성격을 지닙니다.

그런데 오늘의 잠언은 의논 경영을 우리에게 소개합니다. 의논하는 것이 최고의 경영이라고 말합니다. 경영은 의논함으로 가장 효율적인 성취를 가져온다고 말합니다. 창조주는 인간을 지으실 때 홀로 살아가는 존재가 아닌 더불어 살아가는 존재로 지으셨습니다. 따라서 인생은 더불어 의논하며 추진할 때 가장 큰 효율성을 발휘합니다.

그런 이유로 바울 사도도 신앙의 삶의 본질을 설명하며 '서로 서로'를 강조합니다. 서로 사랑하고 서로 격려하며 서로 용납하고 서로 권면하고 서로 의논하는 곳에 하나님의 나라가 세워진다고 가르칩니다.

　그것은 일찍 예수님께서 너희 두 세 사람이 합심하여 기도하는 곳에 함께 하신다는 언약의 말씀에 기초한 것입니다.

　아무리 뛰어난 천재도 홀로 일을 하면 그는 태생적 한계를 극복하기 어렵습니다. 그것은 작은 가정일에서부터 전쟁 같은 치열한 삶의 마당에까지 일관성 있게 적용될 교훈입니다. 그러므로 오늘도 치열한 인생 전쟁에 승리하기 위하여 함께 모여 지략을 창출하는 리더십을 발휘해야 합니다. 백지장도 맞들면 낫다는 속담도 지극히 성경적인 레슨입니다.

지략의 주님, 우리로 하나님의 뜻을 이루어 드리기 위해 의논 경영의 소중한 지혜를 멀리하지 않게 하소서. 아멘

투기 산업의 재앙

● ● ●

처음에 속히 잡은 산업은
마침내 복이 되지
아니하느니라 (잠 20:21)

투기의 속성은 신속하게 한 몫을 챙기겠다는 탐욕에 뿌리 박고 있습니다. 투기의 속성은 오래 근면하게 일해서 그 노동의 당연한 열매를 먹는 인내를 비웃습니다. 그래서 사람들은 아파트와 건물에 투기하고 땅과 산에 투기하고 증권에 투기합니다. 그리고 그들 중의 많은 사람들은 목적 성취를 위해서는 수단과 방법을 가리지 않습니다.

우리가 사는 시대는 이렇게 해서 목적을 성취한 사람들을 영웅시합니다. 그들을 성공의 표본으로 삼습니다. 그리고 실제로 이런 사람들은 별로 힘들이지 않고 성공의 자리에 앉아 인생의 축복을 누리고 살아갑니다. 그러나 성경은 이런 사람들의 성공이 마침내 복이 아니라고 선언합니다. 결국은 그 신속한 성공이 재앙이 될 것을 경고합니다.

처음에 속히 잡은 산업은 우리 시대의 졸부들을 표현하는 성경의 해학적이고 실제적인 표현입니다. 그러나 우리는 처음보다 마지막을 생각하며 살아갈 줄 알아야 합니다.

이런 신앙을 우리는 종말론적 신앙이라고 일컫습니다. '종말 신앙'의 다른 표현은 '마침내 신앙'입니다. 마침내 복 받고 마침내 인정 받고 마침내 성공하는 자가 진정으로 성공한 사람입니다.

왜냐하면 성경은 결과 이상으로 과정을 중시하기 때문입니다. 하나님은 정당한 과정을 통해 얻은 정당한 결과만을 인정하시기 때문입니다. 그는 심는 대로 거두기를 기뻐하시는 하나님이십니다. 그래서 우리 모든 주의 자녀들은 마침내 복으로 인정 받는 삶의 기업가가 되어야 합니다. 투기 산업의 재앙을 잊지 말아야 합니다.

모든 기업의 주인 되신 하나님, 정당한 노동으로 정당한 복을 누리는 삶을 사모하게 하소서. 아멘

잠언
21장~31장

묵상의 샘 이동원 목사

마음을 인도하시는 이

• • •
왕의 마음이 여호와의 손에 있음이
마치 봇물과 같아서
그가 임의로 인도하시느니라 (잠 21:1)

인간 경영은 마음을 어떻게 움직이느냐에 달려있습니다. 특히 높은 지위에 있는 이들이나 사회적 영향력이 있는 사람들을 어떻게 움직이느냐는 것은 출세와 이권에 직결된 문제이기도 합니다. 그래서 사람들은 수단과 방법을 가리지 않고 소위 힘이 있는 사람들에게 줄을 대려고 합니다. 줄을 잘 서는 것이 성공이라는 공식을 믿고 있는 사람들이 적지 않습니다.

그런데 성경은 마음을 인도하시는 이는 여호와라고 가르칩니다. 심지어 한 나라의 최고 권력자인 왕의 마음도 여호와의 손에 있다고 가르칩니다. 그것이 사실이고 그것을 우리가 믿는다면 우리는 줄을 잘 서보려는 노력 대신 여호와께 엎드려 기도함이 더 효율적인 일이 아니겠습니까. 우리가 왕을 움직이는 대신 여호와께서 왕을 움직이도록 하면 될 일입니다.

그런 믿음을 갖고 왕의 앞에 나아가기 전 먼저 여호와 앞에 나아가 넉 달을 기도한 이가 있습니다. 느헤미야가 그런 모범을 보인 것입니다. 그는 왕의 술 장관으로 왕을 날마다 알현하고 왕을 모시면서도 왕께 자신의 소원을 아뢰는 대신 여호와께 먼저 기도의 무릎을 꿇었던 것입니다. 그의 지도력은 이런 기도의 영성에서 나오고 있었던 것입니다.

그래서 느헤미야는 "여호와를 기뻐하는 것이 곧 너희의 힘이라"고 말할 수 있었던 것입니다. 그리스도인의 리더십은 마음을 움직이시는 이가 하나님이심을 믿고 기도로 먼저 하나님의 마음을 움직이는 것을 배움에서 출발합니다. 온갖 수단과 권모술수가 팽배하는 세상에서 그리스도인 지도자들이 먼저 배울 일은 수단과 방법이 아닌 기도로 일하는 것을 배우는 일입니다.

우리 마음의 주인 되신 하나님. 원컨대 주의 뜻을 따라 우리 마음을 인도하소서. 아멘

눈과 마음 관리하기

• • •

눈이 높은 것과
마음이 교만한 것과 악인이
형통한 것은 다 죄니라 (잠 21:4)

눈은 마음의 창문이라고 합니다. 우리는 우리가 만나는 사람들의 마음을 그의 눈이라는 창을 통해 들여다 볼 수 있습니다. 그의 마음이 선하면 눈도 선하고 그의 마음이 악하면 눈도 악할 것입니다. 그러므로 마음을 관리하고자 하는 이는 눈을 관리해야 하고 눈을 잘 관리하고자 하는 이는 또한 마음을 먼저 관리해야 할 것입니다.

오늘의 잠언에서 지혜자는 무엇보다 거만한 눈과 오만한 마음을 경고하고 있습니다. 이것들은 바로 죄의 양상이며 악인을 구별하는 표지라고 말하고 있습니다. 어떤 사람들의 눈이 높은 이유는 마음이 오만하기 때문입니다. 오만은 하나님이 가장 미워하시는 죄입니다. 하나님을 향한 시선을 상실하면 우리는 오만의 죄에 빠집니다.

오만의 반대는 겸손입니다. 겸손은 하나님 앞에서 자신을 보는 사람의 모습입니다. 그의 눈빛은 겸허하고 그는 다른 사람들을 존중합니다. 그는 이웃들을 선하게 대할 줄 압니다.

그것이 바로 성도의 모습이고 악에서 자신을 구별하고 사는 지혜로운 태도입니다. 악인과 선인의 구별은 어렵지 않습니다. 이웃을 향한 태도를 보면 됩니다.

그러므로 성도는 무엇보다 먼저 자신의 눈과 마음을 관리해야 합니다. 내 눈이 이웃들을 향해 지나치게 높아지지는 않았는지, 하나님 앞에서 자신을 점검하는 거룩한 습관을 상실하지는 않았는지를 살펴야 합니다. 하루에 한번씩 반드시 거룩한 말씀 앞에서 자기 마음을 성찰하는 시간을 갖고 그 다음 거울 앞에 서서 자신의 눈을 들여다보기를 제안합니다.

주 하나님, 우리가 다스릴 것 가운데 무엇보다 눈과 마음의 선한 청지기가 되게 하소서. 아멘

부지런함과 조급함의 차이

부지런한 자의 경영은
풍부함에 이를 것이나 조급한 자는
궁핍함에 이를 따름이니라 (잠 21:5)

중국 여행 중 안내자가 차이나(China)는 차이가 많이 나는 곳이라 차이나로 명명했다는 조크를 들은 것이 잊혀지지 않습니다. 오늘의 본문은 부지런함과 조급함의 차이를 가르치는 잠언입니다. 부지런함과 조급함에는 적어도 외견상으로는 차이가 나지 않을 수도 있습니다. 우리의 관찰은 모두 피상성을 면하기 어렵기 때문입니다.

그런데 잠언 기자는 부지런한 자의 경영은 풍부함에 이를 것이고, 조급한 자의 경영은 우리로 궁핍함에 도달하게 할 것이라고 가르칩니다. 이 두 가지 삶의 태도는 결과적으로 엄청난 차이를 초래한다는 것입니다. 분명한 사실은 부지런함과 조급함은 같지 않다는 것입니다. 문제는 두 가지 삶의 태도가 어떻게 다른가라는 것입니다.

우선 부지런한 사람은 조급할 필요가 없다는 것입니다. 미리 미리 준비하고 계획하기 때문입니다. 그러나 조급한 사람은 미리 준비하거나 계획하는 일이 없습니다. 그의 라이프 스타일은 충동적입니다.

그러므로 부지런하기 위해서는 우리는 생각하는 사람이 되어야 합니다. 그리고 우선순위에 따른 시간 관리의 지혜가 있어야 합니다.

다음으로 부지런한 사람은 정말 중요한 일에 자신을 던질 수 있는 열정의 사람이어야 합니다. 그러나 조급한 사람은 중요하지도 않은 이 일 저 일에 찔끔 찔끔 손을 대다가 결국 아무것도 성취하지 못하는 사람입니다. 부지런한 사람은 집중의 사람입니다. 그는 결국 풍부를 누리고 그런 풍부로 축복을 나누는 인생을 살아갑니다.

시간과 삶의 주인 되신 주님. 우리로 부지런한 인생을 살게 하시되. 결코 조급한 인생으로는 살지 않게 하옵소서. 아멘

곧은 길

• • •
죄를 크게 범한 자의 길은
심히 구부러지고
깨끗한 자의 길은 곧으니라 (잠 21:8)

오늘의 잠언에 의하면 인생에는 두 개의 길이 있습니다. 한 길은 구부러진 길이고 또 한 길은 곧은 길입니다. 누구나 삶의 정도를 걷기를 원하지만 살다 보면 우리는 구부러진 길을 걸을 때가 있습니다. 성경은 그것이 죄 때문이라고 가르칩니다. 작은 죄는 작은 구부러짐을, 큰 죄는 심한 구부러짐을 초래하게 됩니다.

모든 죄는 우리로 하나님의 영광의 목표를 빗나가게 합니다. 죄의 본래의 의미는 '목표를 빗나감'(missing the mark)의 뜻을 가지고 있습니다. 모든 죄가 하나님을 실망시키는 것이지만 어떤 죄는 특히 하나님의 마음을 아프게 하는 것들이 있습니다. 그래서 우리의 신앙의 선배들은 대죄와 소죄를 구분하기도 했습니다.

예로부터 교만, 질투, 분노, 탐심, 탐식, 음행, 게으름을 가리켜 교회는 7가지 대죄라고 부르기도 했습니다. 인생의 길의 심각한 방황은 모두가 이런 죄들에서 비롯됨을 사람들의 역사는 보여줍니다.

그래서 죄에서 자신을 지키는 예방과 죄에서 속한 깨끗함 곧 치유만이 인생의 정도를 걷는 길임을 잠언 기자는 가르칩니다.

시시때때로 죄를 범하는 인생들이 어떻게 죄에서 벗어나 다시 인생의 곧은 길로 돌아올 수 있겠습니까? 그것이 날마다 자신을 살피는 자기 성찰이 필요한 이유이기도 합니다. 그런 시간을 우리는 경건의 시간, 조용한 시간(QT) 등 여러 가지로 불러왔습니다. 일상의 규칙적인 성찰과 참회, 이것만이 바로 곧은 길로 돌아오는 회복의 유일한 처방입니다.

거룩하신 주님, 우리로 죄의 구부러진 길을 벗어나 곧은 길을 걷는 평생을 살게 도와주소서. 아멘

망령된 사람

> 무례하고 교만한 자를 이름하여
> 망령된 자라 하나니
> 이는 넘치는 교만으로 행함이니라 (잠 21:24)

우리말에 오래 전부터 '망령된 자' 라는 표현이 있어 왔습니다. 주로 자신의 삶의 궤도를 잃어버리고 절제 없이 행동하는 사람들을 우리는 망령든 사람으로 간주해 왔습니다. 오늘의 성구에 망령된 자는 때로는 오만한 자로, 때로는 자신의 주제를 알지 못하고 남을 존중하는 대신 비웃는 자를 가리키는 표현으로 번역되기도 하였습니다.

오늘의 잠언은 망령된 자의 속성을 두 가지로 정의합니다. 첫째가 무례함이고 둘째가 교만함입니다. 어쩌면 이 두 가지 속성은 동전의 양면과 같아서 무례하기 때문에 교만하고 교만하기 때문에 무례하다고 말할 수 있을 것입니다. 왜 사람들은 무례하게 행동하며 살아가고 있을까요? 성경은 사랑이 없기 때문이라고 말합니다.

우리가 잘 아는 고린도전서 13장에 "사랑은 무례히 행하지 않고"라고 성경은 말합니다. 사랑의 본질은 이웃을 배려하고 돌아보는 것입니다. 사람들이 무례히 행동하는 본질적인 이유는 이런 이웃에 대한 배려의 마음이 없기 때문입니다. 결국 사랑이 없기 때문이라고 할 것입니다. 사랑이 성도의 인격의 본질을 형성합니다.

이런 사랑의 결핍은 더 나아가 이웃들을 무시하는 태도를 낳습니다. 그것이 바로 교만입니다. 교만은 극도의 이기심의 표현입니다. 노골적으로 이웃을 폄하고 자신을 높이는 이런 망령된 사람들로 인하여 인간관계는 상처와 경계의 벽을 쌓게 됩니다. 넘치는 교만이 그 원인입니다. 성경은 망령된 사람이 되지 말라고 충고합니다.

지혜의 주님. 우리로 망령된 인생을 살지 않도록 인도하여 주소서. 아멘

아름다운 선택

• • •

많은 재물보다 명예를 택할 것이요
은이나 금보다 은총을
더욱 택할 것이니라 (잠 22:1)

삶은 선택의 과정입니다. 선택이 모여 우리의 평생을 만드는 것입니다. 그러나 선택의 전제는 가치관입니다. 우리가 어떤 가치관을 가지느냐가 어떤 선택으로 살아갈 것인가를 결정합니다. 그래서 성경적 가치관을 갖고 사는 것이 무엇보다 중요합니다. 성경적 믿음을 갖는다는 것은 성경적 가치관을 선택하기로 결정한 것입니다.

우리 주변에 신앙생활을 하는 분들 중에서도 이중적 잣대를 갖고 사는 일이 적지 않은데 그것은 믿음을 갖고 산다고 하면서도 아직 성경적 가치관을 내면화하지 못했기 때문입니다. 성경적 가치관에 의하면 재물이나 금은 보다 더 중요한 것이 명예와 은총입니다. 그러면 우리의 삶의 방향은 자연스럽고 명확해지게 마련입니다.

우리가 죽을 때 재물을 남길 것인가 아니면 좋은 이름을 남길 것인가를 먼저 고민해 보십시다. 좋은 이름, 아름다운 이름으로 후세에 기억되기를 원한다면 재물은 남길 것이 아니라 선한 목적을 위해 사용되어야 할 것들에 불과

합니다. 그래서 청교도들은 죽을 때 재물을 사용하지 않고 남기고 가는 것을 부끄럽게 생각했습니다.

성도는 인생을 살아가며 소유보다 관계를 더 중시할 줄 알아야 합니다. 소유를 대표하는 것이 금과 은이라면, 관계를 대표하는 것이 은총입니다. 은총은 인간관계에서의 아름다운 덕을 추구함입니다. 소유는 인간관계를 왜곡하고 파괴합니다. 그러나 소유보다 은총을 추구한 사람들은 아름다운 관계의 전설을 남기는 인생을 살아갑니다.

우리의 가치의 근본 되신 주님, 우리로 소유보다 명예와 은총을 택하는 인생을 살게 하소서. 아멘

도피의 미학

● ● ●

슬기로운 자는 재앙을 보면
숨어 피하여도 어리석은 자는 나가다가
해를 받느니라 (잠 22:3)

세상은 도피라는 단어를 선호하지 않습니다. 때로 이 단어는 비겁자의 존
재 양식으로 때로 이 단어는 유약자의 마지막 은거의 양식으로 이해되기도
합니다. 그러나 성경은 때로 도피의 선택이 가장 아름다운 선택일 수 있다고
가르칩니다. 잠언 기자는 선택의 상황에 따라 그것을 어리석음과 비교되는
슬기로움이라고 가르칩니다.

슬기로운 자는 재앙을 보면 숨어서 피한다고 말합니다. 예수님도 나사렛
에서 자신을 향한 저항이 일어났을 때 조용히 그 마을을 떠나셨습니다. 그러
나 동일한 그분은 바리새인들과 서기관들의 비판에 대하여 타협 없는 직면으
로 맞서기도 하신 분이십니다. 모든 상황에서의 도피는 바람직하지 않지만
어떤 상황은 우리에게 도피의 선택을 요구하기도 합니다.

요셉도 도피를 선택하였습니다. 그 도피가 그로 애굽의 감옥 생활이라는
대가 지불을 초래했지만 더 큰 재앙을 예방하기 위한 적어도 차선의 선택 혹
은 '보다 적은 악'(lesser evil)의 선택인 것은 분명하였습니다.

그는 잠언 기자의 증언처럼 슬기로운 사람의 본보기이었습니다. 그리고 그는 마침내 '보다 큰 선'(greater good)으로 보상을 받았습니다.

우리는 우리 주변에서 자신의 의지나 충동을 관철하기 위해서 자신과 공동체를 함께 파괴하는 어리석은 자해 행위를 적지 않게 목도하며 살아갑니다. 도피의 미학을 배우지 못한 때문입니다. 그리고 보면 도피도 하나의 영성적 선택입니다. 비가 한창일 때 잠시 처마 밑으로 피하는 것은 지혜로운 선택입니다.

만유의 주관자이신 주님, 우리로 직면할 때와 피해 갈 때를 분별하는 지혜를 얻게 하소서. 아멘

조기 신앙교육의 중요성

마땅히 행할 길을 아이에게 가르치라
그리하면 늙어도 그것을
떠나지 아니하리라 (잠 22:6)

교육은 이를수록 좋습니다. 어린 시절의 영향은 문자 그대로 평생을 좌우
하기 때문입니다. 그래서 오늘날 여러 형태의 조기 교육이 여러 영역에서 시
도되고 있는 것은 바람직한 일입니다. 외국어 교육도, 예능 교육도 어린 시
절에 시작되는 것이 바람직합니다. 그러기 위해 어린 자녀들의 적성을 조기
에 발견하는 일이 무엇보다 중요합니다.

그러나 이런 여러 교육 이상으로 더욱 중요한 것은 조기 신앙 교육입니다.
비록 어린 시절의 신앙의 영향을 받은 이들이 잠시 성장 과정에서 믿음을 떠
나는 일이 있어도 그들 대부분은 반드시 돌아오기 때문입니다. 그런 의미에
서 우리의 어린 자녀들이 어린 시절에 QT를 훈련한다든지 교리 교육을 받게
하는 것은 권장할 만한 일입니다.

그러나 그 무엇보다 신앙의 기본을 자녀들에게 훈련하는 것이 중요합니
다. 신앙의 기본은 그리스도인으로 어떻게 살 것인가를 훈련하는 일입니다.
요즈음 말로 하면 기독교 세계관을 심어주는 일입니다.

그리스도인으로 인생을 산다는 의미, 성공의 참 뜻을 알게 하는 일입니다. 단순히 출세하는 자로 자녀를 키우는 것은 마땅히 행할 길이 아니기 때문입니다.

원문에는 그가 마땅하게 행할 길로 되어있습니다. 그것은 바로 성경이 가르치는 의의 길을 지향하는 삶의 교육입니다. 그것은 곧 바르게 잘 사는 길입니다. 그러면 늙어도 그런 삶을 떠나지 않을 것이라고 성경은 약속합니다. 어떤 학자는 여기서 말하는 늙음은 턱에 수염이 나는 시기라고 말합니다. 즉 조기 교육은 그의 사회 활동이 시작할 때부터의 평생의 가치를 결정할 것이라는 말입니다.

우리를 부모 되게 하신 주님. 우리의 자녀에게 마땅히 행할 바를 가르치는 부모가 되게 하소서. 아멘

선한 눈을 가진 자의 복

• • •

선한 눈을 가진 자는 복을 받으리니
이는 양식을 가난한 자에게
줌이니라 (잠 22:9)

눈은 마음의 창입니다. 우리는 이웃의 눈을 보며 그의 마음을 헤아릴 수 있습니다. 이웃의 눈은 그의 마음의 미로로 들어가는 입구입니다. 눈을 통해 이웃들의 의식 세계와 무의식 세계에 접근할 수 있습니다. 그러므로 눈을 관리하는 일은 마음을 관리하는 일입니다. 아니, 마음을 관리함이 곧 눈을 관리함입니다. 우리의 마음은 눈으로 드러납니다.

크게 보면 사람의 눈은 선한 눈과 악한 눈으로 나뉩니다. 그것은 사람이 마음이 선하기도 하고 악하기도 하기 때문입니다. 선한 마음은 선한 눈을 만들고 악한 마음은 악한 눈을 만듭니다. 그런데 여기 선하다고 표현된 단어는 본래는 인색함이 없는 넉넉한 마음을 나타내는 말입니다. 영어로 '제네러스'(generous)하다는 뜻을 가집니다.

그러면 선한 마음은 어떻게 드러나는 것일까요? 잠언 기자는 양식을 가난한 자와 나눌 줄 아는 것이 바로 넉넉한 마음의 가장 구체적인 증거라고 말합니다. 자선은 아무나 할 수 있는 것이 아닙니다.

　선한 마음에서만 자선의 행위가 드러나는 것입니다. 인생의 여로에서 만나는 가난한 이웃들에 대한 태도가 바로 우리의 선함을 시험하는 것입니다.

　그러므로 우리는 우리의 눈으로 부요한 이웃들만이 아닌 가난한 이웃들을 바라볼 수 있어야 합니다. 그들의 아픔과 그들의 고통을 주목하는 눈이야말로 하나님을 기쁘시게 하는 행복한 눈입니다. 성도의 눈에서 흐르는 가난한 이웃을 향한 자비의 눈물이야말로 세상의 먼지를 씻는 청량제라고 할 수 있습니다. 선한 눈을 지닌 복 있는 사람이 되십시다.

주여, 우리로 선한 눈을 갖고 가난한 이웃을 바라보며 살게 하소서. 아멘

선조의 지계석

● ● ●

네 선조가 세운
옛 지계석을 옮기지
말지니라 (잠 22:28)

농경 시대에 지계석은 한 가정의 삶의 터전의 경계 곧 랜드마크(landmark)였습니다. 한 국가의 경계선처럼 한 가정마다 지계석 곧 경계돌이 있었습니다. 그것은 우리 조상이 열심히 일해 확보한 땅이기도 했고 조상의 조상이 물려준 선물로서 우리 집의 마당이요 일터였습니다. 그것은 선조의 자산이요 우리가 후손에게 물려 줄 유산이기도 했습니다.

이스라엘 백성들은 그 지계석을 정하시는 이가 여호와라고 믿었습니다. 후손의 책임은 그 지계석이 옮겨지지 않도록 지키는 일이었습니다. 우리 시대의 지계석은 영향력이라고 할 수 있습니다. 한 가정의 후손들의 중요한 책임은 선조의 선한 영향력이 쇠퇴하지 않도록 그 영향력을 지키는 일입니다. 삶은 영향력을 지속하고 영향력을 패스하는 일입니다.

그렇게 하기 위해서는 무엇보다 그 지계석을 정하시는 하나님을 신뢰하는 일이 가장 중요한 일입니다. 이스라엘 백성들은 하나님이야말로 모든 기업을 정하시는 분이라고 믿은 것입니다.

그래서 하나님과의 관계 유지야말로 청지기 인생의 우선적인 책임이었습니다. 성공을 위해 일하는 것은 우리 책임이지만 성공을 결정하는 이는 하나님이시기 때문입니다.

이스라엘 백성들은 하나님을 여호와라고 불렀지만 그의 거룩한 이름 대신에 '아도나이'라고 더 자주 불렀습니다. '아도나이'는 주인이라는 의미입니다. 삶의 주인 되신 여호와 그분과의 날마다의 대화, 그리고 그의 인도하심이 없이 어떻게 영향력 있는 삶을 기대할 수 있겠습니까? 자랑스런 조상을 기억할 때마다 그 조상을 주신 하나님을 기억해야 합니다.

아도나이 주님이시여, 선조의 선한 영향력을 계승하는 삶을 살게 도와주소서. 아멘

탐식의 죄

• • •

네가 만일 음식을 탐하는 자이거든
네 목에 칼을 둘 것이니라 그의 맛있는 음식을 탐하지 말라
그것은 속이는 음식이니라 (잠 23:2-3)

인생을 사는 재미 중의 하나는 맛있는 음식을 즐기는 일입니다. 그래서 식도락이란 말도 생겨났습니다. 어떤 이들은 맛집 순례를 성지순례처럼 생각하는 이들도 있습니다. 성경도 "음식물은 하나님이 지으신 바니 믿는 자들과 진리를 아는 자들이 감사함으로 받을 것이니라"(딤전 4:3)고 가르치고 있습니다. 성경은 결코 음식을 즐기는 일 자체를 금하고 있지는 않습니다.

그럼에도 불구하고 옛날 우리 믿음의 선조들은 그리스도인들이 경계해야 할 7가지 중죄 가운데 하나로 탐식의 죄를 들었습니다. 오늘의 잠언은 그 음식이 우리를 속일 수 있다고 경계합니다. 그 맛있어 보이는 음식이 오히려 우리 건강을 해치고 시간을 빼앗고 하나님보다도 먹는 것 자체를 숭배하게 만들기 때문입니다. 맛은 있지만 몸에 해로운 음식은 결국 성전을 파괴합니다.

그래서 탐식을 절제하는 것은 영성 훈련의 하나입니다. 눈에 보이는 그 먹음직한 탐식을 극복할 수 있는 사람은 다른 유혹도 쉽게 극복할 수 있을 것입니다.

그러나 음식 절제에 성공 못하는 사람은 다른 영역의 절제 생활에도 성공을 보장하기 어려울 것입니다. 그러므로 음식을 앞에 두고 감사의 기도를 하는 것도 중요하지만 적당하게 먹게 해달라고 기도하는 것도 중요합니다.

오죽하면 오늘의 본문에서 잠언 기자는 탐식하는 자들에게 목에 칼을 두라는 경고를 했겠습니까. 목숨이 아깝거든 음식을 절제하라는 것입니다. 우리가 가난했던 시절 이런 말씀은 우리 귀에 들리기 어려웠던 말씀이었습니다. 그러나 풍요와 낭비의 시대를 살면서 이 명령은 새롭게 다가오는 매우 준엄한 계명입니다. 탐식을 극복하지 못함은 결국 탐심 때문입니다. 성경은 탐심은 우상숭배라고 가르칩니다.

성령의 열매로 절제를 가르치신 주님. 우리로 음식을 감사함으로 즐기되 음식을 또한 절제하게 도와주시옵소서. 아멘

마음대로 생각대로

• • •
대저 그 마음의 생각이 어떠하면
그 위인도 그러한즉 그가 네게 먹고 마시라 할지라도
그의 마음은 너와 함께 하지 아니함이라 (잠 23:7)

요즈음 SK텔레콤이 장동건을 기용하여 선보인 생각대로 TV 광고 캠페인은 고객의 바람을 실현시켜 주는 브랜드 정신을 중독성 강한 주문으로 전달하여 광고 사상 유례 없는 공전의 히트를 한 것으로 알려지고 있습니다. 광고주는 단순히 자신들의 상품을 선전할 뿐 아니라 고객의 소망을 실현하는 응원자를 자처하는 것입니다.

광고에 등장하는 주문 '비비디 바비디 부'는 월트 디즈니의 애니메이션 신데렐라에 등장하는 주문을 빌려 온 것이라고 합니다. 파티에 참석하고 싶지만 옷도 마차도 없는 불쌍한 신데렐라에게 이 마법의 주문은 꿈을 이루는 암시적 메시지가 됩니다. 이 광고에 우리가 매료되는 것은 우리 모두 이루지 못한 꿈의 환상을 갖고 살아가고 있기 때문입니다.

이런 광고 마케팅이 등장하기 오래전 잠언 기자는 이미 우리 마음의 생각이 존재를 만들고 인생을 만드는 것이라고 가르치고 있습니다. 그러나 성경의 이런 말씀은 단순한 긍정의 힘을 강조하는 주문과 다른 전제를 갖고 있습니다.

우리 마음의 근원은 하나님이라는 것과 이 근원을 떠날 때 마음과 생각은 아주 쉽게 부패한다는 것입니다.

그래서 성경은 우리가 우리의 마음이 아닌 "그리스도의 마음"을 품어야 하고, 우리의 생각은 그리스도에게 쳐서 복종시켜야 한다고 가르치고 있습니다. 왜냐하면 그분이 우리의 마음과 생각의 주인이 되시기 때문입니다. 그래서 우리는 그냥 마음대로 생각대로 살 존재가 아니라, 그리스도의 마음과 그리스도의 생각대로 살아야 합니다.

주님, 우리의 마음과 생각이 우리를 만드는 것이라면 우리로 주님의 마음을 품고 주님의 뜻을 이루는 생각으로 평생을 살게 하소서. 아멘

마음과 입술

내 아들아 만일 네 마음이 지혜로우면
나 곧 내 마음이 즐겁겠고 만일 네 입술이 정직을 말하면
내 속이 유쾌하리라 (잠 23:15-16)

지혜는 단순히 지성의 문제가 아니라, 마음의 문제입니다. 지성이 솟구치는 원천은 마음이기 때문입니다. 그래서 바른 사고는 바른 마음에서 비롯되는 것입니다. 바르게 마음을 다스리면 바른 지혜가 솟아납니다. 그리고 이런 지혜는 창조주의 도구적 지혜가 되어 선한 창조의 역사를 일으킵니다.

잠언 기자는 이런 지혜가 솟아나 사용되는 모습을 보면 그 마음이 즐겁다고 고백합니다. 그 마음이 바로 하나님의 마음이라고 믿습니다. "나의 자녀들이 진리 안에서 행한다 함을 듣는 것보다 더 즐거움이 없도다"(요삼 1:4)

그러나 이런 지혜는 사용되기에 앞서 적절한 언어로 먼저 표현되어야 합니다. 바른 지혜는 바른 언어로 표현되어야 합니다. 이런 말은 창조의 도구가 되어 쓰임을 받습니다.

세상은 오늘 이런 옳은 말에 굶주려 있습니다. 우리의 옳은 말을 들으시는 하늘 아버지는 "속이 다 후련하다"고 고백하십니다.

우리는 마음에 가득한 것을 입으로 말하게 되어있습니다. 그래서 우리의 건강한 언어생활을 위해 우리가 먼저 관리할 것은 우리의 마음입니다. 마음 다스리기로 인생의 여행을 떠나는 자는 실패할 수 없는 길을 떠나는 것입니다. 마음과 입술을 함께 주께 드리는 자, 진실로 주님의 마음을 시원케 하는 사람들입니다.

창조의 주님, 우리의 마음과 입술로 함께 지혜로운 인생을 살아가게 도와주시옵소서. 아멘

가치 계승의 즐거움

● ● ●

의인의 아비는 크게 즐거울 것이요
지혜로운 자식을 낳은 자는 그로 말미암아
즐거울 것이니라 (잠 23:24)

세상살이에는 여러 가지 즐거움이 존재합니다. 단순한 오락의 즐거움에서부터 고급한 지식 향유의 즐거움에 이르기까지 즐거움이야말로 삶의 에너지요 활력입니다. 그리스도인들의 위대한 신앙 고백은 인간의 존재 목적을 하나님을 즐거워하는 것이라고 말해 왔습니다. 존 파이퍼는 그리스도인도 거룩한 쾌락주의자가 될 수 있다고 했습니다.

그런데 이런 모든 즐거움 가운데 가장 현실적이며 피부에 닿는 유익한 즐거움은 가정에서부터 경험될 필요가 있습니다. 그것은 가정의 모든 구성원에게 유익을 끼치고 현재와 미래에 후회할 필요 없는 즐거움이 될 것입니다. 그것은 바로 우리의 자식들을 경건한 자식으로 키워가는 즐거움입니다. 그리고 이는 결국 우리의 가정을 넘어서서 우리 사회를 거룩하게 할 것입니다.

경건한 자녀의 두 가지 조건은 의로움과 지혜입니다. 지혜가 없는 정의는 정의의 이름으로 많은 사람들에게 상처만을 남길 수 있습니다. 그러나 반대로 정의가 없는 지혜는 사특한 이기적인 꼼수로 전락할 수 있습니다.

　　우리는 우리의 자녀를 정의롭고 지혜롭게 키워야 합니다. 정의와 지혜는 하나님 나라의 가장 중요한 가치이기 때문입니다.

　　부모의 가장 중요한 책임은 가치를 다음 세대에 계승하는 일입니다. 그리고 이런 가치의 계승은 부모의 모범으로부터 시작되는 것입니다. 자녀는 부모의 앞에서 배우는 것이 아니라, 부모의 뒷모습을 보고 배우는 것입니다. 이런 가치의 계승을 통해서 우리는 믿음의 명문가를 형성하고 부모는 영존하는 즐거움을 누리게 됩니다.

가정의 주인되신 주님. 우리로 자녀들에게 재산보다 중요한 가치를 상속하는 믿음의 명문가를 만들도록 도와주소서. 아멘

진리를 사되 팔지 말라

● ● ●

진리를 사되 팔지는 말며
지혜와 훈계와 명철도
그리할지니라 (잠 23:23)

인생은 온갖 물건이 거래되는 시장과 같습니다. 이 시장에서 우리는 끊임없이 물건을 사고 팔면서 삶을 영위하고 있습니다. 지혜로운 사람들은 마땅히 사야 할 것을 사들이고, 사지 말아야 할 것을 사들이지 않는 판단을 발휘해야 합니다. 또한 무엇을 팔고 무엇을 팔지 말아야 할지를 현명하게 판단해야 합니다. 후회없는 판단만이 인생의 내용을 결정하기 때문입니다.

잠언 기자는 무엇보다 먼저 진리를 사는 것이 중요하다고 말합니다. 예수님은 밭에 감추인 보화의 비유를 통해 어떤 대가를 지불하고서라도 하나님 나라의 진리를 획득하는 것이 중요함을 가르치셨습니다. 이 진리가 오늘을 의미 있게 살고 영원한 나라의 백성이 되는 것을 가르치고 있습니다. 성경은 이 진리를 보여주는 보화의 창고입니다. 진지한 성경 연구를 통해 우리는 진리를 획득해야 합니다.

그러나 일단 이 진리를 사들인 후에 우리는 진리를 다시 파는 행위가 없어야 합니다.

세속적인 이익을 위해 진리를 불순종하는 것도, 자신의 양심을 속이고 욕망을 따르는 것도 진리를 파는 것입니다. 자신을 변호하고 합리화하기 위한 목적으로 말씀을 왜곡하는 것도 진리를 매도하는 것입니다. 진리 연구를 소홀히 하고 진리를 외면하는 것도 결과적으로 진리를 파는 것입니다.

하나님의 진리에는 성공적이고 의미 있는 삶을 살기 위한 구체적인 지혜와 훈계와 명철들이 포함되어 있습니다. 우리는 인생을 창조주의 의도대로 살아가기 위해 무엇보다 진리를 묵상하고 연구하는 것을 삶의 우선순위로 삼아야 합니다. 새로운 날은 새로운 인생의 시간을 구체적으로 살기 위한 진리로 무장된 사람들을 위해서만 성공을 약속합니다.

삶의 주인 되신 하나님, 우리로 우리에게 주어진 인생을 창조주의 의도대로 살아가기 위한 진리로 무장하고 새 날을 맞게 하소서. 아멘

가정 세우기

집은 지혜로 말미암아 건축되고
명철로 말미암아 견고하게 되며 또 방들은 지식으로 말미암아
각종 귀하고 아름다운 보배로 채우게 되느니라 (잠 24:3-5)

지혜는 하늘로부터 오는 것입니다. 지혜는 기도로 구하여 얻는 것입니다. 지혜는 하늘의 선물이요 은총입니다. 창조주 하나님은 당신의 백성들이 지혜를 구하는 것을 기뻐하십니다. 그래서 솔로몬 왕이 지혜를 구하는 것을 무엇보다 기뻐하셨고 야고보에게도 지혜를 구하라고 가르치셨습니다. 지혜는 경건한 가정의 기초입니다.

명철은 마음에서 떠오르는 것입니다. 지혜가 특별 은총에 속한다면 명철은 일반 은총에 속합니다. 지혜가 기도하는 사람들에게 주어지는 것이라면 명철은 생각하는 사람들에게 주어지는 것입니다. 누구나 한 번만 더 생각하면 솟아오르는 상식의 샘물입니다. 이 샘물에서 길어 올린 상호 이해가 우리의 가정에 믿음직한 기둥을 세웁니다.

지식은 지혜와 명철을 적용한 결과물입니다. 지식은 손과 발로 움직이는 순종입니다. 필요한 때에 필요한 곳을 필요한 것으로 채우는 축복입니다. 그때 우리네 가정의 모든 방들은 아름답고 따뜻한 은총으로 가득하게 채워집니다.

하늘과 땅의 보물 창고가 되는 것입니다. 그때 우리의 가정은 작은 천국이 됩니다.

모든 성도의 가정은 하늘나라를 보여주기 위한 소명으로 세워집니다. 하늘의 천국을 보여주는 땅의 천국이어야 합니다. 그것은 지혜와 명철과 지식으로 만들어지는 천국 가정의 모형이어야 합니다. 가정 세우기는 곧 천국 세우기입니다. 뜻이 하늘에서 이루어진 것처럼 땅의 가정에서 먼저 이루어져야 합니다.

천국의 주인 되신 주님, 그 천국을 우리 가정에서도 세울 수 있도록 지혜와 명철과 지식을 넘치도록 허락해 주소서. 아멘

꿀 먹은 벙어리

● ● ●

내 아들아 꿀을 먹으라 이것이 좋으니라 송이꿀을 먹으라
이것이 네 입에 다니라 지혜가 네 영혼에게 이와 같은 줄을 알라 이것을 얻으면
정녕히 네 장래가 있겠고 네 소망이 끊어지지 아니하리라 (잠 24:13-14)

우리 말에 꿀 먹은 벙어리란 말이 있습니다. 이 말은 여러 가지 뉘앙스로 해석될 수 있는 말입니다. 그러나 어떻게 해석되든 꿀은 좋은 것이라는 명제에는 변함이 없습니다. 동양권에서 꿀은 최고의 보약이었고 건강식품의 왕자였습니다. 그래서 성경도 우리에게 꿀을 먹으라고 권합니다. 특히 좋은 송이꿀을 먹으라고 말입니다.

송이꿀은 벌집에서 자연스럽게 흘러 넘친 순수 덩어리 꿀입니다. 이런 꿀은 맑은 공기, 푸른 환경, 청정 자연에서만 만들어지는 꿀입니다. 하나님의 말씀은 하나님의 지혜로부터 흘러나온 거룩한 꿀입니다. 이 꿀은 입에 단 꿀일 뿐이 아니라, 우리 마음을 달게 하는 꿀입니다. 이 꿀은 우리 영혼을 크게 유익하게 하는 꿀입니다.

성경은 무엇보다 하나님의 말씀의 꿀을 먹는 자마다 그의 장래를 보장하고 소망을 언약한다고 말합니다. 하나님의 말씀은 삶의 바른 길을 보여주고 그 길을 걷는 반듯한 태도를 교훈합니다.

그래서 이 말씀의 교훈을 받는 자마다 바른 인생을 설계하고 그것은 건강한 미래를 가져다 주는 것입니다. 그래서 이 말씀을 규칙적으로 먹어야 합니다.

모든 보약은 상당한 시간을 두고 규칙적으로 취할 때에만 그 효험을 기대할 수 있습니다. 우리가 만들어 가야 할 일상의 습관 중에서 성경 말씀을 가까이 하는 습관보다 더 중요한 것은 없습니다. 가까이 할수록 더 달콤해지고 더 사모하게 됩니다. 송이꿀보다 단 성경을 일상의 보배로운 보약으로 취하는 지혜자가 되어야 합니다.

우리의 건강 되신 주님, 우리로 하나님의 말씀의 단 꿀을 먹고 강건하게 주를 섬기게 하옵소서. 아멘

칠전팔기

대저 의인은 일곱 번 넘어질지라도
다시 일어나려니와 악인은 재앙으로 말미암아
엎드러지느니라 (잠 24:16)

세상에는 성공한 사람들의 이야기가 성공을 갈망하는 사람들에게 전설이
되어 동기부여를 하고 있습니다. 그들 중에 한 사람도 실패나 시련의 과정이
없이 성공의 자리에 선 사람은 보이지 않습니다. 그들은 모두 실패를 성공으
로 바꾸고 시련을 새로운 기회로 역전시킨 사람들입니다.

성경이 소개하는 의인은 세속적인 성공의 모델을 넘어섭니다. 그들은 도
덕적인 신실성의 바탕 위에 하나님을 경외하는 믿음의 영성을 갖습니다. 신
념은 인간의 한계를 직면해야 하지만 신앙은 전능자이신 하나님을 의지함으
로 칠전팔기할 수 있습니다.

그러므로 의인은 일곱 번 넘어져도 결코 그것을 자신의 한계로 수용하지
않습니다. 그는 전능자를 믿고 기도로 도움을 호소합니다. 그리고 다시 일어
나 전능자가 보여주시는 미래를 향해 걷습니다.
그러나 하나님을 모르고 불신하는 악인에게는 그런 기회가 주어지지 않습
니다.

의인의 넘어짐은 기도와 성숙의 기회이지만 악인의 넘어짐은 심판입니다. 의인에게는 시련이 그를 연단하는 기회가 되지만, 악인의 재앙은 그에게 더 이상의 희망을 단념시키는 심판입니다. 그러므로 시련을 두려워하고 그 대책을 찾기보다 의인됨을 더 갈망해야 합니다.

전능하신 주님, 인생의 시련 앞에 믿음으로 칠전팔기하는 의인의 삶을 갈망하게 하소서. 아멘

행복한 미래

● ● ●

대저 행악자는
장래가 없겠고 악인의 등불은
꺼지리라 (잠 24:20)

이 땅에 6.25 전란이 있었을 때 전쟁을 취조하던 외신 기자가 참호 속에 들어가 있던 흑인 병사에게 이 순간 당신이 원하는 바가 무엇인가를 물었습니다. 그의 대답은 "내게 미래를 주십시오"였습니다. 세상에서 최대의 저주는 "미래가 없다" 는 말일 것입니다.

오늘 잠언 기자는 악인에게 미래는 없고 악인의 등불은 꺼지리라고 말합니다. 악인이 악한 행위로 일시적으로 흥왕할 수 있습니다. 그러나 악인의 흥왕은 문자 그대로 일시적인 현상에 불과합니다. 그래서 성경은 지속적으로 악인의 흥왕을 부러워할 필요가 없다고 말합니다.

행복한 미래는 수단과 방법을 가리지 않는 성취에 있지 않습니다. 무너질 성취에서 성취의 행복을 찾는 것은 어리석은 일입니다.

모래 위에 세워진 집에서 행복한 집의 이미지를 찾기는 어렵습니다. 이런 집에서 누리는 행복이란 불안한 허상의 행복에 불과한 것입니다.

시대와 세월이 어려워도 우리는 참된 행복을 갈망합니다. 참된 행복은 미래를 여는 행복이며 어둠을 밝히는 빛이어야 합니다. 그런 미래는 선한 사람을 위한 미래이며 꺼지지 않는 등불의 점등입니다. 그런 행복을 갈망하는 이들이 먼저 갈망할 것은 선한 삶의 갈구이어야 합니다.

미래의 주인되신 하나님, 우리로 그 무엇보다 하나님과 함께하는 미래를 갈망하게 하소서. 아멘

게으름의 악

네가 좀더 자자, 좀더 졸자, 손을 모으고 좀더 누워 있자 하니
네 빈궁이 강도 같이 오며
네 곤핍이 군사 같이 이르리라 (잠 24:33-34)

게으름은 안식이나 여유와는 다릅니다. 참된 안식이나 여유는 노동의 책임을 다한 사람에게 주어지는 선물입니다. 성경은 엿새 동안 일하고 제 칠일에 쉴 줄 알아야 한다고 가르칩니다. 노동의 의무를 다한 사람에게 안식이나 여유는 새로운 창조의 시간입니다. 그러나 일해야 할 시간에 일을 도피하고 시간을 낭비하는 것이 바로 게으름입니다.

게으름은 삶의 빈궁과 곤핍을 초래한다고 성경은 가르칩니다. 물론 게으름에는 자신도 어쩔 수 없는 신체적 정서적 장애로 말미암아 초래된 무력함도 있습니다. 성경은 이렇게 게을러진 이웃들에 대하여는 우리에게 연대적 책임이 있다고 가르칩니다. 그들의 게으름은 본문이 말하는 게으름과는 다릅니다. 본문이 문제 삼는 게으름은 일할 수 있는데 일을 회피하는 악을 말합니다.

인간의 육체는 놀라운 적응력을 갖고 있습니다. 그래서 일을 안 하는 쪽으로 습관 들기 시작하면 인간의 육체는 더 이상의 노동을 싫어하게끔 되는 것

입니다. 아침에 일어나 나에게 주어진 거룩한 삶의 의무를 감당하기 위한 기도를 드리기보다 어떻게 좀 더 자고 좀 더 누울 것을 궁구하는 사람들은 결국 현재의 삶의 마당마저 황폐하게 할 것입니다.

　게으름의 가장 큰 악은 하나님마저 갈망하지 않는 자포자기의 상황 속에 자신을 버리는 것입니다. 그들은 하나님의 음성 듣기를 사모하지 않을 것이며 하나님의 손과 발이 되어 일하기를 거부하게 됩니다. 일을 하다가 실수하는 사람은 하나님이 다시 쓰실 수 있지만 일을 거부하는 사람은 하나님도 어떻게 하실 수 없는 사람이 됩니다. 그래서 게으름은 악입니다.

창조주이신 주님. 우리를 일하는 존재로 지어주신 주께서 친히 우리로 게으르지 않게 하사 한평생 주어진 사명을 힘껏 감당하게 하옵소서. 아멘

왕은 신이 아닙니다.

● ● ●

일을 숨기는 것은
하나님의 영화요 일을 살피는 것은
왕의 영화니라 (잠 25:2)

기독교는 신비주의가 아닙니다. 그러나 기독교는 신비를 용납하는 종교입니다. 성경인 하나님의 말씀으로 하나님의 진리가 계시되었다는 의미에서 기독교는 모호한 신비주의는 결코 아닙니다. 그러나 우리의 신앙의 대상이신 하나님은 인간의 이성으로 분석될 수 없다는 의미에서 그는 여전히 신비한 존재이십니다.

잠언 기자는 인간의 이성적 추리로 탐색될 수 없는 숨겨진 신비함이야말로 하나님의 영광이라고 증언합니다. 만일 인간의 분석으로 이해될 수 있는 신이라면 그는 인간이 믿고 의지할 수 있는 절대자는 아닐 것입니다. 그의 신비야말로 그의 영광인 것입니다.

하나님은 스스로를 신비의 자리에 두심으로 초월의 존재로 우리의 찬양과 경배를 받으십니다. 그러나 인간 지도자인 왕은 숨기는 자이기보다 살피는 자이어야 합니다. 그가 백성과 잘 소통하고 백성을 잘 살피는 정책을 펼수록 백성은 안심하고 그를 따를 수 있습니다.

하나님의 영광이 예측을 넘어서는 신비라면, 왕의 영광은 예측 가능한 합리적 분별입니다. 인간 지도자는 하나님의 신비를 모방해선 안 됩니다. 그는 자신이 신이 아님을 깨닫고 겸손히 소통하고 겸손히 공부하는 자가 될 때 백성의 존경을 얻습니다. 자신의 한계를 아는 겸손한 왕들이 세워지도록 기도해야 합니다.

오, 신비하신 하나님. 당신의 신비 앞에 무릎 꿇어 경배하게 하시되, 하나님을 경외하는 합리적인 왕들을 주셔서 이 땅의 백성들이 예측 가능한 일상을 살게 하소서. 아멘

찌끼를 제하는 고통

은에서 찌꺼기를 제하라
그리하면 장색의 쓸 만한 그릇이
나올 것이요 (잠 25:4)

찌끼는 불순물입니다. 그래서 찌끼는 제거되어야 합니다. 금속 세공업자의 책임은 먼저 금이나 은에서 이런 불순물을 제거하는 일입니다. 고대 팔레스틴에서 금보다 은은 훨씬 더 보편적으로 사용되고 있었습니다. 그래서 은장색들의 가장 중요한 일과는 은에서 찌끼를 제하는 일이었습니다. 그리고 찌끼를 제하는 가장 보편적인 방편은 풀무불을 통과하게 하는 일이었습니다.

고난은 삶의 풀무불입니다. 주의 제자 베드로도 불같은 시련을 통과했습니다. 이런 시련은 큰 고통이지만 동시에 성도의 인격을 연단하는 큰 축복의 시간입니다. 주님 앞에 칭찬 받을 품성의 사람으로 우리를 빚어 만드는 시간입니다. 이 풀무불을 통과하여 아름답게 빚어진 그릇들을 향해 숙련된 도공들은 '도키모스', 합격이라고 외쳤다고 합니다. 그 합격의 순간을 바라보는 시선이 필요합니다.

고난은 시대를 초월한 인류의 보편적 경험입니다. 고대 동방의 의인 욥도 이런 고난의 밤을 지났습니다.

그는 깊은 고난의 한밤중에 "그가 나를 단련하신 후에는 내가 정금같이 나오리라"고 고백했습니다. 욥기의 드라마가 진행되면서 욥은 인격의 찌끼 같은 불순물들을 하나 하나 제거합니다. 그리고 마침내 그는 거룩하고 눈부신 그릇이 되어 우리 앞에 나타납니다.

역사를 통해 존귀한 주의 그릇으로 쓰임 받은 사람 중에 고난의 밤을 지나지 않은 사람은 없습니다. 그들은 모두 고난의 시간에 인격의 찌끼를 제하고 주인의 손에 연단된 공통의 경험을 갖습니다. 그리고 고난의 터널이 끝나는 지점에서 마침내 쓰임 받는 보람을 누리게 됩니다. 그래서 그들은 모두 고난은 고통이지만 동시에 축복이었다고 증언합니다. 그러므로 고통을 이기십시오. 🌿

주여. 고난은 고통이지만 고통으로 내 인생의 찌끼를 제하고 다만 당신에게 쓰임 받기에 합당한 그릇이 되게 하옵소서. 아멘

변론과 누설

• • •

너는 이웃과 다투거든
변론만 하고 남의 은밀한 일은
누설하지 말라 (잠 25:9)

인생을 살아가면서 다툼은 피할 수 없는 삶의 경험입니다. 중요한 것은 어떻게 다툴 것인가 입니다. 예컨대 가장 가까운 이웃인 배우자와 삶을 나누는 마당에서도 다툼은 보편적인 부부의 일상이라고 할 만합니다. 그리고 많은 경우 부부의 다툼은 부부 소통의 하나의 양식이라고 할 수 있을 것입니다. 부부의 소통에 있어 다툼은 침묵으로 냉전을 치르는 것보다 훨씬 건강한 소통입니다.

그러나 부부 다툼이 건강한 소통이 되기 위해서는 건강한 룰이 필요합니다. 제일 안 좋은 부부 다툼의 양식은 상대방의 약점을 제3자에게 누설하여 자존감을 훼손하는 일입니다. 그래서 지혜자는 다툼의 마당에서도 다투는 상대의 은밀한 일을 누설하지 말아야 한다고 충고합니다. 다투는 이슈와 상관없는 누설 행위는 결국 문제의 해결을 겨냥한 것이 아니라 상대를 파괴하려는 행위입니다.

그래서 누설을 경고한 잠언 기자는 누설 대신 변론을 권고합니다.

　변론할 때도 그것이 단순한 자기 방어의 논리 전개이어서는 안 됩니다. 자기 방어식의 변론은 상대와의 관계에서 일종의 벽 쌓기에 불과합니다. 그리고 일단 그런 벽들이 세워지면 소통의 틈새는 보이지 않게 됩니다. 오늘의 삶의 마당에는 이런 자기합리화의 변론이 만든 굳은 벽들이 있어 마음들이 닫혀 있습니다.

　가장 바람직한 변론은 자기의 정직한 느낌을 나누는 것입니다. 나는 이 문제에 대해 이런 느낌을 갖게 되었고 이런 생각을 하게 되었다고 말입니다. 현대 심리학자들은 이런 소통을 I-message라고 말합니다. 자기가 느끼고 판단한 생각을 진솔하게 전달하되 어떤 경우에도 상대를 공격하지 않는 것입니다. 이런 자신을 여는 변론은 이웃과의 다리를 놓는 소통의 아름다운 예술입니다. 🌿

주님, 내게 주신 이웃들의 약점을 누설하기보다 내 감정을 소통하는 정직한 변론의 예술을 배우게 도와주시옵소서. 아멘

경우에 합당한 언어

우리는 모두 사랑해야 할 사람을 사랑하며 살아갑니다. 우리의 문제는 사랑 그 자체가 아닙니다. 우리에게 가장 힘든 것은 사랑을 표현하는 방법의 무지입니다. 더 정확하게 말하면 사랑을 무슨 말로 어떻게 표현할지를 모르는 것입니다. 그래서 우리는 우리 나름대로 사랑을 표현했음에도 불구하고 상대방은 사랑을 느끼기는커녕 상처를 받았다고 말합니다. 이것이 우리의 사랑의 딜레마입니다.

그래서 지혜자는 우리에게 정말 필요한 것이 경우에 알맞은 언어의 연습이라고 말합니다. 경우에 합당한 말은 은쟁반에 놓여진 황금 사과 같다고 말합니다. 은쟁반 그 자체도 아름다운데 거기 놓여진 금사과라니? 대가의 손으로 그려진 한 폭의 고급한 정물화를 연상해 보십시오. 그렇게 경우에 합당한 언어는 예술이고 감동입니다. 그러나 이것은 한 순간의 소원만으로 성취될 수 없는 예술입니다.

미술가가 한 폭의 걸작을 탄생시키기 위해 그의 겸허하고 가난한 화실에서 반복하며 버리는 수많은 드로잉의 습작들을 보십시오. 그 부단한 인고의 연습실이 걸작을 탄생시키는 공작실인 것입니다. 모든 위대한 것은 한 순간에 이루어진 것이 없습니다. 임기응변은 순간의 위기를 모면하게 할 수는 있어도 위대한 창조를 가져오지는 못합니다. 그러면 오늘의 실언은 내일의 진언을 낳는 연습장임을 기억해야 합니다.

경우에 합당한 말은 경우를 분별하는 지혜에서 비롯됩니다. 이 경우에 합당한 언어가 무엇인가를 기도하십시오. 제자들을 전도의 장으로 보내시며 성령께서 그 경우에 합당한 말을 주실 것을 언약하신 것을 잊지 말아야 합니다. 경우에 합당한 언어는 바로 성령의 언어입니다. 그러므로 때마다 일마다 말하는 순간순간마다 성령의 도우심을 구하십시오. 성령의 충만은 경우에 합당한 말의 해답입니다.

주 성령이시여, 경우에 합당한 말을 하도록 우리를 훈련시켜 주소서. 아멘

마음 지키기

● ● ●

자기의 마음을 제어하지 아니하는 자는
성읍이 무너지고 성벽이 없는 것과
같으니라 (잠 25:28)

세상에 사는 동안 우리가 할 일이 많지만 가장 중요한 일은 자신의 마음을 지키는 일입니다. 마음은 우리의 삶의 현존을 결정하는 사령부와 같기 때문입니다. 그런데 우리는 잘 알고 있습니다. 그 마음 지키기가 결코 쉽지 않은 일임을 잘 알고 있습니다. 그래서 우리는 마음이 방황하고 낙심할 때마다 마음을 주신 이에게 가서 구합니다. 내 마음을 다스려 달라고 말입니다.

잠언 기자는 마음이 다스려지지 못하는 상태를 성읍이 무너지고 성벽이 없는 상태에 비유합니다. 고대 성읍에서 성벽의 존재는 안전의 상징이라고 할 만 합니다. 견고한 성벽 안에서 백성들은 평안한 삶을 영위하고 미래를 설계합니다. 그래서 나라를 다스리는 이들은 무엇보다 성벽에 좋은 파수꾼을 두어 방비합니다. 성을 지키는 군사들은 누구보다 사명감에 투철해야 합니다.

그런데 그 군사들은 그 누구보다 자신과 자신의 가족을 위해서 그 성을 지킨다는 자각이 있어야 합니다. 성을 잘 파수한 대가로 자신이 평화를 누리고 자신이 사랑하는 사람들에게 꿈을 이루는 선물을 제공하는 것입니다.

그러므로 능한 파수꾼은 성의 취약한 부분이 무엇인가를 파악해서 적에게 빈틈을 보이지 말아야 합니다. 적은 언제나 그 빈틈을 공략하고자 노리고 있습니다.

내 마음의 전장에서도 악한 영은 우리의 약점을 노리고 있습니다. 그래서 성경은 악한 자 곧 마귀가 틈타지 못하게 하라고 경고합니다. 악한 마귀의 공격에서 내 마음을 지키는 최선의 방비는 성령의 충만을 구하는 것입니다. 그러므로 마음 지키기는 심리적 과제가 아닌 영적 과제입니다. 날마다 성령의 충만함으로 자신의 마음을 제어하는 굳센 용사의 삶을 사모해야 합니다.

내 마음의 주인 되신 주님, 마음의 분주함으로 마음들이 혹사 당하는 시대에 그 무엇보다 주님의 영으로 마음을 지키는 파수꾼의 삶을 살게 하소서. 아멘

진정한 영예

미련한 자에게는 영예가 적당하지 아니하니
마치 여름에 눈 오는 것과 추수 때에 비 오는 것
같으니라 (잠 26:1)

성경은 거짓된 영예를 '이생의 자랑'이라고 말합니다. 그것은 육신의 정욕, 안목의 정욕과 함께 세상에 속한 가치로 참된 그리스도인들이 멀리해야 할 것들입니다. 성경은 이런 세속적 가치를 추구하는 자들을 가리켜 세상에 속한 자들이라고 말합니다. 그러나 동시에 성경은 참된 영예를 추구하는 것은 선한 일을 사모하는 것(딤전 3:1)이라고 가르칩니다.

오늘의 본문에서 지혜자는 미련한 자에게는 영예가 적당하지 아니하다고 말합니다. 여기서 '영예'라는 단어는 영어로는 'honor'라는 말로 사용됩니다. 영미권에서 학교에서 성적이 우수한 학생들에게 수여하는 상장을 묘사할 때 이 단어가 쓰여집니다. 열심히 노력하여 우수한 성적을 거둔 학생들이 상장을 수여받는 모습은 아름다운 일입니다.

그러나 종종 상장을 받을 수 없는 학생들이 자신의 성적을 위조하거나 타인의 이름을 도용하여 자기에게 합당하지 못한 영예를 누리는 것은 추하고 부끄러운 일입니다.

 이런 사람들이 상장을 받는 모습은 여름에 눈이 온다거나 추수철에 비 오는 모습 만큼이나 어울리지 않는 꼴불견이라 아니할 수 없을 것입니다. 그래서 우리는 진정한 영예를 추구하는 자가 되어야 합니다.

 돈이나 권력으로 사는 명예가 아니라, 정당한 실력과 눈물겨운 헌신으로 입증된 감동적인 영예를 구하는 사람들이 많아지는 사회가 건강한 사회입니다. 짝퉁 영예가 아닌 진짜 영예는 그 어느 날 "착하고 충성된 종아, 잘 하였도다" 고 주님이 선포하시는 그 날에 주어질 영예입니다. 그 주님의 인정만을 바라고 묵묵히 감동의 삶을 살아내는 참된 지혜자들이 그립습니다. 🌿

우리의 참된 지혜의 근원이시며 심판자이신 주님. 당신이 인정하실 참된 영예만을 구하는 저희가 되게 하소서. 아멘

침묵할 때와 대답할 때

• • •

미련한 자의 어리석은 것을 따라 대답하지 말라
두렵건대 너도 그와 같을까 하노라 미련한 자에게는 그의 어리석음을 따라
대답하라 두렵건대 그가 스스로 지혜롭게 여길까 하노라 (잠 26:4-5)

인생을 살다 보면 적지 않은 어리석은 사람들과 조우하게 됩니다. 그들의
어리석은 궤변에 일일이 대응하다 보면 어느새 나도 꼭같이 어리석은 인생이
되어 버리는 것을 경험합니다. 일종의 유유상종의 원리요 동일화의 현상이라
고 할 수 있습니다. 그래서 성경은 우리가 잠잠하고 침묵을 배울 때가 있다고
말합니다.

빌라도의 법정에서와 헤롯왕 앞에서 예수님은 침묵을 선택하셨습니다. 이
사야 선지자는 이 때의 메시아 상을 '털 깎는 자 앞에 잠잠한 어린 양' 같을
것이라고 예언하십니다. 어린 양의 침묵은 운명의 순응을 넘어선 내일을 잉
태하는 인내의 몸짓입니다. 예수님의 침묵은 불의를 넘어서 십자가의 진리를
수용하는 결단의 몸짓이었습니다.

그러나 때로 침묵이 불의의 동조로 오해되거나 패배의 인정으로 곡해될 경
우들이 있습니다. 이때야말로 우리가 침묵을 깨고 대답할 때입니다. 우리의
침묵으로 진리가 결정적으로 손해를 보는 일이 없도록 하기 위해서입니다.

우리의 침묵으로 어리석은 이들의 궤변을 세상이 진리로 착각하지 않기 위해서 입니다.

간음한 여인을 향해 돌을 들고 정죄하는 심판의 법정에서 예수께서는 땅에 글씨를 쓰고 계셨습니다. 이 침묵의 글쓰기는 돌을 든 무리들의 고함소리에 맞서는 유일한 대응이셨습니다. 그러나 결정적인 순간에 그는 "너희 중에 죄 없는 자가 돌을 들어 이 여인을 치라"고 말씀하십니다. 그 대답이 모든 오해를 풀었습니다.

삶과 역사의 주인 되신 주님, 주의 자녀 된 우리로 마땅히 침묵할 때와 대답할 때를 분별할 지혜를 허락해 주소서. 아멘

거듭 반복되는 죄악에서의 해방

● ● ●

개가 그 토한 것을 도로 먹는 것 같이
미련한 자는 그 미련한 것을
거듭 행하느니라 (잠 26:11)

우리는 인생을 살면서 모두 구토의 경험을 갖고 있습니다. 음식이나 술을 과도하게 취함으로 위장의 기능이 망가질 것으로 스스로 판단하여 우리 몸이 자율적으로 방어기능을 발휘함으로 소위 오버이트를 하게 되는 것입니다. 일단 구토하게 되면 그 구토한 것을 자신도 보고 싶지 않아 얼른 그 자리를 떠나고 싶어합니다.

그런데 오늘의 잠언은 인간 중에는 이 역겨운 구토물을 스스로 다시 취하는 어리석은 행위를 하는 이들이 있다고 증언합니다. 잠언 기자의 증언을 빌리면 개 같은 인생입니다. 개는 자기가 토한 것을 먹기 때문이라는 것입니다. 오늘을 사는 인생 중에는 이런 모습으로 삶을 영위하는 성도들이 적지 않다는 것입니다.

회개나 자복은 죄를 토하는 것입니다. 그리고 그것은 우리가 범한 죄의 자리로 다시 돌아가지 않겠다는 결단을 포함하는 것입니다. 그럼에도 불구하고 오늘의 성도들이 분명한 삶의 변화의 열매를 맺지 못하고 죄를 자복하고는 얼마 되지 않아 다시 그 죄의 자리로 돌아가는 현상이 반복되는 이유는 무엇일까요?

　그것은 죄의 자복이 혹은 회개가 불철저하기 때문일 수도 있습니다. 그러나 또 하나는 죄의 회개에 따른 영성 훈련이 없기 때문일 수도 있습니다. 죄의 습관화가 상당한 시간을 필요로 하는 것처럼 새로운 삶에의 적응도 시간을 통해 거룩한 습관으로 자리 잡을 필요가 있습니다. 진지한 영성 훈련으로 어두운 과거와 단절하는 은혜가 있기를!

새 삶의 주인 되신 주님, 우리로 기억하고 싶지 않은 과거와 단절할 수 있도록 거룩한 습관을 익히는 은혜를 주옵소서. 아멘

미련한 자의 희망

• • •

네가 스스로 지혜롭게 여기는 자를 보느냐
그보다 미련한 자에게
오히려 희망이 있느니라 (잠 26:12)

오늘의 세상은 자기 스스로를 지혜롭게 여기는 자들로 가득 차 있습니다. 오늘 우리는 우리가 살아가는 오늘의 시대를 정보화의 시대, 혹은 지식화의 시대라고 부르고 있습니다. 계몽주의 시대 이후로 우리는 '아는 것이 힘'이라는 모토를 수용하기 시작했고, 따라서 현대인들은 지식의 추구가 곧 성공의 지름길이라고 인식하게 된 것입니다.

엄격하게 말하면 지식과 지혜에도 차이가 있습니다. 지식이 사실에 대한 정보라면 지혜는 그 정보를 삶에 적용하기 위한 판단력이라고 할 수 있습니다. 따라서 지혜롭게 살아가기 위해서는 먼저 자신의 무지를 인정하고 깨달아야 합니다. 그리고 진정한 지혜를 구하는 자가 되어야 합니다. 그러나 자신이 지혜롭다고 여기고 있는 사람들은 역설적으로 지혜를 구하지 않습니다.

그래서 오늘의 잠언은 진정한 희망은 오히려 미련한 자들에게 있다고 가르칩니다. 철인 소크라테스가 말한 것처럼 자신의 무지를 아는 자가 사실은 지혜자입니다.

그래서 무지를 인식한 참 지혜의 사람들은 지혜의 근원 되신 여호와께 나아오는 사람들입니다. 그래서 잠언 기자는 증언하기를 여호와를 경외함이 지혜의 근본이고 시작입니다.

그런 의미에서 자신이 무지한 존재임을 의식하는 자는 결코 무지한 사람이 아닙니다. 그에게는 적어도 자신의 무지를 인정하기에 하늘의 도움을 구하는 겸허함이 있습니다. 그리고 이웃들의 지혜를 빌릴 가난한 마음이 있습니다. 그래서 '미련함'이 세상에서는 인간을 낮추는 비속어이지만 하나님의 나라에서는 하나님을 의존하게 하는 희망의 언어입니다.

지혜로우신 주님, 자신을 지혜롭다고 착각하기보다 자신의 무지를 인정하고 엎드림으로 희망을 경험하는 자들이 되게 하옵소서. 아멘

게으른 자의 핑계

• • •

게으른 자는 길에 사자가 있다 거리에 사자가 있다 하느니라
게으른 자는 사리에 맞게 대답하는 사람 일곱보다
자기를 지혜롭게 여기느니라 (잠 26:13, 16)

우리 사회는 모든 영역에서 소위 양극화의 어려움을 겪고 있습니다. 그것은 우리 사회의 외적 상황만 그런 것이 아니라 우리 시대를 사는 사람들의 마음과 태도도 그렇습니다. 특히 일에 대한 태도가 이런 극명한 양극화 현상을 보이고 있습니다. 하나의 극단이 일중독 현상이라면, 또 한편으로는 일에 대한 직무유기 현상입니다.

얼마 전까지 한국인 특히 한국 그리스도인들은 근면의 대명사이었습니다. 일하기 싫거든 먹지도 말라는 말씀을 우리는 금과옥조처럼 여겨왔습니다. 그러나 점차 여가 문화가 보편화되면서 우리 중에는 일상의 의무로부터 도피하는 사람들이 출현하기 시작했습니다. 그들의 변명은 다양합니다. 그러나 그것은 핑계에 불과합니다.

잠언 기자는 게으른 자가 두문불출하고 집에서 빈둥거리기 위한 핑계로 거리에 사자가 출현해서라고 말한다고 증언합니다. 게으른 자가 반드시 미련한 사람은 아닙니다.

그는 자기의 게으름을 합리화하기 위한 지혜를 짜내고 있는 것입니다. 일종의 게으른 자의 방어기제라고 할 수 있을 것입니다.

그리고 자기의 핑계를 믿고 속는 사람들을 보고 그는 은근히 자신의 지혜를 자랑하고 싶어합니다. 이런 자기합리화의 지혜를 짜내는 노력으로 그가 자신의 미래를 개척하기 위한 정신적 노동을 시작한다면 그는 얼마나 창조적인 사람으로 변신할 수 있겠습니까? 지금 우리에게 필요한 것은 핑계가 아닌 창조적인 사고입니다.

엿새 동안 힘써 일할 것을 가르치신 주님, 게으름의 악에서 저희들을 지켜 주옵소서. 아멘

불확실성의 축복

너는 내일 일을 자랑하지 말라
하루 동안에 무슨 일이 일어날는지
네가 알 수 없음이니라 (잠 27:1)

인간은 내일 일을 알지 못한 채로 오늘을 사는 존재입니다. 이것은 재앙이 며 동시에 축복입니다. 재앙이라고 말하는 이유는 아무리 내일을 계획하여도 한순간 우리의 모든 계획이 물거품이 될 수 있는 까닭입니다. 그러나 축복이 라고 하는 이유는 그 불확실성이 인간을 인간 되게 하는 비밀을 담고 있기 때 문입니다.

그 첫째 비밀은 겸손의 은총입니다. 우리가 내일을 다 예측할 수 있다면 우리는 마치 우리 자신들이 시간의 주인인 것처럼 착각하고 교만해질 수 있 습니다. 그러나 내일 일을 모른다는 사실 때문에 우리는 인간 존재의 유한성 을 인정하며 시간의 주인 되신 하나님을 의지하고 인생을 살아갈 수 있습니 다.

그 둘째 비밀은 기도의 은총입니다. 우리가 모르는 불확실한 미래를 인하 여 그런 미래를 아시는 유일하신 분의 도움을 구하지 않을 수 없습니다. 그 도움의 방편이 바로 기도입니다.

우리는 기도로 전능하시고 전지하신 하나님의 도움을 구하며 믿음으로 담대하게 살아갈 수 있습니다.

그 셋째 비밀은 현존의 은총입니다. 우리가 내일 일을 모른다는 사실 때문에 우리는 하루하루 주어진 매 순간순간을 신실하게 살 수밖에 없습니다. 과거 우리가 부르던 복음 성가의 가사처럼 "내일 일은 난 몰라요 하루하루 살아요"라는 고백의 삶을 사는 것입니다. 이것이 바로 현존의 은총입니다.

시간의 주인 되신 주님, 우리가 우리의 미래를 모른다는 사실로 인한 불안의 존재로서가 아니라, 오히려 미래의 주인을 신뢰하는 믿음의 존재로 살게 하소서. 아멘

칭찬의 영성

• • •

타인이 너를 칭찬하게 하고
네 입으로는 하지 말며 외인이 너를 칭찬하게 하고
네 입술로는 하지 말지니라 (잠 27:2)

우리 시대는 스스로를 칭송하고 선전해야 하는 소위 셀프 프로모션의 시대입니다. 그래서 진학이나 입학의 때에, 그리고 취업의 때에 이 기술을 익히도록 훈련받고 있습니다. 그러나 성경은 하나님의 백성들에게 이런 지향성을 삼갈 것을 교훈하고 있습니다. 진정한 칭찬은 타인이나 외인에 의해 이루어져야 한다고 가르칩니다.

칭찬은 고래도 춤추게 한다고 말한 작가가 있었습니다. 그것은 사실입니다. 칭찬은 자기 자신의 자아상을 견고하게 하고 우리의 존재 이유를 확인해 주기 때문입니다. 그러나 지나친 칭찬 추구는 우리의 행동의 모티브를 피상화시킬 위험성이 있습니다. 우리가 하는 행동의 이유를 타인의 인정에만 둘 위험성이 있기 때문입니다.

하나님의 백성들의 행동의 동기는 타인의 시선이 아닌 하나님의 시선에서 비롯되어야 합니다. 주의 목전에서 살고 있는 우리는 무엇보다 먼저 그분과의 교통에서 삶의 동기를 형성해야 합니다.

그래서 먼저 하나님을 기쁘시게 하고 다음으로 우리의 이웃들을 기쁘시게 할 수 있어야 합니다. 그것이 바로 하나님 사랑과 이웃 사랑의 영성입니다.

그래서 결과적으로 하나님의 인정하심을 먼저 구해야 하고 다음으로 이웃들의 칭찬을 들을 수 있어야 합니다. 그것이 하나님을 기쁘시게 하는 자들의 당연한 삶의 열매가 되어야 합니다. 지극히 자연스럽게 우리를 향한 타인과 외인들의 칭찬이 있는 삶의 자리, 거기서 우리의 삶은 비로소 하나님께 참된 영광이 될 것입니다.

우리의 삶의 참 주인이신 하나님, 오직 당신의 칭찬을 첫째로 구하게 하시고, 다음으로 이웃의 칭찬의 영성을 구하는 우리로 살게 하옵소서. 아멘

친구와 원수

• • •

친구의 아픈 책망은
충직으로 말미암는 것이나 원수의 잦은 입맞춤은
거짓에서 난 것이니라 (잠 27:6)

우리는 인생을 살면서 때로 소중한 친구를 얻기도 하고 때로는 우리 마음에 지울 길 없는 상처를 남기는 원수를 얻기도 합니다. 그러나 문제는 우리에게 다가오는 사람들 중에서 그가 친구일지 원수일지를 분별하기가 쉽지 않다는 것입니다. 그런데 참 지혜로운 사람은 이 둘의 차이를 알고 분별할 줄 아는 사람입니다.

오늘의 잠언은 이 둘의 차이를 아는 분별의 지혜를 제공합니다. 우선 참된 친구는 우리에게 정직한 충고를 마지 않는 사람입니다. 그리고 이 충고의 동기는 사랑입니다. 그러나 원수는 우리 귀에 듣기 좋은 아첨으로 우리의 비위를 맞추고자 합니다. 그러나 그의 숨겨진 동기는 자신의 이익인 것입니다.

참된 친구를 얻으려면 우선 우리는 정직한 교감을 배워야 합니다. 내게 싫은 소리를 하는 사람일지라도 그의 싫은 소리 배후에 나를 향한 사랑을 확인할 수 있다면 그는 친구입니다. 그의 책망은 오히려 내 인생에 유익한 양약이 될 것입니다.

그를 멀리하지 마시고 가까이 두어 내 인격을 연단할 줄 알아야 합니다.

너무 지나치게 내게 달콤한 소리로 나를 기쁘게 하고자 하는 사람을 우리는 조심해야 합니다. 그는 다른 동기를 가지고 내게 접근하는 친구 아닌 원수일 수가 있기 때문입니다. 때로 달콤한 음식이 우리에게 온갖 질병을 일으키듯 귀에만 좋게 들리는 감언이설은 우리 영혼의 독이 될 수 있습니다. 원수를 멀리함이 삶의 지혜입니다. 🌿

우리 삶의 인도자이신 주님. 우리의 삶의 여로에 만나는 사람들 중 누가 친구인지와 누가 원수인지를 분별하는 지혜를 주옵소서. 아멘

고향

● ● ●

고향을 떠나 유리하는 사람은
보금자리를 떠나 떠도는 새와
같으니라 (잠 27:8)

　고향을 떠난 사람은 순례자입니다. 돌아갈 고향을 아는 사람은 순례자이지만, 고향을 알지 못하는 이는 방랑자입니다. 보금자리를 떠나 떠도는 새와 같은 자입니다. 돌아갈 보금자리가 없는 새는 쉼을 알지 못합니다. 순례와 방랑은 전혀 다른 라이프 스타일을 갖습니다. 성지에 온 순례자와 잘못 흘러 들어온 방랑자의 차이를 생각해 보십시오.

　지혜로운 순례자는 나그네 길에 지나치게 투자하지 않습니다. 그는 곧 떠나야 할 자임을 알고 있기 때문입니다. 그래서 예수님도 보물을 하늘에 쌓아 두라고 권면하십니다. 하늘이 우리 고향입니다. 우리가 예수를 믿는 순간, 우리는 하늘의 시민권을 얻습니다. 이제 그 하늘이 우리의 영원한 고향임을 알고 고향을 위한 투자를 시작합니다.

　하늘은 곧 하나님의 나라입니다. 주 예수님은 우리에게 "나라가 임하옵시며"라고 기도하라고 가르치셨습니다. 우리는 이 땅에도 우리 고향의 아름답고 정의롭고 평화로운 그 가치가 전해지도록 기도하고 노력해야 합니다.

그러나 우리 힘으로 이 땅을 바꿀 수 있다고 과신해서는 안 됩니다. 그것은 하늘과 땅의 주인의 주권에 속한 일입니다.

천로역정의 기독도가 천성으로 가는 길에도 아름다운 집이 있었고, 기쁨의 산이 있었고, 뿔라의 땅이 있었습니다. 그럼에도 불구하고 그는 시온성이 고향임을 잊지 말아야 할 사람이었습니다. 고향 가는 길에도 거룩한 영향력을 남기는 발걸음을 사모하시되, 그러나 영원한 고향을 사모함으로 오늘의 방랑을 경계하는 삶을 살 수 있어야 합니다.

우리 인생의 주인 되신 주님, 우리로 영원한 고향을 잊지 않고 목적 의식을 지닌 순례자로 오늘을 살게 하옵소서. 아멘

친구의 빛나는 얼굴

● ● ●

철이 철을 날카롭게 하는 것 같이
사람이 그의 친구의 얼굴을
빛나게 하느니라 (잠 27:17)

유유상종이란 말이 있습니다. 끼리끼리 모이게 되고 끼리끼리 논다는 말과 다름 없다는 뜻이라고 생각이 됩니다. 어떻게 생각하면 심지가 통하는 사람들이 군집한다는 것은 자연스런 본능일지도 모릅니다. 그러나 한가지 분명히 해 둘 것은 좋은 친구들이 함께 하면 좋은 영향이 나누어 질 것이고, 나쁜 친구들이 함께 하면 나쁜 영향이 나누어 질 것이라는 사실입니다.

그리고 이 좋은 친구와 나쁜 친구 중 누구와 함께 하느냐는 것은 본능적 군집만이 아닌 선택의 문제라는 것입니다. 그리고 이런 선택의 배후에는 가치관이 자리 잡고 있다는 것입니다. 어떤 일관성 있는 가치관의 내면화가 이루어졌다면 자신의 가치관과 다른 이들과 어우러짐이 곧 고통일 것입니다. 그래서 가치관에 따른 유유상종은 어떤 의미에서 자연스런 결과일지 모릅니다.

그런데 유유상종이라 해도 친구의 선한 혹은 악한 영향력을 얼마나 어떻게 수용하느냐는 것은 또 다른 선택의 과제입니다.

철이 철을 그냥 날카롭게 하는 것은 아닙니다. 철과 철이 적극적으로 어우러져 접촉할 때 비로소 서로를 날카롭게 하는 것이 가능하게 됩니다. 친구의 우정 관계도 서로를 향해 얼마나 개방적으로 사귐을 갖느냐가 영향의 순도를 결정하게 됩니다.

건강한 인격들의 사귐이 갖는 특성의 하나는 서로의 약점을 보완하고 강점을 닮게 한다는 것입니다. 그때에 비로소 친구가 친구의 얼굴을 빛나게 한다는 말씀은 진리가 됩니다. 문제는 어떻게 우리가 건강한 사귐을 갖느냐는 것입니다. 그것은 자신의 약점을 방어하지 않고 오픈하는 투명성과 자신의 강점을 자랑하기보다 강점으로 친구를 돕고자 하는 배려가 결정하는 결과입니다.

사랑의 주님. 내가 친구 곁에 존재함으로 인해 내 친구의 얼굴이 빛나는 것을 보게 하소서. 아멘

악인과 의인

악인은 쫓아오는 자가
없어도 도망하나 의인은 사자 같이
담대하니라 (잠 28:1)

악인이 악을 행하는 사람이라면, 의인은 의를 행하는 사람입니다. 그러나 악인의 악한 행동이 악을 사모하는 마음에서 시작되는 것이라면, 의인의 의로운 행동은 의에 주리고 의를 사모하는 마음에서 시작됩니다. 그런데 악을 사모하는 마음이 악마의 마음 다스리기에 원인이 있다면, 의인의 의를 사모하는 마음은 성령의 통치에서 비롯됩니다.

악인의 발은 악을 행하기에 빠르지만, 의인의 발은 의를 행하기에 빠릅니다. 반면에 악인은 의의 현실을 불편하게 생각하고 의인은 악한 현실에 불편해 합니다. 그러나 우리가 하나님의 백성이면서도 성령으로 충만하지 못할 때에 우리도 의와 악의 기로에서 방황하는 유혹을 직면하기도 합니다. 의인이 악인처럼 살아가는 모습이 연출되기도 합니다.

그러므로 의인이 의인되기 위해서는 무엇보다 하나님의 영으로 매 순간마다 인도 받는 삶을 사모해야 합니다. 그리고 실제로 우리는 매일의 기도로 성령충만을 구해야 합니다. 성령충만의 생활화가 필요합니다.

우리의 믿음의 선배들 중에는 숨 쉬는 순간마다 주의 임재를 목마르게 구한 이들이 있었습니다. 그들은 그런 기도를 숨 기도라고 불렀습니다.

그런 기도의 결과로 우리는 성령충만의 삶을 살 수가 있습니다. 성령에 충만하면 성령으로 다스림을 받게 됩니다. 이런 삶의 현저한 결과가 사자처럼 담대해지는 것입니다. 그는 하나님 외에는 더 이상 그 누구도 그 무엇도 두려워할 필요가 없어집니다. 악인은 쫓아오는 자가 없어도 도망하지만 의인은 담대하게 현실을 직면합니다. 그리고 앞으로 나아갑니다.

의인의 방패 되신 하나님, 두려움으로 가득 찬 이 세대를 성령 충만의 힘으로 이겨내는 삶을 살게 하옵소서. 아멘

성실한 가난

• • •

가난하여도 성실하게 행하는 자는
부유하면서 굽게 행하는 자보다
나으니라 (잠 28:6)

가난은 결코 칭송하거나 예찬할 것은 아닙니다. 가난을 경험하며 사는 것이 얼마나 비참한가를 증언할 사람은 이 땅에 부지기수입니다. 그런 면에서 가난은 극복되어야 할 저주입니다. 가난의 원인들은 다양하지만 따지고 보면 인간의 죄와 무관하지 않습니다. 죄가 인간의 실존을 초라하게 만든 진범입니다. 죄는 인간으로 모든 정당한 부요를 상실하게 한 것입니다.

그러나 성경과 역사에 보면 자발적으로 가난을 선택한 이들이 있습니다. 역사는 이들의 선택을 가리켜 '자발적 청빈'(voluntary poverty)이라고 일컫습니다. 본문의 표현을 빌리면 그것은 '성실한 가난'입니다. 주님을 따르고 믿음을 지키기 위해 박해를 받으며 가난해진 사람들과 자기의 가진 것으로 가난한 이웃들을 구제하고자 스스로를 비워버린 가난한 이들이 있습니다.

가난을 다 예찬할 수 없는 것처럼 부자를 다 예찬할 수도 없습니다. 그의 부자 됨이 가난한 이들의 희생을 담보로 한 것이었다면 오히려 그의 부는 비난받아 마땅한 부당한 축적일 것입니다.

그런 부자의 행보를 잠언 기자는 굽게 행한 결과물이라고 부르는 것입니다. 그런 경우 성경은 성실한 가난이 굽은 부요보다 낫다고 말합니다.

물론 성실한 노동의 결과로 축적된 부는 칭찬받을 만합니다. 그것은 정직한 땀 흘림에 대한 하늘의 상급입니다. 그러나 자주 이 땅에서 아무리 정직하게 일해도 그 대가를 얻지 못할 수도 있습니다. 그런 상황에서 우리는 성실한 가난을 부끄러워 할 필요가 없습니다. 오히려 당당하게 청빈의 삶을 살아갈 수 있어야 합니다.

노동의 주인 되신 하나님! 우리의 정당한 땀 흘림을 복 주시되, 부당한 부요보다 성실한 가난을 더 사모하게 하소서. 아멘

가증한 기도

• • •

사람이 귀를 돌려
율법을 듣지 아니하면 그의 기도도
가증하니라 (잠 28:9)

기도는 위대한 종교적 행위입니다. 그러나 기도는 실상 가장 보편적인 성도의 존재 양식이어야 합니다. 우리는 기도함으로 존재하는 것입니다. 그래서 예부터 기도는 호흡이라고 했습니다. 호흡은 선택사항이 아닙니다. 호흡이 단절되는 순간 우리는 살아있는 인간이기를 그치는 것입니다. 그러나 호흡훈련은 우리의 풍요한 존재를 위해 바르게 학습될 필요가 있습니다.

그러므로 모든 호흡훈련이 유익한 것은 아닙니다. 그릇되게 학습한 호흡훈련은 오히려 유해할 수도 있습니다. 마찬가지로 오늘의 본문에서 지혜자는 모든 기도가 유익한 것이 아니라고 가르칩니다. 그는 가증한 기도도 존재한다고 가르칩니다. 그것은 한마디로 귀를 막고 율법의 말씀을 외면하면서 오직 기도의 응답에만 매달리는 기도의 행위를 의미합니다.

기도는 결국 자신의 삶의 주인 되신 하나님과의 소통의 행위입니다. 그리고 가장 자연스런 기도 속에 삶을 살아가는 사람이라면 그는 기도하며 주인 되신 하나님의 뜻을 살피고자 할 것입니다.

주께서 가르치신 기도의 핵심처럼 우리는 하나님의 나라가 이 땅에 임하고 하나님의 뜻이 하늘에서 이루어진 것 같이 땅에서도 이루어지기를 소원하게 될 것입니다.

우리가 율법에 귀를 기울여 경청한단 말은 바로 율법의 말씀에 드러난 하나님의 뜻을 준행하고자 한다는 의미입니다. 우리의 기도가 거기에 초점이 있다면 주께서 얼마나 기뻐하실까요? 그러나 우리가 율법에 귀를 막고 우리의 정욕을 이루기 위해서만 기도한다면 그것이 바로 가증한 기도일 것입니다. 그러므로 기도를 갈망하는 사람마다 가증한 기도를 경계해야 합니다.

주여, 우리로 기도의 열심을 품게 하시되 가증한 기도를 경계하게 하소서. 아멘

두 갈래 길

• • •

성실하게 행하는 자는
구원을 받을 것이나 굽은 길로 행하는
자는 곧 넘어지리라 (잠 28:18)

히브리어의 수에는 단수와 복수와 쌍수가 있습니다. 우리의 지체나 우리가 사용하는 사물에는 쌍으로 존재하는 것이 적지 않습니다. 두 손, 두 눈, 두 발, 두 다리가 있고, 두 손을 보호하는 장갑도, 두 눈을 보호하는 안경도 쌍으로 존재합니다. 그런데 인생의 길도 쌍수로 존재합니다. 바른 길과 굽은 길, 두 길이 있습니다. 그러나 두 길의 종국은 정반대의 운명을 초래합니다.

우선 잠언 기자는 바른 길을 가는 사람이 성실한 사람이라고 말합니다. 성실성의 특성은 한결같음이라고 할 수 있습니다. 그는 불변의 삶의 기준을 유지하며 흔들림이 없이 정도를 걸어갑니다. 그는 좀처럼 죄에 빠지지 않습니다. 그러므로 그는 위기를 스스로 자초하지 않습니다. 설혹 위기에 처해도 바로 구원의 길로 복귀하고 그는 구원의 은혜를 평생 동안 누리며 살아갑니다.

그러나 반대로 불성실한 사람들은 굽은 길로 행하기를 오히려 즐거워 합니다. 굽은 길이 자신의 불성실을 은폐한다고 생각합니다.

실제로 불성실한 삶의 위선은 그의 참모습을 은닉하는 마스크를 제공하지만 그러나 그의 넘어짐을 예방하는 일에 전혀 도움이 되지 못합니다. 말대로 살지 못하는 불성실한 사람들은 조만간 넘어짐으로 경주장의 탈락자가 됩니다.

우리가 살아가는 하루하루의 일상은 선택의 연속입니다. 매일 우리는 두 갈래 길의 교차로에 섭니다. 바른 길과 굽은 길 앞에 섭니다. 그리고 성실한 사람들은 바른 길을, 불성실한 사람들은 굽은 길을 선택합니다. 그러므로 우리는 무엇보다 성실한 사람됨을 사모해야 합니다. 성실하신 하나님을 신뢰하고 그의 약속의 말씀을 붙들고 사는 연습이 바로 성실한 인격을 빚습니다.

성실하신 주님, 당신의 약속의 말씀을 신뢰하고 평생 구원의 길에서 떠나지 않게 하옵소서. 아멘

속도인생의 비극

우리가 사는 시대를 상징하는 단어 중 하나가 바로 속도입니다. 신속한 성공, 신속한 명예, 신속한 부를 얻고자 오늘의 우리는 모든 노력을 바쳐 일하고 있습니다. 우리는 시간은 금이라는 격언까지 만들며 속도를 내어 인생을 살고 있습니다. 그런데 오늘의 잠언은 속히 부하고자 하는 자는 형벌을 면하지 못하리라고 말합니다.

속도의 위험성은 일단 가속화되면 멈추기가 쉽지 않다는 것입니다. 그리고 종종 이런 과속은 방향을 상실하게 하고 사고를 초래할 수 있다는 것입니다. 그리고 이런 사고는 지금까지의 모든 성취를 한순간에 무너지게 할 수도 있습니다. 속도는 빠른 성취를 가능하게 하지만, 속도 이상으로 더 중요한 것은 방향과 안전입니다.

반면에 속도가 좀 늦어도 충성스럽게 일하는 사람은 확실한 결과를 가져옵니다. 시행착오의 과도한 비용은 때로 더디더라도 확실한 결과가 훨씬 더 경제적일 수 있다는 레슨을 가르칩니다.

그래서 성경은 충성된 자가 복이 많다고 가르칩니다. 죽도록 충성하는 자가 생명의 면류관을 얻고 최후의 승자가 된다고 약속하십니다.

결국 인생의 길에는 속도 인생과 충성 인생이 있습니다. 무조건 빨리만 도달하려는 유형의 인생과 늦더라도 정당한 방법과 정당한 태도로 원칙을 지키며 승부하는 성경 정신에 충성하는 유형의 인생이 있습니다. 속도 인생은 지불해야 할 결과가 크지만, 충성 인생은 누릴 복이 많습니다. 속도 인생의 비극을 경계하십시오.

주님, 속한 성공을 구하기보다 늦더라도 충성되게 살게 하옵소서. 아멘

목이 곧은 사람

• • •

자주 책망을 받으면서도 목이 곧은 사람은
갑자기 패망을 당하고
피하지 못하리라 (잠 29:1)

스트레스를 받으면 목이 굳고 곧아집니다. 유연성을 상실하는 것입니다. 그러면 우리 몸은 곧 생기를 잃고 뻣뻣해집니다. 이런 뻣뻣함은 우리 건강의 적신호로 우리의 생존을 위협하게 됩니다. 평소에 건강을 소홀히 여기고 일에 매달리는 사람들에게 보이는 보편적 증상이 그것입니다. 그러나 이런 적신호는 위협적인 결과를 초래하게 됩니다.

잠언 기자는 영적으로 목이 곧아짐이 이웃들의 책망에 귀를 기울이지 않음에서 초래된다고 가르칩니다. 우리가 이웃들의 책망에 귀를 열고 산다는 것은 영적인 유연성을 지니고 삶을 사는 것을 의미합니다. 마음을 열지 않는 사람은 귀를 열지 않습니다. 귀를 열기 위해서는 먼저 마음을 열어야 합니다.

심리학 조하리의 창은 인간의 내면을 피상적인 자기, 은폐적인 자기와 맹목적인 자기, 무의식적인 자기로 나누어 설명합니다. 은폐적인 자기를 넘어서기 위해서는 스스로의 마음을 열어 보일 줄 알아야 하고, 맹목적인 자기를 극복하기 위해선 이웃의 충고를 귀담아 들을 준비가 필요하고, 무의식적 자기를 성화하려면 성령님의 책망을 받을 준비가 필요합니다.

　오늘의 잠언은 목이 곧은 사람은 어느 날 갑자기 패망을 당한다고 경고합니다. 잘 나가고 있는 사람의 어느 날의 몰락은 한순간의 사건처럼 보이지만 사실은 목이 곧아지는 일련의 과정에서 지속적인 성찰이 없었던 결과라고 할 수가 있습니다. 피할 수 있는 결과를 피하지 못한 것입니다. 오늘 자신의 목의 상태를 점검하고 하루를 출발하시기를 제안합니다.

내 삶의 주인 되신 주님, 주 앞에 그리고 주님 보내주신 이웃들 앞에 겸허히 마음과 귀를 열고 살게 하소서. 아멘

트러블 메이커

거만한 자는 성읍을
요란하게 하여도 슬기로운 자는
노를 그치게 하느니라 (잠 29:8)

여기 거만한 자는 매사에 냉소적인 사람, 이웃을 진지하게 대하기보다 비웃고 조롱하는 유형의 사람을 뜻합니다. 이런 사람이 공동체 내에 존재하면 그 공동체는 쉽게 평안을 상실합니다. 평안하지 못한 가정과 일터, 교회에는 반드시 이런 사람들이 존재합니다. 우리는 이런 사람들을 트러블 메이커라고 불러 왔습니다. 트러블 메이커의 반대가 피스 메이커입니다.

이런 사람의 내면에는 언제나 다스려지지 못한 분노가 도사리고 있습니다. 그리고 대부분 이런 분노의 원인은 어린 시절의 상처에 기인하고 있습니다. 오늘날 심리학자들은 이런 사람을 '성인 아이'라고 일컫습니다. 이런 성인 아이의 내면에 축적된 분노는 자주 가정과 일터를 들끓게 합니다. 이것이 바로 요란한 성읍의 뿌리 깊은 요인이라고 할 수 있습니다.

오늘의 본문은 거만한 자의 반대를 슬기로운 자라고 칭합니다. 진정 슬기로운 자는 사건과 사람을 진정성 있게 대할 줄 아는 사람입니다. 이런 사람은 문제의 원인을 타인에게서 찾기보다 자신 안에서 먼저 찾습니다.

그래서 그는 자신을 향해서는 엄격하지만 타인을 향해서는 관대합니다. 이런 사람이 있는 곳에 분노는 쉽게 평화의 에너지로 바뀝니다.

오늘 우리 시대 우리 교회 우리 사회가 진정 필요로 하는 일꾼은 트러블 메이커가 아닌 진정 슬기로운 피스 메이커들입니다. 요란한 국가 사회와 교회 공동체를 치유하고 건강한 공동체를 세우는 슬기로운 자들이 일어서도록 기도해야 하겠습니다. 지금은 우리 사회 곳곳에 넘쳐나는 분노를 다스려 그런 분노의 에너지를 평화의 에너지로 바꿀 슬기로운 피스 메이커들이 일어서야 합니다.

평화의 주님, 오늘날 요란한 우리 사회를 진정시켜 우리 사회 가득한 분노를 평화의 질서로 바꾸는 슬기로운 사람들을 도처에서 일으켜 주옵소서. 아멘

분노 조절

• • •

어리석은 자는 자기의 노를
다 드러내어도 지혜로운 자는 그것을
억제하느니라 (잠 29:11)

세상에서 가장 힘든 일의 하나가 분노를 다스리는 일입니다. 분노를 터트리는 것은 자연스러운 일입니다. 그것은 인간의 본능을 따르는 일입니다. 그런데 성경은 그렇게 하는 자는 어리석은 자라고 말합니다. 어리석은 자는 분노를 다 드러낸다고 말합니다. 이런 사람의 자기변명은 "나는 뒤끝이 없다"는 것입니다.

그러나 뒤끝이 없으려면 그가 분노한 결과가 미친 영향력을 수습할 수 있어야 합니다. 수습 불능의 파괴적 결과를 초래한 상황에서 "뒤끝이 없다"는 말은 무책임한 말입니다. 어쩔 수 없이 노를 드러내는 상황에서도 감정의 앙금을 다 쏟고 드러내지는 말아야 합니다. 그래야 수습이 가능할 수 있기 때문입니다.

분노를 아예 안 할 수 있다면 좋겠지만 그것은 인간 됨을 부인하는 일입니다. 그래서 바울은 분노하더라도 해가 지기 전에 해소하라고 권합니다. 분노의 실존을 수용하는 현실적 처방입니다.

그래서 지혜로움은 바로 분노의 억제에 있다고 잠언 기자는 말합니다. 억제는 억지로 참음이 아닌 슬기로운 자기 통제입니다.

그래서 진정한 억제는 분노 자체의 문제가 아닌 자기 통제의 성숙과 연관이 있습니다. 우리가 성숙한 사람이라면 시간과 함께 자신을 다스리는 기술을 익혀야 합니다. 참아야 할 때 참고, 침묵해야 할 때 침묵할 줄 안다는 것은 성숙의 표현입니다. 오늘도 성령의 충만함으로 자기 통제의 기술을 익히는 날이 되도록 기도하십시다.

저의 감정의 주인 되신 하나님, 오늘도 내 안에서 일어나는 분노를 조절할 수 있는 성숙함을 향해 자라가는 하루가 되도록 인도하옵소서. 아멘

묵시의 축복

묵시가 없으면 백성이 방자히
행하거니와 율법을 지키는 자는
복이 있느니라 (잠 29:18)

여기 '묵시'는 다양한 언어로 번역됩니다. 때로는 '계시'로 때로는 '환
상' 곧 '비전'으로 번역되기도 합니다. 흔히 "비전이 없으면 백성이 망한
다"는 번역으로 우리에게 친숙해진 성구이기도 합니다. 우선 이런 번역의 다
양성이 시사하는 첫째 의미는 진정한 비전은 자신의 주관적인 꿈이 아닌 하
나님의 말씀에 토대를 두어야 한다는 사실입니다.

일반적으로 '묵시'나 '계시'는 신비한 어떤 언어로 우리에게 이해되지
만 이 단어의 본래 의미는 "뚜껑을 열어 보인다"(uncover)는 뜻입니다. 뚜껑
을 열면 더 이상 그 속에 있던 것은 감추일 수 없이 드러납니다. 하나님의 묵
시나 계시는 그런 의미에서 이미 드러난 말씀, 우리에게 주어진 말씀입니다.
구약에서 그 대표적인 묵시가 바로 율법이었습니다.

이 묵시의 말씀 곧 율법이 주어진 소극적인 목적의 하나는 백성들이 방자
하게 살지 않기 위해서 였습니다. 율법의 실종은 백성들의 방황을 초래하는
비극인 것입니다.

율법은 인생에게 기준을 지시합니다. 나아갈 길과 가지 말아야 할 길을 동시에 지시합니다. '하라'의 말씀과 '하지 말라'는 말씀, 곧 명령과 금기로 우리에게 다가오는 것입니다.

그러나 묵시가 주어진 보다 적극적인 목적은 하나님의 백성들이 하나님의 복을 누리고 살게 하고자 함인 것입니다. 그들은 이제 더 이상 방황할 필요가 없습니다. 물고기가 물 안에서 자유로운 것처럼, 새들이 창공 안에서 자유로운 것처럼, 기차가 철로 위에서 자유롭듯이 하나님의 백성들은 율법 안에서 자유롭습니다. 묵시의 축복을 감사하는 것이 자유의 시작입니다.

묵시의 근원이신 하나님, 우리에게 묵시의 말씀을 주셨사오니 감사함으로 이 말씀을 받고 이 말씀을 따라 살게 하옵소서. 아멘

두려움과 신앙

사람을 두려워하면 올무에
걸리게 되거니와 여호와를 의지하는 자는
안전하리라 (잠 29:25)

인생을 살아감에 가장 큰 장애는 두려움입니다. 많은 경우 우리는 사건이나 사람보다 우리가 직면할 사건이나 사람에 대한 두려움으로 일을 그르치는 때가 너무 비일비재합니다. 잠언 기자는 그것을 올무라고 말합니다. 우리가 일단 그 올무에 사로잡히면 헤어나기가 어렵습니다. 다른 아무 일도 집중하지 못하고 두려움에 사로잡혀 전전긍긍하는 인생이 됩니다.

중세기 콜레라가 유럽 대륙을 휩쓸고 있을때 유럽의 한 도시에는 아직 콜레라가 도달하지도 않았음에도 유사 콜레라로 도시민들이 대거 병원에 입원하는 사태가 벌어졌다고 합니다. 콜레라는 역병 자체 때문이 아니라, 그 역병에 대한 두려움 때문이었던 것입니다. 그렇게 두려움은 사람들의 마음을 마비시키는 가장 무서운 질병인 것입니다.

우리는 흔히 두려움의 반대는 용기나 담대함이라고 생각하기 쉽습니다. 그러나 오늘 잠언 기자는 두려움의 반대는 신앙 곧 여호와를 의지하는 믿음이라고 말합니다.

용기나 담대함은 필요한 것이지만 그 출처가 자신일 때 자신의 한계가 드러나는 순간, 우리의 용기나 담대함은 쉽게 무너지는 만용에 불과합니다. 반면 참된 신앙의 근원은 여호와 하나님이십니다.

두려움의 종착역이 올무라면 여호와 신앙의 결과는 안전입니다. 여호와 하나님은 자신의 백성들과 언약을 맺으시고 자기 백성들을 '성실한 사랑'(헤세드)으로 보호하시는 하나님이십니다. 그래서 여호와를 의지하고 사는 인생이 누리는 최고 최선의 축복이 바로 안전감입니다. 여호와 신앙은 어떤 보험보다도 더 확실하게 우리의 미래를 보장합니다.

신실하신 여호와 하나님, 두려움으로 가득 찬 세상 한복판에서 날마다 오직 당신을 신뢰함으로 살아가게 하옵소서. 아멘

하나님의 백성들의 방패

인생은 전장입니다. 포탄이 나르고 매 순간 존재가 위협받는 싸움터입니다. 하나님의 백성들도 예외 없이 생존 경쟁의 마당에서 치열하게 내몰린 실존입니다. 그렇다고 하나님의 백성이 아닌 사람들처럼 아무 수단이나 방법을 사용할 수 없다는데 고뇌가 있습니다. 그들은 목적을 위해 수단이나 방법을 정당화할 수 없는 사람들이기 때문입니다.

주 예수님은 일찍 "사람이 떡으로만 살 것이 아니오 하나님의 말씀으로 살 것이라"고 말씀하셨습니다. 그리고 그 말씀은 광야의 시험의 마당에서 주어진 것이었습니다. 하나님의 말씀이야말로 하나님의 백성들의 삶의 수단과 방법이 되어야 합니다. 그리고 하나님의 백성들이 진실로 말씀을 따라 살고자 할 때 말씀은 우리의 방패가 되어준다고 지혜자는 약속합니다.

하나님의 말씀이 우리의 피난처와 방패가 될 수 있는 가장 중요한 이유는 말씀의 순전성 혹은 진실성 때문입니다. 오늘의 세상은 이런 순전함과 진실함을 포기한 삶의 마당입니다.

이런 세상에서 우리가 말씀을 붙들고 산다는 것은 전혀 세상과 다른 삶을 사는 것을 뜻합니다. 그들은 세상에서 핍박을 받을 수밖에 없지만 그래서 하나님은 그들을 보호하실 수밖에 없습니다.

중요한 것은 우리가 이런 말씀의 진정성을 믿고 의지해야 한다는 것입니다. 하나님의 모든 백성들에게 말씀이 주어졌지만 이 말씀을 의지하고 사는 이들은 의외로 적습니다. 그러나 이 순전한 말씀을 삶의 목적과 방법으로 믿고 사는 자들을 말씀이 보호합니다. 그리고 그들은 이 말씀을 방패 삼고 날마다 담대함으로 전장에 나섭니다.

말씀의 주인 되신 주님, 오늘도 이 말씀을 방패 삼고 삶의 전장으로 나아가게 하옵소서. 아멘

필요한 양식

우리네 삶에는 필수적인 것들과 부차적인 것들이 있습니다. 필수적인 것 중 대표적인 것은 식의주라고 할 수 있습니다. 인간은 먹을 것, 입을 것, 그리고 살 곳이 없이는 살아갈 수가 없습니다. 그 중에서도 선행하는 절대적 필요가 일용할 양식일 것입니다. 그러나 일용할 양식을 얼마나 가져야 하는 것이 언제나 문제입니다.

성경의 대답은 필요한 만큼입니다. 그러나 우리의 필요의 한계가 다시 과제로 등장합니다. 잠언 기자는 너무 가난하면 도둑질의 죄에 빠질 것을 두려워하고 있습니다. 그리고 이런 도둑질의 죄는 결국 하나님의 이름을 욕되게 할 것입니다. 그런 의미에서 가난을 미화시킬 필요가 없고 도둑질의 유혹을 극복할 만큼의 필요는 필요합니다.

그러나 지혜자는 부요함도 반드시 좋은 것은 아니라고 가르칩니다. 물질의 부는 필연적으로 우리로 부를 의지하게 하고 우리로 부를 신으로 믿는

맘몬의 신도가 되게 합니다. 결과적으로 우리는 여호와 하나님의 존재를 망각할 수가 있습니다. 그런 의미에서 부는 가난보다 더 위험한 것임을 알기에 지혜자는 다만 필요한 양식을 구합니다.

필요한 양식으로 만족하기 위해서 필요한 것이 자족하는 마음입니다. 이 자족의 마음이 또한 필요의 한계를 결정하는 것입니다. 지금 여기서 자족하면 그것이 바로 필요의 한계인 것입니다. 그리고 우리 안에 자족의 마음이 자리 잡게 되면 우리는 더 이상의 부를 탐할 필요가 없어지고 가난의 안목으로 자신의 삶을 바라보지 않게 됩니다.

물질의 주인 되신 하나님, 우리 각자로 자신의 필요의 한계를 자각하게 하시고 다만 필요한 양식으로 자족할 줄 알게 하소서. 아멘

거머리 인생

• • •

거머리에게는 두 딸이 있어 다오 다오 하느니라 족한 줄을 알지 못하여
족하다 하지 아니하는 것 서넛이 있나니 곧 스올과 아이 배지 못하는 태와
물로 채울 수 없는 땅과 족하다 하지 아니하는 불이니라 (잠 30:15-16)

여기 거머리는 때로 흡혈귀로 번역되기도 합니다. 그가 부르짖는 절규의
코드가 '다오 다오'(Give, give)라는 것입니다. 이는 비단 거머리의 생존 코드
일 뿐 아니라, 욕망에 포로되어 사는 우리 시대 보편 인생의 생존 양식이기도
합니다. 그들이 포기한 생의 미덕이 자족의 레슨입니다. 그들이 사는 인생이
바로 거머리 인생 혹은 흡혈귀 인생이라고 할 수 있습니다.

잠언 기자는 자족을 모르는 거머리 인생의 비유로 4가지 비유를 듭니다.
첫째는 스올입니다. 스올은 무덤입니다. 무덤은 끊임없이 인생을 삼키고 또
삼키지만 그 욕구의 한계를 모릅니다. 지금도 여전히 인생을 삼키고 있습니
다. 둘째는 아이 배지 못하는 태입니다. 불임의 태는 끊임없이 생명을 요구
하고 또 요구하며 포기를 모릅니다.

셋째 비유는 물로 채울 수 없는 땅입니다. 역사를 통해 우리가 사는 대지
는 얼마나 많은 비를 흡수하고 수용해 왔는지요. 그러나 가뭄의 계절이 오면
땅은 다시 물에 목말라 하며 물을 달라고 부르짖습니다.

마지막 넷째는 족함을 모르는 불입니다. 불이 삼키지 못할 것은 아무것도 없습니다. 불은 시도 때도 없이 모든 것을 삼키고도 아직도 만족함이 없습니다.

우리가 거머리 인생의 수치를 벗어나려면 자족의 레슨을 배워야 합니다. 이 자족의 레슨을 배울 수 있다면 그때 비로소 우리는 거머리의 두 딸을 달래게 될 것입니다. 그때 이 두 딸도 '다오 다오' 대신 '주고 주고'의 인생으로 전환될 것입니다. 자족하면 언제나 줄 것이 있지만, 자족하지 못하면 과도한 소유로도 만족하지 못하고 더 요구하는 거머리 인생이 될 것입니다.

모든 것의 주인 되신 주님, 우리로 거머리의 두 딸이 안 되도록 자족의 레슨을 속히 배우게 하소서. 아멘

작고도 지혜로운 네 동물

• • •

땅에 작고도 가장 지혜로운 것 넷이 있나니
곧 힘이 없는 종류로되 먹을 것을 여름에 준비하는 개미와
약한 종류로되 집을 바위 사이에 짓는 사반과
임금이 없으되 다 떼를 지어 나아가는 메뚜기와
손에 잡힐 만하여도 왕궁에 있는 도마뱀이니라 (잠 30:24-28)

최근 우리는 큰 것을 숭배하는 메가(mega)시대를 살아가고 있습니다. 그래서 작은 나라에 태어나 사는 한국인은 작음의 열등감으로 몸살을 앓는 생을 살고 있습니다. 개미는 힘이 없어 보이는 작은 동물이지만 닥쳐 올 겨울을 바라보며 봄과 여름의 시간을 낭비하지 않고 근면하게 일할 줄 아는 지혜로움이 있습니다. 그래서 잠언 기자는 우리에게 개미에게서 배워야 한다고 말합니다.

약해 보이는 사반 곧 산 너구리(오소리)는 바위를 의지하고 집을 지어 방어벽을 쌓습니다. 그리고 이 방어벽 내에 난공불락의 견고한 처소를 준비합니다. 그의 약함이 오히려 바위를 의지하는 지혜를 발휘하게 함으로 그는 천연의 요새를 소유하게 된 것입니다. "약할 때 강함 되시네"라는 찬양의 가사가 우리의 고백이 될 수 있습니다.

메뚜기는 두드러진 왕도 없고 두목도 없지만 탁월한 팀을 자랑합니다.

그들은 마치 전쟁터에 나아가는 군대처럼 질서를 지키며 행진해 갑니다. 그들은 개인행동을 하기보다 단체 행동을 통해 생존을 유지합니다. 옛날보다 훨씬 더 민주적이고 자유로워진 오늘의 세상은 탁월한 영웅보다 자율에 의한 팀을 요구합니다. 그런 뜻에서 메뚜기를 주목할 필요가 있습니다.

마지막으로 도마뱀은 사람 손에도 쉽게 잡힐 수 있는 작은 약한 동물에 속합니다. 그러나 작고 날랜 몸집으로 그는 벽을 타고 지붕을 타고 천정을 휘젓고 다닙니다. 그런 이점을 사용해서 최고 권력자가 사는 왕궁에도 쉽게 침투할 수 있습니다. 그의 미크로(micro)한 존재가 오히려 그의 날렵한 활동을 가능하게 합니다. 작음이 유익함이 된 것입니다.

위대하신 주님, 우리로 우리의 존재의 약함과 작음이 복이 되는 인생을 살게 하소서. 아멘

현숙한 여인

● ● ●

누가 현숙한 여인을
찾아 얻겠느냐 그의 값은 진주보다
더 하니라 (잠 31:10)

잠언서의 대부분은 아버지가 아들에게 주는 교훈을 기록하지만 잠언 31장은 어머니가 아들에게 주는 교훈으로 특히 아들의 여인이 현숙한 아내, 현숙한 여인이어야 함을 기록하고 있습니다. 자녀 양육의 궁극적인 책임은 가장인 아버지에게 있지만 실체적인 영향은 자녀들과 더 많은 시간을 보내는 어머니에 의해 좌우됨이 현실입니다.

한 어머니가 르무엘 왕에게 남긴 왕도라고 할 이 말씀에는 아들이 먼저 그의 생에 유익을 끼치지 못할 여인들에게 삶의 에너지를 낭비하지 말 것을 교훈합니다. 우리에게는 르무엘 왕의 정체를 확인할 정보가 없지만 왕의 신분으로 미루어 이 글은 일종의 지도자론 입니다. 그리고 지도자의 인생은 바른 여인의 선택으로 시작되어야 합니다.

여기 '현숙하다'는 말은 다양한 의미로 번역됩니다. 도덕적으로 어진(virtuous) 여인으로 소개되기도 하고, 유능하다(excellent)는 의미로 번역되기도 합니다. NIV 성경은 고상한 성격(noble character)을 지닌 여인으로 번역합니다. 히브리어 원어는 이 모든 의미를 포괄한 단어로 표기되고 있습니다. 아마도 우리가 상상하는 이상적 여인의 총화라고 하겠습니다.

　진주는 우리가 갈망하는 모든 아름다움의 절정이라고 할 수 있을 것입니다. 어머니는 지도자가 될 자기 아들이 현숙한 여인을 찾게 되기를 기대하고 있습니다. 현숙한 여인의 가치는 값진 진주보다 더 귀한 것이라고 교훈합니다. 이상적 지도자가 구비할 모든 것 중 선행되어야 할 것은 현숙한 아내라고 말합니다. 현숙한 아내, 현숙한 며느리, 현숙한 나를 찾기 위해 기도해야 합니다. 🌿

삶의 주인 되신 하나님, 우리 가정에 현숙한 여인의 복이 있게 하옵소서. 아멘

현숙한 여인의 모습 1

• • •
그런 자의 남편의 마음은 그를 믿나니
산업이 핍절하지 아니하겠으며 그런 자는 살아 있는 동안에
그의 남편에게 선을 행하고 악을 행하지 아니하느니라 (잠 31:11-12)

잠언 31장 10절에서 시작된 현숙한 여인론은 히브리어 알파벳 순으로 그 특성을 열거해 갑니다. 본문 11절과 12절은 영어 알파벳 b와 c에 해당되는 부분입니다. 현숙한 여인은 무엇보다 믿을 수 있는 사람이어야 합니다. 아내가 전적으로 믿을 수 있다고 생각되면 남편은 기쁘게 모든 것을 그녀에게 의뢰할 것입니다.

그리고 신뢰받을 만하고 지혜로운 아내의 가정 경영은 결과적으로 가사 산업을 크게 융성하게 할 것입니다. 고대 사회에서는 아내는 안 사람, 남편은 바깥(밖)사람으로 그 역할이 고정되어 있어서 더욱 현숙한 여인의 필요가 더 중요했을 것입니다. 그러나 예나 지금이나 중요한 것은 근면과 절약입니다.

현숙한 여인은 더 나아가 선을 행하는 사람이어야 합니다. 여기서 선을 행한다는 말은 비록 남편이 악을 행하는 상황 속에서도 악을 악으로 갚지 아니하고 여전히 남편을 선대하는 여인을 뜻합니다.

성경은 결과적으로 이런 선은 악을 이기게 된다고 가르칩니다. 살아계신 하나님이 선한 분이시기 때문입니다.

많은 경우 어리석은 인생은 자기 배우자가 곁을 떠난 후 비로소 배우자에게 행한 자신의 악을 깨닫고 후회합니다. 그래서 성경은 자신의 남편이 살아 있을 때에 그에게 선을 베풀어야 한다고 가르칩니다. 능동적인 선행이 불가능하면 최소한도 남편을 무너지게 하는 악행이라도 행치 않도록 유의해야 합니다.

선하신 하나님, 우리로 주를 닮아 배우자를 선대하는 자가 되게 하옵소서. 아멘

현숙한 여인의 모습 2

● ● ●

손으로 솜뭉치를 들고 손가락으로 가락을 잡으며
그는 곤고한 자에게 손을 펴며
궁핍한 자를 위하여 손을 내밀며 (잠 31:19-20)

오늘의 말씀에 묘사된 현숙한 여인은 물레에서 솜을 들고 실을 만들고 베를 짜는 모습을 보여주고 있습니다. 한마디로 그녀는 근면한 노동을 두려워 않고 일하는 여인입니다. 신약 성경에서 바울 사도는 일하기 싫거든 먹지도 말라는 말씀을 주셨습니다. 현숙한 여인은 예수님처럼 하나님께서 일하시니 자기도 일한다고 고백하는 사람입니다.

하나님은 창조의 원리로 엿새 동안 힘써 일하고 제 칠일에 쉴 것을 가르치셨습니다. 이 창조의 원리를 수용하는 사람이라면 진정한 쉼의 축복을 누리기 위해서도 엿새 동안의 노동을 기쁨으로 즐겨야 합니다. 엿새보다 더 적게 일하는 것은 창조의 원리에 미달합니다. 건강한 여인의 삶의 미학은 건강한 노동에서 출발합니다.

하나님이 기뻐하시는 현숙한 여인은 자신과 자신의 가족을 부지런하게 돌보는 데서 그치지 않고 자기 주변에 가난한 이웃들을 돌아볼 줄 아는 사람입니다.

그녀는 삶이 곤고하고 재물이 궁핍해서 생존을 걱정하는 이웃들을 함께 걱정하는 마음을 가진 사람입니다. 현숙함은 이웃을 하나님의 긍휼함으로 걱정할 줄 아는 미덕을 포함합니다.

구제는 구약에서부터 하나님의 사람들의 삶의 양식으로 그려져 있습니다. 신약에 와서는 선교와 함께 주님 명령의 두 날개로 묘사됩니다. 선교가 이웃의 영혼을 돌보는 것이라면, 구제는 이웃의 육신을 돌보는 것입니다. 구제는 이웃 사랑을 실현하는 기본적인 방식입니다. 그래서 현숙한 여인은 구제에도 앞장설 수 있어야 합니다. 🌿

사랑의 주님, 저로 하여금 구제에 힘쓰는 자가 되게 하사 정녕 현숙한 사람됨을 이루게 하소서. 아멘

현숙한 여인의 모습 3

● ● ●

능력과 존귀로 옷을 삼고 후일을 웃으며
입을 열어 지혜를 베풀며
그의 혀로 인애의 법을 말하며 (잠 31:25-26)

현숙한 여인은 미래 지향적 삶을 사는 사람입니다. 그녀는 복된 미래를 위해 오늘의 고난을 기꺼이 견딜 준비가 되어 있는 사람입니다. 그런 의미에서 현숙한 여인이 바로 지혜로운 인생을 사는 사람입니다. 그러나 어리석은 인생은 미래를 향한 안목을 상실한 채 현재에만 매달려 사는 사람입니다.

이 땅에는 오늘의 쾌락에 매달려 후일에 웃지 못할 인생을 사는 사람들이 적지 않습니다. 복된 미래를 준비한 사람의 특성은 늙어서도 그의 인생이 당당하고 존귀할 수 있다는 것입니다. 잠언 기자는 그런 여인을 능력과 존귀로 옷 입고 석양에 웃을 수 있는 사람이라고 증언합니다. 이것이 바로 현숙한 여인의 초상화입니다.

그리고 이런 여인은 인생의 석양에 가족과 이웃들에게 입을 열어 지혜를 나눌 준비가 되어 있는 사람입니다. 어리석고 부덕한 여인은 이웃을 조롱하고 참소하는 한담으로 날을 보내는 사람입니다. 이런 여인들은 스스로의 가정을 허물고 공동체를 흔드는 비극을 자초합니다.

현숙한 여인의 언어는 단순한 지혜로운 말이 아닌 인애 곧 사랑의 말입니다. 그래서 이런 여인은 가정을 세우고 공동체를 세우는 축복의 통로입니다. 그래서 그녀의 인생 석양은 다음 세대에게 남길 지혜의 유산으로 빛나는 시간입니다. 그녀는 진정 석양에 웃는 자로 능력과 존귀의 옷을 입고 우리 모두의 멘토로 존경을 받습니다.

인생의 주인 되신 주님, 인생의 석양에 웃는 자가 되어 지혜와 사랑을 남기게 하소서. 아멘

현숙한 여인의 모습 4

• • •

고운 것도 거짓되고 아름다운 것도 헛되나
오직 여호와를 경외하는 여자는 칭찬을 받을 것이라
그 손의 열매가 그에게로 돌아갈 것이요
그 행한 일로 말미암아
성문에서 칭찬을 받으리라 (잠 31:30-31)

현숙한 여인은 속사람이 아름다운 사람입니다. 우리 시대는 겉사람에 매달려 사는 사람들로 꽉 차있습니다. 성형수술이 어떤 시대보다 관심을 끌고 있고 겉사람의 포장을 위해 모든 것을 투자하려는 여인들이 거리를 메우고 있습니다. 그러나 진정 아름다운 여인은 속사람의 단장에 노력을 기울이는 사람입니다.

바울 사도는 자신의 겉사람이 후패해도 속사람이 새로워짐을 인하여 기뻐한다고 고백하였습니다. 잠언 기자는 여호와를 경외함을 속사람의 가치의 핵심으로 삼은 것입니다. 세속적 가치인 겉사람의 고움이나 아름다움은 세월과 함께 사라질 일시적인 것에 불과합니다. 진정한 미는 속사람 안에 담긴 가치인 것입니다.

여호와를 경외하는 믿음은 한 인간의 내면에 여호와 하나님의 인격적인 형상을 깊이 조형합니다.

인격의 삼요소인 지식과 감정과 의지는 바로 우리 안에 내면의 미를 만드는 것입니다. 하나님의 빛나는 지혜, 섬세한 자비의 감성, 푸른 초장으로 인도하는 그 선한 의지가 만들어낼 인격의 미를 상상해 보십시오.

그런 여인이 누릴 칭송의 삶은 최고의 보상이 될 것입니다. 무엇보다 그런 여인은 자신의 노력이 낭비되지 않고 수고의 상급을 스스로 거두게 될 것입니다. 심은 대로 거두는 삶이 약속되어 있습니다. 그녀는 가정과 마을에서 칭찬 받는 현숙한 여인이라 불릴 것이며 그녀의 남편은 행복 드라마의 주인공이 될 것입니다.

아름다움의 주인이신 하나님, 우리로 주님 닮은 내면의 미를 흠모하는 삶을 살게 하옵소서. 아멘

전도서
아가

묵상의샘 이동원 목사

인생의 무의미와 의미

● ● ●
다윗의 아들 예루살렘 왕 전도자의 말씀이라
전도자가 이르되 헛되고 헛되며 헛되고 헛되니
모든 것이 헛되도다 (전 1:1-2)

다윗의 아들 예루살렘의 왕이 된 솔로몬은 전설적인 왕입니다. 그는 병거와 마병, 은과 금, 그리고 아름다운 여인들에게 둘러싸여 평생을 살았습니다. 소유하지 못할 것이 없었고 누리지 못할 것이 없었습니다. 그러나 여기 전도서의 화두를 열면서 그가 추구해 온 모든 것의 본질이 헛되다고 고백합니다.

여기 전도자라는 말은 히브리어로 '코헬렛' 이란 단어로 기록되는데 본래 사람들을 공개적인 마당에 모아놓고 인생의 경험을 말하는 공적인 교사나 설교자를 의미하는 말입니다. 그는 공허한 논리를 설파하는 자가 아니라, 진실한 경험의 전달자로 우리 앞에 서서 이제 인생의 의미를 전달하고자 하는 것입니다.

그런데 그는 인생의 의미를 증언하며 첫마디로 인생은 무의미하다고 증언합니다. 여기 '헛되다'는 단어의 히브리어 '헤벨'은 추운 겨울 아침 우리의 입과 코에서 나오는 즉시 공중에서 산화되는 '숨결'이나 공장 굴뚝에서 나와 흩어지는 '연기' 같은 것입니다. 인생의 의미는 한순간을 견디지 못하는 헛된 것입니다.

　그러나 전도서의 화두는 전도서의 마지막 결론을 전제하고 읽어야 합니다. 하나님이 존재하지 않으시다면, 그리고 그 하나님을 만나지 못하고 산다면, 그리고 그 하나님을 경외하고 사는 감동을 모른다면 인생은 정녕 헛되고 또 헛된 것이라는 말입니다. 인생의 무의미와 의미는 하나님에 대한 고백으로 결정됩니다.

인생의 주인 되신 하나님, 주님을 떠난 그 무엇도 무의미함을 일찍 깨닫게 하소서. 아멘

불만족 인생

• • •

모든 강물은 다 바다로 흐르되 바다를 채우지 못하며
강물은 어느 곳으로 흐르든지 그리로 연하여 흐르느니라
모든 만물이 피곤하다는 것을 사람이 말로 다 말할 수는 없나니
눈은 보아도 족함이 없고 귀는 들어도
가득 차지 아니하도다 (전 1:7-8)

인생 실존의 허상 중의 하나가 끝없는 욕심에 매달려 사는 모습입니다. 그 욕심은 어떤 노력으로도 결코 채워지지 않는 바닥을 모르는 갈망입니다. 성경에 나타난 지옥의 묘사 중 하나가 바로 무저갱입니다. 바닥을 모르는 심연처럼 인간은 욕심의 시궁창을 허우적거리며 살아갑니다. 이 땅을 디디고 사는 대부분의 인생 실존 양식이 바로 이런 불만족 인생인 것입니다.

불만족 인생의 그림의 하나가 바다입니다. 강물은 끝없이 바다로 흘러 들어가지만 바다는 채워지지 않습니다. 사해 바다가 그렇습니다. 요단 강에서 사해 바다로 끝없이 물이 주입되어 왔지만 아직도 사해는 여기저기 심연을 드러내며 목마름에 헐떡이고 있습니다. 한 번도 진정한 만족을 경험하지 못한 때문입니다. 사마리아 여인의 인생이 그랬습니다.

불만족 인생의 또 하나의 그림이 우리의 신체의 눈과 귀입니다. 우리의 눈은 아무리 화려하고 아름다운 것을 보아도 만족해하지 않습니다.

　　수많은 여행으로도 수십 년의 미술품 컬렉션으로도 만족하지 못하는 눈입니다. 우리의 귀도 마찬가지입니다. 수십 년 들어온 아름다운 음악소리로도 달콤한 사랑의 속삭임으로도 만족하지 못하는 귀입니다.

　　전도서 기자는 그래서 인생이 피곤하고 만물이 피곤하다고 증언합니다. 그것이 아마도 솔로몬의 체험이었을 것입니다. 세상의 모든 좋은 것을 보고 들었지만 그것으로 만족하지 못한 때문입니다. 그러나 이 책의 마지막에서 그는 여호와 경외가 그의 생의 유일한 만족이었음을 고백합니다. 불만족 인생의 영원한 만족은 여호와 유일 신앙에 있습니다.

인생의 주인 되신 하나님, 당신을 떠나서 인생에는 어떤 만족도 없음을 깨닫게 하옵소서. 아멘

지혜와 지식의 허상

• • •

내가 다시 지혜를 알고자 하며 미친 것들과 미련한 것들을 알고자 하여
마음을 썼으나 이것도 바람을 잡으려는 것인 줄을 깨달았도다 지혜가 많으면
번뇌도 많으니 지식을 더하는 자는 근심을 더하느니라 (전 1:17-18)

덧없는 세상에서 지혜와 지식은 가장 매력적인 삶의 보화들이라고 할 만합니다. 지식으로 우리는 존재하는 모든 것들의 실상을 알게 됩니다. 지혜로 우리는 삶의 정황에 대한 바른 판단을 할 수 있습니다. 이런 지식과 지혜를 선점하는 사람들은 시대를 앞서가고 시대의 마당에서 성공이라는 명예를 얻고 더 많은 물질을 소유하게 되기도 합니다.

우리가 사는 오늘의 시대를 우리는 지식화의 시대 혹은 정보화의 세상이라고 부릅니다. 다른 어떤 시대보다도 이런 지식과 지혜가 중요한 세상이 되었다는 말입니다. 다른 어떤 시대보다도 지식 노동자가 우대 받는 세상을 살게 되었습니다. 그래서 우리는 어떤 비싼 대가를 지불하고서라도 지식을 사는 일에 우선순위를 두게 되었습니다.

그러나 우리가 추구하는 모든 지혜와 지식이 다 가치 있는 것들은 아닙니다. 많은 경우 우리는 우리가 추구하는 지혜와 지식이 미친 것들과 미련한 것들이라고 성경은 경고합니다.

수많은 군사지식이 오늘날 우리가 두려워하는 핵무기와 인명 살상 화학 무기들을 만들어 냈습니다. 이 얼마나 미련한 추구인지요. 지혜자는 이런 추구를 바람 잡는 헛된 일이라고 말합니다.

무엇보다 이런 미친 일과 미련한 일의 연구를 위해 우리가 보내는 번뇌와 근심의 시간들을 생각해 보십시오. 과연 그것이 바람직한 탐구일까요? 그런 의미에서 모든 지혜추구와 모든 지식추구가 가치 있는 것이 아닙니다. 창조자 하나님을 떠날 때 우리의 지식추구와 지혜추구는 바람 잡는 허상의 추구에 불과합니다. 그것은 지적 허영에 불과합니다.

지혜와 지식의 주인 되신 하나님. 하나님을 떠난 이 모든 추구는 허상을 좇는 허영임을 알게 하옵소서. 아멘

웃음과 희락의 허무

내가 웃음에 관하여 말하여 이르기를
그것은 미친 것이라 하였고 희락에 대하여 이르기를
이것이 무슨 소용이 있는가 하였노라 (전 2:2)

인생을 살면서 웃음이 없다면 삶의 마당은 문자 그대로 사막일 것입니다. 성경은 웃음의 가치를 부정하지 않습니다. 이미 잠언 기자는 즐거움에서 나온 웃음은 양약 곧 보약이라고 가르쳤습니다. 그래서 최근에는 '웃음 치료' 조차 등장했습니다. 우리는 하루에 세 번은 티 없이 맑은 웃음을 웃고 살아야 합니다. 예수님도 성령으로 기뻐하며 웃으셨습니다.

문제는 마음에 없는 '억지 웃음'입니다. 이런 의미 없는 웃음은 미친 짓에 불과하다는 것입니다. 사람들은 저속한 개그와 음란한 개그를 즐기기 위해 돈을 지불하고 고용된 개그맨과 개그우먼의 쇼에 몰입하기도 합니다. 이런 상업적 웃음은 웃음 후에 더 큰 허무를 경험해야 할 것입니다. 이런 웃음과 희락은 우리 마음 속에 뿌리박은 죄성에 야합하는 쾌락에 불과합니다.

영국에 광대 배우(clown)였던 조셉 그리말디라는 사람이 있었습니다. 남을 웃기기 위해 평생을 살았던 그는 말년에 아내도 죽고 아들도 알코올 중독사 한 후 심한 우울증을 겪게 됩니다.

그가 한 번은 가명을 써서 정신과 의사를 찾았을 때 의사는 조셉 그리말디의 광대극을 보고 기분을 전환해 보라고 권했다고 합니다. 병원문을 빠져 나오며 그는 "그게 나인걸요"하고 독백을 했다고 합니다.

전도서 기자는 웃음과 희락의 무용론을 펼치는 것이 아니라, 하나님을 떠난 자연스럽지 못한 지극히 세속적인 억지 웃음과 억지 희락의 허무를 고발하는 것입니다. 그러나 성령에 취한 아름다운 웃음과 희락은 하늘의 선물입니다. 그래서 주의 백성들은 성령의 충만을 사모함으로 위로부터 내리시는 웃음과 희락으로 삶을 단장하셔야 합니다.

새로움의 무위성

● ● ●

내가 돌이켜 지혜와 망령됨과 어리석음을 보았나니
왕 뒤에 오는 자는 무슨 일을 행할까
이미 행한 지 오래 전의 일일 뿐이리라 (전 2:12)

인생들은 끊임없이 새로운 일들을 추구하고자 합니다. 새로운 지식, 새로운 발명, 새로운 탐험, 새로운 정복들이 그것들입니다. 이러한 시도들은 대부분 인간의 지혜나 망령됨, 혹은 인간의 어리석음을 증거해 왔습니다. 그러나 전도서의 기자는 이 모든 일들이 결코 새로운 일들이 아니라, 과거에 있었던 통치자들의 지배 아래 이미 행하여졌던 일들에 불과하다고 말합니다.

인간의 지혜는 결코 과소평가할 만한 것들은 아닙니다. 그 지혜의 원천은 궁극적으로 하나님이십니다. 지혜로우신 하나님을 닮은 인생은 그 지혜의 창조성으로 인류의 문화와 과학을 발전시켜 왔습니다. 그러나 그런 발전들은 모두 이전에 있었던 선조들의 지혜의 경험들을 활용해 온 결과였습니다. 해 아래 새 것은 없습니다. 모두가 과거를 조금씩 발전시켜 온 것들입니다.

그러나 소위 인류의 지혜는 과거에 자주 얼이 빠진 광기성을 노출하기도 했습니다. 그것은 지금까지의 인류의 발전을 무위로 돌리는 파괴적 결과를 초래하기도 했습니다.

그 대표적인 것들이 화학무기라던가 핵무기 같은 것들의 생산이라고 할 수 있을 것입니다. 그리고 이런 파괴성의 발전조차도 조금씩 과거 인류의 광기성을 발전시켜 온 망령된 결과였습니다.

그런가 하면 인류의 지혜는 종종 총명함이 아닌 어리석음을 노출해 오기도 했습니다. 어쩌면 이미 언급한 망령됨과 어리석음은 자주 인간 타락의 실존을 반영해 온 결과라고 할 수 있습니다. 이것은 인류가 보다 나은 미래보다 보다 파괴적인 미래로 후퇴해 온 인간 문명의 또 하나의 역설이라고 할 만합니다. 이것도 새로운 현상이 아닌 과거 역사의 장에서 반복해온 퇴행현상의 하나일 뿐입니다.

역사 발전의 주인 되신 주님, 우리로 역사의 파괴를 방관하지 않을 참 지혜로 인생을 살게 하옵소서. 아멘

하나님의 선물

인격적 관계의 하나의 시금석은 인격적 반응이라고 할 수 있습니다. 우리는 우리가 기뻐하는 자들에게 인격적 반응을 하며 살아갑니다. 성경의 하나님은 인격적 존재이십니다. 따라서 성경의 하나님도 그가 기뻐하는 자들에게 인격적 반응을 보이십니다. 그런 인격적 반응의 하나가 선물을 주신다는 것입니다. 마치 부모가 그들이 사랑하는 자녀들을 위해 선물을 준비하시는 것처럼 말입니다.

오늘 말씀에 보면 하나님은 우선 그가 기뻐하시는 자들에게 지혜와 지식의 선물을 예비하십니다. 지혜와 지식은 유사한 공통성을 지니지만 차별성도 있습니다. 지식이 정보의 차원이라면 지혜는 판단력입니다. 인생을 풍요하게 살려면 지식과 지혜가 함께 필요합니다. 그런데 성경은 하나님이 자신이 기뻐하는 자들에게 이런 지혜와 지식을 선물로 함께 주신다고 말씀하십니다.

그뿐 아니라 하나님은 자신이 기뻐하는 자들에게 또한 희락을 선물로 예비하십니다.

희락에도 거짓되고 무의미한 희락도 있지만 성경은 또한 참되고 유의미한 희락이 있다고 가르칩니다. 그런 희락 곧 기쁨은 삶의 에너지입니다. 바울은 하나님 나라의 한 특성이 희락이라고 가르쳤고 성령의 열매를 말하며 사랑 다음으로 희락을 가르쳤습니다.

그러나 하나님이 기뻐하실 수 없는 죄인들에게도 하나님은 선물을 준비하십니다. 그것이 바로 노고입니다. 그 노고는 피와 땀을 흘려 재산을 모았다가 누리지 못하고 결국 타인에게 주게 하는 헛된 수고입니다. 그러므로 궁극적인 행복의 척도는 재산의 축적도 명예의 획득도 아닌 하나님이 기뻐하시는 사람됨에 있는 것입니다. 그리고 죄인이 아닌 의인의 길을 걷는 것입니다.

인생의 주인 되신 하나님, 우리로 그 무엇보다 하나님이 기뻐하는 인생을 살게 하사 우리의 삶의 수고가 헛되지 않게 하소서. 아멘

인생의 때

범사에 기한이 있고 천하 만사가 다 때가 있나니
날 때가 있고 죽을 때가 있으며
심을 때가 있고 심은 것을 뽑을 때가 있으며 (전 3:1-2)

오늘의 본문 전도서 3장에는 '때'라는 단어가 모두 28번 언급되고 있습니다. 그리고 이런 28번의 때는 다 짝을 갖고 있습니다. 사실상 14개의 짝이 등장하는데 14개는 긍정적이지만 14개는 부정적입니다. 이런 관점에서 보자면 인생은 낙관할 것도 비관할 것도 아닙니다. 긍정적인 것도 부정적인 것도 아닙니다. 그런 의미에서 우리는 모두 긍정과 부정, 낙관과 비관을 반복하며 사는 것입니다.

그러나 본문을 더 주의 깊게 살펴보면 결국 인생은 죽음으로 끝나고 우리가 성취한 것을 상실함으로 결론 내는 것이 삶의 냉정한 진실입니다. 그래서 성경은 "모든 육체는 풀과 같고 그 모든 영광은 풀의 꽃과 같으니 풀은 마르고 꽃은 떨어지되"(벧전 1:24)라고 증언합니다. 기독교 철학자 키엘케골은 인생을 "죽음에 이르는 병"을 앓는 존재라고 말합니다.

그럼에도 불구하고 성경은 때의 허무보다 때의 목적성을 더 크게 강조합니다.

천하만사에 때가 있다는 것을 KJV는 하늘 아래 모든 일에 '목적' (purpose)이 있다고 번역하고 있습니다. 우리의 출생에 하늘의 섭리가 있었다면 우리의 죽음도 역시 섭리적 목적이 있다는 것입니다. 마찬가지로 우리가 무엇인가를 시도하고 심을 때에도 목적이 있었다면 그것을 결산하고 뽑을 때에도 목적에 따른 것이어야 합니다.

시간과 역사는 그냥 흘러가는 것으로 보이지만 거기에는 분명한 목적이 개입되어 있다는 것이 기독교의 섭리적 시간관 혹은 역사관이라고 할 수 있습니다. 그것을 고백하는 그리스도인이라면 우리는 인생을 무의미하게 흘려보낼 것이 아니라 지금 이 순간 여기에 서 있게 된 이유와 목적을 묻고 살아야 합니다. 그때 비로소 인생의 모든 때는 의미를 지니게 됩니다.

시간과 역사의 주인 되신 하나님. 우리에게 주어진 인생의 모든 때의 의미를 깨닫는 진지한 삶을 살게 하옵소서. 아멘

영원을 사모하는 마음

하나님이 모든 것을 지으시되 때를 따라 아름답게 하셨고
또 사람들에게는 영원을 사모하는 마음을 주셨느니라 그러나 하나님이
하시는 일의 시종을 사람으로 측량할 수 없게 하셨도다 (전 3:11)

우리가 인생을 살면서 경험하는 모든 때에는 나름대로의 아름다움이 있습니다. 마치 일년 사계절이 각각의 고유한 아름다움을 갖고 있음과 같습니다. 새싹을 틔우는 봄의 아름다움, 푸르른 신록으로 만물을 물들이는 여름의 아름다움, 낙엽이 떨어져 거리에 쌓이는 가을의 아름다움, 그리고 온 천하의 대지를 순백의 눈발로 덮는 겨울의 아름다움을 관조해 보십시오.

인생의 유년기가 꿈으로 가득 찬 동화 속의 왕자와 공주의 계절 곧 봄의 계절이라면, 사춘기와 청년기는 열정과 갈등을 함께 겪는 치열한 여름의 계절이라 할만 하고, 무르익어 가는 삶의 꿈과 좌절을 함께 수확하는 중년기와 장년기는 가을의 계절이고, 인생의 노년기는 안식의 겨울잠을 준비하는 준비 여하에 따라 한없이 포근할 수도 한없이 외로울 수도 있는 겨울의 체험인 것입니다.

이 모든 인생의 계절들은 나름대로의 아름다운 매력들을 소유하지만 결국 세월이 흘러가며 우리는 과거에 우리가 자랑스러워하던 것을 하나씩 상실해

가야 하는데 삶의 딜레마가 있습니다. 그리고 이런 상실이 인생의 결론이라
면 인생은 불공평하고 허무한 것일 수밖에 없습니다. 이런 상실의 회복을 위
해서 반드시 있어야 할 것, 그것이 바로 내세요 영원한 세상입니다.

시간을 넘어 존재하는 영원한 천국으로 말미암아 이 세상의 모든 불공평
함과 불의함은 보상되고 치유되고 회복될 수 있습니다. 그래서 우리는 이 땅
의 슬픔을 변하여 춤이 되게 할 세상, 이 땅의 질병을 변하여 강건함이 되게
할 세상, 이 땅의 미움을 변하여 사랑이 되게 할 세상, 이 땅의 전쟁을 변하
여 평화가 되게 할 그 영원한 세상을 사모하며 이 땅의 변혁을 위해 헌신하며
살아갈 수 있습니다.

공평하신 하나님, 세상이 불의하고 불공평해도 영원을 사모하는 마음으로 세상을 이기며 살게 하옵
소서. 아멘

귀향

• • •

> 다 흙으로 말미암았으므로 다 흙으로 돌아가나니 다 한 곳으로 가거니와
> 인생들의 혼은 위로 올라가고 짐승의 혼은 아래
> 곧 땅으로 내려가는 줄을 누가 알랴 (전 3:20-21)

　신학의 인간론에서는 끊임없이 인간의 존재적 구성요소를 둘러싸고 일분설, 이분설, 삼분설 등으로 논쟁을 계속해 왔습니다. 영혼과 육체의 이분설인가 아님 영, 혼, 육의 삼분설 그것도 아니면 나눌 수 없는 전인론인가 등의 논지입니다. 각각의 이론은 성경적 근거를 주장하며 논지의 타당성을 설득해 왔습니다. 저는 개인적으로 이분설과 전인론이 더 성경적이란 견해를 갖고 있습니다.

　창세기에 보면 하나님은 흙이라는 물질을 가지고 인간을 빚어 만드십니다. 그 후 비물질인 당신의 생기를 불어 넣으심으로 인간을 '살아있는 존재'(living being) 곧 생령이 되게 하셨다고 기록됩니다. 그렇게 보자면 이분설이 맞아 보이지만 문제는 살아있는 동안 영과 육은 나눌 수 없는 하나로 서로에게 영향을 끼치며 유기체적 상호 작용을 하고 있다는 것입니다. 그런 의미에서 인간은 전인적 존재입니다.

　삶이 다하는 날, 인간의 육체는 흙으로 지음을 받았기에 흙으로 돌아갑니다.

　모든 동물 곧 짐승도 흙으로 지음 받았기에 흙으로 돌아갑니다. 그런 의미에서 사람들이 땅을 '어머니 대지'(Mother Earth)라고 일컫는 것은 일리가 있습니다. 죽음은 땅으로의 귀향입니다. 우리는 땅을 디디고 살다가 땅과 연합하여 하나가 됩니다. 땅은 우리의 육체의 본향입니다.

　그러나 우리의 영혼은 다른 본향을 갖고 있습니다. 그것은 위에 계신 하나님이십니다. 그 하나님의 생기로 지음 받은 우리의 영혼은 육체를 떠나는 날, 그 하나님의 품으로 돌아갑니다. 그 하나님의 품이 바로 우리의 영혼의 본향인 것입니다. 그래서 오늘 전도서의 기자는 인생들의 혼(영혼)은 위로 올라간다고 증언합니다. 그 귀향의 때를 바라보며 우리는 위를 바라보고 살아야 합니다.

우리의 본향 되신 주님, 우리로 땅에 살아도 위에 있는 하늘 본향을 잊지 않고 사는 자가 되게 하옵소서. 아멘

학대 받는 자들의 눈물

● ● ●

내가 다시 해 아래에서 행하는 모든 학대를 살펴 보았도다 보라 학대 받는
자들의 눈물이로다 그들에게 위로자가 없도다 그들을 학대하는
자들의 손에는 권세가 있으나 그들에게는 위로자가 없도다 (전 4:1)

인생의 마당에서 가장 못 볼 것이 있다면 학대의 현장입니다. 학대는 흔히 학대하는 자들에 의해 저질러지는 폭력입니다. 그것은 학대하는 자들의 손에 있는 권세를 통해 이루어지는 범죄입니다. 그 권세는 본래 연약한 이웃들을 보호하고 섬기도록 주어진 선물이지만 지금 그 권세는 오히려 그런 연약한 이웃들을 눈물 흘리도록 남용되고 악용되고 있는 것입니다.

전도서의 기자는 이 땅에서 자행되는 모든 학대를 살펴 보았다고 증언합니다. 물리적인 힘에 의한 신체적 학대뿐 아니라, 정서적이고 정신적인 학대, 언어 학대, 성적 학대 등으로 지금도 수많은 사람들이 눈물을 흘리고 있습니다. 가장 교묘한 학대가 있다면 사회 구조에 의한 힘없는 사람들이 받는 학대입니다. 그들에게는 위로자가 없다고 말합니다.

학대의 기본적인 정의는 힘을 가진 권세자들에 의해 억압당한 상처를 의미합니다. 따라서 학대를 경계하려면 힘을 바르게 사용하는 자제력을 훈련해야 합니다.

절대 권력은 절대적으로 부패합니다. 따라서 더 많은 힘이 우리에게 주어질수록 힘의 근원은 하나님이신 것을 잊지 말고 그분을 두려워하며 그분 앞에 힘을 사용하는 지혜를 구해야 합니다.

전도서의 말씀은 마지막 장까지 결론을 유보한 삶의 역설을 들려주고 있습니다. 전도자는 하나님 경외야말로 모든 인생의 질문에 대한 해답이라고 말합니다. 그렇다면 학대의 문제도 인생을 하나님 형상 따라 지으신 하나님의 마음으로 사람을 품는 데서 해결을 구해야 합니다. 긍휼에 풍성하신 하나님의 마음으로 우리의 삶의 마당에서 학대 받는 이웃들은 없는지를 돌아 볼 시간입니다.

인생의 자애로운 아버지 되신 하나님, 당신의 마음과 눈으로 학대 받는 이웃들을 돌아보게 하소서. 아멘

듀엣의 힘

우리 시대의 한 별명은 '미 제너레이션'(me generation)입니다. 오직 자기 밖에 모르는 세대라는 말일 것입니다. 그 분명한 원인은 우리 시대에 더 풍미하게 된 개인주의의 영향이 아닐까 합니다. 그래서 솔로의 영웅들이 활개치지만 세상은 더 삭막하고 더 황량하게 되었습니다. 그리고 사람들은 홀로 외롭고 고독한 노래를 각자 광야의 허공에 뿌리고 있습니다.

우리 시대에 회복되어야 할 노래는 듀엣입니다. 이중창은 서로 목소리를 맞추어야 할 시간과 노력을 필요로 합니다. 그러나 그 보상은 값진 것입니다. 두 사람이 빚어내는 시너지 효과는 더 나은 수고와 더 나은 결과를 보장하기 때문입니다. 옛 기독교 결혼식 예문에는 "둘이 함께함으로 슬픔은 반감되고 기쁨은 갑절로 배가합니다"고 기록되어 있습니다.

무엇보다 듀엣의 미학은 한 사람이 넘어질 때 그 곁을 지키는 자가 붙들어 일으킬 수 있다는 것입니다. 인생의 진실은 누구도 넘어짐의 가능성에서 예외일 수 없다는 것입니다.

　우리는 결코 신이 아니고 타락의 결과에서 자유롭지 못한 연약함을 공유하기 때문입니다. 그러나 이런 연약함을 보완할 친구의 존재는 타락을 허용하신 신의 처방이었습니다.

　그래서 전도서의 기자는 이런 동무 곧 친구가 없는 자에게 화가 있으리라고 말합니다. 진정한 우정의 힘은 위기 속에서 빛을 발합니다. 넘어진 나를 일으키는 친구의 손의 따뜻함은 생의 절대 긍정의 근거가 됩니다. 그는 지금까지 한 번도 사용하지 않았던 목소리로 삶을 노래하기 시작합니다. 이런 듀엣의 노래가 들리기 시작하면 인생은 축배의 노래가 될 수 있습니다.

삶의 주인 되신 하나님, 우리로 삶의 찬가를 홀로 부르는 자가 아닌 함께 노래하는 자가 되게 하소서. 아멘

세 겹 줄의 축복

• • •

또 두 사람이 함께 누우면 따뜻하거니와 한 사람이면 어찌 따뜻하랴
한 사람이면 패하겠거니와 두 사람이면 맞설 수 있나니
세 겹 줄은 쉽게 끊어지지 아니하느니라 (전 4:11-12)

우리는 이미 한 사람보다 두 사람이 함께함이 얼마나 더 유익한가를 살펴보았습니다. 전도서의 기자 코헬렛은 한 사람을 넘어선 두 사람 이상의 공동체의 축복을 좀 더 설파하고 있습니다. 개인주의가 팽배한 오늘의 세상은 이 메시지를 다시 들어야 합니다. 개인주의의 폐해를 극복하는 유일한 처방이 바로 공동체이기 때문입니다. 세 가지의 비유를 들어 말하고 있습니다.

그 첫째는 따뜻함입니다. 날로 더 차가워지는 세상에서 우리 시대의 사람들은 따뜻한 체온을 그리워하고 있습니다. 그러나 이런 따뜻함은 홀로 경험되지 않습니다. 그 누군가와의 스킨십으로만 가능한 일입니다. 우리는 이런 스킨십을 찾아 방황할 필요가 없습니다. 이미 내게 주어진 이웃들, 우리 가정의 식구들, 그리고 우리 교회의 성도들과의 교제를 심화시키는 것으로 충분합니다.

둘째는 전장에서의 담대함입니다. 우리의 삶의 마당은 더욱 더 치열한 전장으로 변모하고 있습니다.

전도자는 홀로 싸우면 패하지만 두 사람이면 적과 담대히 맞설 수가 있다고 가르칩니다. 오늘 많은 사람들은 싸우지도 않고 전의를 상실한 채 포기하고 있습니다. 그때 누군가가 우리 곁에 있어 나가서 맞서자고 말할 수 있는 친구를 가진 자는 행복한 사람입니다.

셋째는 견고한 버팀입니다. 전도자는 세 겹 줄은 쉽게 끊어지지 않는다고 말합니다. 옛 설교가들은 이 세 겹 줄을 믿음, 소망, 사랑이라고 말합니다. 또 어떤 이들은 너와 나, 그리고 거기에 함께 하시는 하나님이 세 겹 줄이라고 말하기도 했습니다. 정말이지 전능하시고 전지하시며 사랑이신 그 하나님이 함께 하시면 우리가 버티지 못할 상황은 없습니다.

우리와 함께하심을 언약하신 하나님, 우리로 평생에 공동체의 축복을 놓치지 않는 누림을 허락하옵소서. 아멘

지혜자가 드릴 제물

• • •

너는 하나님의 집에 들어갈 때에 네 발을 삼갈지어다
가까이 하여 말씀을 듣는 것이 우매한 자들이 제물 드리는 것보다 나으니
그들은 악을 행하면서도 깨닫지 못함이니라 (전 5:1)

의식종교에서 제물은 가장 중요한 위치를 갖습니다. 기독교 역사에서도 의식은 일정한 의미를 갖는 것으로 성경에 계시되어 있습니다. 그러나 성경은 창세기에서부터 말씀이 언제나 의식을 초월하고 있음을 보여줍니다. 태초에 하나님은 말씀으로 만물을 창조하셨습니다. 그런 의미에서 하나님의 백성들에게 하나님의 말씀을 듣는 것보다 더 중요한 것은 없습니다.

우매자와 지혜자의 차이는 무엇이 더 중요한 것인가를 아는 것입니다. 삶의 가장 큰 지혜는 우선순위를 따라 인생을 사는 것입니다. 우매자는 하나님의 뜻을 헤아려 알기보다 제물을 드려 하나님의 마음을 살 수 있다고 착각한 것입니다. 반대로 지혜로운 하나님의 백성은 하나님의 말씀을 듣고 그 말씀을 따라 사는 것을 최선의 삶으로 이해하고 있었습니다.

하나님이 가장 미워하시는 예배자는 악을 행하면서도 자기합리화의 방편으로 그럴듯한 제물 드리기에만 급급한 사람들이었습니다. 그래서 전도서의 기자는 악을 씻지 못한 발로 하나님 앞에 나아오는 것을 악하다고 선언하십

니다. 반면에 진실한 예배자는 악행을 버리고 선행의 예물을 드리는 자, 구별된 삶을 제물로 드리는 사람들이었습니다.

종교개혁은 이런 성경적 전통을 회복하는 사건이었습니다. 의식이 아닌 말씀을 예배의 중심으로 회복한 것이었습니다. 의식이 말씀의 종이어야 하지 주인이 될 수 없다는 데서 제물을 드리는 제단에서 말씀의 강단으로 우선순위를 바꾼 것입니다. 지혜자가 드릴 진정한 제물은 하나님의 말씀에 합당한 변화된 성도들의 삶이어야 하는 것입니다.

거룩하신 주님, 주인 되신 하나님의 말씀에 합당한 삶의 제물을 들고 주께 나아오는 자들이 되게 하소서. 아멘

거룩한 침묵

• • •

너는 하나님 앞에서 함부로 입을 열지 말며 급한 마음으로
말을 내지 말라 하나님은 하늘에 계시고 너는 땅에 있음이니라
그런즉 마땅히 말을 적게 할 것이라 (전 5:2)

세상에서 가장 신성한 순간이 있을 수 있다면 하나님 앞에 서는 순간일 것입니다. 하나님이 누구이십니까? 그는 전지전능하시고 무소부재하시며 영원하신 절대자이십니다. 그 앞에는 아무것도 숨길 수가 없는 내 모든 것을 아시는 분이십니다. 그분 앞에 벌거벗은 채로 선다는 것은 과연 어떤 경험일까요? 그것은 아마도 신학자 루돌프 오토가 말한 두렵고 떨리는 누미노제 (numinous)의 체험이었을 것입니다.

이것은 마치 모세가 하나님 앞에 서는 경험이었을 것입니다. 시내산 가시떨기 불꽃 가운데서 그는 살아계신 하나님의 음성을 듣습니다. "네가 선 곳은 거룩한 땅이니 네 발에서 신을 벗으라." 하나님을 만나는 땅은 언제나 거룩한 땅입니다. 그러므로 하나님의 임재안에 들어가는 자마다 거룩한 준비가 필요합니다. 그런 준비의 하나가 침묵의 단장입니다.

침묵한다는 것은 언어의 교감이 아닌 영과 영의 조우를 준비함인 것입니다. 하나님의 성소는 침묵입니다.

그는 침묵 안에 거하시며 따라서 침묵하는 영혼만이 그의 임재를 체험할 수 있습니다. 하나님과 사람 사이에는 만날 수 없는 질적인 심연이 있습니다. 그 심연은 오직 침묵의 호흡으로만 교량을 만들 수 있습니다. 침묵의 응시 안에서 하나님과 우리는 거룩한 연합을 이루게 됩니다.

침묵은 언어를 치유하고 성화시키는 순간입니다. 급하고 많은 말은 인간의 영혼을 시끄럽게 합니다. 그러므로 침묵하는 시간은 영혼을 단장하는 거룩한 시간입니다. 영성 훈련의 기본적 마당이 바로 침묵의 마당입니다. 침묵함으로 우리는 언어의 쓰레기를 버리고 하늘의 이슬로 영혼을 단장합니다. 그리고 우리는 침묵의 마당에 비둘기처럼 임재하는 거룩하신 분을 떨림으로 만나게 됩니다.

거룩하신 주님, 우리로 침묵의 응시로 당신을 만나는 거룩한 은혜를 허락하소서. 아멘

서원

● ● ●

네가 하나님께 서원하였거든 갚기를 더디게 하지 말라 하나님은
우매한 자들을 기뻐하지 아니하시나니 서원한 것을 갚으라 서원하고 갚지
아니하는 것보다 서원하지 아니하는 것이 더 나으니 (전 5:4-5)

우리가 인생을 살다 보면 위기를 겪게 되고 그런 때에 어떤 서원을 하게 됩니다. 서원은 그런 의미에서 우리의 절실한 기도요 결심이요 위기 탈출의 흥정이라고도 할 만합니다. 그러나 성경에서의 서원은 언제나 절대자이시고 전능자이신 하나님 앞에서의 약속이라는 점을 간과해선 안 됩니다. 그래서 오늘 말씀에서 성경은 네가 하나님께 서원하였거든 갚으라고 권면하는 것입니다.

성경에 보면 사사 입다는 무모한 서원으로 자신의 무남독녀를 제물로 바쳐야 하는 딜레마를 경험하게 됩니다. 그러나 야곱은 서원기도로 인생에 중요한 돌파구를 마련하기도 하고 한나는 서원기도로 사무엘을 아들로 얻어 이스라엘의 새 역사 창조에 기여하기도 합니다. 서원은 신중을 기할 필요가 있는 약속이지만 그러나 서원도 못하는 인생은 오히려 무미건조한 삶으로 보입니다.

오늘의 본문은 물론 서원은 반드시 이행되어야 한다는 데 초점이 있지만 당시에는 오히려 서원이 너무 남용되고 있었던 배경을 생각하면 지금 이 시대

는 오히려 진지한 서원의 실종이 더 문제가 되는 것 같습니다. 살아계신 하나님의 존재를 신뢰한다면 오히려 거룩한 베팅을 하는 사람들이 더 보고 싶어지는 때입니다. 기독교 철학자 파스칼도 신앙을 거룩한 도박이라고 말했습니다.

그러나 서원을 필요로 하는 절실한 상황에서 우리의 서원은 실천 가능한 약속으로 주께 드려져야 합니다. 그럴 때 우리의 서원은 구체적인 신앙적 결단일 수 있고 하나님을 향한 헌신일 수 있습니다. 그렇지 못하다면 그것은 오늘 본문의 고발처럼 우매자의 우매한 약속일 따름입니다. 지금은 참으로 지혜로운 사람들의 지혜로운 서원이 필요한 때입니다.

약속에 신실하신 하나님, 주의 자녀로서 우리로 주를 닮아 약속에 성실한 일생을 살게 하옵소서. 아멘

재물과 부요

은을 사랑하는 자는 은으로 만족하지 못하고 풍요를 사랑하는 자는
소득으로 만족하지 아니하나니 이것도 헛되도다.
또한 어떤 사람에게든지 하나님이 재물과 부요를 그에게 주사
능히 누리게 하시며 제 몫을 받아 수고함으로 즐거워하게 하신 것은
하나님의 선물이라 (전 5:10,19)

재물과 부요는 하나님의 선물입니다. 그것이 자기의 정당한 수고의 몫으로 주어질 때 그렇다는 말입니다. 이런 수고를 드린 모든 이들은 이제 그들의 수고의 몫으로 주어진 재물과 부요를 즐길 수 있고 누릴 수 있고 감사할 수 있어야 합니다. 하나님은 우리 모두가 자신의 노동을 통해 세상을 살아가는 동안에 재물과 부요를 획득할 능력을 주셨기 때문입니다.

그러나 재물과 부요는 사랑할 것은 못 됩니다. 우리는 그것들을 정당하게 즐길 수도 있고 정당하게 누릴 수도 있습니다. 즐김과 누림은 아직도 정당한 사용의 범주에 속합니다. 그러나 사랑은 다른 영역에 속합니다. 사랑은 사랑하는 대상을 위해 모든 것을 드리게 하고 종속하게 합니다. 재물을 사랑하는 순간부터 재물이 인생의 목적이 되는 것입니다.

재물을 사용하는 모든 사람들이 알아야 할 재물의 한계는 재물로 우리는 만족할 수 없다는 사실입니다. 만족하지 못하면 행복하지도 못합니다.

그래서 성경은 자족의 중요성을 가르칩니다. 바울은 스스로 어떤 형편에 서든지 자족하기를 배웠다고 말합니다. 그러나 재물을 사랑하기 시작하면 자족의 덕을 상실합니다. 그래서 바울은 돈을 사랑함이 일만 악의 근원이라고 한 것입니다.

그러나 정당한 수고의 몫으로 얻은 재물이 하나님의 선물임을 알고 감사할 줄 아는 사람은 재물을 즐길 자격이 있습니다. 그러나 즐길 때에라도 하나님의 뜻 안에서 그렇게 해야 합니다. 즐김에도 경계선이 필요한 것입니다. 즐김이 은혜에 응답하는 자족의 표현이어야 하지 방탕의 표현이어서는 안 되기 때문입니다. 물질에 대한 건강한 즐김은 건강한 소비와 건강한 나눔의 선순환을 가져올 수 있어야 합니다.

물질의 주인 되신 하나님, 선물로 허락된 재물을 즐거워하며 감사함으로 사용하게 하시되 사랑하지 않는 성도가 되게 하소서. 아멘

장수와 행복

• • •

그가 비록 천 년의 갑절을 산다 할지라도
행복을 보지 못하면 마침내 다 한 곳으로 돌아가는
것뿐이 아니냐 (전 6:6)

누구나 인생의 기회는 단 한 번뿐입니다. 그런 의미에서 우리는 모두 종말론적 인생을 살고 있습니다. 시작과 끝, 처음과 마지막이 분명한 인생입니다. 성경이 보여주는 인생관은 종말론적 시간관 위에 기초하고 있습니다. 그것은 불교나 인도교가 대표하는 윤회론적 시간과 상반되는 것입니다. 윤회론적 시간관에서는 삶의 긴장을 상실합니다. 언제나 다시 시도할 수 있는 반복이 가능하기 때문입니다.

윤회론적 시간관의 상징이 원(O)이라면 종말론적 시간관의 상징은 선(−)입니다. 선(line)은 짧아도 길어도 시작과 끝이 분명합니다. 그래서 선의 의미는 길이가 아닌 의미입니다. 오래 산다고 행복한 것이 아니라 의미 있게 사는 것이 행복을 결정합니다. 그리고 그런 행복의 궁극성은 시간의 주인 된 하나님과의 관계가 중요합니다. 하나님은 시간의 알파와 오메가, 처음과 마지막이십니다.

우리는 흘러가는 시간을 크로노스라고 부름에 반하여 의미 있는 시간의 탄생을 카이로스라고 부릅니다. 하나님은 역사가 의미를 갖도록 역사에 간섭하십니다. 이런 때가 찬 시각을 우리는 카이로스라고 칭합니다. 이런 하나님의 간섭하심에 우리가 믿음으로 응답하고 하나님의 계획을 수용하면 우리는 삶의 의미를 누리게 되고 그때 우리는 진정한 행복을 느낍니다.

　그러므로 오래 사는 것에만 삶의 의미를 두는 것은 어리석은 일입니다. 전도자의 고백처럼 천 년의 갑절을 살아도 행복하지 못하면 우리는 마지막 순간에 허무를 결산할 따름입니다. 매 순간순간 시간의 주인과 소통하며 우리로 이 곳에 있게 하신 하나님의 뜻을 묻는 인생, 그리고 그 뜻을 실현함이 바로 행복임을 알아차리는 지혜를 주께 구할 때입니다.

삶의 주인 되신 하나님! 단순히 오래 살기만을 구할 것이 아니라, 삶의 의미를 찾아 행복을 거두는 인생을 살게 하옵소서. 아멘

식욕의 함정

한동안 우리는 생존의 기본조건을 묘사할 때 '의식주'라는 표현을 사용해 왔지만 더 정확한 표현은 '식의주'라는 표현입니다. 먹는 것은 입는 것보다 더 근본적인 것입니다. 입지 않아도 살 수 있지만 먹지 않고 살 수는 없습니다. 우리의 수고의 일차적 이유가 입을 위한 것이란 전도자의 증언은 지나치지 않습니다. 우리는 먹기 위하여 일하는 존재입니다.

식욕은 생존의 근본 욕구입니다. 그러나 식욕을 사치 욕구가 되게 해서는 안 됩니다. 더 좋은 것, 더 맛있는 것, 더 고급한 것을 먹기 위해 삶의 모든 에너지를 투자하는 것은 바람직한 일은 아닙니다. 잘 먹기 위한 식도락 여행, 식사 문화의 질을 높이기 위한 먹거리 축제 등에 날을 세우는 것이 과연 기독교적 가치관에 부합한 것인지를 물어야 합니다.

차라리 세계적인 기아 문제를 해결하기 위한 컨퍼런스에 참여하고 기아자들의 고통을 이해하기 위한 캠페인에 동참하는 것이 하나님의 마음에 가까운 것이 아니겠습니까.

주께서는 우리로 일용할 양식을 위해 기도하게 하셨고 때로 하나님의 뜻을 분별하고 실현하기 위해 금식을 가르쳐 주셨습니다. 음식을 즐기는 것이 죄는 아니지만 식탐은 분명한 죄입니다.

그러므로 전도서의 기자는 우리의 식욕은 차지 않는다고 식욕의 함정을 경계하고 있습니다. 사람의 수고가 식량문제를 해결하기 위한 것은 사실이지만 그것은 수고의 유일한 목적이 아닙니다. 수고가 가져온 자본으로 우리는 먹는 것 외에 여러 가지 의미 있는 소비를 할 수 있습니다. 그래서 우리 주님은 "사람이 떡(빵)으로만 살 것이 아니요 하나님의 입으로 나오는 말씀으로 살 것이라"고 했습니다.

우리에게 식욕을 허락하신 주님, 먹음의 즐거움을 알게 하시되 먹음이 삶의 이유나 목적이 되지 않게 하소서. 아멘

초상집과 잔칫집

• • •

좋은 이름이 좋은 기름보다 낫고 죽는 날이 출생하는 날보다 나으며
초상집에 가는 것이 잔칫집에 가는 것보다 나으니 모든 사람의 끝이 이와 같이
됨이라 산 자는 이것을 그의 마음에 둘지어다 (전 7:1-2)

인생의 희비를 극명하게 보여주는 것이 잔칫집과 초상집일 것입니다. 잔 칫집이 인생의 기쁨을 대표한다면 초상집은 인생의 슬픔을 대표합니다. 우리 가 심정적으로 참여가 편하고 좋은 것은 물론 잔칫집입니다. 그런데 전도자 는 초상집에 가는 것이 잔칫집에 가는 것보다 낫다고 말합니다. 초상집은 삶 의 결산의 현장이어서 우리에게 많은 교훈을 주기 때문입니다.

인생에서 기억할 만한 대표적인 두 날이 있다면 출생하는 날과 죽는 날입 니다. 한 생명이 출생하면 우리는 축하를 하고 축복을 전합니다. 그리고 일 년이 지나면 돌잔치를 합니다. 그런데 성경은 죽는 날이 출생하는 날보다 낫 다고 말합니다. 그러나 우리는 누군가의 죽음을 슬퍼할 뿐 축하하지는 못합 니다. 죽음이 완주의 순간이라면 당연히 축하를 받아 마땅하지 않겠습니까.

돌잔치에는 가벼운 기쁨의 교환은 있지만 진지한 삶의 성찰은 찾기 어렵 습니다. 그러나 초상집에는 그것이 누구의 죽음이던 거기에는 한 생을 살아 온 고인의 삶의 필름들이 문상객들의 뇌리에서 돌아가고 있습니다.

그래서 누군가의 죽음은 그 죽음을 대면하는 모든 사람들에게 삶의 반성과 회한을 자극합니다. 그래서 전도자는 죽는 날이 출생하는 날보다 낫다고 한 것입니다.

죽음의 마당, 그 결산의 순간에 전혀 중요하지 않은 것은 그가 모은 재산의 축적입니다. 오히려 그가 모은 재산을 무엇을 위해 어떻게 사용했는가와 그 결과 그의 이름이 남은 자들에게 어떻게 기억되느냐가 중요할 뿐입니다. 그것이 좋은 이름이 좋은 기름보다 낫다고 말씀한 이유입니다. 좋은 기름 곧 재산은 자손들의 짐이지만 좋은 이름 곧 명예는 자손들의 날개입니다.

생사화복의 주인 되신 하나님, 우리로 좋은 기름보다 좋은 이름을 남기는 일생을 살게 하소서. 아멘

아름다운 결론

• • •

일의 끝이 시작보다 낫고 참는 마음이 교만한 마음보다 나으니
급한 마음으로 노를 발하지 말라
노는 우매한 자들의 품에 머무름이니라 (전 7:8-9)

서론이 결코 안 중요한 것은 아니지만 결국은 결론이 가장 중요한 것입니다. 왜냐하면 서론은 처음부터 결론지향적이기 때문입니다. 결론을 위한 서론이요 결론을 위한 본론이기 때문입니다. 그래서 전도자는 일의 끝이 시작보다 낫다고 말합니다. 그러므로 우리는 서론 단계의 미성숙함이나 실패를 두려워할 필요가 없습니다. 아직은 시작 단계의 오류를 만회할 여유가 있기 때문입니다.

일의 성사를 위해서는 무엇보다 오랜 인내 곧 참는 마음이 필요합니다. 오늘 전도자는 참는 마음의 반대가 교만한 마음이라고 말합니다. 교만한 마음은 이기심의 지배를 받습니다. 그는 이기적인 욕망의 성취를 위해 조급해지고 일이 자기 뜻대로 안 된다고 느끼면 쉽게 분노합니다. 그래서 그는 결과적으로 일을 그르치고 맙니다. 얼마나 어리석은 사람인지요.

오늘의 본문은 노는 우매자의 품에 머문다고 말합니다. 분노를 처리할 줄 아는 사람이 바로 지혜자입니다. 삶의 여정에서 분노는 일상적인 것입니다.

그래서 바울 사도는 해질 때까지 분을 품지 말라고 말합니다. 어떤 분노는 하나님과의 독대를 통해서 기도만으로도 해결할 수 있습니다. 어떤 분노는 자신의 마음 다스리기로 해결할 수 있습니다.

그러나 어떤 분노는 분노의 대상이었던 사람과의 대화를 통해 혹은 용서를 통해 해결되어야 합니다. 그래서 주님도 기도를 가르치시며 우리가 우리에게 죄지은 자를 사하여 준 것같이 우리 죄를 사하여 주시도록 기도하라고 하셨습니다. 일용할 양식처럼 일용할 용서는 일상적인 것입니다. 용서로 일상을 살면 우리는 온유한 마음으로 유쾌한 결론을 향해 나아갈 수 있습니다.

지혜의 근원되신 주님, 겸손과 인내로 아름다운 일처리를 할 줄 아는 인생이 되게 하소서. 아멘

오늘을 살기

• • •

옛날이 오늘보다 나은 것이
어찜이냐 하지 말라 이렇게 묻는 것은
지혜가 아니니라 (전 7:10)

인간의 삶은 과거에서 현재로 현재에서 미래로 이어집니다. 과거는 현재 곧 오늘을 만든 소중한 시간입니다. 그러나 과거는 이미 지나간 시간입니다. 과거를 돌아보고 교훈을 배우는 것은 지혜로운 일입니다. 그리고 과거에 대한 추억을 아름답게 간직하는 것도 좋은 일입니다. 그러나 과거를 지나치게 미화하는 것을 경계해야 합니다. 그때부터 우리는 과거에 붙들리기 때문입니다.

철학자들은 인간의 실존을 현존 곧 dasein이란 단어로 표현했습니다. 우리는 항상 거기에(da) 존재(sein)하고 있습니다. 어쩌면 인간의 실존은 열린 창문과 같은 것입니다. 창문은 여기와 저기를 연결하는 접촉점입니다. 창문은 우리가 여기에서 저기를 볼 수 있는 열린 지점입니다. 그런 열린 시각 때문에 우리는 미래를 향해 나아갈 수 있습니다.

그런데 우리 중에 어떤 사람들은 창문을 닫고 과거의 회상에만 머물러 삽니다. 그들은 미래라는 위대한 시간이 보이지 않습니다.

그때부터 그들의 실존은 과거 지향적이 됩니다. 그들은 오늘을 살지 못하고 어제를 살아갑니다. 영어로 present라는 단어는 현재를 의미하면서 동시에 선물을 의미하기도 합니다. 현재는 가장 소중한 선물입니다. 우리는 현재를 살아가는 현존재가 되어야 합니다.

오늘이란 현존에 감사하며 최선을 다하여 오늘을 살아가기 위해 우리는 옛날보다 내일을 향한 창을 항상 열어 두어야 합니다. 오늘은 바로 내일을 만드는 날이기 때문입니다. 믿음은 바라는 것들의 실상이요 보지 못하는 것들의 증거입니다. 오늘을 사는 최선의 방식이 바로 믿음으로 사는 것입니다. 믿음으로 내일을 바라보고 오늘을 사십시오. 그것이 바로 지혜자의 삶입니다. 📖

시간의 주인 되신 하나님, 우리로 과거에 감사하게 하시되 준비하신 내일을 위해 오늘을 사는 자가 되게 하옵소서. 아멘

얼굴 관리

● ● ●

누가 지혜자와 같으며 누가 사물의 이치를 아는 자이냐
사람의 지혜는 그의 얼굴에 광채가 나게 하나니
그의 얼굴의 사나운 것이 변하느니라 (전 8:1)

링컨의 일화 가운데 누군가가 그의 내각에 입각하지 못한 이유를 묻자 링컨은 "나는 그의 얼굴이 싫다"고 대답했다고 합니다. 인상이야 타고난 것이지 어떻게 하겠느냐고 하자 다시 그의 유명한 대답이 "사람이 나이 40세가 넘으면 자신의 얼굴에 책임을 져야 한다"는 말을 한 것입니다. 태어난 얼굴은 부모의 유산이지만 40세가 넘어 만들어지는 인상은 자신의 몫이기 때문입니다.

사도행전에서 전도하던 스테반의 얼굴은 천사의 얼굴이었다고 증언됩니다. 얼굴은 단순한 인상 이상의 의미를 갖는다는 말씀입니다. 얼굴은 인격의 거울이며 영성의 증거입니다. 오늘의 말씀에서 전도자는 지혜자의 얼굴에 광채가 난다고 증거합니다. 지혜가 그 마음을 편하게 하며 그 심지를 견고하게 하기 때문입니다. 그렇다면 최고의 얼굴 관리는 지혜로운 삶이어야 합니다.

얼굴의 사나움은 마음의 사나움을 반영합니다. 마음의 광기는 그에게서 평화를 빼앗아 갑니다.

그것은 자연과 사물의 이치를 거스른 결과라고 할 만합니다. 사물의 이치를 거스른 결과는 양심의 가책이며 죄책감입니다. 이런 죄책감은 마음을 일그러지게 할 뿐 아니라 얼굴의 싱그러운 빛을 빼앗아 갑니다. 그 결과물이 부담스런 인상입니다.

그러나 한 사람의 마음에 하늘의 지혜가 깃들면 마음의 주름이 펴집니다. 빛이 어둠에 비치면 혼돈은 질서로 차가움은 따뜻함으로 공허는 충만함으로 변합니다. 지혜는 영의 빛입니다. 지혜의 빛을 받은 얼굴에서는 사나움이 사라지고 온유함과 겸손함이 반짝입니다. 지금은 이런 얼굴 관리가 필요한 때입니다. 말씀의 지혜가 그런 변화를 선물합니다. 📖

지혜의 빛이 되신 주님. 우리 주름진 얼굴에 당신의 빛을 비추어 주소서. 아멘

악의 징벌

• • •

악한 일에 관한 징벌이 속히 실행되지
아니하므로 인생들이 악을 행하는 데에
마음이 담대하도다 (전 8:11)

인생살이, 세상살이에서 가장 난해한 딜레마는 고통과 악의 문제입니다. 왜 선하고 경건한 사람에게도 고통이 다가오고 악한 일을 경험해야 하는 것인지와 왜 악한 일을 행한 악인들이 버젓이 이 세상에서 활보하도록 하나님은 버려두시는가 라는 물음입니다. 소위 신정론(theodicy)의 물음입니다. 이런 악이 존재한다면 과연 의로운 신이 존재한다고 할 수 있느냐는 것입니다.

악한 일에 대하여 징벌이 전혀 실행되지 않는다면 우리에게 두 가지 결론이 불가피합니다. 악을 심판하는 신은 존재하지 않거나 신이 존재하더라도 그 신에게는 정의나 불의가 관심이 아니라는 것입니다. 그리고 이런 결론을 내린 사람들의 행위를 전도자는 대변하는 것입니다. 그들은 결국 마음으로 더욱 담대하게 악을 행하게 되는 것입니다.

그러나 성경은 이런 결론이 성급한 것이라고 말합니다. 성경의 하나님은 결국 역사의 마지막에 최후의 심판을 준비하고 계시다는 것입니다. 지금 아니라면 그때 심판이 행하여 질 것이라고 말입니다.

그리고 지금 심판을 유보하시는 이유의 하나로 주님은 알곡과 가라지의 비유를 말씀하십니다. 가라지를 아직 뽑을 필요가 없는 까닭은 알곡을 다칠 수도 있기 때문이라고 말씀하십니다.

그렇다면 마침내 심판을 행하실 그분을 신뢰하며 선한 일에 더욱 열심하는 친 백성이 되어야 합니다. 악의 징벌은 주께 맡기고 선으로 악을 이기는 오늘을 살아야 합니다. 때로는 악이 선을 이기는 현실에 직면할지라도 우리는 낙심치 말아야 합니다. "선을 행하되 낙심하지 말지니 피곤하지 아니하면 때가 이르면 거두리라"(갈 6:9) 지금은 악이 활보하는 세상의 밭에 선의 씨앗을 뿌릴 때입니다.

선하신 주님. 악한 세상의 밭에 오늘도 우리로 당신과 함께 선의 씨앗을 뿌리게 하소서. 아멘

희락 찬양

이에 내가 희락을 찬양하노니 이는 사람이 먹고 마시고 즐거워하는 것보다
더 나은 것이 해 아래에는 없음이라 하나님이 사람을 해 아래에서 살게 하신 날 동안
수고하는 일 중에 그러한 일이 그와 함께 있을 것이니라 (전 8:15)

금욕은 성경적이고 필요한 경건의 요소이지만 금욕주의는 기독교가 아닙니다. 금욕주의의 반대는 희락주의입니다. 존 파이퍼 목사는 기독교 희락주의를 제창했습니다. 전도서의 기자 전도자도 희락주의자의 반열에 참여합니다. 그는 내가 희락을 찬양한다고 말합니다. 바울은 하나님 나라의 본질의 하나가 희락(롬 14:17)이라고 말합니다. 성령의 열매 중 사랑 다음이 희락(갈 5:22)입니다.

희락은 다양하게 표현될 수 있지만 빼놓을 수 없는 것이 먹고 마심의 즐거움입니다. 헛되고 헛된 세상에서 창조주 하나님은 인간을 육체를 지닌 존재로 만드시고 그들로 먹고 마심을 즐거워함으로 생존하게 하셨습니다. 먹고 마심은 단순한 생존의 요구일 뿐 아니라 존재의 즐거움이라는 것입니다. 삶의 소소한 즐거움의 하나인 식도락을 부인할 필요가 없습니다.

전도서는 수고의 허무성과 수고의 행복을 함께 강조합니다. 수고의 허무를 모르고 행복만을 강조한다면 돌연한 상실 앞에서 우리는 삶의 모든 의미

를 부정하게 될 것입니다. 그러나 수고의 행복을 모르고 수고의 허무만을 강조한다면 우리는 비관적 허무주의에 빠질 것입니다. 전도서는 수고의 허무를 직시하면서도 여전히 수고의 행복을 하늘의 선물로 강조합니다.

이미 가르쳐진대로 수고의 결과로서의 먹고 마심의 낙은 분명한 하나님의 선물입니다.(전 3:13) 그러므로 우리는 먹고 마실 때마다 이 즐거움의 근원되신 하나님께 감사하는 삶을 사는 것이 마땅합니다. 그리고 때로 허무한 인생의 여정에서 누리는 이런 소소한 희락을 찬양할 필요가 있습니다. 이런 희락은 인생으로 하여금 더 의미 있는 일에 헌신하게 하는 삶의 동력이 되기 때문입니다.

삶의 희락의 근원 되신 하나님, 먹고 마시는 삶의 즐거움으로 더 의미 있는 하나님 나라 사역을 감당하는 우리가 되게 하소서. 아멘

살아있음의 복

• • •
모든 산 자들 중에 들어 있는 자에게는
누구나 소망이 있음은 산 개가
죽은 사자보다 낫기 때문이니라 (전 9:4)

생명의 근원은 하나님이십니다. 창조주 하나님이 흙으로 인간을 만드시고 하나님의 숨(루아흐, ruach)을 불어 넣으시니 그가 '생령' 곧 '살아 있는 자'(living being)가 되었다고 성경은 기록합니다. 살아있음은 살아계신 하나님의 은혜입니다. 산 자는 숨쉬는 순간마다 하나님을 의지하고 존재의 걸음을 지속하는 것입니다. 삶은 곧 축복입니다.

오늘의 본문은 산 자의 특권이 소망이라고 선언합니다. 살아있기 때문에 소망을 갖고 미래를 꿈꾸는 자로 살아갑니다. 독일의 신학자 몰트만은 세계 제2차 대전 중 전쟁 포로가 되어 포로 수용소에서 절망을 경험합니다. 그러나 그는 여기서 절망한 이들과 함께 하시는 하나님의 현존을 체험하고 소위 '희망의 신학'을 제창하게 됩니다. 절망 속에서 소망의 하나님을 만난 때문입니다.

몰트만의 희망의 신학의 출발점은 하나님의 약속의 미래입니다. 하나님은 미래로부터 다가오시는 하나님이십니다.

우리를 둘러싸고 있는 역사와 환경이 아무리 절망적이라 할지라도 우리는 아직 희망을 포기할 필요가 없습니다. 역시 세계 제2차 대전 중 나치 독일의 죽음의 수용소에 갇혀 가족과 친구가 가스실로 끌려감을 보고도 정신의학자 빅터 프랭클은 희망을 버리지 않았습니다.

빅터 프랭클은 삶의 의미에서 그런 희망을 찾았습니다. 산 개가 죽은 사자보다 낫다면 산 인간은 얼마나 더 의미 있는 존재이겠습니까. 하나님의 약속의 말씀은 하나님의 백성들의 삶의 의미의 공급의 원천입니다. 내가 아직도 이 땅에 살아있음의 의미를 확인할 수 있다면 절망의 수용소에서도 함께하시던 하나님이 오늘 우리와 함께 하심을 믿고 살아있음의 복을 찬양해야 마땅합니다. 📖

살아계신 하나님, 나로 산 자가 되어 지금 여기에 살아있음의 의미를 깨닫고 소망을 품게 하소서. 아멘

부부의 '함께함'의 즐거움

● ● ●

네 헛된 평생의 모든 날 곧 하나님이 해 아래에서
네게 주신 모든 헛된 날에 네가 사랑하는 아내와 함께 즐겁게 살지어다
그것이 네가 평생에 해 아래에서 수고하고 얻은 네 몫이니라 (전 9:9)

창세기에 창조주 하나님은 처음 인간 아담을 지으시고 처음으로 "사람이 독처하는 것이 좋지 못하다"고 말씀하십니다. 그런데 그런 하나님께서 아담의 파트너가 될 하와를 지으시고 나서 "하나님 보시기에 심히 좋았더라"고 하십니다. 어쩌면 인간의 고독은 실존적인 운명일지도 모릅니다. 그러나 결혼을 통해 남녀의 부부 됨은 이런 실존적 고독에 대한 창조주의 처방이었다고 할 수 있습니다.

인생을 사는 그 누구도 삶의 여정에서 삶의 허무를 실감하지 않는 사람은 아무도 없을 것입니다. 여기 오늘의 본문에서도 전도자는 인생을 '헛된 평생의 모든 날'이라고 말합니다. 그리고 우리 각자에게 주어진 인생의 날들도 '내게 주신 모든 헛된 날'이라고 말합니다. 이런 허무의 시간 여행에서 그래도 이 허무를 극복하는 의미의 장치가 부부의 함께함이라고 성경은 가르칩니다.

그런데 오늘 본문은 부부의 즐겁게 함께함은 해 아래서 얻은 하나님으로

부터의 상급이라고 말합니다. 부부의 '함께함'에 죄가 개입한다든지 갈등이 발생하면 그 함께함은 결코 즐거울 수가 없을 것입니다. 그러므로 이런 삶의 순전한 즐거움은 하나님의 설계를 따르고 그 계획 안에 인생을 사는 사람들을 위해 예비된 축복이라고 할 수 있습니다.

그러나 이런 즐거움이 현실의 에너지가 되려면 부부 사랑이 전제되어야 합니다. 본문은 "네가 사랑하는 아내와 함께~"라고 말합니다. 부부 생활의 즐거움을 빼앗는 최대 원인도 따지고 보면 사랑의 상실입니다. 그러므로 이런 상실의 예방을 위해서 필요한 가장 중요한 것이 있다면 평소 부부 사랑의 관리입니다. 건강 관리보다도 재정 관리보다도 더 중요한 것이 사랑 관리입니다.

삶의 즐거움의 원천되신 주님, 우리로 부부 생활의 즐거움을 아는 인생으로 한 평생을 살게 하소서. 아멘

조용한 말과 큰 고함소리

• • •

조용히 들리는 지혜자들의 말들이
우매한 자들을 다스리는 자의 호령보다
나으니라 (전 9:17)

우리 문화에는 큰소리하는 사람이 이긴다는 속설이 있습니다. 이성적이고 합리적인 판단보다 우격다짐의 맹목적인 감성이 이끌어 가는 비합리적 사회를 대표하는 풍경이라고 생각됩니다. 그러나 엄밀하게 말하면 이것은 일종의 폭력입니다. 이런 폭력이 사회를 다스리는 권력자들에 의해 행사될 때 그들의 호령 소리 곧 고함소리는 집단적 광기의 상징이 되어 버립니다.

우리들의 불필요하게 큰 소리는 많은 경우 자신의 내면에 존재하는 불안을 대표하는 것입니다. 이런 의미에서 본 큰 고함소리 곧 shouting은 사회적 공해에 속한다고 할 수 있습니다. 지금도 세계 도처에서 들려오는 비극적 역사의 마당에는 폭군들의 폭력이 깃든 고함소리로 우매한 민중들이 두려움의 노예가 되어 살아가고 있습니다. 이제라도 이런 고함소리 규제운동을 벌여야 합니다.

오늘의 본문에서 전도자는 지혜자들의 말은 오히려 조용히 들리는 말, quiet words라고 적고 있습니다.

우리에게 고함치는 예수님의 모습이나 성자 프란체스코의 모습은 쉽게 상상되지 않습니다. 조용한 말속에도 함께하는 엄청난 권위야말로 신적 권위를 대표하는 모습입니다. "나를 따라오너라"고 말씀하시던 예수님의 음성의 톤을 상상해 보십시오.

"하이 히틀러!"를 외치게 하던 광기의 사회 속에서 생명들은 속절없이 죽어가고 있었습니다. 대개 백성들을 우매자로 믿던 권력자들의 고함소리는 죽이는 소리요 억압하는 소리였습니다. 그러나 하나님의 형상으로 빚어진 인간의 빛나는 지혜를 믿던 현자들의 깨우침의 소리는 언제나 조용히 들리는 생명의 언어였습니다. 우리 시대는 이런 조용하게 들리는 생명의 소리를 기다리고 있습니다.

소리의 주인 되신 하나님, 우리로 광기의 언어가 아닌 조용한 지혜의 소리를 전하는 도구가 되게 하소서. 아멘

적은 우매를 경계함

● ● ●

죽은 파리들이 향기름을 악취가 나게
만드는 것 같이 적은 우매가 지혜와 존귀를
난처하게 만드느니라 (전 10:1)

우리의 허물과 죄가 용서받을 수 있다는 것은 성경의 복음이 제공하는 거룩한 약속입니다. 그러나 이 약속이 우리의 더 많은 허물과 죄를 담대하게 범하도록 만든다면 그것은 더 이상 복음이 아닙니다. 복음주의 신학은 오랫동안 행함이 구원의 근거가 되는 율법주의가 기독교가 아닌 것처럼 행함을 무시하는 무율법주의도 기독교가 아니라는 입장을 견지해 왔습니다.

산 자의 특권은 생명의 향기를 발한다는 것입니다. 죽은 자는 사망의 썩은 냄새를 발할 뿐입니다. 오늘의 본문에서 전도자는 죽은 파리 몇 마리가 향유통에 던져져도 그것만으로 향기름은 더 이상 효용가치가 없어진다고 말합니다. 공동체를 무너지게 하기 위해서는 죽은 파리 몇 마리 만으로 족합니다. 우리 공동체는 죽은 파리들이 기생할 환경을 만들고 있지는 않은지 돌아봐야 합니다.

창조주 하나님은 인간을 당신을 닮은 지혜롭고 존귀한 존재로 만드셨습니다. 지혜롭고 존귀하신 하나님처럼 인생도 지혜롭고 존귀하게 살도록 빚어진 것입니다. 그런데 이런 지혜로움과 존귀를 파괴하는 것이 바로 적은 우매입니다. 몇 가지의 우매한 행동만으로 우리의 지혜는 빛을 잃고 우리의 존귀함은 누추함으로 쉽게 변질될 수 있습니다.

　예수님은 지극히 작은 것에 충성된 자는 큰 것에도 충성되다고 가르치셨습니다. 그러므로 우리는 작고 적은 일들을 더 지혜롭고 충성되게 감당해야 합니다. 소위 크고 알려지는 일에만 관심을 두는 것은 인생을 망치는 지름길입니다. 왜냐하면 인생살이는 대부분 소소한 일상으로 만들어지기 때문입니다. 적은 우매를 경계함이 지혜로움과 존귀함의 인생을 만드는 단초입니다.

지혜롭고 존귀하신 주님, 주님을 닮은 품위 있는 인생을 살도록 적은 우매를 늘 경계하며 살게 하소서. 아멘

분노 관리

주권자가 네게 분을 일으키거든
너는 네 자리를 떠나지 말라 공손함이 큰 허물을
용서 받게 하느니라 (전 10:4)

우리가 인생을 살면서 관리할 것들이 많습니다. 건강관리, 주택관리, 재산관리, 의복관리, 경력관리, 인맥관리 등등 말입니다. 그러나 그 중 가장 중요한 것이 '분노 관리'(anger management)입니다. 분노가 관리되지 못하면 이 모든 것을 한꺼번에 잃어버릴 수가 있기 때문입니다. 그래서 일찍 잠언 기자는 "노하기를 더디 하는 것이 사람의 슬기"(잠 19:11)라고 말합니다.

성경의 역사에서 제일 먼저 기록된 '분노 관리' 실패의 케이스는 가인의 분노입니다. 가인은 분노함으로 동생 아벨을 살해했고 에덴의 동산에서 추방을 당합니다. 무엇보다 하나님의 구속사의 흐름 속에서 아웃사이더가 됩니다. 성경은 분노 자체는 죄가 아니지만 분노를 관리하는 일에 실패하는 것은 죄라고 가르칩니다. 그래서 해가 지기 전에 분노를 풀어야 한다고 말합니다.

오늘의 본문에서 전도자는 주권자가 우리를 분노하게 하는 상황에서 그 분노를 분노로 반응해서는 안 된다고 가르칩니다. 어떤 번역은 상사가 분노할 때 그 앞에서 사표를 쓰는 식으로 반응하지 말라고 옮기고 있습니다.

　　오히려 윗 사람이 분노하는 상황에서도 겸손함으로 자신의 허물을 돌아볼 수 있다면 그는 상황을 반전시키는 은혜를 입을 수 있다고 가르칩니다.

　　분노를 경험하는 상황에서 가장 그릇된 반응은 서두름입니다. 서둘러 감정적 대응을 하는 것입니다. 그럴수록 잠잠하게 침묵하며 위로부터의 도우심을 기다릴 수 있어야 합니다. 가장 높은 주권자이신 그분의 긍휼과 지혜를 구할 수 있다면 우리의 분노의 위기는 오히려 하늘의 은총을 경험하는 복된 기도의 자리가 될 것입니다.

하늘에 계신 주권자이신 하나님, 한 평생을 살며 무엇보다 분노의 정서를 다스리며 사는 지혜를 누리게 하옵소서. 아멘

오직 지혜

철 연장이 무디어졌는데도
날을 갈지 아니하면 힘이 더 드느니라
오직 지혜는 성공하기에 유익하니라 (전 10:10)

훌륭한 철 연장을 사용하는 장인에게 그 연장처럼 소중한 자산은 없을 것입니다. 그 자산이 바로 그의 성공의 도구로 인식될 것입니다. 그 연장은 후손들이 대대로 물려받을 자산 품목에 최우선 자리를 차지하게 될 것이고 어느 날 장인을 위한 기념관이 세워지면 그의 인생을 상징하는 불멸의 보물로 간직되고 추앙될 수도 있을 것입니다.

그런데 전도자는 전혀 다른 관점을 갖습니다. 그의 철 연장 도구가 중요한 것이 아니라 그 도구를 분별하고 잘 부리던 장인의 지혜가 중요하다는 것입니다. 오직 지혜, 바로 그 지혜가 성공의 원인이라는 것입니다. 도구와 도구를 부리는 주체를 분별하는 것이 바로 지혜의 시작입니다. 그리고 도구의 유용성을 분별함이 지혜의 절정입니다.

더 이상 도구가 유용하지 못한데 과거에 그 도구를 잘 사용한 경험만 믿고 날이 빠진 도끼를 사용하는 장인을 상상해 보십시오. 지금 이 순간 가장 중요한 과제는 철 연장의 날을 갈아야 한다는 깨우침입니다.

그렇지 않으면 그는 힘만 더 드는 그리고 결과 없는 미련한 노동을 지속할 것입니다. 마치 도달 못할 정상을 향해 돌을 굴려 올리고자 하는 시지푸스처럼 말입니다.

오직 지혜만이 우리를 참된 성공의 자리로 인도할 것입니다. 지혜는 전통보다 열심보다 더 중요합니다. 성경 지혜문학서에서 지혜는 바로 하나님의 말씀 로고스입니다. 우리의 강의나 설교는 모두 그 말씀을 전달하는 연장에 불과합니다. 말씀은 불변이지만 말씀을 전하는 우리의 방법론은 달라져야 합니다. 날 선 도구만이 진정한 지혜를 지혜 되게 할 것입니다.

참 지혜의 근원 되신 주님, 우리로 지혜의 주인 되신 분에게서 시선을 잃지 않고 도구를 시시때때로 점검하여 사용하는 오직 지혜를 놓치지 않게 하소서. 아멘

여러 날 후

너는 네 떡을 물 위에 던져라
여러 날 후에
도로 찾으리라 (전 11:1)

고대 중동의 어느 도시에서 왕자가 물놀이를 하다가 급류에 휩싸여 실종되었다고 합니다. 그는 강 하류 한복판 바위 위에 걸려 목숨을 구했는데 때마침 가죽 주머니가 바위로 떠내려 와서 보니 거기 빵이 들어 있어 연명을 했다고 합니다. 나중에 알아보니 본문과 유사한 촌락에 전승되어 온 말씀을 믿은 어느 청년의 실천으로 왕자가 목숨을 구할 수 있었다고 합니다.

우리는 모두 투자나 선행의 경험을 갖고 있습니다. 그러나 이런 투자나 선행이 어떤 결과를 가져올 것인가를 우리는 예측하지 못한 채로 단순하고도 막연한 기대로 그렇게 할 때가 있습니다. 그러나 이런 투자나 선행의 공통분모는 믿음입니다. 우리는 투자가 가져다 줄 수익을 믿고 베팅을 합니다. 선한 씨앗을 뿌리면 하늘이 우리를 상급 주실 것을 믿고 선행을 실천합니다.

그러나 이런 투자나 선행이 신속한 결과를 가져오지 않을 때 우리는 모두 쉽게 실망할 수 있습니다. 그리고 그동안 우리가 붙들고 살아온 믿음의 원칙에 대한 회의를 가질 수도 있습니다.

혹은 우리가 살고 있는 이 세상에서 과연 도덕적 원칙이 통용 가능한가를 의심할 수도 있습니다. 그러나 본문을 묵상하면서 주목할 단어는 '여러 날 후'라는 말입니다.

우리의 투자나 선행이 오늘이나 내일 당장 내게 유익을 가져오지 못할 수도 있지만 그러나 하늘이 정해 준 시각 여러 날 후에 우리의 믿음이 보상되리라는 약속입니다. 신약에서 바울 사도가 "선을 행하다가 낙심하지 말지니 때가 이르면 거두리라"고 약속하신 것도 같은 맥락의 말씀일 것입니다. 그 여러 날 후를 믿음으로 바라보고 오늘을 또한 믿음으로 살아야 합니다.

때를 정하시고 일하시는 주님, 우리의 선행이 오늘 보상되지 못해도 여러 날 후를 바라보는 믿음으로 기다릴 줄 알게 하소서. 아멘

아침에도 저녁에도

너는 아침에 씨를 뿌리고 저녁에도 손을 놓지 말라
이것이 잘 될는지, 저것이 잘 될는지,
혹 둘이 다 잘 될는지 알지 못함이니라 (전 11:6)

아침은 사역을 시작하는 시간입니다. 출발 선상의 최선은 게임의 성적을 좌우하는 열쇠입니다. 스타팅 라인에 서 있는 선수들에게는 모두 비상한 긴장을 요구합니다. 시작이 반이라는 말도 있는 것처럼 첫 스텝이 전체의 페이스를 만들기 때문입니다. 아침부터 성실한 마음으로 씨앗을 뿌리는 농부의 땀 흘림을 배울 수 있어야 합니다.

시작은 잘 해놓고 마무리를 엉성하게 하는 사람은 결국 열매를 기대하기 어렵습니다. 경주의 최종 성적은 결승라인을 어떻게 통과하느냐가 결정합니다. 인생의 열매는 저녁의 수고로 거두는 결과입니다. 아침의 최선이 저녁의 결실이 되게 하려면 저녁에도 손을 놓지 말아야 합니다. 끝까지 선전하는 땀 흘림이야말로 농부의 훈장입니다.

인간의 인간된 한계는 미래에 대한 불예측성입니다. 우리는 우리가 추구하는 여러 일 중 과연 어떤 일이 잘 될지를 알지 못합니다. 본문의 표현을 빌리면 이것이 잘 될는지 저것이 잘 될는지를 모릅니다.

우리는 다만 최선을 다할 뿐입니다. 그 중에 어떤 일에 결실을 맺게 하심은 전적으로 하나님의 판단하심과 그의 주권에 속한 일입니다.

그러므로 우리는 아침에도 최선을 다하고 저녁에도 최선을 다해야 합니다. 바울 사도는 우리 안에서 착한 일을 시작하게 하신 이가 그리스도 예수의 날까지 이루실 줄을 확신한다고 말합니다.(빌 1:6) 그렇다면 그리스도인은 이렇게 도우시는 주를 의지하고 처음부터 마지막까지 한결같이 최선을 다하는 성실한 삶을 살아야 합니다. 아침에도 저녁에도.

일의 처음과 나중이 되시는 주님, 인생의 아침에도 저녁에도 변함없이 최선을 다하는 삶을 살게 하소서. 아멘

청년의 때 1

• • •

청년이여 네 어린 때를 즐거워하며 네 청년의 날들을 마음에 기뻐하여
마음에 원하는 길들과 네 눈이 보는 대로 행하라 그러나
하나님이 이 모든 일로 말미암아 너를 심판하실 줄 알라 (전 11:9)

청년의 시기는 인생의 황금과 같은 계절입니다. 아직도 생의 무한한 가능
성을 실현할 기회를 누리는 시기이기 때문입니다. 생의 새로운 지평선을 향
한 담대한 도전이 기다리는 시기요. 그리고 소위 실패를 경험하고도 용서받
음이 가능한 때이기도 합니다. 유소년의 시기가 봄의 계절이라면, 청년의 시
기는 불타는 여름의 계절로 가장 먼 곳으로 모험을 떠나는 계절입니다.

청년기의 가장 현저한 특성은 도전 정신과 실험 정신일 것입니다. 전도자
는 그것을 네 마음에 원하는 길들을 행하는 특권이라고 묘사합니다. 또한 네
눈이 보는 대로 갈 수 있는 특권이기도 합니다. 사람이 늙어가면 마음에 원함
이 있어도 그것을 실행할 용기가 없습니다. 눈에 보여도 행함으로 실험하고
증명할 결기도 능력도 없습니다.

분명 청년은 하고 싶은 것을 하고, 보고 싶은 것을 보고, 갈 수 있는 곳을
갈 수 있습니다. 그러나 이 모든 실험이 악한 것과 죄된 것을 포함하는 것은
아닙니다.

우리의 실험이 이런 도덕적인 경계선을 지나칠 때 그것은 젊음의 아름다움과 건강을 훼손하게 됩니다. 그 무엇보다 우리의 실험까지도 하나님의 심판을 통해 결산되어야 함을 잊어서는 안 됩니다.

성 어거스틴은 "하나님을 사랑하라 그리고 네 마음대로 행하라"는 명언을 남겼습니다. 우리의 마음대로 행함도 하나님의 사랑의 다스림을 받아야 한다는 전제가 있어야 한다는 것입니다. 바울은 "모든 것이 내게 가하나 다 유익한 것은 아니라"고 말합니다. 청년의 때를 즐거워하고 도전하되 하나님의 심판 앞에 부끄럼이 없는 행함이 되어야 합니다.

청년의 주인 되신 하나님, 청년의 특권을 즐거워하게 하시되 그 특권을 남용하지 않게 하소서. 아멘

청년의 때 2

청년기는 인생의 여름입니다. 녹음이 우거지고 태양이 작열하는 시기입니다. 구릿빛 근육을 태우며 삶의 열정을 소진하는 시기입니다. 꿈을 실현하기 위해 신밧드처럼 모험을 떠나는 계절이기도 합니다. 실패를 두려워 않고 이상의 무지개를 향해 몸을 던져보는 투신의 계절이기도 합니다. 청년기를 어떻게 생산적으로 보내느냐가 일생의 틀을 결정하게 됩니다.

청년기의 최대의 함정은 흘러가는 시간을 잘 인지하지 못한다는 것입니다. 청년의 시간이 끊임없이 이어질 것으로 착각하고 산다는 것입니다. 그래서 쉽게 쾌락의 유혹에 빠질 수 있다는 것입니다. 인생의 곤고한 날과 석양의 구름과 밤의 어둠을 나와 상관이 없는 것처럼 생각한다는 것입니다. 더 단적으로 말하면 자신은 늙지 않을 것처럼 행동한다는 것입니다.

그러나 오늘의 본문에서 전도자는 인생 석양의 곤고한 시간이 너무 빨리 다가온다고 경고합니다. 더 이상 인생의 낙을 취할 수 없는 그 때가 오고 있다고 말합니다.

해와 달과 별이 어두워지는 그 시각이 임박해 있다고 말합니다. 비 뒤에 구름이 일어나듯 황혼의 시간이 우리에게 종말론적 먹구름의 긴장을 예고하고 있습니다. 이제부터 그 시간을 준비해야 한다고 말합니다.

청년기에 있어야 할 가장 중요한 준비는 창조주 하나님을 만나는 일입니다. 그가 인생의 주인 되심을 알고 그의 뜻을 따라 인생을 설계할 줄 알아야 합니다. 그 설계를 따라 인생의 비전을 세워야 합니다. 비전은 보이지 않는 미래의 그림입니다. 나를 만드신 분이 내게 기대하심을 따라 비전의 도면을 준비할 줄 알아야 합니다. 가장 위대한 청년기의 보람은 그 설계 도면을 가슴에 새기는 일입니다.

청년기의 주인 되신 하나님, 단 한 번뿐인 인생을 창조주의 기대를 따라 살게 하옵소서. 아멘

노년의 때

• • •

그런 날에는 집을 지키는 자들이 떨 것이며 힘 있는 자들이 구부러질 것이며
맷돌질 하는 자들이 적으므로 그칠 것이며 창들로 내다 보는 자가 어두워질 것이며
길거리 문들이 닫혀질 것이며 맷돌 소리가 적어질 것이며 새의 소리로 말미암아 일어날 것이며
음악하는 여자들은 다 쇠하여질 것이며 또한 그런 자들은 높은 곳을 두려워할 것이며
길에서는 놀랄 것이며 살구나무가 꽃이 필 것이며 메뚜기도 짐이 될 것이며 정욕이 그치리니
이는 사람이 자기의 영원한 집으로 돌아가고 조문객들이 거리로 왕래하게 됨이니라
은 줄이 풀리고 금 그릇이 깨지고 항아리가 샘 곁에서 깨지고 바퀴가 우물 위에서 깨지고
흙은 여전히 땅으로 돌아가고 영은 그것을 주신 하나님께로 돌아가기 전에 기억하라
(전 12:3-7)

오늘의 본문은 노년기에 대한 생생하고도 실제적인 묘사입니다. 노화현상
에 대한 이 정확한 그림은 우리로 미소를 머금고 인생의 의미를 돌아보게 합
니다. 집을 지키는 자들의 떨림은 수족의 노화를, 힘 있는 자들의 구부러짐은
척추나 허리의 노화 현상을 그립니다. 맷돌질하는 자들의 적어짐은 치아의
노화 현상을, 창의 어두워짐은 시력의 노화를 그리고 있습니다.

길거리 문의 닫힘은 구강이나 청각의 노화를 그린 듯 합니다. 맷돌소리의
적어짐은 소화의 어려움을, 새소리로 인하여 일어남은 단잠을 자지 못하고 기
상하는 노인의 그림을, 음악 하는 여자들의 쇠함은 목청의 노화를 묘사합니
다. 높은 곳을 두려워함은 점차 몸의 균형을 상실해 가며 고소공포증을 갖고
숨이 차 높은 곳을 오르지 못하는 노인의 모습입니다.

그들의 머리는 점차 살구나무 꽃처럼 백발이 되고, 문자 그대로 메뚜기도 짐이 되는 무력함과 식욕과 성욕의 감퇴를 경험합니다. 은 줄과 금 그릇이 깨어지듯 신경과 근육이 풀어지고 마침내 항아리 같은 심장까지 이상을 일으키며 육은 흙으로 영은 하나님께로 돌아갈 그 날을 향해 나아갑니다. 노년기는 이 영원한 집으로의 귀향을 준비하는 인생의 늦가을과 초겨울의 시간입니다.

인생의 주인 되신 하나님, 노화를 자연스런 귀향의 시간으로 수용하고 준비하는 지혜를 주옵소서. 아멘

인생의 결론

• • •

일의 결국을 다 들었으니 하나님을 경외하고 그의 명령들을 지킬지어다
이것이 모든 사람의 본분이니라 하나님은 모든 행위와 모든 은밀한 일을
선악 간에 심판하시리라 (전 12:13-14)

본문의 전도서 말씀은 "너는 청년의 때 곧 곤고한 날이 이르기 전, 나는 아무 낙이 없다고 할 해가 가깝기 전에 너의 창조자를 기억하라"는 전도서 12장 1절의 말씀과 함께 전도서의 대미를 장식하는 결론적인 말씀입니다. 여기에 '곤고한 날'은 아마도 노년기를 가리키는 표현이라고 생각합니다. 이제 노년기의 모습을 증언한 후 전도자는 장엄한 결론을 소개합니다.

성경학자들은 솔로몬 왕이 본서와 함께 아가서와 잠언서를 기록한 것이라면 그의 청년기에 아가서를, 중장년기에는 잠언을 그리고 노년기에 아마도 이 전도서를 기록한 것이라고 말합니다. 오늘의 말씀은 "일의 결국을 다 들었으니~"라는 표현으로 시작됩니다. 헛되고 헛된 인생에서의 결국의 가치 곧 장엄한 삶의 결론을 증언하고자 하는 것입니다.

한 마디로 결론은 하나님을 경외하고 그 명령을 지킴이야말로 사람의 본분 곧 의무라는 것입니다. 하나님을 경외함이 믿음으로 사는 인생의 태도이어야 한다면 그의 명령들을 지킴은 구체적인 순종의 행동을 의미합니다.

태도는 행동을 낳습니다. 사람의 '본분'이란 말이 '의무'로도 번역되지만 때로는 '전부'라는 말로 표현됩니다. 하나님 경외야말로 사람 된 전부 곧 모든 것입니다.

그리고 이런 하나님 경외는 선악 간에 우리의 모든 행위를 낱낱이 보시고 아시고 마침내 이를 심판하심을 믿고 기억할 때 가능한 일입니다. 인간은 전적으로 부패한 존재이기 때문에 그렇습니다. 법이 지켜지는 이유 중의 하나는 법을 위반한 사람에 대한 심판이 따르기 때문입니다. 그 어느 날의 창조주의 심판에서 떳떳한 보상을 위해서도 우리는 하나님을 경외하는 인생을 살아야 합니다. 📖

창조의 주님, 주님의 심판에서 떳떳하기 위해서도 오직 주를 경외함을 인생의 본분 삼게 하소서. 아멘

노래 중의 노래

• • •

솔로몬의 아가라 내게 입맞추기를
원하니 네 사랑이 포도주보다
나음이로구나 (아가 1:1-2)

전도서가 '헛되고 헛된' 인생을 증언하고 있다면 아가서는 '노래 중의 노래'를 소개합니다. 솔로몬은 숭고한 사랑을 통해 헛되고 헛된 인생에서의 참된 의미를 발견하게 된 것입니다. 전도서에서 솔로몬은 지식을 통해서 삶의 의미를 발견하고자 했습니다. 그러나 그는 이제 지식이 아닌 사랑을 통해 참된 만족을 발견하게 된 것입니다. 아가서는 그런 사랑의 경험을 예찬하는 노래입니다.

솔로몬은 일천다섯 개의 노래를 지었습니다.(왕상 4:32) 그가 지은 모든 노래 가운데 가장 탁월한 것이 바로 아가서 곧 노래 중의 노래입니다. 여기 비천한 한 여인이 왕의 밀실에 들어가 그와의 황홀한 사랑을 경험하게 됩니다. 전통적으로 이 사랑은 예수 그리스도의 신부 된 성도가 왕의 지성소(거룩한 곳 중의 거룩한 곳)에 들어가 그와의 사랑을 경험하는 예표로 해석되어 왔습니다.

솔로몬은 그 사랑이 포도주보다 낫다고 노래합니다.

포도주는 세속적인 모든 즐거움을 대표하는 것입니다. 그러나 참된 사랑을 경험하는 것은 세상이 제공하는 어떤 쾌락보다 비할 수 없는 것입니다. 모세는 잠시 죄악의 낙을 누리는 것보다 하나님의 백성과 함께함을 더 좋아했습니다.(히 11:25) 왕이신 하나님과 함께하는 사랑은 그보다도 더 좋은 것입니다.

모든 진지한 사랑은 궁극적으로 사랑하는 대상과의 연합을 갈망합니다. 이런 연합의 구체적인 표현이 입맞춤입니다. 가롯 유다는 주님의 뺨에 입맞춤을 했고, 마리아는 주님의 발에 입맞춤을 했습니다. 그러나 아가서의 여인은 이런 피상적 몸짓으로 만족하지 못합니다. 입술과 입술이 하나 됨으로 왕 되신 이와 마음이 하나 되는 연합을 갈망하는 것입니다.

만왕의 왕 되신 주님, 이 세상 무엇보다 당신의 사랑을 얻는 우리가 되게 하소서. 아멘

검으나 아름다움

예루살렘 딸들아 내가 비록 검으나 아름다우니 게달의 장막 같을지라도
솔로몬의 휘장과도 같구나 내가 햇볕에 쬐어서 거무스름할지라도 흘겨보지
말 것은 내 어머니의 아들들이 나에게 노하여 포도원지기로 삼았음이라
나의 포도원을 내가 지키지 못하였구나 (아가 1:5-6)

스펙이 점점 더 중요하게 평가되는 세상에서 외모는 빼놓을 수 없는 성공
의 조건입니다. 성형수술이 우리 시대의 열풍이 되는 것만 보아도 그 중요성
을 알만합니다. 아가서의 여주인공이라 할 수 있는 술람미는 아마도 가정적
인 어떤 원인들로 인해 포도원에서 노동을 하다가 피부가 검게 된 것으로 보
입니다. 오빠들의 압력으로 들에서 일하다 그렇게 되었다고 말합니다.

게달의 장막은 검은 천막을 뜻합니다. 그러나 그녀가 경험하기 시작한 사
랑은 이런 외모의 열등감을 가볍게 극복하게 만들었습니다. 그녀는 더 이상
자신의 검은 피부를 부끄러워하지 않습니다. 나는 비록 검으나 아름답다고
말합니다. 자신의 검은 피부는 더 이상 검은 게달의 장막이 아닌 솔로몬 왕궁
의 아름다운 휘장이라고 고백합니다. 사랑의 마술 때문입니다.

지금까지 우리는 술람미 여인의 외적 조건을 조명해 보았지만 어쩌면 이
여인은 자신의 내면에 대한 고백을 포함하고 있는지도 모릅니다.

　　왕 앞에 서기에 한없이 부족한 자신의 모자람을 생각하지 않을 수 없었을 것입니다. 그러나 한순간 왕의 사랑을 확신하는 순간 그녀는 내적인 열등감마저 극복할 수 있었을 것입니다. 사랑 받는 자가 아름다운 사람이라는 자아상의 탄생을 경험하는 것입니다.

　　인생은 왕 되신 하나님 앞에 모두가 죄인입니다. 그러나 하나님의 사랑을 수용하고 예수를 믿는 순간 그에게는 의롭다 함의 선물이 내려집니다. 죄인이 의인의 옷을 입는 구원의 은총은 검은 술람미 여인이 솔로몬의 휘장인 세마포 옷을 입고 왕의 사랑을 받는 이상의 기적입니다. 신랑 되신 왕의 신부로 간택함을 입은 여인의 기적이 바로 우리에게 일어난 기적입니다.

왕 되신 주님, 왕의 사랑 때문에 난 검지만 아름다운 당신의 신부임을 기억하소서. 아멘

사랑과 의무

여인 중에 어여쁜 자야 네가 알지 못하겠거든
양 떼의 발자취를 따라 목자들의 장막 곁에서
너의 염소 새끼를 먹일지니라 (아가 1:8)

사랑하는 사람이 가장 아름다운 사람입니다. 사랑하면 누구나 아름답게 보입니다. 사랑 속에 있을 때 사랑하는 대상보다 더 아름다운 사람은 없습니다. 솔로몬은 그가 사랑하는 대상을 여인 중에 어여쁜 자라고 부르고 있습니다. 이 황송한 사랑을 경험하는 여인은 이제부터 도대체 무엇을 해야 할지 모르게 되었습니다. 그것이 사랑의 열병입니다.

그러나 그럼에도 불구하고 솔로몬 왕은 지혜로운 왕이었습니다. 그가 진정 사랑하는 여인이 사랑의 열병으로 무력한 인간이 되는 것을 원하지 않았습니다. 진정한 사랑은 사랑하는 대상을 유익하게 할 수 있어야 합니다. 사랑은 자기의 유익을 구하지 않고 사랑하는 자의 유익을 구하는 것이어야 했습니다. 그것이 바로 아가페 사랑의 본질입니다.

그래서 사랑하는 여인에게 나를 사랑할수록 너의 삶의 의무를 게을리 말아야 한다고 충고합니다. 양떼의 발자취를 따라 그들을 돌보는 목자들의 곁에 가서 목양을 도우라는 것입니다.

아마도 그 자리가 본래 술람미 여인이 서 있던 일상의 마당이었던 것 같습니다. 그 어린 생명은 바로 네가 책임져야 할 분신이 아니냐고 묻고 있습니다.

진정한 사랑은 맹목적인 감정의 낭비이어서는 안 되는 것입니다. 사랑이 우리의 일상의 의무에서 도피하게 한다면 사랑은 독약입니다. 우리는 사랑의 관계를 통해 얻은 삶의 에너지로 날마다의 삶의 의무를 더 힘있게 감당할 수 있어야 합니다. 그것이 눈먼 사랑이 아닌 눈이 열린 참 사랑의 모습입니다. 사랑과 의무는 동행하는 좋은 친구가 되어야 합니다.

사랑의 주님, 우리가 주를 사랑함으로 말미암아 우리의 일상의 의무를 더 잘 감당하게 하옵소서. 아멘

사랑의 성화

나는 사론의 수선화요 골짜기의 백합화로다
여자들 중에 내 사랑은 가시나무 가운데
백합화 같도다 (아가 2:1-2)

나는 사론의 수선화, 골짜기의 백합화는 술람미 여인 자신의 고백입니다. 이 고백은 자신을 낮추는 겸허한 자기 비하의 고백입니다. 사론은 유대에 있는 갈멜산과 욥바 사이에 지중해 연안을 지나는 평야를 일컫는 말이고, 수선화는 평범한 들꽃이거나 덩굴장미를 가리킵니다. 골짜기의 백합화란 말은 골짜기에 숨어있는 잘 눈에 안 보이는 이름 없는 무명의 꽃이란 고백입니다.

이런 고백에 대하여 솔로몬 왕은 이 여인에 대하여 가시나무 중 백합화라고 화답하는 것입니다. 여기 언급된 가시나무는 그 종류만도 이백 종도 넘는 아주 흔한 볼품 없는 나무를 뜻하는 말입니다. 그 중에 자기의 연인은 마치 군계일학처럼 뛰어난 백합화란 말입니다. 마치 가시에서 장미가 난다는 격언을 연상시키는 고백입니다. 고난과 아픔을 이긴 사랑의 승리를 은유하고 있습니다.

성경에서 가시는 인간 타락의 결과물로 등장합니다. 창세기 3장에 보면 첫 사람의 범죄에 따른 형벌로 "땅이 네게 가시덤불과 엉겅퀴를 낼 것이라"

고 선언됩니다. 인간은 범죄로 창조 본연의 아름다움을 상실하고 천하고 고통스런 존재로 추락했지만 그런 인생도 왕 중의 왕의 은혜를 입어 고귀한 신부로 택함을 입는 기적의 대상이 된 것입니다.

개혁자 루터는 "성도는 죄인이며 동시에 의인이라"는 고백을 남겼습니다. 우리는 구원 받은 성도이지만 아직도 죄성에서 자유롭지 못한 가시 같은 존재요 더럽혀진 추함을 지닌 인생임을 숨길 수 없습니다. 그런데 우리를 택하신 왕은 우리를 의롭다 하시고 우리를 영화로운 당신의 사랑의 대상으로 높여주십니다. 이것이 우리의 신분을 변화시킨 사랑의 성화 사건입니다.

우리의 왕 되신 주님. 조건 없는 사랑으로 날 성화시키시는 그 사랑에 내가 빚진 인생임을 잊지 말게 하옵소서. 아멘

봄의 찬가

나의 사랑하는 자가 내게 말하여 이르기를 나의 사랑, 내 어여쁜 자야
일어나서 함께 가자 겨울도 지나고 비도 그쳤고 지면에는 꽃이 피고 새가 노래할
때가 이르렀는데 비둘기의 소리가 우리 땅에 들리는구나 (아가 2:10-12)

인생을 살다 보면 우리는 어김없이 사계절을 경험합니다. 결국 인생도 자
연의 한 부분이기 때문입니다. 그래서 자연의 법칙을 따라 개인차가 있기는
하지만 나름의 봄, 여름, 가을, 그리고 겨울을 경험합니다. 가장 견디기 힘든
계절은 역시 겨울입니다. 겨울은 춥고 어둡고 긴 인고의 시간을 필요로 합니
다. 그러나 겨울이 아무리 길어도 지나가는 시간입니다.

겨울을 밀어내는 것은 봄의 시간입니다. 봄은 겨울의 고통을 치유하고 그
고통의 얼음을 녹여냅니다. 이스라엘의 우기는 바로 겨울입니다. 겨울은 반
드시 비를 동반합니다. 그 칙칙하고 우울하고 고독한 비는 겨울의 어둠을 상
징합니다. 그런데 어느새 겨울비도 그치고 겨울잠을 깬 대지는 꽃을 피워내
기 시작합니다. 노랑, 빨강, 그리고 연분홍색의 축제가 시작되었습니다.

그러나 영의 겨울을 밀어내는 것은 봄이 아니라 사랑입니다. 사랑하는 이
의 손짓과 음성이 영의 봄을 가져오는 신호였습니다. 그는 아마도 왕궁의 창
을 열고 사랑의 초대장을 띄워 보냅니다.

"나의 사랑, 내 어여쁜 자야 일어나서 함께 가자"고. 사랑을 받으면 인생은 행복합니다. 사랑 받는 가슴에는 고독의 겨울 대신 축제의 봄이 열리게 됩니다.

그리고 봄의 도래의 현저한 증거는 새들의 노랫소리입니다. 구원 받고 주님의 사랑을 경험하는 성도들의 즉각적 변화는 찬미입니다. 그들의 가슴과 입에서는 찬양의 샘이 만들어집니다. 그들의 노래는 영혼의 봄을 맞이한 찬가입니다. 그들은 이제 봄의 대지를 '우리 땅'이라고 부릅니다. 새 생명을 얻은 모든 사람마다 새 하늘 새 땅을 향한 새 노래를 부르게 됩니다.

만물의 주인 되신 하나님, 겨울을 견디게 하셨사오니 이제는 봄의 찬가를 부르게 하옵소서. 아멘

포도원 지키기

• • •

우리를 위하여 여우 곧 포도원을 허는
작은 여우를 잡으라 우리의 포도원에 꽃이
피었음이라 (아가 2:15)

성지에는 작은 여우들이 많다고 합니다. 그들은 포도나무가 꽃을 피우고 열매를 맺는 시기에 포도나무 덩쿨 뒤에 숨었다가 아무도 없을 때 재빠르게 달려와 포도나무 가지들을 부러뜨립니다. 그러면 포도나무는 더 이상 열매를 맺지 못합니다. 그래서 우리는 포도원의 청지기로 무엇보다 이 작은 여우들을 경계해야 합니다. 그렇지 않으면 포도원은 망쳐지고 맙니다.

이 포도원은 우리들의 가정의 그림일 수도 있고 교회의 그림일 수도 있습니다. 아니면 단순하게 우리들의 사랑의 마당일 수가 있습니다. 우리가 이런 삶의 마당의 중요한 지체가 되는 순간부터 우리는 청지기의 책임을 갖습니다. 포도원 지킴이가 되어야 하는 것입니다. 그것이 포도원을 맡겨주신 분을 기쁘시게 하는 일입니다. 그리고 그것은 우리 자신을 위하는 길이기도 합니다.

이 작은 여우들은 오래 전부터 이 땅에서 살아왔습니다. 그들은 오랜 전통을 따라 살아온 나름의 삶의 습관을 갖습니다. 그것은 방종일 수도 있고, 게으름일 수도 있고, 거짓일 수도, 이중성일 수도 있습니다.

　신약은 그것을 옛 사람이라고 부르기도 합니다. 이 옛 사람에 속한 옛 성품이 우리의 새로운 삶의 마당을 망치는 것입니다. 이제 새 사람은 새 성품을 입어야 합니다.

　아직은 포도원에 막 꽃이 피려 하고 있습니다. 아직 우리의 사랑의 보금자리는 그 모습을 온전히 갖추지 못하고 있습니다. 지금 우리는 작은 여우들이 기생하지 못할 상황을 만들어야 합니다. 그래야 포도나무 가지는 힘차게 뻗고 열매를 맺습니다. 풍성한 열매들이 어우러진 포도원이 주인의 자랑스러움이 되도록 포도원을 지키는 청지기의 사명을 다할 때입니다.

포도원의 주인 되신 하나님, 우리로 포도원을 허는 작은 여우들을 잘 관리할 지혜와 용기를 주소서. 아멘

사랑의 어두운 밤

내가 밤에 침상에서
마음으로 사랑하는 자를 찾았노라
찾아도 찾아내지 못하였노라 (아가 3:1)

여기서 '밤'은 복수 '밤들'로 되어 있습니다. 여기 아가서의 여주인공은 사랑의 대상을 찾아 불면의 밤들을 보내며 안타깝게 찾고 또 찾는 중입니다. 먼저 그녀는 침상에서 마음으로 사랑하는 이를 그리며 마음의 해후를 갈망하지만 성공하지 못합니다. 상상으로도 성공할 수 없는 사랑의 딜레마를 안고 그녀는 자신의 내면에 무엇이 잘못 되었는가를 고민합니다.

우리의 신앙의 선배들은 우리가 신앙의 대상을 마음으로 사랑하고 찾지만 그것이 성공하지 못하는 이런 안타까움의 상태를 '영적인 메마름의 계절' '영혼의 어두운 밤' 혹은 단순하게 '영적 침체'라고 묘사하기도 했습니다. 신앙의 첫사랑은 우리의 존재의 모든 영역을 새롭게 합니다. 그러나 이 첫사랑은 모든 첫사랑이 그런 것처럼 시험의 때를 지나갑니다.

이런 시험의 계절을 지날 때 우리는 자주 신의 부재를 경험합니다. 하나님을 경험하고 싶은데 하나님을 느끼지 못하는 것입니다. 인도의 테레사도 그런 고백을 했습니다.

　우리는 변함없이 신을 예배하고 신의 명령을 따라 섬김의 마당에서 일하지만 마음이 따라주지 못하는 것입니다. 문제는 우리의 마음에 사랑의 대상이 부재하는 밤이 계속되고 있는 것입니다.

　어쩌면 이때 우리에게 필요한 결단은 내 마음이라는 침실을 벗어나는 일입니다. 이제 침상에서 일어나 별이 빛나는 뜰로 나와 눈을 하늘에 두는 것이 필요할지 모릅니다. 그리고 하늘의 은하수 성좌에서 빛나는 그의 미소를 만나야 할 때입니다. 그리고 별빛 한 줄기가 거리로 임하거든 어느 골목길에서 나를 기다릴지 모르는 그분을 찾아 떠나야 합니다.

사랑의 주님. 당신의 사랑이 경험되지 못하는 이 밤에 우리로 침상에서 일어나는 결단을 하게 하소서. 아멘

어머니 집

성 안을 순찰하는 자들을 만나서 묻기를
내 마음으로 사랑하는 자를 너희가 보았느냐 하고 그들을 지나치자마자
마음에 사랑하는 자를 만나서 그를 붙잡고 내 어머니 집으로,
나를 잉태한 이의 방으로 가기까지 놓지 아니하였노라
(아가 3:3-4)

사랑하는 님을 찾을 수만 있다면 누구를 붙들고라도 질문할 수 있어야 합니다. 성안의 순찰자는 오늘을 사는 우리에게는 철학자일 수도 신학자일 수도 아니면 복음 전도자, 목사와 부흥사일 수도 있습니다. 구도자에게는 누구라도 도우미가 될 수 있습니다. 그러나 그들은 도움은 될 수 있어도 결국 님과의 만남은 개인적인 발견에 의존합니다.

그녀가 도움을 구했던 사람들이 곁을 지나치는 즉시로 사랑하는 자를 만나는 기적이 일어납니다. 구하고 찾는 자를 마음으로 만나 주시는 사랑의 기적입니다. 결국 우리를 돕던 이들은 우리의 들러리에 불과했던 것입니다. 사랑의 마음은 사랑하는 자의 마음을 직관으로 알아차립니다. 사랑의 영은 언제라도 사랑을 찾는 이들을 인도할 준비가 되어 있습니다.

사랑하는 님을 만난 여인은 그녀의 어머니 집으로 갈 것을 청합니다. 그것은 사랑의 진정한 귀향이었습니다. 그곳이 바로 그녀가 잉태된 고향이었습니다.

　그녀는 사랑하는 자와 함께 사랑의 근원 되신 분에게로 가서 그분에게 사랑의 축복을 구하고자 합니다. 우리는 모두 안전한 사랑의 경험을 담보하는 어머니의 집을 필요로 합니다.

　오늘의 구도자들에게 교회는 바로 영적인 어머니의 집입니다. 교회는 살아계신 하나님의 집이며 진리의 기둥과 터입니다. 참된 진리의 구도를 위해 우리는 광야나 큰 길로 나아갈 필요가 없습니다. 내 방황하던 영혼을 받아주시고 영원한 사랑을 경험할 수 있는 어머니의 품으로 너무 늦기 전에 돌아가야 합니다. 거기서 우리는 참 사랑의 안식을 누릴 수 있습니다.

사랑의 근원되신 주님, 우리의 방황하는 영혼을 어머니 집으로 인도하소서. 아멘

혼인날

시온의 딸들아 나와서 솔로몬 왕을 보라
혼인날 마음이 기쁠 때에 그의 어머니가 씌운 왕관이
그 머리에 있구나 (아가 3:11)

한 나라의 왕의 결혼식은 나라의 축제입니다. 그런데 이런 국가적 경사에 솔로몬 왕은 파격을 연출합니다. 한 평범하고 계급이 낮은 서민 여인 술람미를 그의 여인 곧 왕비로 간택한 것입니다. 그의 선택은 조건을 초월한 신비 그 자체요, 품위에 어울리지 않는 파격이었습니다. 왕의 자기 비하였습니다. 사람들은 "도대체 술람미가 누구이기에…"라고 물었을 것입니다.

이런 파격의 혼인 사건이 바로 우리에게도 일어난 것입니다. 왕이신 그리스도께서 비천한 우리를 그리스도의 신부로 선택하신 것입니다. 하나님과 동등이신 그분이 자신을 낮추시고 비우시사 종 되었던 우리를 그의 신부 삼으신 것은 아무리 생각해도 신비한 은혜일 따름입니다. 우리가 그리스도를 삶의 주인으로 모신 순간에 성령은 우리를 주의 신부로 인치셨습니다.

여기 이 구절에 등장하는 어머니는 아마도 하늘의 예루살렘, 이미 승리한 교회의 모습이요 어머니가 왕에게 씌워준 왕관은 교회의 이름으로 그리스도에게 하사하신 왕관이었을 것입니다.

그리고 이 혼인날을 기뻐하며 축복하는 시온의 딸들은 지상교회 성도들의 들러리 된 모습입니다. 그들은 솔로몬 왕을 보라고 외칩니다. 면류관 왕관은 왕의 존귀와 위엄을 선포합니다.

교회는 왕 중의 왕 되신 그리스도를 보라고 소리치는 공동체입니다. 교회의 머리는 그리스도이십니다. 교회는 예배와 교육, 증거를 통해서 지속적으로 그리스도를 높이고 그리스도를 드러내야 합니다. 기쁜 마음으로 그렇게 해야 합니다. 그것이 우리가 그리스도의 신부로 존재하는 이유입니다. 그것이 우리가 어린양의 혼인 잔치 날을 기다리는 이유입니다.

우리의 신랑 되신 주님, 우리가 주의 신부로 피택된 기쁨으로 날마다 왕을 찬미함으로 살게 하소서. 아멘

어여쁨의 포인트

내 사랑 너는 어여쁘고도 어여쁘다
너울 속에 있는 네 눈이 비둘기 같고 네 머리털은 길르앗
산 기슭에 누운 염소 떼 같구나 (아가 4:1)

술람미 여인은 스스로에게 아무런 매력의 포인트가 없다고 느끼고 있었습니다. 그만큼 외모의 스펙에 관한 한 열등감에 시달리고 있었습니다. 그녀에게는 혼인날 신부 화장도 큰 고민이었을 것입니다. 과연 화장만으로 자신의 외모가 달라질 것이라는 확신도 없었습니다. 그런데 놀라운 일이 벌어졌습니다. 솔로몬 왕이 그녀를 내 사랑, 너는 어여쁘다고 예찬한 것입니다.

신랑의 신부 예찬은 신부의 모든 것을 바꾸었습니다. 실제로 신부 술람미는 찬란한 아름다움의 매력을 발산하기 시작합니다. 신랑의 칭찬은 그녀 안에 잠재하고 있던 자연스런 매력을 흔들어 깨운 것입니다. 아가서 4장에서 솔로몬 왕이 찬미하는 신부의 매력은 모두 인공미가 아닌 자연미에 집중되고 있습니다. 신랑의 칭찬이 이런 신부의 자연미를 극대화시킨 것입니다.

신랑의 칭찬은 눈에서부터 시작합니다. 눈은 몸의 등불이며 마음의 창입니다. 예수님도 눈이 건강하면 온 몸이 밝다고 하십니다. 반대로 눈이 어두우면 온 몸이 어둡다고 하십니다.

눈은 사물을 판단하는 시각, 곧 전망을 제공합니다. 그래서 눈을 단장하려면 먼저 마음을 단장해야 합니다. 깨끗한 마음은 우리의 눈을 비둘기 같이 선하고 아름답게 합니다.

솔로몬 왕은 술람미 여인의 머리털이 길르앗 산기슭에 누운 염소떼 같다고 노래합니다. 길르앗 산은 멀리서 보아도 그 펑퍼짐한 웨이브를 자랑합니다. 이 산기슭에 누운 염소 떼의 둥근 라운딩은 천연의 헤어미를 극대화하고 있었습니다. 만왕의 왕에게 사랑 받는 영적 신부들의 모습이 그렇습니다. 천연의 헤어 웨이브는 성령님에 의해 빚어진 아름다움이었습니다.

아름다움의 근원 되신 주님, 우리로 인공미가 아닌 천연미를 사모하는 주의 신부들이 되게 하소서. 아멘

사랑의 편견

● ● ●

나의 사랑
너는 어여쁘고 아무 흠이
없구나 (아가 4:7)

모든 사랑은 엄청난 편견을 갖습니다. 그것이 사랑의 속성이며 사랑의 생리입니다. 솔로몬의 사랑도 마찬가지입니다. 평범하기만 한 서민 여인 술람미를 사랑하기 시작한 왕의 사랑도 이 편견에서 자유하지 못했습니다. 왕의 눈에 여인은 한없이 아름다운 사랑의 대상이었고 완벽할 만큼 흠 없는 비너스였습니다. 그것은 여인의 완벽함이기보다 왕의 사랑의 완벽함이었습니다.

이런 솔로몬 왕의 사랑의 편견은 바로 만왕의 왕 되신 하나님의 사랑의 편견이었습니다. 로마서 5장은 이런 사랑을 완벽하게 대언하고 있습니다. 그는 우리가 연약할 때 무력한 우리를 사랑하셨고, 우리가 죄인 되었을 때 그런 죄인된 우리를 사랑하셨고, 우리가 원수 되었을 때 원수 된 우리를 위한 화목의 죽음으로 우리를 사랑하셨습니다.

성경은 하나님의 아들 예수 그리스도를 가리켜 흠과 티가 없는 하나님의 어린 양이라고 말씀합니다. 그런 예수님이 우리의 속죄양이 되사 대속의 죽음을 죽으신 것입니다.

대속은 죄인인 우리의 자리를 대신 취하신 것을 뜻합니다. 구속은 값비싼 대가를 지불하신 그 사랑을 뜻합니다. 그 사랑으로 우리는 죄사함을 받고 이제 그리스도의 사랑의 대상 된 자리에 선 것입니다.

그러나 성경은 한 걸음 더 나아가 십자가의 희생양 된 예수님을 구주로 믿는 우리가 그의 은혜로 '의롭다 함'을 얻게 되었다고 말합니다. 여기 '의롭다 함'의 의미는 한 번도 죄를 범하지 않은 사람처럼 우리를 보아 주시는 사랑의 선언입니다. 그는 우리를 아무 흠도 티도 없는 자신의 의의 옷을 입혀 놓고 우리에게 사랑의 고백을 하시는 분이십니다.

사랑의 주님, 우리로 흠과 티가 없는 당신의 의의 옷을 입게 하신 그 사랑의 편견을 평생에 찬양하며 살게 하소서. 아멘

거룩한 연합의 갈망

북풍아 일어나라 남풍아 오라 나의 동산에 불어서
향기를 날리라 나의 사랑하는 자가 그 동산에 들어가서 그 아름다운
열매 먹기를 원하노라 (아가 4:16)

사랑은 결국 사랑하는 이와의 연합을 궁극적으로 갈망하게 합니다. 그리고 참된 사랑의 연합은 사랑의 과실을 공유하는 것입니다. 사랑은 서로가 서로에게 소속되고 싶어 하고 그 소속의 결실을 확인하고 싶어 합니다. 창조주는 사랑하는 자들을 위한 사랑의 동산을 준비해 주시는 분이십니다. 우리는 자주 모든 것을 잊고 사랑의 동산에서 사랑의 사귐에만 열중할 필요가 있습니다.

사랑의 참된 사귐은 사랑의 모든 장애물과 역경을 극복할 준비가 되어 있어야 합니다. 북풍은 차가운 바람을 일으키지만 그 바람은 오히려 신부의 향기를 퍼트리는 맑은 바람이 되게 할 것입니다. 남풍은 따뜻한 바람을 일으키어 신랑으로 서둘러 신부의 향기를 내음 맡게 할 것입니다. 역경도 순경도 우리의 사랑을 재촉할 뿐이라고 신부는 노래합니다.

성령의 바람이 불어오는 곳에서 성도들은 왕 되신 하나님의 사랑을 맞이할 준비를 하게 됩니다. 핍박의 바람은 우리로 십자가를 향해 더 나아가게 합니다.

복음의 순풍은 이제야말로 우리가 성령의 열매를 맺을 때임을 상기시켜 줍니다. 우리는 우리의 존재의 동산을 열고 사랑의 향기만 발하고 있으면 됩니다. 신랑이 곧 오실 것입니다.

성령의 열매는 신부 된 성도가 왕의 강림을 준비하면서 자연스럽게 맺어지는 열매입니다. 신랑은 당신과 연합된 신부가 드러낼 당신을 닮은 인격의 반응에 목말라합니다. 우리는 누구나 바라보는 대상을 닮습니다. 신랑에게 고정된 신부의 시선 속에는 이미 신랑의 새 생명이 자라나고 있습니다. 그 아름다운 열매를 위해 이제는 신랑과 신부만의 시간을 누리게 해야 합니다.

우리의 사랑이신 왕이시여, 우리의 사랑의 동산을 준비하겠사오니 지체마시고 강림하옵소서. 아멘

사랑의 나눔

내 누이, 내 신부야 내가 내 동산에 들어와서 나의 몰약과
향 재료를 거두고 나의 꿀송이와 꿀을 먹고 내 포도주와 내 우유를 마셨으니
나의 친구들아 먹으라 나의 사랑하는 사람들아 많이 마시라 (아가 5:1)

여기 사랑의 동산의 주인은 실로 모든 것을 소유하신 주님이십니다. 본문에 반복되는 중요한 단어는 나의(My)라는 1인칭 소유대명사입니다. 내 누이, 내 신부, 내 동산, 나의 몰약, 나의 향 재료, 나의 꿀송이, 나의 꿀, 내 포도주, 내 우유, 나의 친구들, 나의 사랑하는 사람들~ 풍성한 삶은 만물의 주인이 누구신가를 앎으로 시작되는 인생입니다.

우리의 왕 되시고 신랑 되신 주님은 모든 것으로 충만하신 분이십니다. 하나님의 아들이 사람의 아들이 되어 이 땅에 오실 때 그는 자신의 모든 것을 비우시고 오셨습니다. 그는 하나님과 동등 됨을 취할 것으로 여기지 아니하시고 자신을 '비우셨다'(emptied)고 바울은 말합니다.(빌 2:6-7) 이것을 신학에서는 'kenosis'의 교리, '자기 비움의 실천'이라고 말합니다.

그는 무엇을 비우셨을까요? 그는 분명 그가 하나님으로 누리실 수 있었던 영광과 특권을 비우셨습니다. 그러나 그가 자신의 신성까지 비우신 것은 아닙니다.

요한은 그가 말씀이 되어 우리 가운데 거하시매 우리가 그의 영광을 보니 아버지의 독생자의 영광이요 은혜와의 진리가 충만하더라(요 1:14)라고 말합니다. 그가 충만하심으로 그는 여전히 우리에게 나눌 수 있는 분이십니다.

그래서 요한은 우리가 그의 충만한 데서 받으니 은혜 위에 은혜로다(요 1:16)고 말합니다. 우리의 왕 되신 주님은 세상의 광야 한복판에 그의 사랑의 동산을 준비하시고 연회를 베푸십니다. 그의 충만함을 그의 신부, 그리고 그의 친구들과 나누고 싶어 하십니다. 이것은 전적으로 은혜의 나눔이요, 사랑의 나눔인 것입니다. 와서 많이 먹고 마시는 풍성한 나눔입니다.

왕이신 하나님, 우리로 이 풍성한 사랑의 나눔을 은혜로 받고 누릴 줄 알게 하소서. 아멘

깨어있는 자의 청각

내가 잘지라도 마음은 깨었는데 나의 사랑하는 자의 소리가 들리는구나
문을 두드려 이르기를 나의 누이, 나의 사랑, 나의 비둘기, 나의 완전한 자야
문을 열어다오 내 머리에는 이슬이,
내 머리털에는 밤이슬이 가득하였다 하는구나 (아가 5:2)

인간은 겉사람과 속사람으로 구성됩니다. 다른 말로 하면 육체와 영혼입니다. 그런데 우리의 육체는 숙면을 취하고 있지만 우리의 영혼은 여전히 깨어 있을 수 있습니다. 때로 이런 영혼의 활동은 우리의 꿈에 무의식적 환상으로 나타날 수 있습니다. 사랑 속에 잠든 영혼은 사랑하는 사람을 만나 꿈의 궁전에서 사랑의 유희를 즐길 수 있습니다.

깨어 있는 자의 청각은 언제라도 사랑하는 자의 소리에 반응할 준비가 되어 있습니다. 깨어 있는 그리스도의 신부들은 언제라도 왕의 사랑의 속삭임을 들을 준비가 되어 있습니다. 언제라도 마음의 문을 열고 그분을 영접할 준비가 되어 있습니다. 그래서 그리스도의 신부들에게 무엇보다 필요한 것이 영적인 깨어 있음인 것입니다.

이제 신랑이 속삭여 주시는 사랑의 애칭들에 귀를 기울여 보십시오. 그는 나를 누이라고 부릅니다. 이미 나를 가족으로 수용한 것입니다.

'나의 사랑'이라고 부릅니다. 이제 나는 그의 존재 이유가 되신 것입니다. '나의 비둘기'라고 부릅니다. 산의 바위틈 보금자리에서 머리를 내민 비둘기는 산의 미학입니다. 나를 '완전한 자'라고 부릅니다. 그분의 사랑의 완전함 때문입니다.

그런데 그 신랑이 차디찬 밤이슬을 머금고 나를 찾아오신 것입니다. 아침까지도 기다릴 수 없어서 입니다. 그것이 사랑의 속성입니다. 사랑은 시간의 금기를 깨고 내 존재의 아침을 깨우며 우리의 자아의 문을 노크하고 있습니다. 어서 문을 열라고 문을 두드리십니다. 사랑에 깨어 있는 영혼들은 일어나 문을 열고 그분과의 아침의 밀회를 즐길 수 있어야 합니다.

사랑의 주님, 오늘도 당신의 노크하는 소리를 들을 수 있는 청각을 내게 주소서. 아멘

사랑의 열병

• • •
예루살렘 딸들아 너희에게 내가 부탁한다
너희가 내 사랑하는 자를 만나거든 내가 사랑하므로
병이 났다고 하려무나 (아가 5:8)

사랑에도 계절이 있습니다. 사랑이 시냇물마저 메마른 사막처럼 건조한 땅을 허덕이며 흘러야 하는 때가 있습니다. 이 때가 바로 사랑의 건기입니다. 이 때가 되면 갑자기 우리는 사랑하는 이의 임재 의식을 상실합니다. 오히려 님의 부재가 던지는 공허함에 허우적거리며 사랑하는 이의 흔적을 찾습니다. 그리고 그 흔적마저 발견되지 못하자 신부는 병들어 눕습니다.

그리고 예루살렘의 여인들에게 청을 넣습니다. 내 사랑하는 자를 찾아 달라고. 사랑은 사랑의 실현을 위해서 도움을 마다하지 않습니다. 그 누구도 내 사랑의 적수로 인식하지 않습니다. 이 여인들은 어쩌면 궁궐에서 왕을 섬기는 여인일 수도 있었을 것입니다. 그러나 아무도 내 사랑하는 자의 사랑은 내가 아닌 그 누구도 될 수 없음을 확신하기 때문입니다.

왕의 신부는 왕에게 내가 사랑함으로 병이 났다고 전하라고 말합니다. 그녀의 사랑은 병이 날 정도로 왕을 사랑한 것입니다. 이것이 사랑의 열병입니다.

그러나 이 사랑은 이미 궁궐을 버리고 내가 사는 천한 마을까지 찾아와 나를 위해서라면 죽을 수도 있다고 하신 그분의 사랑에 대한 응답이요 반응이었던 것입니다. 그가 그녀의 병의 원인이십니다.

왕의 신부는 오래지 않아 그녀의 사랑의 열병이 왕의 내방을 재촉할 것임을 알고 있습니다. 그리고 왕과의 황홀한 사랑의 마당을 복원하게 될 것을 확신하고 있습니다. 참된 사랑은 그 이하로는 만족할 수 없습니다. 오늘날 이 땅에서 만왕의 왕 되신 그리스도의 신부들이 이 여인처럼 주님을 사랑하고 있는지 궁금합니다. 사랑의 열병을 경험하셨습니까?

우리의 왕이신 주님, 제가 바로 그 사랑의 열병에 걸린 당신의 신부이오니 오늘이 지나기 전 저를 꼭 찾아 주소서. 아멘

사랑의 숨바꼭질

● ● ●

여자들 가운데에서 어여쁜 자야 네 사랑하는 자가
어디로 갔는가 네 사랑하는 자가 어디로 돌아갔는가
우리가 너와 함께 찾으리라 (아가 6:1)

우리는 모두 어린 시절 숨바꼭질 게임의 추억을 안고 있습니다. 한 아이가 술래가 되어 노래 장단에 맞추어 숨어 있는 친구들을 찾아 나서는 게임입니다. "꼭꼭 숨어라 머리카락 보인다"고 노래하며 흥을 돋우어 이 게임의 스릴을 더하고자 합니다. 그런데 주님과의 사랑의 숨바꼭질은 여러 술래가 한 분 주님을 찾아 나서는 게임입니다.

우리가 함께하는 주님을 경험하는 순간을 우리는 주님의 '임재 체험'이라고 말합니다. 그런데 한때 그렇게 함께하심이 기쁨과 영광으로 다가오던 시절 대신에 더 이상 그분의 임재가 느껴지지 않는 때가 있습니다. 찬송의 샘도 메마르고 기도의 열정도 한순간에 사라져 버립니다. 이런 영적 메마름의 계절에 우리는 다만 주님의 부재를 체험할 따름입니다.

그때 우리는 "당신의 얼굴을 숨기지 마소서"라고 기도하게 됩니다. 이런 하나님의 '부재 체험'의 시간을 '영혼의 어둔 밤'이라고 부르기도 합니다. 그런데 이 어둔 밤에 우리와 함께 님을 찾아 나서는 친구들이 있습니다.

그 순간 예루살렘의 여인들과 술람미는 하나의 공동체가 되어 사랑하는 님을 찾아 나서게 됩니다. 공동체의 예배는 함께 사랑의 님을 찾는 시간입니다.

신부가 사랑하는 님을 찾고 있는 모습처럼 어여쁜 모습이 또 있겠습니까. 한 성도가 주님의 얼굴을 구하고 주님의 임재를 갈망하는 순간보다 그를 더 아름답게 하는 순간은 없을 것입니다. 그런데 이런 사랑의 숨바꼭질에 함께 하며 내 사랑의 탐색을 응원하는 공동체로 말미암아 우리는 함께 사랑의 공동체가 되어 마침내 주님의 얼굴을 함께 바라보게 됩니다.

사랑의 주님, 나로 사랑의 주님을 찾는 일에 함께 하는 친구들을 주신 것을 감사드립니다. 아멘

변치 않는 소속감

• • •

나는 내 사랑하는 자에게 속하였고
내 사랑하는 자는 내게 속하였으며 그가 백합화 가운데에서
그 양 떼를 먹이는도다 (아가 6:3)

인간의 행복감을 결정하는 중요한 요소의 하나가 소속감입니다. 사회적 존재인 인간은 소속의 대상이 얼마나 믿을 만하느냐에 따라 자기정체성이 결정되며 존재의 안정감을 경험합니다. 성도들은 예수 그리스도를 삶의 주인으로 만나는 순간부터 그의 영적 신부가 되어 그와 연합된 삶을 살아갑니다. 나는 그에게 속한 자요 그는 내게 속한 자이십니다.

이 소속감은 단순한 공간적 의미로 제공되는 안정감의 차원이 아니라, 부단한 사랑의 경험으로 확인되는 신앙고백적이고 실존적 의미인 것입니다. 나는 그를 사랑으로 만났고 그를 나의 주인으로 고백한 그 순간부터 그와의 영원한 사랑의 언약 속에 들어간 것입니다. 이 불변의 언약 관계로 말미암아 나와 그분은 영원한 사랑의 반려자가 된 것입니다.

그렇더라도 이 소속감이 흔들리는 시험은 언제라도 우리에게 경험될 수 있습니다. 과연 그의 임재가 느껴지지 않고 광야에 홀로 버림 받는 시간에도 나는 그의 변함 없는 사랑을 어떻게 확인할 수 있을까요?

그때 나는 그의 향기가 있는 곳으로 가야 합니다. 거기 백합화 향기 나는 곳에서 나는 오늘도 그가 자신의 양떼들을 먹이심을 볼 수 있습니다.

나는 그의 신부이기 이전부터 그의 양이었습니다. 내가 그의 신부가 되었다 해서 그가 나의 목자이기를 포기한 것은 아닙니다. 나는 더욱 특별한 양이요 그는 더욱 특별한 목자일 뿐입니다. 그를 찾아 온 내게 네 어린 형제들과 자매들을 먹인 후 오늘 밤 너를 찾고자 했다고 미소 지으며 말씀하시는 그분 안에서 나는 변치 않는 내 소속감을 확인합니다.

내 영원한 사랑의 주님. 내가 주께 속한 자임을 한순간도 잊지 않는 그 영원한 행복 안에 거하게 하소서. 아멘

당당한 정체성

• • •

아침 빛 같이 뚜렷하고 달 같이 아름답고
해 같이 맑고 깃발을 세운 군대 같이
당당한 여자가 누구인가 (아가 6:10)

그리스도의 신부는 새 피조물이며 이미 어둠을 벗은 여인입니다. 그래서 그녀는 이제 아침을 살아가는 여인입니다. 그녀는 이제 아침 빛이 뚜렷한 자입니다. 이전 밤에 속한 모든 것은 지났고 새 아침에 속한 자가 된 것입니다. 그녀에게는 아침의 빛이 스며 있습니다. 따라서 어둠의 그림자는 더 이상 찾아 볼 수가 없게 되었습니다. 이것이 그녀의 새 정체성이 되었습니다.

그러나 그녀의 아침 빛은 이웃을 피곤하게 하지 않습니다. 그녀의 존재에는 아침 빛이 완연하지만 동시에 그녀에게는 달의 우아함도 깃들어 있습니다. 그래서 여전히 그녀에게는 피곤한 이웃들을 품에 안는 따뜻함이 있고 어두움을 밝히는 아름다움의 광채가 있습니다. 그래서 그녀는 신랑의 안식처요 신랑의 자부심이고 신랑의 빛을 반사하는 등대입니다.

우리가 달의 존재를 자랑하다 보면 달의 은밀한 이면을 캐는 고발자를 만날 수도 있습니다. 그러나 우리의 신부는 달의 은근함과 해의 맑음을 함께 공유한 여인임을 알고 놀라게 됩니다.

　그것은 그녀를 사로잡은 신랑의 속성과도 일치합니다. 그녀가 자신의 영원한 사랑을 만나 그에게 연합된 순간부터 그녀는 신기하게 해와 달을 함께 품은 여인이 된 것입니다.

　그래서 이제 이 여인은 더 이상 수줍기만 한 과거의 부끄러운 촌부가 아닌 깃발을 당당하게 세운 왕의 신부가 된 것입니다. 그녀가 거리에 임재를 드러낼 때마다 그녀를 옹위한 병사들은 외칩니다. 왕후가 납신다고! 우리들 왕의 신부는 이제 이런 새 정체성을 갖고 인생의 거리를 활보할 수 있어야 합니다. 당당하고 고귀하게, 그리고 당당하고 아름답게!

왕이신 나의 사랑이여, 내가 당신의 신부가 됨으로 내게 주신 당당한 정체성을 어찌 무슨 말로 감사를 드려야 할는지요? 아멘

아름다운 쾌락

● ● ●

사랑아 네가 어찌 그리 아름다운지,
어찌 그리 화창한지
즐겁게 하는구나 (아가 7:6)

아가 7장 1절-5절까지 신부의 존재의 아름다움이 각론적으로 예찬되고 있습니다. 1절에서는 신과 발 그리고 넓적다리가 찬미되고 있습니다. 2절에서는 배꼽과 허리가 3절에서는 두 유방의 미가 예찬되고 있습니다. 4절에서는 목과 눈과 코 소위 이목구비가 찬미되고 있고 5절에서는 머리와 머리털이 찬미되고 있습니다. 사랑하는 자에게는 모든 것이 바로 찬미의 이유가 됩니다.

사랑하는 사람에게는 하찮은 몸짓도 찬미의 이유가 되고 쾌락의 원인이 됩니다. 그것은 사실 존재의 미학이라기보다 사랑의 미학 때문이라고 할 수 있습니다. 사랑은 허다한 허물을 덮고 사랑의 눈은 존재하는 모든 것을 아름답게 보는 매직을 갖고 있습니다. 하나님은 사랑이십니다. 그래서 그는 사랑의 쾌를 느끼고 싶어 하십니다.

신부의 아름다움은 바로 신랑에게 매력과 쾌락을 제공합니다. 그러나 오늘을 사는 성도들에게서 신랑 되신 우리 주님이 그런 매력과 쾌락을 느끼실지 심히 궁금한 일입니다.

기억할 것은 우리가 죄인 되었을 때 우리를 사랑하신 주님 그분은 우리의 허물을 용서하실 뿐 아니라, 우리를 의롭다고 하시는 분 곧 우리를 아름다운 성도로 불러 주시는 분이십니다.

그러므로 성도들은 왕 되신 주의 신부로서 주님의 마음과 눈을 즐겁게 하는 풍성한 쾌락의 존재가 되어야 합니다. 우리가 하는 말이 그리고 우리의 행함이 그분을 기쁘시게 하는 존재가 되는 것 그것이 바로 성도의 존재 이유가 되어야 합니다. 우리의 행함이 때로 그분의 기대에 미치지 못할지라도 우리의 존재의 이유가 그분이라면 우리는 그분에게 아름다운 쾌락으로 존재하게 됩니다.

아름다운 주님, 우리의 존재가 또한 주님의 아름다운 쾌락이기를 소원하나이다. 아멘

일과 사랑

• • •

우리가 일찍이 일어나서 포도원으로 가서
포도 움이 돋았는지, 꽃술이 퍼졌는지, 석류 꽃이 피었는지 보자
거기에서 내가 내 사랑을 네게 주리라 (아가 7:12)

건강한 사랑은 부지런한 사람들만이 누릴 수 있는 삶의 특권입니다. 아가서의 연인들은 그들이 누릴 수 있었던 왕궁의 게으른 환락 대신 전원에서의 이른 아침을 사랑의 행보로 선택하고 있습니다. 여기 포도원은 어쩌면 술람미 신부에게 익숙했던 그녀의 옛적 일터였을지도 모릅니다. 그들은 일찍 일어나 가장 맑은 깨어 있음으로 하루를 열고자 합니다.

우리가 선택할 수 있는 일들 가운데 창조주의 창조와 섭리의 신비를 돌아보는 일보다 더 감동적인 일이 어디에 있을까요? 어린 생명의 탄생을 지켜보는 의사, 산파, 간호사들은 하나님의 형상을 품고 태어나는 생명의 경이로움을 접하는 일꾼들입니다. 그들에게 주어진 가장 거룩한 미션은 창조주의 섭리를 따라 그 어린 생명들이 잘 자라도록 돌아보는 일입니다.

그러나 자연의 생명 또한 창조의 신비를 증언하는 놀라움의 영역입니다. 포도원의 일터에서 포도 움과 꽃술을 만지는 것은 창조주의 동역자로 존재하는 특권의 순간입니다.

거기서 포도원의 농부들과 함께 창조주 하나님의 일하심을 지켜보고 찬양하는 것이야말로 우리가 하나님의 도구로 이 땅에 존재함을 확인하는 거룩한 소명의 순간입니다.

많은 경우 사랑을 위한 사랑은 퇴폐적 에로스로 빠질 수가 있습니다. 그러나 공동선의 목표를 갖고 함께 손잡고 일하는 일터의 사랑이야말로 가장 생산적인 아가페 사랑일 수 있습니다. 그리고 밤중에 이루어지는 어두운 사랑보다 이른 아침에 서로의 힘찬 에너지를 교환하는 밝은 사랑 속에서 우리는 미래의 희망을 노래할 수 있습니다. 📖

창조주이신 하나님, 우리의 사랑이 창조의 영광을 드러내는 거룩한 일과 분리되지 않게 하소서. 아멘

사랑의 결실

● ● ●

합환채가 향기를 뿜어내고 우리의 문 앞에는
여러 가지 귀한 열매가 새 것, 묵은 것으로 마련되었구나
내가 내 사랑하는 자 너를 위하여 쌓아 둔 것이로다 (아가 7:13)

합환채는 사랑의 식물, 사랑의 꽃입니다. 사랑하는 사람들이 사랑의 결실을 얻고자 따가는 일종의 임신 촉진용 식물입니다. 지중해 연안에 많이 자라고, 팔레스틴에는 갈릴리 주변에서 채집된다고 합니다. 줄기는 짧고, 잎은 담뱃잎 같고, 뿌리는 인삼처럼 두 갈래 세 갈래인데 꽃은 자주색으로 진한 향기를 갖고 있어 이 냄새는 사랑의 욕구를 자극한다고 합니다.

정상적인 사랑은 서로를 갈망하고 서로를 소유하고 싶어합니다. 연인의 사랑은 곧 부부의 사랑이 되어 온전한 일치와 연합을 이루게 됩니다. 그리고 이런 사랑은 자연스럽게 사랑의 결실을 사모하게 됩니다. 그것은 곧 새 생명의 잉태를 초래합니다. 그러나 부부의 사랑이 그런 결실을 얻지 못하고 냉담해질 때 사랑의 회복과 결실을 위한 처방으로 합환채가 필요한 것입니다.

하나님과 인간의 영적 사랑의 관계에서도 그런 결실을 우리는 기대하게 됩니다. 그것이 바로 성령의 열매입니다. 사랑과 희락과 화평과 오래 참음, 자비와 양선과 충성과 온유 그리고 절제.

이 열매들을 맺어 신랑 되신 주께 드리는 기쁨이 있어야 합니다. 그 열매를 위해 사모할 것이 바로 성령의 충만입니다. 성령의 충만은 우리의 사랑을 깨우는 합환채입니다.

우리는 오래 전에 주께 드린 열매로만 만족하고 최근에는 새 열매를 맺어 드리지 못하는 곤고하고 메마른 시간을 보내고 있는 것은 아닌지 돌아볼 때입니다. 주와 우리가 교제하는 방문을 열면 바로 문 앞에 쌓인 그 풍성한 묵은 것과 새 것의 열매들을 사모할 때입니다. 사랑은 속성상 결실을 요구합니다. 지금은 그 결실을 위하여 나의 향기로 님을 초대할 시간입니다.

사랑의 왕이신 주님, 왕께 드릴 열매를 위해 오늘 저를 온전히 소유하소서. 아멘

사랑은 죽음 같이

● ● ●

너는 나를 도장 같이 마음에 품고 도장 같이 팔에 두라
사랑은 죽음 같이 강하고 질투는 스올 같이 잔인하며 불길 같이 일어나니
그 기세가 여호와의 불과 같으니라 (아가 8:6)

세상에 가장 강력한 폭군은 죽음입니다. 죽음은 모든 것을 빼앗아 갑니다. 죽음은 모든 것을 정복합니다. 죽음에 삼키우지 않을 인생이 없습니다. 죽음이 두렵지 않을 인생이 없습니다. 죽음은 모든 선한 것과 악한 것을 차별하지 않고 소유하고 파괴합니다. 그러나 죽음보다 더 강력한 유일한 힘이 있습니다. 그것이 바로 사랑의 힘입니다.

사랑과 죽음은 여러 면에서 유사성이 있습니다. 무엇보다 소유하려는 본능입니다. 그것은 부분적인 소유가 아닌 전부를 소유하고자 합니다. All or Nothing, 전부냐 전무냐의 선택입니다. 그래서 사랑이 실패할 때 죽음으로 대신하려는 이들이 있습니다. 그러나 죽음이 모든 것을 파괴하지만 사랑은 모든 것을 살려냅니다. 그래서 사랑만이 죽음을 이길 수 있습니다.

병든 사랑의 한 형태가 질투입니다. 질투는 죽음을 더 닮아 있습니다. 죽음이 모든 것을 파괴하는 것처럼 질투는 건강한 관계를 파괴합니다. 그래서 본문은 질투가 스올처럼, 죽음처럼 잔인하다고 말합니다.

그 기세는 불길처럼 강한 것이어서 모든 것을 태워버리고 모든 아름다움을 잿더미로 만듭니다. 그러므로 사랑이 중요한 것이 아니라 건강한 사랑이 중요합니다.

사랑은 마음의 도장입니다. 마음에 소유권의 인을 치는 것입니다. "너는 나를 도장 같이 마음에 품으라"고 말하기 위해 내가 먼저 나를 그대에게 바쳐야 합니다. 그것은 전체와 전체를 바꾸는 것입니다. 전부를 주고 전부를 얻는 것입니다. 하나님과 성도의 사랑은 그 이하로 만족할 수 없는 사랑임을 알고 이 사랑의 변질이 없도록 잘 관리해야 합니다.

내 사랑의 전부이신 주님. 주님 아닌 다른 것으로 사랑을 바꾸려는 유혹을 경계하게 하소서. 아멘

위대한 사랑

많은 물도 이 사랑을 끄지 못하겠고 홍수라도 삼키지 못하나니
사람이 그의 온 가산을 다 주고 사랑과 바꾸려 할지라도
오히려 멸시를 받으리라 (아가 8:7)

최근 전 세계적으로 홍수 피해가 인류의 재앙이 되고 있습니다. 쓰나미가 휩쓸고 간 곳에는 아무 것도 남지 않습니다. 그런데 아가서의 기자는 홍수도 쓰나미도 삼키지 못하는 것이 있다고 말합니다. 그것이 바로 사랑입니다. 그냥 사랑이 아니라 위대한 사랑입니다. 많은 물도 이 사랑을 막을 수는 없다고 말합니다. 그 많은 물이 지나간 자리에 남는 유일한 것, 그것이 사랑입니다.

2011년 3월 일본에서 대지진과 쓰나미가 발생했을 때 70대의 남편 우에노 시로가 동갑내기의 시력 잃은 아내 키에 씨의 손을 잡고 필사적으로 뛰어 아내를 구했을 때 신문들은 앞을 다투어 쓰나미를 이긴 노부부의 사랑이라고 대서특필하였습니다. 그들은 무려 15m의 해일 속에서도 손을 놓지 않고 파도를 넘어 언덕에 도달할 수 있었습니다.

그보다 더 위대한 사랑을 증언한 이사야 선지자는 네가 물 가운데로 지날지라도 불 가운데로 지날지라도 너를 포기할 수 없는 이유, 그것은 너는 내가 선택하고 구속하고 지명한 내 사랑 내 것이기 때문이라고 말합니다.

바울 사도는 우리가 아직 죄인 되었을 때 십자가에서 목숨을 내어주신 그리스도의 사랑이 바로 그런 사랑이었다고 말합니다.

아가서의 저자는 다시 이 사랑을 온 가산을 주고도 바꿀 수 없는 사랑이라고 노래합니다. 한 시골 처녀와의 사랑을 위해 왕궁을 버린 왕의 사랑이 그런 사랑이었습니다. 예수님은 친히 사람이 온 천하를 얻고도 제 목숨을 잃으면 무슨 소용이 있느냐고 물으십니다. 그런데 그분이 나를 위해 목숨을 기꺼이 내어 놓으신 것입니다. 이것이 바로 그 무엇과도 바꿀 수 없는 위대한 사랑입니다.

위대한 사랑의 화신이신 주님, 우리는 바로 이 사랑에 빚진 자임을 잊지 않고 살게 하소서. 아멘

사랑의 하모니

너 동산에 거주하는 자야 친구들이 네 소리에 귀를 기울이니
내가 듣게 하려무나 내 사랑하는 자야 너는 빨리 달리라 향기로운 산 위에 있는
노루와도 같고 어린 사슴과도 같아라 (아가 8:13-14)

사랑은 일방적인 것이 아니라, 쌍방적인 것입니다. 사랑은 소통으로 시작
되고, 조화로운 화답을 통해 완성되는 예술입니다. 아가서는 사랑의 듀엣을
통해 그 대미를 장식하고 있습니다. 신랑은 신부에게 노래를 청하고 신부는
신랑에게 화답하고 있습니다. 그것은 바로 천국에서의 주님과 그의 신부 된
교회의 영원한 사랑의 하모니를 상징하고 있습니다.

먼저 신랑이 신부에게 노래를 청합니다. 신부의 노래는 친구들의 청각을
빼앗는 예술이었습니다. 그러나 이제 신랑은 신부가 자신만을 위하여 부르는
노래를 듣고 싶다고 청합니다. 신부의 친구들은 그녀의 들러리였을지 모릅니
다. 그녀들의 존재는 결혼식의 아름다움을 더했지만, 결혼식이 끝난 지금 신
랑은 1:1의 시선으로 그녀가 오직 당신만을 위해 부르는 찬미를 듣고 싶어 합
니다.

신부의 노래가 시작됩니다. 한마디로 그녀의 노래는 신랑의 임재를 갈구
하는 애원이었습니다.

힘찬 노루처럼 혹은 젊은 사슴처럼 재빨리 그녀의 동산으로 달려오라는 것입니다. 더 이상 시간을 지체할 수 없는 절박한 마음으로 그의 임재를 재촉합니다. 그들만의 동산에서 연합의 즐거움을 누리고자 함입니다. 잠시 후 이 동산에는 사랑의 향기만으로 가득할 것입니다.

신랑 솔로몬의 아가는 신부 술람미의 노래로 시작하고 그녀의 노래로 마무리되고 있습니다. 신앙 생활은 그리스도의 사랑을 경험한 신부의 찬미로 시작해서 신부의 찬미로 마무리되는 과정입니다. 신랑이요 왕이신 그분의 구원을 감사하며 그분의 더 큰 사랑을 갈구하는 평생의 여정인 것입니다. 그의 신부의 마지막 기도의 노래는 "아멘 주 예수여 속히 오시옵소서"입니다.

사랑의 왕이신 주님, 우리 평생에 님과 함께 부를 사랑의 노래, 그 하모니를 가르쳐 주옵소서. 아멘

묵상의 삶

'지혜문학' 365일 두레박
묵상의 샘

발행   1쇄 2014년 12월 1일
           2쇄 2019년 10월 1일
           3쇄 2024년 1월 3일

지은이   이동원
발행처   압바암마
등록번호   제2012-000093호
주소   경기 성남시 분당구 황새울로 258번길 23, 312호 (수내동, 그라테아)
ISBN   978-89-98362-16-4

* 압바암마(abba amma)는 아랍어로서 '아빠 엄마'라는 뜻입니다.

편집부에서 독자의 의견을 기다립니다.
webforleader@jiguchon.org